JN313496

防災コミュニティの基層

東北6都市の町内会分析

●

吉原直樹 編著

御茶の水書房

はしがき──「3・11」へ／から──

　2011年3月11日に起きた東日本大震災の地震は、日本の観測史上類をみないマグニチュード9.0を記録した。地震のエネルギーは1923年の関東大震災の約45倍、95年の阪神大震災の約1,450倍であり（『朝日新聞』2011年3月14日）、「千年に一度」のものであるといわれている。たしかに犠牲者数も「万人単位」（宮城県知事）となることが予測され（3月15日現在）、関東大震災の10万人には達しないものの、阪神大震災の犠牲者数をはるかに凌駕することは確実視されている。市や町が津波に丸ごとのみこまれ、瓦礫におおわれた沈黙する街並みがあちこちに不気味にひろがっている。役場、警察、そして消防はといえば、まったく無力であった。考えてみれば、防災環境設計とか防災訓練を通して人びとの間で防災意識が確実につちかわれてきたはずなのに、「3・11」を境にして人びとの防災観は一変してしまったのである。どんなに準備／対応しても安全は得られない（安全神話の崩壊）、しかも誰もが被災者になり得るのだ、という意識、半ば人生観のようなものが頭をもたげている。

　東日本大震災は、想定して対応するという防災施策の基本からすると、たしかに「想定外」のものであったといえよう。その被害が途方もなく面的に広がったために、防災施策を人びとの等身大の生活世界から練り上げていくというありようを根底から問い直すことになるかもしれない。阪神大震災では、コミュニティとコミュニティの差異が防災－復旧－復興を貫いて大きな争点になった。しかし東日本大震災では、まだ事後ではなく最中ではあるものの、コミュニティ対コミュニティという問いではなく、コミュニティを越える問いの立てかたが早くも取りざたされている。そしてそうであればこそ、一部に立ちあらわれている、国家がとりしきる有事対応を（防災施策の）基本に据えるべきであるといった声にたいしても、それほど違和なく受け止めることになるのかもしれない。だが、コミュニティから見据えていくこと（つまり問いを立てること）はまったく無駄なのであろうか。

　被災地の現状はあまりにもむごたらしい。そしてそれが「想定外」であった

めに、これまでの「生活の共同」がきりむすばれる地点から問いを発することが、一見むなしいようにみえる。しかし被災のおりおりの現場に降り立ってみると、どうも「生活の共同」がうまくいっていなかったことに起因するさまざまなファクターがみえてくる。多くの新聞で犠牲者の名前が年齢とともにしるされている。それらを目で追っているうちに気づくのは、高齢者と子どもがあまりにも多いことだ。被災を避ける緊急の行動において、他者をかえりみる／他者とともにあるという共同のルールが機能していない。だから津波にのみこまれるのは、結果的に高齢者と子どもということになる。また役場、警察、消防の間にガバナンスが成り立っていないために、それぞれの役割分担が空回りして被災者を少なくするどころか却って多くしてしまっている。もちろん、これらは活字を通して知りえたことを並べているにすぎない。現場のリアリティはより錯綜したものになっているに違いない。しかしそれにしても、これらのことから垣間読みとることができるのは、コミュニティから問いを立てることの重要性である。

　東日本大震災は、関東大震災がそうであったように、また阪神大震災がそうであったように、今後、多くの検証の作業を経て歴史にきざまれることになるだろう。そしてそれとともに、三者間の社会(史)的位相の違いが一大争点になるであろう。繰り返すまでもないが、その場合、コミュニティに照準することが方法的な準拠枠になるであろう。本書は、そうした点で「3・11」以降の事態の推移の解明に直接関与するわけではないが、コミュニティに照準する方法と論点を提示するという点で何ほどか先駆的な役割を果たすことになるであろうと想到される。いずれにせよ、われわれは後世に引き継がれるであろうこの歴史的な転回局面において本書を送りだすのである。

　　　2011年3月15日

　　　　　　　　　　　　　　　　　　　　　　　　　　　　　　　　　吉原直樹

防災コミュニティの基層
目　次

目　次

序　章　防災コミュニティの社会設計のために ……　吉原　直樹　1

第Ⅰ部　町内会と防災活動

第1章　防災コミュニティの歴史的前提
──「町内会」の歴史的位置づけ──
………………………………………… 長谷部　弘　11

  1　はじめに　11
  2　町内会の歴史的位相　13
  3　災害と防災の歴史的位相　15
  4　防災コミュニティの歴史的前提1
    ──近世期仙台城下の防災と地域住民組織　16
  5　防災コミュニティの歴史的前提2
    ──近代的地方行政制度の形成と地域住民組織　20
  6　防災コミュニティの歴史的前提3
    ──戦時体制への途と仙台市の「公会制」　31
  7　おわりに　33

第2章　町内会の構成と機能 ……………………………… 吉原　直樹　39
  1　はじめに　39
  2　町内会の構成　41
  3　町内会の機能　50
  4　ゆらぐリーダー──町内会長の存在態様　58
  5　むすびにかえて　61

第3章　町内会の防災活動の現状 ………………………… 石沢　真貴　65
  1　今日における防災活動　65
  2　町内会における防災活動に関する調査の結果　71
  3　町内会における防災活動の課題　76
  4　社会参加としての防災活動　81

第Ⅱ部　町内会と防災ネットワーク

第4章　町内会と自主防災組織……………………………… 庄司　知恵子　87
　　　1　はじめに　87
　　　2　自主防災組織形成の経緯　89
　　　3　自主防災組織基盤としての町内会の姿
　　　　　──東北6都市の調査より　93
　　　4　盛岡市における自主防災組織と町内会
　　　　　──「上田四丁目自主防災隊」の活動を中心に　102
　　　5　おわりに　106

第5章　町内会と消防団 ………………………………………… 後藤　一蔵　109
　　　1　はじめに　109
　　　2　町内会と消防分団の相互関連性　110
　　　3　町内会と消防団の距離感　115
　　　4　大規模災害における対応　119
　　　5　取り組むべき課題　124
　　　6　おわりに　127

第6章　安全安心コミュニティと防災 ………………… 菱山　宏輔　131
　　　1　はじめに──問題の所在　131
　　　2　自衛自警の制度化と安全思想の浸透　133
　　　3　町内会の役割の模索──防犯灯下請け問題　136
　　　4　現在の町内会活動と自主防災組織をめぐる状況　141
　　　5　おわりに　160

第Ⅲ部　防災コミュニティの主体と活動実践

第7章　地域リーダーの防災観……………………………… 松本　行真　167
　　　1　地域リーダーとは　167
　　　2　地域リーダーと防災との関わり　174

3　防災コミュニティ構築に向けた地域リーダーの課題　187

第8章　ボランティアと防災実践活動 ……………… 松井　克浩　191
　　　1　はじめに　191
　　　2　災害ボランティアとコミュニティ　192
　　　3　中越沖地震とボランティア　196
　　　4　比角コミュニティの災害対応とボランティアの受け入れ　200
　　　5　被災経験と地域社会の再認識　204
　　　6　むすび――ボランティアの日常化　207

第9章　災害「弱者」と防災コミュニティ ………… 伊藤　嘉高　211
　　　1　はじめに　211
　　　2　「現場」からの課題　213
　　　3　災害「弱者」支援と地域コミュニティの共振　223
　　　4　結論　231

第10章　防災コミュニティの人的資源と活動資源… 松本　行真　235
　　　1　資源としての町内会　235
　　　2　秋田市の人的資源と活動資源　237
　　　3　各小学校区の町内会における現状と課題　246
　　　4　町内会資源に基づいた防災コミュニティの
　　　　社会設計に向けて　255

あとがき　261

付録資料《町内会・自治会等調査集計表》　265

執筆者紹介

序　章

防災コミュニティの社会設計のために

吉原　直樹

　このところ、あちこちで地震が起きている。そして地震による惨禍が伝えられている。そうしたなかで防災のありように人びとの関心が向けられるようになっている。こうした人びとの関心の高まりに呼応するように、国―地方自治体はさまざまな防災施策を講じるようになっている。同時に、防災における自己責任といった議論もあらわれている[1]。だが防災というイッシューを個人の自己責任に回収する議論はあまりにも乱暴である。他方、防災を公的主体が全面的に担うというのも、今日の行政環境からして非現実的であるように思われる。ここで考えねばならないのは、防災をめぐる公と私の役割分担（守備範囲）をどう再画定するかということである。これはある意味で古くて新しい問題構制（プロブレマティーク）だといえるが、ここにきてあらたな争点となっているのは、そうした公と私の間におおきな「すきま」ができているという点である。これは何も防災にかぎってみられる事態ではないが、防災においてより喫緊性を帯びて対応が迫られている事態である、といえよう。ちなみに、われわれが2008年におこなった東北6県の全市にたいするアンケート調査によると、全体の60パーセント強の自治体が防災ガバナンスに高い期待を寄せている（仁平・吉原ほか2008）。考えてみれば、こうした防災ガバナンスへの関心の高まりは、上述の事態にたいする行政の側からする対応の鋭意なあらわれである、といえるかもしれない。

　だが防災ガバナンスという言葉は、防災の現場ではそれほど成熟したものとはなっていない。だからここでは、「地域を構成する諸主体／アクターが防災

というイッシューをめぐって織り成すさまざまな協働(コラボレーション)の複合態」(吉原 近刊)といった含意で防災ガバナンスを用いるとして、鍵となるのは、市民・地域住民が自己決定の主体として存在するという点である。この点を踏まえたうえで問われるのが、市民・地域住民以外の諸主体が具体的にどのような役割を担うのかという点である。まず地方公共団体であるが、それは通常公的な防災施策をめぐる責任主体として立ちあらわれる。国の防災計画にもとづいて地域レベルで防災基本計画を策定し、それに即して具体的な施策を展開する。だが近年、この策定、展開の過程に市民・地域住民がワークショップとかパブリックコメントなどを通してかかわることが多くなっている。それは市民・地域住民が行政責任を分有するという形ですすんでいる。

さてこうした動きとともに、近年防災に関与する主体としてその動向がとりわけ注目されているのがボランティアである。減災および復興の現場で経験を積み上げてきたボランティアが、今日、地方公共団体が減災および復興施策と一体化した防災施策を展開するにあたって中心的な役割を担うこともめずらしくなくなっている。実際、ボランティアは市民・地域住民が防災をめぐって自己決定の領域を拡げていくのに貢献しているだけでなく、専門性を活かした行政との相互浸透も深めている。こういうこともあって近年よく指摘されるのは、市民・地域住民と行政を有機的につなげる「新しい公共」の担い手としてのボランティアの役割である。

詳述はさておき、以上のような動向を踏まえて、防災ガバナンスの基軸に市民・地域住民、ボランティア、行政の間の協働を据える議論は少なくない。だがそうした協働も、現実には行政のコントロール下にあるとみた方がいい。そこであらためて注目されるのが地域コミュニティである。上述の三者間の協働のベースをなすものとして基底的な位置を占めているのが地域コミュニティである。実際、行政の現場では市民・地域住民と行政を媒介するものとして期待しているのはボランティアよりもむしろ地域コミュニティである。そして自主防災組織への過剰なテコ入れにみられるように、地域コミュニティへの上からの動員がおこなわれている。こうした動向をガバメントへの退行と言い切ってしまっていいかどうかは別にして、現実に地域コミュニティにシフトした防災

ガバナンスが展開されていることはいなめない。

　もっとも、地域コミュニティが常に上からの制度の機制のなかに置かれながら、そのときどきにおいて「生活の共同」にともなうさまざまな実をはぐくんできたことに想到するなら、地域コミュニティが前景にあらわれ、ボランティアが後景にしりぞいてしまっているようにみえる今日の行政主導の風景は、防災ガバナンスが一点に収束するようなベクトルとしてではなく、多様なベクトルとともにあることを示しているともいえる。だからこそ、まぎれもなくガバメントの末端に位置しながらも、そこにあるから使うという単純な効用論（動員の論理の基底をなすもの）を超えて地域コミュニティがどのようにして防災ガバナンスの一翼を担い得るかを考えることが殊のほか重要になっているのである。

　それでは、ここでいう地域コミュニティとは一体何なんだろうか。社会学ではコミュニティを地域コミュニティとテーマ型もしくはネットワーク型コミュニティに二分する見方が拡がっている。これは機能面に着目した二分法であり、コミュニティの要をなす「共同性」がこの機能的な定式化では十分にすくいきれない憾みが残る。したがって必ずしも首肯し得るものではないが、現実のコミュニティの機能を図式的に把握するにあたってはそれなりのリアリティ／有効性をもっている。ここでは上述の点を踏まえた上で地域コミュニティというタームを用いる。そして具体的には町内会・自治会（以下、町内会と略称）をもって地域コミュニティとする。2章で言及するように、町内会は近代の機制のなかにあって常に「上からの組織化」の対象に据えられてきた。当然のことながら、ガバメントに位置づけられることはあっても、ガバナンスに位置づけられることはないとみなされがちである[2]。しかし先述したような「生活の共同」の位相でとらえかえしてみると、「上から」の作用面だけをみていては把握することのできない地域の共同業務を担い、防災コミュニティの基層をなしていることは、たしかである。それゆえ、かなり変種／畸形といえるかもしれないが、防災ガバナンスの有力なアクターとなり得る可能性は否定できないのである。

　とはいえ、近代一般ではなく、ネオリベラリズムが吹き荒れる近代の「いま」に照準してみると、町内会が地域の共同業務を担う組織としてあるというそのこと自体がガバメントの裏面をなしていることを示すものであるといえる。つまり、町内会の「いま」を通してガバメントがガバナンスとして表出している

ことを知ることができるのである。この「裏返し状況」の罠から逃れるためには、地域コミュニティが豊かに湛えている「生活の共同」における本源的機能が歴史貫通的なものであることを認識する必要がある。実はそうした本源的な機能が近代において「権力」にたいしてきわめて親和的な役割を果たしたのである。だから、もし町内会が畸形的なものであっても防災ガバナンスの一翼を担い得るという先の言述をより説得的なものにしようとするなら、何よりもまず歴史貫通的なものが歴史的な位相において反転する構図、すなわち「生活の共同」の枠組みが町内会に継承されるとともに「権力」に取り込まれるようになる一方で、なおも人びとが隣り合う住民生活の基層において活き続けていることをしっかりとおさえておく必要がある。

　同時に、ネオリベラリズムが貫かれる政策のフロンティアの動向を見据えながら、ガバメントを「ガバメントからガバナンスへ」の発展図式においてではなく、むしろガバメントの再版（ニューバージョン）／「再埋め込み」としてとらえるべきであるといった議論が強まるなかで、そもそもガバナンスが制度の思想としてどのようなことを含意しているのかを確認することが喫緊の課題となっている。筆者はこの点に関連して防災ガバナンスのめざすものとして以下の3点を指摘しておきたい。第一に、防災ガバナンスは防災市民活動を日常的に遂行するための場、防災をめぐる討議的民主主義を達成するための場、そして地域コミュニティを再生するための場を確立しようとするものである。第二に、当事者主権／主体をはぐくむコンテナー（容器）として自らを位置づけようとするものである。換言するなら、新しい「中間領域」の創出に際してコンテナーとしての役割を果たそうとしているのである。そしてこのことと関連するが、第三に、市民的ネットワーク形成のためのインキュベーター（培養器）の役割を演じようとしていることである。ガバメントに潜む、「ヒエラルキー・ソリューション」（金子2002）にともなう内在的病理が災害の際に表明化することが危惧されているが、上述のネットワークはそうした内在的病理をまなざし穿つものとして期待される。

　いうまでもなく、防災ガバナンスは制度そのものではない。巷間、防災ガバナンスを制度的文脈でとらえる理解が拡がっているが、それは適切ではないよ

うに思われる。防災ガバナンスはあらたな制度構築のための理念的基礎を与えているにすぎない。いわゆる制度設計の思想として、あるいはその次元で語られるべきものとしてあるのだ。筆者が上述したことにたいしてどれだけの理解が得られるかはさておき、防災の根底に横たわる理念の共有と継承を、先に一瞥したようなさまざまな協働を通して実現することが防災ガバナンスに課せられた最大の課題なのである。むろんそうであればこそ、防災ガバナンスが具体的に展開される現場においては、これが絶対的であるというものは存在しない。およそ定型的なものはないのである。ガバナンスが複数の構成要素が交差するところに足をおろし、たえず状況依存的な状態の只なかにあることを想起するなら、当然のことではあるが。もちろん、防災ガバナンスが非定形的であるということは、どの主体／アクターもイニシアティヴを握る可能性があるということを示している。

　実は、このことを念頭において、防災コミュニティの社会設計のための条件を、行政サイドの「有用性」にとどまらない「有意味」なものを抉りだすプロセスにおいて探りあてることが本書の課題なのである。もっともこういうと、掲出されている課題が本書の執筆者全員に共有されているのかという疑問が出されるかもしれない。いやたぶん出されるであろう。この点については、執筆者の間で温度差が生じていることはいなめない。本書は企画段階から、執筆者個々の切り口での個性を最大限生かすようつとめた。必然的に対象のしぼりかた／アプローチのしかたにバリエーションが生まれ、記述のスタイルにもデバイドが生じることになった。しかしこのことは、地域コミュニティの基層をさまざまな視角(アングル)から浮き彫りにするといった共同作品の底意を損なうことにはなっていない、と思う。各章において照準された町内会の諸相が複雑に織り合いながら、地域コミュニティのダイナミクスを何ほどか描述することになっているであろう。とにかく、本書では、それぞれの視角から町内会を分析し、それらを節合しながらごくゆるやかな形で地域コミュニティの基層に分け入ることにした。それが成功しているかどうかはさておき、防災ガバナンスの制度構築に向けての防災コミュニティの社会設計のための条件をさぐるといった本書の第一次的課題までには何とかかたどり着くことができた、と思う。

表序-1　東北6都市町内会アンケート調査の概要

	仙台市	山形市	青森市
調査対象	1,371ヶ所	549ヶ所	411ヶ所
調査方法	郵送調査法	郵送調査法	郵送調査法
調査期間	2005年1月20日～2月20日	2007年3月1日～3月18日	2008年3月1日～3月31日
有効回収率	85.3％ 青葉区83.3％、宮城野区90.2％、若林区85.0％、太白区87.5％、泉区82.7％	67.6％ 第一83.3％、第二81.8％、第三78.3％、第四75.0％、第五86.2％、第六77.8％、第七73.9％、第八58.3％、第九55.6％、第十76.9％、鈴川64.7％、千歳22.7％、飯塚50.0％、椹沢100.0％、出羽41.4％、金井70.0％、楯山45.0％、滝山79.3％、東沢91.7％、高瀬70.6％、大郷100.0％、南沼原61.9％、明治33.3％、南山形78.6％、大曽根83.3％、山寺25.0％、蔵王74.1％、西山形60.0％、村木沢70.6％、本沢50.0％	56.2％ 東部61.7％、西部49.4％、南部54.9％、北部50.0％、中部53.4％、浪岡68.4％

	秋田市	福島市	盛岡市
調査対象	1,025ヶ所	871ヶ所	335ヶ所
調査方法	郵送調査法	郵送調査法	郵送調査法
調査期間	2008年7月1日～7月31日	2009年11月25日～12月20日	2010年6月1日～6月30日
有効回収率	56.2％ 明徳63.9％、中通50.0％、築山55.9％、保戸野53.5％、八橋68.2％、旭北50.0％、旭南48.6％、川尻60.0％、茨島61.5％、牛島56.7％、旭川60.0％、広面67.6％、東52.2％、泉54.2％、土崎中央57.1％、土崎南52.9％、港北63.6％、新屋69.6％、新屋北50.0％、寺内50.0％、将軍野81.8％、太平35.0％、外旭川46.2％、飯島63.0％、下新城50.0％、上新城44.4％、浜田33.3％、豊岩60.0％、仁井田63.5％、四ツ小屋50.0％	56.6％ 中央74.2％、渡利74.2％、杉妻71.4％、蓬莱54.8％、清水48.8％、東部60.5％、北信57.3％、信陵65.3％、吉井田75.0％、西47.6％、土湯温泉町40％、立子山58.8％、飯坂50.0％、信夫46.6％、松川45.8％、吾妻50.7％、飯野67.7％	57.6％ 仁王56.3％、櫻城64.3％、上田83.3％、緑が丘71.4％、松園61.5％、青山83.3％、みたけ71.4％、北厨川63.2％、西厨川44.4％、土淵50.0％、東厨川100.0％、城南42.1％、山岸46.7％、加賀野57.1％、杜陵42.9％、大慈寺50.0％、上米内50.0％、仙北50.0％、本宮75.0％、太田36.4％、つなぎ0.0％、中野64.7％、簗川42.9％、見前56.0％、飯岡55.0％、乙部40.7％

最後に、ここであらためて本書が日本学術振興会科学研究費、東北大学防災拠点研究、社会安全研究財団一般研究助成等によって東北都市社会学研究会が過去6年間にわたっておこなってきた東北6都市（県庁所在都市）の町内会調査の分析結果[3]をベースに据えていることを指摘しておきたい。町内会調査は基本的には、グローバル化の進展とともに国内秩序の再編が中央―地方関係の問い直しという形ですすむ状況下で、防災コミュニティのありようを地域コミュニティ／町内会に照準してモダンの制度の改変とかかわらせて検討しようという目的の下でおこなわれた。調査のメインをなすアンケート調査は調査期間が微妙にずれたことによる困難をともなったが、比較可能なものとするために大枠のところで同一のフォームを採用した。また「グローバル化とコミュニティ」という問題構制において〈安全・安心〉が一大争点となっている状況に鑑みて、いわゆる構成と機能にかかわる一連の項目設定に加えて、特に防災と防犯のありようを問う項目を設定した。本書は繰り返すまでもないが、そうした項目設定からなるアンケート調査結果の分析に基本的に依拠している。ちなみに、表序–1は6都市の町内会のアンケート調査の概要を示したものである。

　ただ本書の中身をみてもらえば明らかなように、分析結果を共有しながらも、すべての章がそこで得た知見（findings）にことごとく依拠しているわけではない。章によっては、6都市の動向を見据えながらも、自らが主体的にかかわってきた別の調査活動の成果に寄り添っているし、また章によっては個別事例の定点観察の結果にもとづいている。いずれにせよ、6都市の分析結果へのかかわりかたには、明らかに濃淡の差がある。これはしかし必ずしもマイナスにばかり作用しているわけではない、と思う。むしろ、本書全体に厚みを加えているとさえ思われる。いうまでもなく、防災ガバナンスのありようを索める旅は、ようやく始まったばかりである。本書を一つの嚆矢として、今後射程はますます伸びていくことになるであろう。

注
1）後述するように、近年、防災の現場でも市民・地域住民が自己決定の主体となることが強調される傾向にある。しかしそれが自己責任とセットで語られるなら（ネオリベラリズムが行政環境を席捲するにつれ、そうした声が強まっているが）意味が違っ

てくる。たとえば、自主防災組織という全国くまなくはりめぐらされている任意団体がある。これは「自分たちのまちは自分たちで守る」というキャッチフレーズとともに組織されているものである。詳述はさておき、そこには自己責任という論理が見え隠れしている。しかし現実には、ほとんどの自主防災組織は行政の働きかけによって半強制的に設置されている。しかもその場合、町内会・自治会が事実上自主防災組織に取って代わっているというのが実状である。なお、町内会・自治会と自主防災組織との関連については、本書第4章を参照のこと。

2）ここまで述べてきて、ガバメントとガバナンスというタームがあまりにも不用意に用いられていることに気づかざるを得ない。ここでいうガバメントとはトップダウンの〈統制〉を特徴とする「官」主導の「縦割り」のシステム＝統治のことである。それにたいしてガバナンスとはそうした「官」の機制に馴致していない（あるいはその外にある）脱統合的で非強制的な「横結び」のシステム＝協治／共治のことである。こういうと、「ガバメントからガバナンスへ」という言い方に端的に観られるように、いずれもgoverning様式の形状として述べられているという印象はぬぐえない。重要なことは、ガバメントとガバナンスの決定的な違いが社会組成上のそれとしてあること、そしてそれを踏まえた上で「作用のかたち」（の違い）としてとらえ直す必要があるということである。

3）これらはいずれも報告書の形で公表されている（東北都市社会学研究会（編）2006；2008a；2008b；2008c；2010；近刊）。もっともどれも第一次的なとりまとめの段階にとどまっている。本書はある意味で、研究会を超えて統一的なテーマの下に第一次的なとりまとめをより深化させたものであるといえる。ただし、執筆者の間ではこの点の確認は取れていないし、またそうした確認の上に本書はあるのではない。いずれ近いうちに、本書とは別に、最終的にとりまとめる機会をもちたいと考えている。

引用文献

金子郁容　2002『コミュニティ・ソリューション——ボランタリーな問題解決に向けて』岩波書店。

仁平義明・吉原直樹ほか　2008「東北6県全市町村の防災研修ニーズ」東北都市学会『仙台都市研究』6号、1-10。

東北都市社会学研究会（編）　2006『地方中枢都市における変貌する町内会の現状とその行方——2005年仙台市町内会・自治会調査結果報告書』。

東北都市社会学研究会（編）　2008a『地方都市における転換期町内会の動向——2006年度山形市町内会・自治会調査結果報告書』。

東北都市社会学研究会（編）　2008b『地方都市におけるゆらぐ町内会とその動態——2008年度青森市町内会・自治会調査結果報告書』。

東北都市社会学研究会（編）　2008c『地方都市における町内会の転態とその実相——2008年度秋田市町内会・自治会調査結果報告書』。

東北都市社会学研究会（編）　2010『地方都市における町内会の変容とその諸相——2009年度福島市町内会・自治会調査結果報告書』。

東北都市社会学研究会（編）　近刊『地方都市における町内会の現状とゆくえ——2010年度盛岡市町内会・自治会調査結果報告書』。

吉原直樹　近刊『コミュニティ・スタディーズ』作品社。

第Ⅰ部　町内会と防災活動

第1章

防災コミュニティの歴史的前提
——「町内会」の歴史的位置づけ——

長谷部 弘

1 はじめに

　防災が地域社会との関わりで論じられる際、その担い手としてしばしば「伝統的な地域住民組織」としての町内会がとりあげられる。それは、一方で、もはや十分な防災の担い手たりえない消滅しつつある住民組織として扱われるのだが、他方で、防災コミュニティの核となりうる高い期待値を有する住民組織として再評価されもする。
　たとえば、吉原直樹は、新たな防災ガバナンスの可能性を探ろうとする試みの中で、防災活動の担い手として種々の機能を抱え込んできた地縁社会の存在に着目する[1]。地縁社会とは、生活世界の「場」の調和を最優先しようとする地縁規範を持った伝統的な地域住民組織のことであり、歴史具体的には町内会がそれに相当するという。そもそも日本における地縁社会とは同質的な社会ではなく、様々な階級と職業、異なる宗教や信条等々が混在するものであった。それにもかかわらず、地縁社会はそれらすべての異質性を「場」の地縁規範をもって抱え込む位相的社会秩序を保持していたのだという。吉原は、その地縁的規範に裏打ちされていた社会秩序の範型こそが、防災等の諸課題を担う地域コミュニティの核になりうるものだと考える。もちろん、現実の地域社会では、現在、そのような伝統的に引き継がれてきた地縁的規範・秩序を保持した中間集団が

次第に後景へと退きつつある。同時に、その地域社会を維持するために、NPO、NGO、企業、地方自治体等が、種々の戦略をめぐって多様な組み合わせを創出しながら、防災を始めとする地域社会維持のための様々な課題に取り組もうとしている。そのような中で、防災組織は、町内会を母体としつつも行政主導型（ガヴァメント主導型）へと傾斜しがちである。吉原は、そのような現状へのオルタナティヴとして、伝統的な地縁社会が培ってきた「場の規範」的位相秩序を踏まえる「ガヴァナンス型自主防衛組織」の可能性を探ろうとするのである。

このような防災コミュニティ論は、生活世界の主役たるべき地域住民の自発性に依拠する社会運動論としてもアクチュアルな可能性に満ちた主張である。しかし同時に、その議論が「伝統的な地縁組織としての町内会」についての明確な歴史的位置づけを欠いたまま展開される場合、ある種の危うさを抱え込むものにもなりかねない。現在の町内会が、地縁的規範を持つ伝統的地域住民組織として十分に機能しなくなっている事実はしばしば指摘されているが、逆に、過去の時代においてそれが十分機能していたのかどうか、またどのような意味で十分機能していたのか、と問題を立て直してみると、事柄は必ずしも自明ではないからである。さらに、災害に対する地域社会の対応は時代状況および災害の種類によって一様ではなかったから、地震災害を軸として構築されつつあるような「防災」コミュニティとは大きな歴史社会的差異が横たわっている事実も見逃せない。

それらの歴史的な諸問題を正面から取り扱うことは困難だが、本章では、まず、第二次世界大戦へと向かう中で町内会が日本全国均一組織をめざしながら地方行政の下部組織として制度化されるプロセスをスケッチし、その歴史的意義がどこにあったのかを確認してみる（第2節）。さらに、かつての地域住民組織の防災機能がどのような性格と特性を持っていたか、持たざるをえなかったのかを概観する（第3節）。その上で、具体的な事例として仙台市をとりあげ、藩政期から明治維新後の近代的地方行政制度形成期を突き抜け、近代にいたるまでの、仙台市街地における地域住民組織の歴史的変化とその防災活動の変容を歴史的にたどる（第4～6節）。これらによって、防災コミュニティとしての町内会の歴史的前提がいったいどのようなものであったのか、ささやかな確認作業を試みることにしたい。

2　町内会の歴史的位相

　町内会は、前近代社会の農村や都市の五人組等を歴史的母体としながら、明治期以降防疫政策の一貫として設置されてきた衛生組合、1923年の関東大震災をきっかけとして東京横浜等の都市部を中心に多数結成されたとされる自警団、1932年以降恐慌対策としての農山漁村経済更正運動時に全国的に結成された産業組合や部落会といった各種住民組織を全国的規模で制度化して成立したものであるといわれる。その歴史具体的な制度化が、1940年9月11日内務省訓令17号「部落会町内会等整備要領」による全国的な部落会や町内会およびその連合会の設置と整備という一連の政策であった。

　実際、第二次世界大戦後に占領期を経て残存・再生することになる町内会の原型は、大なり小なりこの訓令17号によって旧来の地域内諸組織を統合再編して設置された戦時期の町内会組織であったといってよい。したがって、「伝統的な地縁社会」の歴史的実体を確認するためには、内務省訓令17号による統合再編の内容と統合再編される前の地域内諸組織、すなわち町内会の前身となるような様々な地域住民組織の実在がどのようなものであったのかについて一定の展望を得ておく必要がある。

　明治初期以来、旧幕府諸藩の地方支配機構を解体し、これを近代的な地方行政制度へと改変し、それを整備する役割を担ってきたのは内務省という官庁組織であった[2]。特に第一次世界大戦後、1920年代になると、各地に事実上地方行政の下にあって様々なガヴァナンス機能を果たす村落組織や産業組合等の社会・経済団体、都市部には自警団・警防団や各種親睦組織といった地域住民組織が形成され、その活動分野も広がり始めた。内務省内では、このような状況に対し、1927年に行政制度審議会から地方の経済諸団体の市町村統合案を出させるなど、行政的な問題把握と対応策の模索は試みていたようにみえる。しかし、これが地方制度調査会を設置して本格的に制度改変に向けて動き始めるのは十年後、昭和恐慌対策として実施された農山漁村経済更正運動を踏まえ、国民の消費生活の組織化等を含む戦時経済体制を推進し始める時期のことであった[3]。内務省は、1938年10月に出された地方制度調査会の「農村自治制度」

に関する答申を受けるかたちで町村の各種団体に対する調整機能を認めたり、部落会を公認する案を打ち出したが、政府案にはいたらなかったという。さらに1940年には、法制化を目指し、地方制度調査会に市制および府県制の改正に関する地方局案を諮問する。その諮問案中に町内会や部落会の公認案も含められていたとされているわけであるが、結果として法制化にはいたらなかったため、1940年内務省訓令17号を発して町内会や部落会の制度化を実施したとされる。

　よく知られているように、訓令17号は、「隣保団結ノ精神」に基づいて市町村内の住民を組織し、国民の「道徳的錬成」と「精神的団結」の基礎組織とし、さらに焦眉の課題であった戦時経済運営のために「地域的統制単位」とすることによって、国民生活の統制を円滑に運用することを目的としていた[4]。その上で、全国一律に町内会および部落会（名称は自由）を区域内全戸加入の地域住民組織として設置し、それらを市町村行政の「補助的下部組織」として明確に位置づけた。農村地域の部落会の場合、産業組合等経済諸団体が広く存在していたから、その区域は行政区域および既存の部落的団体の区域を考慮し、地域的協同活動を実施するのに適当な区域を定めるよう規定している。また町内会の場合は都市区域として町その他の行政区域を定めている。さらに、隣保実行組織として隣保班を、また必要に応じて町内会連合会の設置を促し、組織運営のために常会を設けることとした。部落会・町内会にはそれぞれ会長職設置が定められ、市町村長の選任・告示等行政的なオーソライズが必要とされた。これは町内会が地方行政に組み込まれたことを意味する。

　このような目的と組織内容によって、内務省は従来の多様な経済団体や地域住民組織を再編・新設し、農村部の部落会、都市部の町内会を地方行政の下部組織として全国的に整備したのである。その意味で、制度化され、行政組織の末端へと埋め込まれることになった町内会には、きわめて均質で一元的な区域内住民組織としての性格が求められたのであり、個別実態の問題は別として、少なくともそれまでの不統一で多様な地域住民組織のあり方とは異なる戦時体制下の組織として存在することになった点が強調されなければならないであろう。これが、現代における町内会の歴史的な形成プロセスである。

3 災害と防災の歴史的位相

ところで、町内会が防災を目的とした草の根の地域住民組織として見直されるようになるのは、1995年阪神大震災以後のことであるといわれる。それは阪神大震災に際し、地震後の相互救済やボランティアの受け入れ母体として町内会が一定の役割を果たし、それが地域再生コミュニティとして有効な機能を果たすであろうことが期待されたからだといわれる[5]。このような指摘がなされる背景には、明治維新以降の近代化の中で、防災という災害対策等危機管理機能が、地域から国家へと大規模に移転されてきた歴史が横たわっている。以下、この点についての歴史的な基本認識について論じておこう。

災害をめぐる人々の思想と対応の仕方は、近代と前近代社会では大きく異なる。たとえば洪水や氾濫という自然災害を例にとっても、それは近世日本の社会にあって日常的生業基盤の破壊や凶作をもたらす「水災」であると同時に、肥沃な土砂をもたらす「宝土のうるおい」であり、河川自身もまた用水、水車力、舟運や漁労の対象として生業上必要不可欠な存在であった。したがって、当時の人々にとって、洪水とは、地域に居住し生活する者達が自らの手で堤・井溝・川除普請等を行い、洪水の直撃についてはこれを防ぎ、しのぐべきものであった。また一定以上の被害は「甘受」すべきものとして許容され、被害を最小限にする工夫をして対処するのが常であった。洪水が「満水」という景観主義的呼称で呼ばれると同時に、洪水に対する水の管理が「防水」という環境共生的呼称で呼ばれたこともけっして不思議なことではなかった。さらに、当時の洪水を管理する築堤技術の背景にも、不連続堤（近代以降「霞堤」と呼ばれることになる）という災害甘受共生的技術およびそれを耕地管理等として支える思想が横たわっていた[6]。

それに対し、明治以降の近代的治水思想は、基本的に鉄筋コンクリート技術に支えられた築堤によって洪水や氾濫を封じ込めようとするものであり、ここにおいて自然は管理されるべきものとなった。この結果、洪水対策は巨大な土木事業として国家中心のプロジェクトとなり、まさに字義通りの「治水」が行われることになる。明治維新と共に、かつて地域に生きる人々が水の管理へと

主体的に参画する慣行や思想は、「治水事業」から切断され、環境共生型の防災慣行もまた廃れることによって次第に忘却され、歴史の闇の世界へと追いやられていったのである[7]。

さらに、「防災」の内容であるが、現代日本において地域住民組織に求められる防災活動とは、おおまかにわけて災害の脅威の認識、事前の準備と予防、事後の復興対策といったものであろう。たとえば、地震災害や噴火災害時の事例でいえば、町内会や自治会といった地域住民組織には、警報伝達や災害発生時の迅速な避難、また災害発生後の援助活動の円滑化、救援物資の配分や炊き出し、日常の防災意識の涵養などの防災機能が求められている。ただし、実際に地域住民組織がそれらの機能を十分にこなすためには、様々な課題が存在するといわれてきた[8]。

近代以前の社会は、その人口の8割以上が農村地域に居住し、また都市それ自身が農村的性格を持っていたことから、災害に対する「防災」は基本的に地域対処型であったと考えてよい。たとえば、天保の飢饉などに際しても、異常気象による凶作への対策は、基本的に藩の支援や指示を背景に村落行政が担っていたし、それを村内住民（百姓）の地縁社会的な規範が底支えすることによって一定の成果があげられていた[9]。地震災害や噴火災害にとどまらず、津波災害、台風災害、洪水災害といった様々な自然災害に対して、地域内の被災関係村落がそれぞれ適宜「防災」ネットワークを形成し、幕府や藩の支援の下に地域的な対応を行っていたのである。ただし、具体的な組織やネットワーク、機能対策は時代と地域によって様々であり、けっして統一されたものではなかった。

これらが現代と近代以前との間にみられる大きな歴史的差異である。これらの理解を前提として、以下、仙台市を事例とした近世以来の防災コミュニティの歴史について論じてみることにする。

4　防災コミュニティの歴史的前提１
——近世期仙台城下の防災と地域住民組織

(1) 仙台城下の地域住民組織

　近世都市としての「仙台城下」の歴史は17世紀初頭に始まる。東北地方有数

の戦国大名であった伊達政宗がこの地に築城を企図したのである。以後、家臣団を集住させるための城下町を逐次建設することによって、17世紀後半には仙台城下の原型が完成したといわれる。

仙台城下の近世期における人口規模・構成・変動の詳細を明らかにできる直接資料は残存しない。しかし大まかな推計によれば、17世紀後半（寛文年間）で武家・町人家族あわせて3万人余であったと考えられ、以後漸次増加して18世紀半ばには4.5万人余となる。しかし1780年代（天明期）と1830年代（天保期）の凶作・飢饉の影響によって人口増加に抑制力が働き、以後幕末までほぼこの人口規模を維持することになった。ちなみに明治初期の人口は5万人余であった[10]。

近世期の伊達藩における武家・寺社・町人等を含んだ仙台城下の都市人口は、藩内人口の1割程度であったといわれる。近世期の城下の構成は、一般的に、大きく武家屋敷地（丁）と寺社地・町人屋敷地（町）からなっていた。何枚か残された城下図面によると、大部分が武家屋敷地として割り振られ、残りが若干の寺社地・職人町を含めた町人屋敷地であった。町人屋敷地は城下の主要な大路の両側に沿って割り当てられ、いったん大路から小路に入ったり城下の周辺部にいくと、そのほとんどは武家屋敷地であった。武家と町人の人口比はおよそ2：1で一定していたので、人口密度は町人屋敷地が高かった。概して近世期の仙台城下は、樹木や庭地の豊かな武家屋敷地が一面に広がり、主要な通りの両側に密集した町人の家屋が立ちならぶという地方城下町特有のたたずまいを景観的特徴としていたといえる。しかし18世紀後半以降になると屋敷地の売買や貸借も行われるようにもなり、城下には次第に屋敷地の所有者・居住者・借地人が複雑に混在することとなった。

(2) 武家屋敷地における地域住民組織

伊達家の家臣武家は、藩内部の職制に従って最小単位としての「五人組」に束ねられていた。武家が藩から拝領する屋敷地の配置は、城下の武家屋敷地の「丁」名が職制毎であったにもかかわらず、必ずしも職制に基づく「五人組」を単位とするものではなかった。そのため、享保年間には、武家は居住する「丁」や「小路」毎の屋敷並びに沿った「屋敷並五人組」という地縁的な住民組織を編

成させられていた。

　この「屋敷並五人組」は、治安と相互扶助を目的とする地域住民組織であった。しかし、それら組内部における相互の日常生活上の共同性はけっして強いものではなかったといわれる。たとえば屋敷前の喧嘩の仲裁とか行き倒れ者の通報、また藩主参観時の道路清掃や閉門を命じられた家への緊急時の援助などのような生活道徳の義務が求められた程度であった。これは、武家の生活が事実上近隣関係を中心としてではなく、職制を中心として組み立てられていたからである。さらに、伊達藩の家臣には地方知行がみとめられていたため、特に18世紀後半の天明の凶作・飢饉をきっかけとして、家臣武家が城下の屋敷に居住せず、「屋敷並五人組」に属さない家臣武家も少なからず存在するようになったといわれる。その結果、北七番丁から北十番丁あたりにかけての武家屋敷地には空き地が多くみられるようになったといわれる[11]。

　ただし治安上の機能は重要で、城下の道路辻毎に置かれた「辻番所」の勤め番が「屋敷並五人組」単位で義務化されていた。「辻番所」の数は、1723年（享保8）年には120ヶ所にのぼっていた。辻番所の責任者は辻番頭と呼ばれ、常時3名の番人が置かれていたが、「屋敷並五人組」に属する武家がその知行高に応じた番人役を負担した。負担は武家にとって小さくなかったとされる[12]。

(3) 町人屋敷地における地域住民組織

　商人層を中心とする「町人」は町人屋敷地に居住し、一括して町奉行の支配下に置かれた。城下には主要な大通り沿いに24の「町」が置かれ、「町列」と呼ばれる序列原則に基づいて支配された。城下の目抜き通りであった「大町三四五丁目」、「肴町」、「南町」、「立町」、「柳町」、「荒町」の6つの町は最も高い格付けが与えられた。町毎に役人として「検断」と「肝煎」が置かれ、町民と町奉行との間の支配行政や町人からの上申処理などの町内行政事務にあたった。この役職は世襲職であり、最も高い格付の「大町三四五丁目」では青山家・只野家が代々検断をつとめたことで知られている。

　町人屋敷地においても「五人組」が置かれ、町内における行政支配の末端に位置する住民組織として機能したとされる。しかし、この「五人組」組織は、近代以降につながる治安維持や相互扶助といった住民組織機能よりも「町

役」（労役や役銭）徴収や博徒・犯罪人の牢屋維持費「牢米」徴収の役割機能が求められていた。この組織はしばしば「屋主組合」などと呼ばれ、借家・店借といった「素町人」を除外し、屋敷地を名請している町人だけが組の成員となった。時代がくだるにつれて屋敷地の売買や貸借が多数行われるようになると町内の住民構成も複雑になり、18世紀後半以降になると、町内に居住してはいても「五人組」の成員にはなっていない住民もその数を増してきた。また大店の商人など、同じ人物の名前が町内外の複数の「五人組」の中に成員として登録されている事例も多くみられるようになり、当時の「五人組」が隣保共助の地域住民組織的性格をほとんど持たないものであったことを知ることができる[13]。

　現実の町人の生活世界において大きな力を持っていた共同組織は、行政支配の末端組織である「五人組」というよりはむしろ職業毎に形成された仲間組織であったと考えられる。特に店持ち商人の多かった仙台にあっては、各種商人仲間が商いの分野においても日常生活の領域でも大きな力を持ち、町人生活の共同性を代表する存在であった。塩釜講のような講組織に属さないと江戸の問屋層との商取引が叶わない例もあり、そこでは塩竈で毎年3月に開催される寄り合いが重要な商人仲間維持のための機能を果たしたのである。残念ながら、現時点では、町人屋敷地におけるそれ以上の地域住民組織の痕跡は確認することができない。

(4) 防災組織

　このような武家屋敷地と町人屋敷地における地域住民組織は、必ずしも災害に対する「防災」機能を担うような地縁社会を構成してはいなかったようである。この理由の過半は、町人人口数と構成比における手薄さという地方の「城下」の性格に求められるかもしれない。しかし、災害に対する防災組織が存在しなかったわけではない。仙台城下においては最大の災害であった火災対応の組織として、武家火消参加義務や「辻番所」を中心とした火消活動組織と共に町方の「町火消」を中心とする組織が二系統存在していた[14]。

　仙台城下では1620～1866年の間に40件の大火があったとされ、6年に一度の火災が深刻な都市災害になっていたことがわかる。城下を対象に町火消を中心として編成された法令『仙台輪中御火消御格式』がつくられ、消防体制が制

度化されていた。町火消は各町毎に組織され、仙台城近辺の川内の火事に際しては、澱橋町、支倉町、亀岡町、八幡町が出勤し、柳町は馬を引いて避難する特別な役割を与えられていた。これ以外の23の町は実働部隊として大町で南北に二分され、それぞれの地区で発生した火事に対する責任を分担した。仙台城近辺の川内に関してはまず北部の町々が出勤し、南の町々は片平の亘理伊達氏屋敷前に控える定めとなっていた。全体の指揮は武頭の武家があたったが、実際の火消し役は町火消が担った。目明が各町火消の頭を兼ね、火元に殺到混乱することを規制する手はずになっていた。また、火事が多発する春先には、4月まで「早駆」という特別の武家の消防隊が置かれ、武頭が風の強い日に伝馬を用いて町中の巡回を行ったとされる。

5　防災コミュニティの歴史的前提2
──近代的地方行政制度の形成と地域住民組織

(1) 明治維新後における地方行政制度の改変と地域住民組織

旧幕藩体制の制度的解体は、明治維新直後の版籍奉還（1869年）とその後の廃藩置県（1871年7月）とによって一挙に現実化した。廃藩置県に先立つ1871（明治4）年4月、各地の士族・卒族・平民といった人口の全体を調査するために「戸籍法」（布告170号）が出された。以後、調査を実施するため、「大区」・「小区」といった新たな名称を持つ「区制」が全国的に施行された。

伊達藩の城下町であった仙台城下では、明治初期における伊達藩政期も含め、大きく三回の区画編成が試みられた。それは〔第一期〕1869（明治2）年4月以降「編舎制度」と「市井制度」が実施された時期、〔第二期〕1872（明治5）年4月に「区制」が施行され、旧城下町全域に「第一大区」という行政区画が実施された時期、〔第三期〕1876（明治9）年11月「区制」区画が大きく再編成されて旧城下全域が「小六区、小七区、小八区」として第二大区の管轄下にはいった時期、である。この期間を通じ、旧城下全域は地租改正や秩禄処分が実施され、次第に近代的な「地方都市」行政域へと変貌することになったのであるが、それと同時に、旧「城下町」24町が持っていた地域住民組織機能の復帰と再編が模索されるようになる。以下、まず「区制」の施行について概観することにしよう。

〔第一期「編舎」制度と「市井」制度〕

　伊達藩は、1869（明治2）年3月、「版籍」の奉還を自発的に出願し、5月には明治政府に「版籍調」を提出し、6月になると版籍奉還が許可された。そのため、すぐさま藩政改革をせざるをえなくなり、7月にはいると藩内に藩政改革要項の伝達と実施とがなされた。そこでは、旧藩主伊達亀三郎が仙台藩知事に任じられ、旧執政職が大参事・小参事と改称されたりしたのだが、結局抜本的な改革は実現できないままに旧藩統治機構をほぼ維持する結果となった[15]。

　ただし、京都や大阪、そして新たに首都となった東京においては、同年より頻繁に市中規則やその改正が実施され、町名主制度の廃止をはじめとする都市内の行政制度改変が行われ始めていた[16]。そのような主要都市の動きをふまえ、伊達藩でも翌年の1770（明治3）年4月に、旧武士層（士卒）を対象とした新たな城下町の行政制度組織、「編舎」制度が敷かれ、戸籍その他の調査・取り扱いが実施されることとなった。

　この制度は、武家屋敷5戸を1舎として伍長を置き、5舎に5舎長をもってとりまとめ、全体を舎長が差配するという旧武家層の住民組織であった。その編成は居住地原則であり、かつての武家「五人組」組織が職制に基づく軍治編成によって行われていたのに比べ、大きく様変わりをみせた。全体を10の住民地域＝「舎」に分割して区画を設定し、それぞれの「舎」内の近隣の家々を5軒前後の組に束ねることによって560軒の家々を109組の地域住民組織として再編成した。これらの「舎」の区割りは、城の置かれている西部から東部へと城下の「番丁」順に行ったもので、たぶんに形式的な区画設定であり、かつ組数、軒数も舎毎に区々であった。しかし、武家屋敷地空間が新たに居住空間として編成されたことの持つ意味は大きく、従来の城下町空間としての構成原理は、ここで大きく「近代的」な性格を持つ都市空間のそれへと転換し始めたのである。

　しかしこの最初の「編舎」制は7ヶ月ほどしか持続せず、短命におわる。同1870年9月10日に明治政府から本格的な藩政改革を命じられたこともあり、11月になると制度・区画の改編がなされたのである。以前は10に区分けされていた「編舎」が、今度は「東方舎」「西方舎」「中通舎」「南方舎」「北方舎」という方角を示す名前をつけた5つの「舎」にまとめ直された。今度は武家屋敷地全体が「番丁」とは異なる地域空間割の原則によって区画化が試みられたのであ

る。北方舎長各舎のとりまとめ役である舎長・伍舎長は、枢要な伊達藩士を任じ、舎総は藩政改革による新執政役である参事が兼任、舎制は大属士籍係が兼任する、というように藩の行政職制と絡み合わせられた。

さらに旧町人町（市井）に関しては、翌年の1871（明治4）年3月頃になってようやく新たな行政制度が敷かれ、全部で27に区分けした「町」を行政的に支配するため、以下のような役人組織が作られた。

「市長」は清水惣三郎（大町二丁目）と小谷卯兵衛（大町一丁目）の2名、「副市長」は田丸庄三郎（南方）以下中村式治（荒町）、管野正兵衛（駅長兼国分町）、針生彦三郎（北材木町）、針生林吉（河原町）の5名が任じられた。さらにその下に、各町を代表する「町人代」として、27町から28人の役人が任命された[17]。

もともと、旧仙台城下における町人屋敷地は、主要道路の両側に沿って配置されていた[18]。さらにそれらの「町」は24を数え、「町列」と呼ばれる序列原則を持ち、その中でも城下の目抜き通り沿いの「大町三・四・五町目」、「肴町」、「南町」、「立町」、「柳町」、「荒町」の6つの町はひときわ高く格付けされていた。上の役員組織からも明らかなように、新たに設定された「市井」制度は、そのような旧城下の24の「町」を若干の修正を加えて27の町として引き継ぎ、「町列」も考慮しながら組織化されたものであり、その意味では、同年4月以降「戸籍法」に基づく「戸籍区」や1872年1月以降実施される「大区・小区」制度とは性格を異にする旧来型の行政組織だったということができる[19]。

ともかくも、仙台では、1871年4月の「戸籍法」に基づく戸籍編成・人口調査の作業を、新たに「戸籍区」を作ることなく、この旧来型の行政末端組織である編舎制と市井制の行政組織と行政区画によって実施することとなったのである。

「戸籍法」の実施後、7月には「廃藩置県」の詔勅が出され、8月以降各地で藩から県への地方行政制度の引き継ぎが実施されることとなった。これによって、地方行政制度改変の主導権は、名実ともに藩から明治政府へと移ることとなった。仙台藩の場合、同年4月に大参事が太政官に呼び出されて藩状調査を命じられ、さらに7月14日の「廃藩置県」の詔勅に従って仙台藩の廃止が現実のものとなった。新たに仙台県が設置されると同時に、7月下旬に旧藩主伊達宗基（亀三郎）らが仙台を離れて上京し、伊達氏の当該地域の支配は終焉を迎えるこ

ととなったのである。
　同年8月には藩から仙台県へと行政の引き継ぎが行われ、11月には仙台県の大参事に塩谷良翰、権参事に遠藤久三郎が新任された。同時に県庁は旧城内から旧藩校の養賢堂へと移された。それと入れ替わりに、青葉山の旧城内には東北地方の治安を維持する東北鎮台が置かれることとなった。また同月2日には角田・登米両県が合併され、伊達藩解体後の近代的地方行政組織、仙台県（後の宮城県）の母体が形成された。そのような動きの中で、旧仙台城下の編舎制度と市井制度もまた、政府の方針に沿った都市域内の行政区再編が実施されていくことになる。

〔第二期「区制」の施行と「第一大区」〕
　翌1872（明治5）年1月8日、仙台県は宮城県と改称され、同年4月には仙台でも区制が実施されることとなった。旧城下武家屋敷地および市井一円を「第一大区」としてまとめ、これを7つの小区に分割して戸長・副戸長を置いたのである。しかし、この区制は、相変わらず旧城下域内を武家屋敷地と町人屋敷地とに二分した区画設定のうえで実施されたものであった。その意味で、従来の編舎制度・市井制度の枠組みを大きく組み替えるものではなかったといわなければならない。
　実際の区画は以下のようなものであった。
　まず編舎制度がとられていた旧武家屋敷地区域であるが、この区域は小一区から小五区まで5つに区画された。地域割りをおおざっぱにみると、東方舎から北方舎まで5つにわけられていたそれまでの編舎制度下の区割りに近似しているようにみえる。全体を統括する「触頭」役は遠藤小三郎・東儀平が任じられた。各区の副戸長（3人ずつ）の顔ぶれをみると、編舎制下に各舎の伍舎長を務めた人物が4名副戸長に名を連ねており、旧南方舎・中通舎の伍舎長であった者二人が今度は「小一区」という同一区域内の副戸長を務めている[20]。これらを考えあわせると、ここでの「小区」の区割りは、一定の変更はあったかもしれないが、おおむね編舎制度下の五舎（西方舎、東方舎、中通舎、北方舎、南方舎）の区画を前提とし、「区制」という新たな制度にあわせて名称変更したもののようである。

さらに市井制度がとられていた旧町人屋敷地域も、同月中に「小六区」および「小七区」として「区制」が実施された。各区には一等戸長・二等戸長が置かれ、旧市井の市長と副市長がほぼそのままスライドして任じられた[21]。ここでも従来の市井制度をほぼそのまま引き継いで、新たな「区制」にあわせて名称変更をしたように思われる。

小一区〜小五区は旧武家屋敷地の区割りであり、また小六区と七区は通り沿いに位置した町人屋敷地の区割りであった。したがって、両者は旧城下町時代の区割り原則にしたがって「区制」を運営することとなったわけであり、その意味で、仙台に「第一大区」という新たな区制が実施されても、その都市空間をみると、武家と町家とが地域的に峻別されたままの近世城下町空間がいまだ再生産され続けていたということになる。当時はまだ秩禄処分が終了していなかったため、武家屋敷地としての居住空間はそのまま手をつけることはできず、行政制度も改廃することはできなかったのである。

同1872年4月の布告第117号をもって全国各地の庄屋・名主・年寄の役職が廃止された。同時に、それに代替する役職として新たに戸長および副戸長が置かれた。仙台「大区」では、翌年1873年の2月になって、一等戸長を「区長」、同二等戸長を「副戸長」、そして、小区の二等戸長を「戸長」、市井一等戸長は「市井戸長」とそれぞれ改称し、この全国的な役職名変更の動きに対応しようとしている。1874年には大・小区画の若干の変更が実施されるとともに、第一大区長として氏家次章、同副区長として多川実知が任じられた。

この1874年、全国的な「民会」設置の動向と歩みを一つにして、宮城県では「議事会議規則」が制定され、県会の前身である議事会が毎年4回（2月・5月・8月・11月）開催されることとなった。その議事会では県令・参事が議長となり、正・副区長と戸長、各大区より選出された2名の公選議員が構成員となって議事が運営された。このような「民会」設置の動きの中で、より下位の行政組織である各大区でも区長が議長、議員には副戸長、学区取締、村扱、初納収集人をあてる「区会」の設置が促されていったのである。

〔第三期第二大区管轄下の「小六区、小七区、小八区」〕

1876年8月の金禄公債証書発行条例によって「武士」身分の有償廃絶をめざし

た秩禄処分が終わった。以後、様々な特権を持った社会的身分集団である武家集団は名実ともに消滅し、彼らの居住していた旧城下町の都市社会もまた「四民平等」としての社会空間へと改編されることとなったのである。

　旧城下町仙台でも、その3ヶ月後の1876（明治9）年11月、大区・小区の大幅な区画制度の改編が実施された。仙台は、もはや旧武家集団の居住地がある市街地として特別扱いされることなく、宮城県下諸郡を編成した諸大区のうち、名取・宮城・黒川の三郡を統括する「第二大区」の一部分として行政区画化され、旧第一大区の旧小一区～七区は新たに「小六区、小七区、小八区」に編入された。小六区は新河原町から小田原にいたる仙台市街地東南部一帯を区画化したものであり、小七区は米ヶ袋から立町・木町にいたる中央南部一帯を区画化したものであり、そして小八区は表小路・勾当台通から北三番丁を経て八幡町にいたる中央北部一帯を区画化したものであった。これらの3つの「小区」は、都市生活に直接密着する末端の行政区であったが、その行政的制度空間はようやく旧城下町の秩序空間の名残を払拭し、南部・中央部・北部の三地域へと三分されたのであった。

　このような仙台における「区制」の徹底化は、全国的な視点からみると、生活の共同性とむすびついた旧町村の存在を再確認し、行政の主体として町村を再評価しようとする政策と並行して進められた。

　明治政府は、それまで、県より下位の町・村・城下町といった旧来の地方行政制度に替わる新たな全国的な統一的制度プランは持ちあわせていなかった。したがって「区制」という新たな地方行政制度も具体的な法制化はなされず、行政的な権限や財政的裏づけの作業は各府県の裁量にまかされたのである。したがって、「区制」が実際の現実的な行政処理を行う制度組織として整備されたか否かは、地方の事情によって様々であったようである。

　しかし、政府は、従来の町や村を基礎に据えた地方行政組織の制度化へと大きく舵をとることになる。1876（明治9）年10月に出された「各区町村金穀交借共有物取扱土木起功規則」（太政官布告130号）は、そのような政府のそれまで実質的な行政権を与えられていなかった区および旧来の町や村に対し、行政団体としての資格を一定度認め、それを制度化した[22]。宮城県は、この法令に基づき、早速「大区」の区務を明確化した[23]。ちなみに都市部の仙台市街が含

まれた第二大区の区務所は宮城県庁内におかれ、小区18（村187、町137）、戸数29,085、人口170,442を管轄した。

(2)「三新法体制」と仙台区

　明治政府は、全国的に近代的で統一的な地方行政組織の制度化をめざし、とりあえず旧幕藩制下の地方末端行政制度の遺産を最大限に生かす方針で、1878年7月に「郡区町村編制法」・「府県会規則」（太政官布告第17号）、ついで「地方税規則」（布告第19号）を定めた[24]。これら3つの法令によって制度化された府県の地方自治的運営制度とその下部行政組織＝郡区町村を前提として実施された地方行政体制が、「三新法体制」といわれるものである。さらに区・町・村の民会を1880（明治13）年4月「区町村会法」（布告第18号）によって制度化した。

　仙台では、1878年7月の「郡区町村編制法」発布に基づいて、従来の「第二大区」下の「小六区・小七区・小八区」が統合され、「仙台区」として独立行政区となった。区役所は、まず大町3丁目20番地に仮設置し、その後勾当台通19番地県庁構内に移設した。そして同年11月には、区内を5部に区画分割し、さらに部毎に4ないし6区画分割してそれぞれ「町場持」4～6人を置いた。5つの部とその下の22の「町場持」を通じて布告・布達等の事務を取り扱おうとしたのである。

　上記からも明らかなように、三新法体制下に都市行政体として設立された「仙台区」では、5つの「部」とその下に置かれた22の「町持場」を通して、廃棄された近世城下町的な社会空間秩序を立て直し、新たな地域行政の組織的運営を行おうとしたのである。しかしこのような新たな行政組織は必ずしもうまく機能せず、以後、1890年代末にいたるまで市街地末端行政組織の改編作業が試行錯誤を続けていくこととなるのである[25]。

　実際、仙台区は、区内市街地行政を進める上で、市街地事情に即した詳細な町名区画化に腐心せざるをえなかった。三年後の1881年10月24日に区内の市街区分を大幅に改編し、市街地全体の従来の町名を大幅に詳細化し、新弓ノ町から小田原広町にいたるまで140の区画にわけ、新しい町名をつけて公布した[26]。

　一年後の1882年10月、仙台区は行政便宜のため、行政区画を改めて各町組

合を設け、組毎に組長一人を置く「各町組合制」をとることとした。その上で、二年半を経た1885年4月1日以降、それまでの各町組合を新区画町毎の組合に更正して140組とし、同時に「組長設置規則」を改めて、組長は満25歳以上で組内に不動産を所有する者より選挙し、任期を三ヶ年、組内の布告回達、納税注意、戸籍方ならびに篤行者・貧困者の取り調べ、組内共同の事件に関係させる等、旧五人組的色彩の強い地域住民組織統括機能を持たせようとした。その活動にあてる「筆紙墨料」として、年間一戸あたり十銭の徴収を定めている[27]。

　しかし、このような行政的な論理で新たに区画設定した「町」に、行政機能に加えて居住・社会生活上の共同性機能まで併せ持たせようとする「各町組合制」を条文通りに実施させることは大きな困難を伴わざるをえなかった。「四民平等」化した市街地における地域住民の「共同性」は、行政的論理からする新たな区画設定ではすくい取ることのできないものであったからである。実際、翌1886年2月13日には、新区画の町140を直接町組合に編成することを止めてしまい、各町の事情に応じていくつかの新区画町の統合再編を行い、56組の町組合に再編成せざるをえなくなった。さらにこの再編町組合もまた持続せず、1889年の市制施行下で50の「区」の新設が企てられた時点で廃止されることとなるのである。

(3) 仙台市の誕生と区制時代の地域住民組織

　明治期における地方行政制度の近代化・行政組織の試行錯誤的改編は、1889年の市制・町村制の施行をもってほぼ終了した。この年、全国で39ヶ所に「市」が誕生したが、宮城県の仙台市はそれら39の新制「市」の一つとしてスタートしたのである。4月1日、「仙台区」の市域と遺産をそのまま踏襲して、市制に基づく新「仙台市」が発足した。

　仙台市は、仙台区時代に制定された「各町組合制」とその下で設置された56の「町組」を廃止して、市内全域で土地台帳上226を数えた「字」名の諸町を50の「区」に再編成し、各区に区長を置くこととした。この区制の成り立ちは難産で、1889年6月1日の市会に「区長設置規則」が出されたが廃案となってしまい、市参事会の専決で市制執行の補助機関とするかたちでなんとか実施にこぎつけたのである。

「規則」の中では、区長の担当事務として、1）法律規則及諸令達の普及、2）戸籍に関し市長へ差出書面への署名、3）戸口調査、4）不就学児童の勧学、5）徴兵壮丁の召集、6）倒死人検査立会、7）伝染病予防法に対する注意、8）道路・溝渠等の掃除の督励、9）徴税礼状配布、10）諸納税期限励行、11）篤行奇特者及極貧者の調査報告、12）区内公共の利害に関する事件の取調、13）その他市長の指揮命令する事項、の13項目があげられており、この「区」が市の行政補助機能を中心として組み立てられており、居住・社会生活の共同性に関してはかなり副次的な位置づけしかなされていない事実を読み取ることができる。

ちなみに5月23日の市参事会に出された「区長設置規則議案」の中では以下のような説明がなされている。

「区長ノ職務権限ハ区長設置規則ニ定ムルカ如ク、其責任実ニ重大ナリト雖トモ、各区ノ市役所ヲ距ル僅々数拾町ニ過キサルヲ以テ、特ニ事務所ヲ設置シ或ハ時間ヲ一定シテ職務ニ従事スルコトヲ要セス。常職ノ傍其職ニ従事スルヲ得ヘキナリ。且ツ区長ハ名誉職ナルヲ以テ区内名望ノ士ヲ挙ケ、其職ニ任用セラルヘキコトハ論ヲ俟タス。自ラ有給吏員トハ其性質ヲ異ニセルカ故ニ其報酬類ハ一ヶ年僅ニ金弐拾円ヲ起点トシ、其管轄区内ノ戸数ニ応シ以テ差等ヲ立テ其多キモ三拾六円ニ止メントス…」

このような設置規則を前提として、6月9日の第20回市会において早速この50の区の「区長」選挙が行われた。興味深いことは、50人の区長候補者について、その投票数（総数24）は、2人の事例（常磐町区の内崎作五郎と東三番町の長谷泰之、両者ともに満票）をのぞいて、その多くが8票：16票という結果になっている事実である。当時の市会は事業家職の強い中心会と旧藩上級士族的色彩の強い同志会に二分されていたといわれる。おそらく、名誉職的であるこの「戸長」の選挙においても、両勢力がそれぞれ事前に独自候補者の選定リストを作成し、選挙対策を施していたのであろう。仙台市の地域末端行政を担う区長制も、この時期からすでに仙台市会の政治構造と密接なつながりを持ったものであったことを見ることができる。

以後、1892年6月に区長50名の定期改選がなされたが、1895年度末の改選時には50区を束ね直して10区に再編し、この10区の区長選挙を行った。さらに1896年度には、1897年3月末で区長が廃止され、かわって吏員が配置され

ることとなった。その理由は「現今ノ如キ少数ノ区画ニテハ到底事務ノ完行ヲ見ルニ難ク之ヲ存知スルモ無益ナレハ」、廃止して市役所の吏員が直接処理した方が財政的に効率的だからだというものであった[28]。

しかしそのような廃止策は不評であり、翌1898年3月には、「区」数を20区に再編統合して区長制を敷くこととなった。さらに各区の区長は区内の各町の構成員同士の調整をはかるために「連合戸主会」を組織し、末端行政領域における市政の運営円滑をはかった。

明治維新直後から30年以上にわたって行われてきた仙台市内「行政区」の改廃再編作業はここでほぼ終了し、以後周辺地域の合併・行政区の新設以外、区域は固定・維持されることとなった。仙台市の市街地域における地域住民組織は、この20の区を末端行政組織の枠組みとしたうえで、行政機能との接合を持続的に形成していくこととなるのである。

一連の「区」の改廃統合のプロセスから透けてみえるのは、1870年代末に三新法を立案した官僚松田道之の「行政区画ト住民独立ノ区ト二種ノ性質ヲ有」する地方行政制度づくりの理念である。それは、末端の行政組織化に際してできるだけ旧来より存続してきた地域住民秩序を利用しようとする試みであり、現実の地方都市仙台における末端行政組織の制度化の歴史は、そのような試みを裏切るものであった。というのも、すでに何度か触れてきたように、旧城下で維持運営されてきた末端行政機能と結びついた旧住民組織は明治初期の旧制度解体政策によって廃絶され、新たに同様の末端行政組織ををを作りあげ、維持運営していくためには、地域的事情に応じた居住・社会生活上の共同性をきめこまかにすくい上げる住民参加型の装置が必要だからであった。

結果的に、仙台市では、末端の地域住民の生活秩序を行政組織から切り離し、近世期における町人屋敷地24町より簡素化したかたちで新たな末端行政機構を作りあげることになった。それが1898年以降の20区からなる行政区制度であったといえよう[29]。人々がもし旧城下時代から継受した地域住民生活秩序を変化の内に保持していたとしても、それは以後、少なくとも末端の行政組織＝「区」とは次元を異にする日常的生活世界においてだけ機能するものとなっていかざるをえなくなった。そしてそのような市民生活の《地縁の基層》は、総力戦体制期という国家存亡の危機に際してさえ、公会や隣組といった行政的組織

の機能とは十分かみ合わなかったし、逆に戦後占領期の町内会・隣組禁止の時期には、ゆるやかに人々の市民生活をつなぐ存在として生き続けたのであった。

(4) 明治維新後における仙台の地域住民組織と防災の近代化

　本来、東北地方の太平洋岸に位置する仙台城下は、春先に大火が多かったとされる。明治初期の類焼戸数の多い大火として宮町大火、長町大火、北山大火、河原町大火などがあげられている。また旧仙台城二の丸の建築物のほとんどが消失した1882年の仙台鎮台大火、旧城下の中心であった芭蕉の辻近辺が消失した1890年の芭蕉の辻火災、1900年の芭蕉の辻商館火災などによって、旧城下建築物も次第に近代的な建築へと置き換えられている。たとえば、1903年には芭蕉の辻東北角に先代における本格的な洋風建築の一つとして七十七銀行本店が新築されている。

　旧藩時代の延長で、明治維新後の防災組織も主として町火消が実働組織となった。1869年の版籍奉還後、減知の上存続が認められた仙台藩はその藩政組織を大幅に刷新する中で、従来の二系統の消防体制を一本化し、火災時には「勤政庁軍部領衛守陣」指揮の下で町火消しが出役する体制へと再編成した。その後、1871年の廃藩置県とともに一時的な仙台県を経て宮城県が置かれるにいたり、町火消しは宮城県警察のもとに置かれ、1879年に出された県の「消防章程」に基づいて仙台区に町火消組132人が設置され仙台市警察の管轄下に運営されることとなった。この組織は1881年以降消防組と改称し、1889年に水防や非常事変の際の出動も行うこととなった。1894年にはこれら地方消防組織が勅令による「消防組規則」によって全国統一の制度化がなされ、市町村が警察の指導下に運営する近代的な消防組として整備されるのである。その後、南町大火（1919年3月、707軒焼失）、東一番町火災（1933年3月、50軒焼失）、新河原町火災（1933年10月、12軒消失）等が発生するが、それらへの対処はすべて、近代的な消防体制のもとで行われることとなったのである。ちなみに、第一次大戦前までの仙台市では、地震関係では1901年の三陸地震（マグニチュード6）による津波被害（六郷地区の田地浸水）が伝えられている程度であり、災害といえば、ほとんどは洪水と火災であった。

6　防災コミュニティの歴史的前提3
——戦時体制への途と仙台市の「公会制」

　仙台市内には、自警団が1921年にはじめて国分町中央・南光院丁・三百人町の記録にあらわれる。以後、20年代半ばから30年代前半にかけて、多くの自警団が結成されることとなる。1940年代に市内133団（団員2万2千余名）を数えるようになる自警団組織は、各町またはその内部の有志を単位として自発的に結成されたものとされ、犯罪予防・災害防止と救済・衛生思想の普及などその目的を多面的に持ちながら警察・消防と密接な連携を持ちながら運営されたといわれる。だが、この背景には行政側からの強い後押しがあったことが指摘されなければならない。この自警団結成とあいまって戸主会の結成も相次いだのであるが、これは1932年仙台市教育委員会の建議に基づいて準則を示すことにより、仙台市が各町内在住の「戸主」に自主的な結成を促したものであった。町内戸主間の融和親善を図り共存共栄の実をあげることを目的としたというこの組織は、翌1933年12月に自警団と一緒になって「連合戸主会」を組織した。事務所を市役所に置き、創立総会と評議員会を開いて会長に仙台市長を推薦したというから、自主的な町内会組織というよりは、むしろ事実上の官製組織であったと考えて良い。1934年5月には戸主会数70、自警団43、その他6合計119を数え、さらに1940年8月になると戸主会・自警団あわせて合計203を数えたとされる[30]。

　ところで、1935年4月以降配布されるようになった仙台市広報の配布先は庁内、市会議員、区長、市内区要所、奉仕委員、戸主会、衛生組合長などであったとされる。しかしその発行部数はわずか720部にすぎず、当時の広報なるものが、市域全体各世帯に広く配布されたものではなかったことを確認できる（仙台市史編纂委員会, 1955：221頁）。当時の市行政が地域住民と繋がる公式のルートはきわめて限られたものだったのである。またそうであるが故に、地域住民への行政情報の伝達は、きわめてインフォーマルで不定形な非行政組織としての住民組織ないし日常的共同性に依存するものにならざるをえなかった。すでに京都や大阪といった大都市では、1920年代後半以降、関東大震災をきっかけとして自警目的で結成され始めた町内会組織が広汎なひろがりをみせつつあった。

仙台市では、1933年以降ようやく行政主導で「戸主会」なる官製の町内会的住民組織が形成され始めたわけである。しかしそのような行政主導の戸主会的地域住民組織の活動にはおのずと限界があり、他のインフォーマルな地域住民の「共同性」とでもいうべき様々な生活関係によって支えられる必要があったと考えられるべきであろう。

1940（昭和15）年9月、日中戦争の長期化が自覚され、戦時体制が強化され始めると同時に、内務省訓令第17号「部落会町内会整備要領」が出され、各市町村に国策透徹隣保団結国民経済生活の地域的統制単位として部落会ないし町内会の結成が要請された。仙台市では要領で想定していた町内会組織が存在していなかったこともあってか、すでに8月時点で予め「仙台市公会及び連合公会設置規定」を策定可決し9月になると即それを公布した。11月末までにそれぞれの学区毎に341の公会が結成され、これが18の連合公会に分属して仙台市「固有」の町内会制度である「公会制」が発足したのである。それに先んじ、仙台市が誕生した1889年以来半世紀の歴史を持つ「区長制」は廃止され、その下で行政を補完した「戸主会」も9月9日の「連合戸主会総会」で廃止された。従来戸主会的な地域住民組織では充分組織化が徹底できなかった地域住民の共同性は、隣組を末端組織とするより徹底した全国一律の部落会・町内会制度によって組織化が再度試みられたのである。翌年、周辺の市内農村地域でも43の農家組合が改組して38の農事実行組合に法人化された。これは都市部の公会と同等のものとされ、連合関係を保つこととされた。さらに戦時体制下の地域隣保互助体制に基づき、それぞれ防空団長→防空地区長→防空郡長を委嘱され、地区防空組織としての機能を担うこととなった。

敗戦色が次第に濃くなる状況の中で、仙台市は1943年11月「仙台市公会設置規定及同規約準則」を定め、公会隣組の組織強化をはかった。具体的には公会の構成を町・部落を中心とした500戸程度の規模とし、従来の連合公会を廃して、公会長による「市常会」を組織する。これによって国策の浸透と上意下達の徹底を目指し、また各公会の内部運営に必要な部門制を導入し事務員を置くことにした。これらは、戦時体制下に生活必需物資の配給機関を整備徹底するための処置であった。結果として市内および支所管内あわせて164の公会が置かれ、運営されることとなった。

これら「公会制」は、総じて、町や部落といった旧城下以来の共同の近隣秩序をできるだけすくい取るかたちで組織化・再編成を行おうとしたものであった。しかし、生活物資の配給問題などにしばしば軋轢が生じたことからもわかるように、個々の家々が生活の必要から作り出した近隣的共同性としての様々な生活関係を充分すくいあげることができず、政策遂行と組織実態との間に様々なずれが生じたのであった。

7　おわりに

　1996年阪神大震災以後、防災と防犯を目的とした草の根の地域住民組織として町内会が見直されるようになった。それは阪神大震災に際して相互救済やボランティアの受け入れ母体として町内会が一定の役割を果たし、それが地域再生コミュニティとして有効な機能を果たすであろうことが期待されるようになったからである。冒頭で論じた、伝統的な地縁社会が培ってきた「場の規範」的位相秩序を踏まえる「ガヴァナンス型自主防衛組織」をそのような地域再生の一つとしての防災コミュニティとして推進しようとする発想は、きわめて現代的である。これまでの叙述を通して、われわれは、都市地域における町内会組織という存在が、戦時体制期に全国的な均一組織として制度化されたものであり、歴史的に相対化する必要性があることを強調した。しかし、農村社会とは異なり、都市社会という「住まうこと」以外に特別な生活上の凝集の必要性を持たない居住空間において、「場の規範」という地域社会的規範を文化コードとして保持していたかつての日本列島の住民達は、その都市的居住空間の中に、表に現れないかたちでなおも居住生活に根ざす共同性や連帯性を作り上げていたのであろうことを、われわれは歴史的まなざしを持って再検討していかなければならないのかもしれない。

注
1）吉原直樹「防災ガバナンスの可能性と課題」（吉原2008『防災の社会学』所収）。
2）内務省の歴史的全体像については『内務省史』全四巻（1970）が基本文献だが、近年

の優れた研究としては福田義也（2007、2010）があげられる。
3）『内務省史』第二巻、193-194頁。なお、地方制度調査会の「標準的農山漁村行政調査」（1937年8月）によれば、調査対象となった518町村には、産業諸団体が1,657、教化修養兵事諸団体が671、警備衛生その他の諸団体が173あったとされ、1町村あたり4.8の団体があったという。団体長を町村の公職者が兼務する産業団体数は、農会410を筆頭に1,187にのぼり、内務省はこれらを戦時経済の組織的遂行のために地方行政制度の末端へと組み込もうとした。
4）周知のように内務省訓令17号「部落会町内会等整備要領」では、その「第一目的」において次のような規定をしている。「一隣保団結ノ精神ニ基キ市町村内住民ヲ組織結合シ万民翼賛ノ本旨ニ則リ地方共同ノ任務ヲ遂行セシムルコト二国民ノ道徳ノ錬成ト精神的団結ヲ図ルノ基礎組織タラシムルコト三国策ヲ汎ク国民ニ透徹セシメ国政万般ノ円滑ナル運用ニ資セシムルコト四国民経済生活ノ地域的統制単位トシテ統制経済ノ運用ト国民生活ノ安定上必要ナル機能ヲ発揮セシムルコト」。さらにその「第二組織」では、部落会と町内会について次のように規定している。「（一）市町村ノ区域ヲ分チ村落ニハ部落会、市街地ニハ町内会ヲ組織スルコト（二）部落会及町内会ノ名称ハ適宜定ムルコト（三）部落会及町内会ハ区域内全戸ヲ持テ組織スルコト（四）部落会及町内会ハ部落又ハ町内住民ヲ基礎トスル地域ノ組織タルト共ニ市町村ノ補助的下部組織トスルコト（五）部落会ノ区域ハ行政区其ノ他既存ノ部落的団体ノ区域ヲ斟酌シ地域的協同活動ヲ為スニ適当ナル区域トスルコト（六）町内会ノ区域ハ原則トシテ都市ノ町若ハ行政区ノ区域ニ依ルコト但シ土地ノ状況ニ応ジ必ズシモ其ノ区域ニ依ラザルコトヲ得ルコト（七）必要アルトキハ適当ナル区域ニ依リ町内会連合会ヲ組織スルコトヲ得ルコト（八）部落会及町内会ニ会長ヲ置クコト会長ノ選任ハ地方ノ事情ニ応ジ従来ノ慣行ニ従ヒ部落又ハ町内住民ノ推薦其ノ他適当ノ方法ニ依ルモ形式的ニハ少クトモ市町村長ニ於テ之ヲ選任乃至告示スルコト…以下（九）（十）略…」。
5）これらの指摘については、三井康壽（2007）、吉原直樹編（2008）および日本建築学会（2009）。
6）このような認識は、古くは17世紀末の『百姓伝記』の記述にも明瞭なかたちであらわれているし、大熊孝（1988、2004）および北原糸子編（2006）、宇沢・大熊編（2010）等近年の災害論災害史研究の中でもしばしば指摘されるようになっている。
7）この点については、特に大熊孝（1988、2004）が詳しい。
8）早稲田大学社会科学研究所（1986）204-205頁。
9）長谷部弘・高橋基泰・山内太編著（2010）。
10）以下の歴史的な叙述は基本的に仙台市史編纂委員会（1954/55）および仙台市史編さん委員会（2003）に依拠している。なお、叙述の大枠は長谷部（2002、2004）において一度論じているが細部は改稿してあることを付記しておく。
11）仙台市史編さん委員会（2003）345-346頁。
12）仙台市史編纂委員会（1955）113-123頁、および仙台市史編さん委員会（2003）136頁以下。
13）仙台市史編纂委員会（1954）134頁。
14）仙台市史編さん委員会（2003）153-155頁。
15）明治版『仙台市史』113-120頁。
16）参事院編「維新以来町村沿革」（明治史料研究連絡会編『明治史料第三集』所収、

17) 明治版『仙台市史』126頁。なお、これらの役人の他に、町方警護と思われる「検丁南町国井保太郎密方手先八人」が任じられている。
18) 1893年の「仙台市測量全図」をみても、市街地の主要屋敷建物は主要道路の両側に密集して立ち並んでおり、横丁や通りにはいると広い庭のある屋敷地が立ち並ぶ広い空閑地となってしまう。ここから考えると、明治中期にいたるまで、旧武家地と旧町人屋敷地の名残が残存していたらしい。
19) 「大区」「小区」制とは、明治政府が近世行政村・町とは異なった地方行政制度を試行錯誤する過程で試みられた新たな地方行政の区画名称である。実際は、1871年4月、「戸籍法」(太政官布告第170号) に基づいて全国的に戸籍編成・人口調査を実施するために設定された「区制」がその嚆矢である。そこでは、「戸籍の編製はその住居の地に就て之を収め…故に各地方の便宜に従ひ、予め区画を定め毎区戸長並に副を置き、長並副をして其区内の戸数、人員、生死、出入等を詳にする事を掌らした…中略…但戸長の務は是迄各所に於庄屋、名主、年寄、触頭と唱るもの等に掌らしむるも、又は別人を用ゆるも妨げなし」、とされていた。すなわち、戸籍作成にあたる役職を戸長・副戸長と規定し、旧近世行政村の役人であった名主や庄屋等が兼ねてもよいし、また新たに任じられてもよい、とされていた。条文上は、新たに設定された区画が戸籍区とも行政区とも解釈できる内容になっており、実際の運用は各府県を中心とした地方の裁量にまかされていたのである。
20) 副戸長は、小一区 (佐藤三太郎、瀬成田統蔵、遊佐伝三郎)、小二区 (作間良伍、横沢直之進、小崎大之進)、小三区 (今村胖、佐藤簡、中目寛太夫)、小四区 (武市九郎三郎、星健三郎、油井宮人)、小五区 (岩淵英喜、遠藤津五郎、別所繁幸) である。佐藤三太郎と遊佐伝三郎はそれぞれ南方舎と中通舎の伍舎長であったことから、この行政の末端制度もまだ従来のように旧武家・町人たちの秩序を引きずりながら維持されていたものであることがわかる (明治版『仙台市史』、127頁)。
21) 旧市井の場合、戸長・副戸長に相当するのは一等戸長・二等戸長であり、それぞれ、小六区 (中村式治、田丸小三郎)、小七区 (清水惣三郎、針生彦三郎) であった (明治版『仙台市史』129頁)。
22) 亀掛川浩 (1962) 32頁。
23) 明治版『仙台市史』130頁および、『仙台市史』第二巻42頁。区に区長・戸長・議員・村扱・同雇・土木下係・書記・使夫を置いた。また区長は大区内を総管し、国税・県税・区費の徴収を促し、戸長以下を監視する役目を負った。さらに、戸長は小区内の事務を管し、村扱は村内事務、同雇・土木係は道路橋梁用水管理、を担当した。そして、区惣代計算係が置かれ、区費の収支を担当させた。区長・戸長職は公選であった。
24) 三新法を立案した松田道之は、三法案を太政官に提出した際の理由書の中で都市と農村の行政と自治の関連について次のように記している。「宜シク我古来ノ慣習ト方今人智ノ程度トヲ斟酌シテ適実ノ制設クヘキナリ依テ前陳ノ主義ニ基キ府県都市ハ行政区画ト住民独立ノ区トニ種ノ性質ヲ有セシメ町村ハ住民独立ノ区タル一種ノ性質ヲ有セシメ都市吏員ハニ種ノ性質ノ事務ヲ兼掌セシメ町村ハ其町内共同ノ公事ヲ行フ者即行事人ヲ以テ其独立ノ公事ヲ掌ルモノトス…」(大森鐘一「自治制定之顛末」、故大森男爵事歴編纂会 (1930) 302-303頁)。
25) 1878年11月1日の区内五ヶ所に戸長役場を設けたが、翌年1879 (明治12) 年1月に

は早々と廃止している。行政事務予算の問題とともに、行政事務が円滑に機能しなかったことも一因であったと考えるべきであろう。

26) 明治版『仙台市史』139-146頁に区画毎の町名が掲載されている。戦後版『仙台市史』では、この1882年の町名区分は「分量頗る詳密であったが必ずしも実状に沿わなかったがためであう〔ろ〕う。その後一般に実用されることもなく現今では殆んど忘れられている」、とされ、また当該箇所の注の中で、「明治十四年制定の区分は、単なる日常の便宜によったものであろうと思われる。…なおこの区分は爾後稀にしか使用されていないが、この公布が特に廃止されたと云う事実も見当たらない」としている（戦後版『仙台市史』第2巻、65頁）。実際、1889年市制施行後の市街地内「字」名は226を数え、1882年区画町名の直接的継続性は必ずしもみられない。
27) 明治版『仙台市史』146頁および、戦後版『仙台市史』第2巻146頁の記載による。
28) 仙台市史編纂委員会（1955）181頁。
29) 市民生活と関わる行政的施策と地域住民秩序の間に生じた齟齬の事例をあげておこう。仙台市は1895年、市内を10の衛生区にわけて区毎に衛生組合を組織し、補助金を交付して奨励につとめた。しかし、このように行政区とも旧来の地域住民秩序とも区別された衛生組合の組織化は仙台市の行政主導で進められたが、地域住民による積極的な協力がえられず、衛生組合間の調整にあたる連合組織の結成もなかなか成功しなかった。また1900年の汚物掃除法に基づいて5つの掃除区を中心に市内の清掃が定期的に実施されるようになったが、これも地域住民の参加協力がなかなかえられず、行政主導で行われざるをえなかった。これら市民生活に直接関わる諸事業がなかなか市民協力・参加型にならなかった大きな原因は、すでに述べたような歴史的経過によって「行政区」と地域住民の共同性との間に生じていた「隙間」の存在にほかならなかったのである。
30) この戸主会と自警団については、仙台市による行政的バックアップの事実も含め、これまで充分明瞭な記述がなされてこなかったが、最新の仙台市史において、1921年に最初に結成された自警団の内容について詳細な叙述がなされている（仙台市史編さん委員会、通史編7、2009、152頁以下）。なお、戸主会と公会制度に関する歴史的事情については、間接史料ではあるが、連合戸主の解散を報じた「公会制度に呼応──戸主会、発展的解消」（『仙台市広報』138号所収、1941年1月1日）に詳しい。

参考・参照文献

岩崎信彦他編著　1989　『町内会の研究』御茶の水書房。
宇沢弘文・大熊孝　2010　『社会的共通資本としての川』東京大学出版会。
大霞会編　1970-71　『内務省史（全四巻）』地方財務協会。
大熊孝　1988　『洪水と治水の河川史──水害の制圧から受容へ』平凡社。
大熊孝　2004　『技術にも自治がある──治水技術の伝統と現代』農文協。
故大森男爵事歴編纂会　1930　『大森鍾一』。
亀掛川浩　1962　『地方制度小史』勁草書房。
北原糸子　2003　『近世災害情報論』塙書房。
北原糸子編　2006　『日本災害史』吉川弘文館。
仙台市役所編纂　1908　『仙台市史』仙台市（明治版『仙台市史』と略記）。

仙台市史編纂委員会　1954/1955　『仙台市史　本編1/2』仙台市役所。
仙台市警察史編纂委員会　1978　『仙台市警察史』宝文堂。
仙台市史編さん委員会　2003　『仙台市史　通史編4』仙台市。
仙台市史編さん委員会　2008　『仙台市史　通史編6』仙台市。
仙台市史編さん委員会　2009　『仙台市史　通史編7』仙台市。
中川剛　1980　『町内会——日本人の自治感覚』中公新書591。
日本建築学会　2009　『復興まちづくり』丸善株式会社。
長谷部弘　2002　「地域住民組織の歴史的位相——仙台市を事例とする歴史的検討の試み——」、『仙台都市研究』東北都市学会 Vol.1、9-20頁、同　2004　「日本における近代的地方行政制度の形成と地域住民組織——宮城県仙台市を事例として——」、『イギリス都市史研究』日本経済評論社　333-353頁。
長谷部弘・高橋基泰・山内太編著　2010　『飢饉・市場経済・村落社会——天保の凶作から見た上塩尻村』刀水書房。
古島敏雄校注　2001　『百姓伝記（上）（下）』岩波書店。
福田義也　2007　『内務省の社会史』東京大学出版会、同編　2010　『内務省の歴史社会学』東京大学出版会。
三井康壽　2007　『防災行政と都市づくり』信山社。
早稲田大学社会科学研究所　1986　『研究シリーズ20　災害と地域社会』。
吉原直樹　1989　『戦後改革と地域住民組織——占領下の都市町内会』ミネルヴァ書房。
吉原直樹編著　2008　『防災の社会学——防災コミュニティの社会設計に向けて——』東信堂。

第 2 章

町内会の構成と機能

吉原 直樹

1 はじめに

　町内会はこれまで社会学とか政治学の分野でさまざまに論じられてきた。そしてその一環としてこれらの分野では、町内会論争が一つの有力な研究系譜を形成することになった。この論争については別のところで詳述しているので繰り返さないが（吉原 2000）、そこを貫く特徴は、町内会を肯定するにせよ否定するにせよ、それを一国社会ベースで、近代もしくは反近代の文脈において位置づけるというものであった。またその延長線上で類似組織との比較がしばしばなされてきたが、その場合も一国社会の並立を前提とした比較社会論的な枠組みの内部でおこなわれることが多かった。しかしグローバライゼーションの進展とともに一国社会の存立基盤がゆらぐようになり、近代―反近代という分析軸のリアリティが大きく損なわれることになった。それとともに町内会をどう位置づけるかが根底から問われるようになった。

　この問い込みは、今日、コミュニティの多元的な問い直しとともにある（吉原、近刊）。日本では長い間、コミュニティといえば町内会が想到された。そして町内会が近代の文脈で「前近代的」もしくは「非近代的」と目されるような姿態を抱合していたゆえに断罪されたように、コミュニティもまた上からのガバメント（統治）の文脈において否定的に論じられがちであった。あるいは、そう

でなければ、コミュニティに「日本的なもの」の淵源をさぐりだし、その水脈をひきつぐとされる町内会を肯定的に論じるかであった。筆者によれば、前者は町内会が日本の町内が歴史貫通的に担保してきた「異質性」／「異種混淆性」の否定の上に立ちあらわれた「近代現象」そのものであることを見抜けなかったこと、他方、後者は「近代現象」としての町内会を町内と同一視し、底のない「日本的なもの」に還元してしまったことで、ともに問題を有するものであった。

　ちなみに、今日、近代を素朴な肯定や批判の文脈（両者は同根）においてではなく、差異の次元においてとらえる議論が台頭している[1]。またコミュニティを町内会と相同的にではなく、むしろ（町内会と）共振しつつもそこに回収されていかない、より「多管的」な文脈においてとらえる論調が強まっている。そしてこれまで絶対堅固なものとしてあった国民国家の下での「内」と「外」、「中心」と「周辺」の差異をあいまいにするグローバライゼーションが進展するとともに、「境界」を前提として指摘されてきた、そしていまなお指摘されている町内会の「前近代的」もしくは「非近代的」な性格の意味を読み直すことがもとめられている。しかしコミュニティ／町内会をめぐる事態はもっと劇的に変化している。つまりいまや「境界」の脱埋め込みという次元を超えて「境界」の再強化／再埋め込みといった動向[2]がみられるようになっており、異質性／流動性が確実に高まるなかでの同質性、すなわち内に閉じられた「共同性」が取りざたされるようになっている。ともあれ、一見、十年一日変わらないようにみえる町内会の姿態のもつ意味が大きく変容しているのである。むろん、これまで町内会を論じるにあたって有力な説明図式としてあった「コミュニティ──アソシエーション」とか「地域コミュニティ──テーマ・コミュニティ」といった一連の機能主義的な定式化も再審が避けられなくなっている。

　さて本章では、以上の点を念頭において、町内会の「構成と機能」について概観する[3]。そして、そこに内在する転態の意味をいわゆる「境界」のゆらぎに照準しながらさぐることにする。あわせて、防災コミュニティの基層をなす町内会の全体像を浮き彫りにすることにつとめ、以下の章への架橋の役割を果たしたい。

2 町内会の構成

(1) 町内会の沿革と発足の契機

　町内会の起源についてはさまざまな議論がなされている。しかしここでは、町内会の「原型」をめぐるややこしい議論には立ち入らない[4]。町内会が制度的な文脈でいうと、近代に特有のものであるということを指摘するにとどめたい。東京にかぎっていうと、町内会発足の時期としては概ね三つの時期、すなわち衛生組合が睦会等に転じる明治30年代、関東大震災時に誕生した警防団の叢生期、それから農村経済更生運動とともに東京市全域にひろがった町会の拡充期、が指摘できる（吉原 1989）。つまり、戦前段階において東京の町内会はできあがっていたのである。それでは、東北6都市の場合どうであろうか。表2–1でみるかぎり、戦後、都市化が大々的にすすみ、市街地→住宅地が拡大していった仙台市を除くと、どの都市でも現在の町内会の4分の1前後のものがすでに戦前から存在している。そうしたなかでとりわけ対照的な構図を織り成しているのは、山形市の町内会と仙台市の町内会である。詳述はさておき、山形市の場合は旧市街地の町内会が量的に多数派を占めているのにたいして、仙台市の場合は戦後開発された市街地の町内会が多数派となっていることが表2–1から読み取ることができる。ともあれ、6都市の町内会の沿革は、当該都市の市街地および住宅地の形成過程と深くかかわっていることはたしかである。

　だがかりにそうであるとしても、市街地→住宅地形成が町内会の形成、発展と直接にむすびつくとはかぎらない。なるほど、これまで町内会の構造的特性の一つとして「人が住むとそこに自動的に町内会ができる」ことが指摘されてきたが、実際のところはそこに何らかの人為／意思が作用もしくは介在していたと考えるのがむしろ理にかなっているといえる。そこで発足契機に目を移してみよう。表2–2によると、総じて「旧来の町内会」からそのまま継承されているものと「不明」が目立っている。「不明」の少なからず部分が（町内会長にとって）遡及困難なことから派生していると考えるなら、かなりの町内会が沿革を戦前までさかのぼることができるとした先の記述にそれなりに符合する。その

表 2-1 発足時期

(%)

発足時期	青森市	秋田市	盛岡市	山形市	仙台市	福島市
1940年代*	24.7	28.8	21.3	40.2	8.8	28.6
1950年代	13.9	9.2	15.0	11.6	12.7	11.4
1960年代	14.3	13.4	18.1	9.7	20.7	11.8
1970年代	16.5	19.1	17.6	14.0	18.8	13.4
1980年代	7.8	8.2	9.8	3.8	13.6	6.1
1990年代	4.8	4.9	5.7	3.0	13.2	2.8
2000年代	2.2	4.0	2.1	2.2	5.7	4.3
わからない	12.6	10.1	9.3	8.6	4.0	18.9
無回答	3.5	2.4	1.0	8.6	2.5	2.8

* 「1940年代以前」も含む。
注）秋田市N＝576、青森市N＝231、山形市N＝371、仙台市N＝1,170、福島市N＝493（以下の表はすべて同じ）。

表 2-2 発足のきっかけ

(%)

発足の契機	青森市	秋田市	盛岡市	山形市	仙台市	福島市
講和条約	2.6	1.0	2.1	3.5	−	1.6
旧来の町会	22.1	13.9	26.4	17.3	22.6	12.8
新来住民	14.7	23.6	14.0	10.0	16.2	7.5
団地など	14.3	14.1	14.5	7.3	21.2	14.0
地域問題解決	−	−	−	−	20.5	−
実力者の意向	12.6	15.6	15.5	19.1	−	15.8
行政のすすめ	9.5	10.4	9.8	11.6	5.6	13.2
連合のすすめ	−	−	−	−	3.7	−
区画整理	6.1	5.4	8.8	15.1	−	5.1
合併	7.8	2.6	4.1	5.1	1.3	12.4
不明	21.6	24.1	17.1	25.6	10.3	29.6
その他	9.1	6.4	8.8	8.6	6.7	6.1
無回答	3.5	4.3	1.6	5.1	1.8	2.8

注）表中−は回答肢に存在しない（以下の表における−はすべて同じ）。

上で指摘したいのは、「団地などの造成」および「新来住民の意向」にともなって発足しているものと「実力者の意向」および「行政のすすめ」でつくられたものが一定比率を占めていることである。ここでは戦後の町内会の形成、発展が一方で「上から」もしくは「外から」のはたらきかけ（それ自体、戦前型としてある）に依りながら、他方で何らかの生活機能の充足をもとめて立ち上がった「自治会」型の展開にも根ざしていることを読み取ることができる。いずれにせよ、

表2-3 世帯加入率

(%)

世帯加入率	青森市	秋田市	盛岡市	山形市	仙台市	福島市
全戸加入	38.1	59.5	38.9	54.2	34.8	50.5
90％以上	38.1	28.1	37.3	28.8	37.1	33.3
70～90％	19.9	8.7	21.2	12.9	21.0	12.6
50～70％	3.0	1.0	1.6	1.6	4.6	2.0
30～50％	0.4	0.5	0.0	0.5	0.6	0.4
30％未満	0.0	0.2	0.0	0.3	0.5	0.0
不明	0.0	0.7	1.0	1.1	0.8	0.4
無回答	0.4	1.2	0.0	0.5	0.6	0.8

そこからは「ガバメント」型町内会と圧力団体型自治会がクロスしながら戦後町内会を構成するプロセスを、いわば源流のところで探りあてることができるのである。もちろん、この場合、当該都市の市街地→住宅地形成、畢竟、都市空間構成のありかたが規定因として作用していることはいうまでもない。

(2) 町内会の内部構成

さて先にすすもう。以上のような沿革と発足の契機からなる町内会は、それではどのような組織構成を示しているのであろうか。通常、町内会の組織構成をみる場合、組織内関係と他組織・団体との対他関係に目が向けられる。そこでまず前者からみることにしよう。町内会はしばしば「地域代表(性)機能」を担っているといわれる。その場合、メルクマールになるものとしてとりあげられるのが世帯加入率である。ちなみに、表2-3によると、「全戸加入」＋「90％以上加入」の町内会が仙台市以外の5都市の町内会でいずれも4分の3以上に達している。とりわけ、秋田市、山形市、福島市の町内会の世帯加入率が軒並み80％以上に達しているのが目につく。高い世帯加入率は、そのまま「地域代表(性)機能」につながるわけではないが、「住まうこと」に底礎する地域集団としての基礎的要件を充たしていることはたしかである。

とはいえ、地域集団としての町内会は、これまで行政的に「起用」されながらも、地域自治組織として制度の外に置かれてきた。町内会の法人格取得はこうした状況に変化をもたらすかもしれないといわれた。しかしどうであっただろうか。地方自治法の改正によって町内会の法人格取得の道がきりひらかれて

表2-4 法人格の取得状況

(%)

取得状況	青森市	秋田市	盛岡市	山形市	仙台市	福島市
取得済み	7.8	13.2	6.2	22.4	4.4	12.0
取得予定	2.2	1.6	1.0	3.5	1.5	3.0
取得予定なし	76.2	73.8	81.9	63.9	80.0	72.2
検討中	6.5	4.5	4.1	4.0	5.8	4.9
無回答	7.4	6.9	6.7	6.2	8.4	7.9

表2-5 集会施設の有無

(複数回答、%)

集会施設	青森市	秋田市	盛岡市	山形市	仙台市	福島市
町会独自	39.0	44.8	51.3	48.0	38.9	40.4
他町会と共有	15.2	11.8	9.3	16.7	13.9	21.9
他団体と共有	7.4	4.3	6.7	7.3	5.0	6.1
公民館等	38.1	26.0	23.3	26.7	20.9	19.1
利用施設なし	4.3	5.4	4.7	5.4	19.7	9.3
その他	10.0	10.2	9.8	12.1	9.0	5.7
無回答	0.9	1.6	1.0	0.3	5.6	1.6

からかなりの日数がたつ。だが表2-4でみるかぎり、全体の4分の1が「取得済み」および「取得予定」である山形市の町内会を除いて、制度としてはそれほど定着しているようにはみえない。少なくとも、全体の4分3から80パーセント近くの町内会が法人格取得の必要性を感じていないようである。もともと法整備が緊急避難的にとられた措置であっただけに、必要に迫られるような係争を抱える町内会が意外に少ないということがかえって浮き彫りになったといえるのかもしれない。ちなみに、懸念された係争もしくは軋轢は、主に町内会の所有する建物、土地、物品をめぐるものであった。実際、法整備がなされた背景には、全国とりわけ都市部の町内会でそのことが町内会の基盤を揺るがしかねない大きな争点になっていたという事情がある。

　町内会が所有する建物は、いうまでもなく組織の内部構成（のみならず対他関係）において最重要の資源をなすとともに、活動の場を保証するものとしてある。それはたいていの場合、集会施設として存在する。表2-5は町内会の集会施設の所有状況をみたものである。同表によれば、形態の如何にかかわらず何らか

表2-6 集会所の所有状況（建物および土地）

(%)

建　　物	青森市	秋田市	盛岡市	山形市	仙台市	福島市
町内会所有	66.7	86.0	70.7	82.0	48.3	84.4
市所有	23.3	5.4	18.2	8.4	30.3	9.0
個人所有	2.2	1.6	5.1	2.2	6.1	4.0
その他	5.6	5.8	4.0	5.6	12.4	2.5
無回答	2.2	1.2	2.0	1.7	2.9	
土　　地	青森市	秋田市	盛岡市	山形市	仙台市	福島市
町内会所有	27.8	42.6	14.1	55.6	9.2	36.7
市所有	44.4	31.4	58.6	17.4	59.2	16.1
県所有	7.8	1.9	1.0	0.6	2.9	1.5
国所有	0.0	0.8	1.0	0.6	1.2	0.5
民有地	7.8	12.4	20.2	10.1	12.0	28.6
その他	6.6	10.1	3.0	13.5	12.0	15.5
無回答	5.6	0.8	2.0	2.2	3.5	1.0

注）各市集計ベースは巻末集計表を参照。

の集会施設（「その他」を除く）をもっている町内会は、いずれの都市でも半数以上に達している。一見したところ、6都市の町内会は横並び状態にあるようにみえるが、山形市、盛岡市、福島市では70％前後の町内会が、また仙台市、秋田市、青森市では60％前後の町内会が所有しており、両者の間に所有状況の違いがはっきりあらわれていることがわかる。そしてこの違いは、「町会独自の施設」の所有状況にも50％を境とする層と40％を境とする層といった形で相同的にあらわれている。とはいっても、以上の動向は、集会施設があるかどうかの次元のものであり、町内会が建物および土地を（町内会の資産として）実際に所有しているかどうかをあらわしてはいない。表2-6は、あらためて集会施設の建物および土地の所有主体の状況をみたものである。詳述はさておき、ここでは建物の所有状況において、秋田市と仙台市を両極として「町内会所有」と「市所有」がトレードオフの関係をなしていることが注目される。つまり「町内会所有」が多ければ多いほど、「市所有」が少なくなっている、逆に「町内会所有」が少なければ少ないほど「市所有」が多くなっているのである。土地の所有状況についても、山形市と仙台市を両極としてほぼ同じようなトレードオフの関係を読み取ることができる。それにしてもどの都市の町内会も建物に比べて土地の所有状況が大幅に下回っている。ちなみに、山形市以外の5都市では、

表2-7 建物・土地の特色(一番多いもの)と人口の変化

(%)

建物・土地の特色	青森市	秋田市	盛岡市	山形市	仙台市	福島市	人口の変化	青森市	秋田市	盛岡市	山形市	仙台市	福島市
事業所	1.3	0.5	3.1	1.9	2.3	3.0	大いに増加	3.9	3.8	8.8	5.7	5.6	5.1
商店	1.7	1.2	4.1	1.3	2.1	5.7	やや増加	14.3	10.4	17.1	17.0	18.8	17.8
工場	0.0	0.0	0.0	0.3	0.3	0.4	あまり変化なし	31.6	31.8	30.1	28.3	49.3	32.9
一戸建て	74.5	83.3	82.9	74.7	65.7	80.5	やや減少	39.4	38.7	37.3	37.2	21.8	34.1
集合住宅(単身)	0.4	0.3	10.9	0.3	4.4	7.9	大いに減少	8.2	13.7	3.6	9.7	2.6	7.9
集合住宅(家族)	6.5	5.0	47.2	6.2	18.3	23.3	その他	0.0	0.2	1.6	1.1	0.5	0.2
田畑	2.2	2.6	10.4	4.0	1.8	29.8	無回答	2.6	1.4	1.6	1.1	1.4	2.0
その他	0.9	1.4	2.6	0.5	0.8	3.9							
無回答	12.6	5.6	7.8	10.8	4.4	6.1							

いずれも後者の所有状況は前者の所有状況の50%以下である。とりわけ仙台市および盛岡市の場合、町内会所有の土地の占める割合は極端に低い(逆に市所有の土地の割合は際立って高い)。これにはいろいろな要因が考えられるが、一つには社会的インフラが未整備のままに都市化がすすんだこと、そして集会施設の整備が行政主導でおこなわれたことに起因すると思われる。

さて、以上のことにも関連するが、町内会の組織構成のありようは町内会がどこに立地しているかによって少なからず影響を受ける。そこで、表2-7に寄り添いながら、まず町内会が立地する周辺の建物・土地の状況(特色)についてみてみよう。総じて「一戸建ての地域」に立地している町内会が多数派であることがわかる。これに次いで多いのがファミリー層向けの「集合住宅の地域」ということになるが、福島市および仙台市を別にすれば、それもきわめて少数派にとどまっている。詳述はさておき、ここには、東北地方の都市化→宅地化が一戸建て住宅主導ですすんだことが織り込まれている。他方、「人口の変化」では、仙台市だけがなおも増加基調を維持しているものの、その他の都市ではいずれも「やや減少の地域」がトップになっている。東北地方では仙台市のみがかろうじて縮小社会から逃れられているとよくいわれるが、コミュニティレベルでこのことがいみじくも実証されたかたちだ。

次に、表2-8の居住世帯の特色をみると(ただし、仙台市の場合は資料がないため除外)、いずれの都市も、家族形態の如何を問わず、高齢者をかかえている居

第2章　町内会の構成と機能　47

表2-8　居住世帯の特色

(%)

居住世帯の特色(1)	青森市	秋田市	盛岡市	山形市	福島市	居住世帯の特色(2)	青森市	秋田市	盛岡市	山形市	仙台市	福島市
非高齢者・核家族	12.6	14.8	23.8	11.6	15.4	古くからの地付きの世帯層が殆ど	31.2	30.9	8.8	32.9	13.3	29.8
高齢者・核家族	14.3	20.7	30.1	11.3	15.2	古くからの地付きの世帯層が多い	27.3	28.1	27.5	28.8	23.2	26.8
非高齢者と高齢者核家族	36.4	39.2	46.6	50.7	43.8	同じくらい	6.5	6.8	14.5	8.4	14.9	9.1
非高齢者・単身	6.9	3.8	19.7	4.9	2.0	外からの新しい世帯の方が多い	12.6	11.6	30.1	14.6	24.3	17.6
高齢者・単身	1.7	3.5	9.8	2.4	3.0	外からの新しい世帯が殆ど	19.0	18.6	17.1	13.7	21.6	13.4
その他	13.4	6.8	12.4	7.0	9.9	無回答	3.5	4.0	2.1	1.6	2.7	3.2
無解答	14.7	11.3	15.0	12.1	10.5							

住世帯からなる町内会の占める比率が断然高いことがわかる。また「古くからの地付の世帯層」によって占められている町内会の構成比は、仙台市および盛岡市以外の4市では60％前後を占めている。ここには高齢化先進地域の都市の特性／位相が如実にあらわれている。他方、仙台市および盛岡市ではその構成比が他の4市に比べて明らかに低く、その分「外からの新しい世帯」によって占められている町内会の構成比は他の4市に比べて明らかに高い。いずれにせよ、こうしてみると、仙台市が東北6都市のなかにあってかなり異なった都市的性格をもっていることは明らかであり、そのことがこれまでみてきた組織的構成において仙台市が占める位置とも多少なりとも関連があることが読み取れる。

(3) 町内会と他組織・集団との関係

以上、町内会の組織構成について、特に内部構成に絞ってみてきた。ところで町内会の組織構成を検討する際にいま一つポイントになるのは、町内会と他組織・集団との関係（対他関係）である。それをどう読み解くかは、これまで町内会分析で中心をなしてきた。表2-9は、そうした対他関係のありようを多面的にみたものである。ここではいわゆるコト（活動）、ヒト（役員）、情報、カネ（補助金等）の行き来／移動を通して、町内会をめぐるタテの階統的構成とヨコの組織的連関のありようを検討することが鍵となる。

表2-9よりまず指摘できることは、どの都市においても町内会と他組織・集団とは濃淡の差はあるものの、一定程度のむすびつきを維持していることであ

表2-9 町会とその他組織との関係

(%)

		町会が活動に協力	町会から役員を出している	町会に役員が出されている	町会が情報を出している	町会に情報を提供している	町会内に部会を設置している	補助金や負担金を出している
子供会育成会	[青]	88.5	23.8	7.6	11.4	11.4	26.6	59.0
	[秋]	66.2	19.0	8.6	10.1	22.0	20.0	51.4
	[盛]	74.8	15.5	20.6	20.0	27.1	21.3	70.3
	[山]	72.1	22.6	5.6	8.0	9.9	11.5	53.6
	[仙]	-----	12.9	12.3	19.7	29.5	19.3	83.8
	[福]	65.3	28.8	9.1	10.1	21.7	13.8	56.7
民生・児童委員会	[青]	53.2	55.3	7.7	16.1	20.3	3.5	15.4
	[秋]	43.8	31.8	5.9	18.4	38.8	2.6	5.2
	[盛]	52.3	49.7	16.1	17.4	33.6	8.1	9.4
	[山]	45.6	46.9	5.2	12.7	15.0	4.6	9.1
	[仙]	-----	27.8	5.5	19.5	27.1	4.4	7.2
	[福]	46.9	30.3	4.7	11.9	24.2	3.3	8.9
少年補導委員会	[青]	49.7	35.5	0.0	17.7	21.3	7.1	7.1
	[秋]	37.9	21.3	2.4	9.5	25.4	4.7	4.7
	[盛]	38.8	25.4	7.5	9.0	17.9	3.0	10.4
	[山]	30.1	27.0	3.1	6.1	12.3	3.1	12.3
	[仙]	-----	26.4	2.2	12.4	20.8	4.5	17.4
	[福]	45.4	29.2	4.9	10.6	23.2	5.6	15.1
体育振興会	[青]	65.7	27.1	0.0	11.6	3.9	19.3	19.3
	[秋]	52.3	52.1	5.5	8.3	29.8	13.2	52.8
	[盛]	51.9	44.2	5.8	5.8	26.9	15.4	25.0
	[山]	44.6	53.4	5.1	8.2	10.9	9.9	39.5
	[仙]	-----	54.0	3.1	15.4	29.0	5.8	65.6
	[福]	53.5	54.5	6.8	9.0	21.5	16.0	53.1
防犯協会	[青]	52.8	47.7	4.3	11.9	19.6	11.1	40.9
	[秋]	45.7	36.5	2.4	9.5	33.2	6.5	30.3
	[盛]	53.5	42.5	7.9	14.2	33.1	11.0	44.9
	[山]	27.7	30.4	3.8	4.2	9.7	3.8	19.7
	[仙]	-----	61.1	2.6	19.6	34.6	6.2	56.6
	[福]	46.9	36.9	4.4	11.1	24.4	7.5	34.2
消防団(分団)	[青]	68.6	20.0	6.2	8.7	20.0	7.5	34.9
	[秋]	35.9	20.6	2.8	7.3	26.8	3.5	32.4
	[盛]	53.6	41.3	5.8	10.9	25.4	5.1	62.3
	[山]	47.7	19.0	3.5	4.7	11.2	3.1	53.5
	[仙]	-----	22.1	1.5	10.8	24.4	4.6	59.8
	[福]	44.7	19.2	3.7	9.2	22.4	3.7	44.7
社会福祉協議会	[青]	59.9	64.7	4.1	16.3	27.2	6.1	48.3
	[秋]	52.6	42.8	4.0	15.3	37.7	3.8	53.5
	[盛]	47.3	42.5	4.5	12.7	33.6	4.5	57.3
	[山]	48.6	50.5	5.0	9.8	13.9	6.9	36.0
	[仙]	-----	54.9	3.4	20.7	33.0	3.9	56.8
	[福]	49.7	27.7	3.3	10.2	21.7	4.4	48.4

婦人会	[青]	59.0	20.0	10.5	3.2	10.5	17.9	35.8
	[秋]	50.4	20.0	5.0	7.5	20.4	15.4	30.0
	[盛]	65.2	27.5	21.7	17.4	29.0	34.8	40.6
	[山]	53.6	26.8	5.4	8.0	7.1	17.9	32.1
	[仙]	-----	31.1	8.9	20.3	21.8	28.3	46.5
	[福]	40.2	17.5	4.9	6.3	12.9	9.8	21.7
青年団	[青]	79.4	13.3	13.3	0.0	13.3	6.7	26.6
	[秋]	55.9	4.4	2.9	8.8	14.7	16.2	26.5
	[盛]	48.6	13.5	8.1	13.5	24.3	21.6	32.4
	[山]	46.2	7.7	5.1	2.6	10.3	10.3	25.6
	[仙]	-----	16.8	7.5	15.0	13.1	15.9	40.2
	[福]	43.7	9.2	3.4	5.0	10.9	5.9	15.1
老人クラブ	[青]	71.5	19.7	12.4	10.2	18.3	16.1	59.1
	[秋]	53.8	18.2	4.0	16.3	22.2	9.2	41.2
	[盛]	62.8	21.4	14.5	20.0	25.5	11.7	56.6
	[山]	51.6	16.7	3.3	5.7	8.5	8.5	39.4
	[仙]	-----	13.7	5.8	21.1	25.7	11.3	71.1
	[福]	43.2	17.6	6.8	8.2	17.0	8.0	29.3
商工会・商店会	[青]	53.3	33.3	6.7	6.7	20.0	6.7	20.0
	[秋]	27.8	4.6	2.8	7.4	20.4	1.9	2.8
	[盛]	40.5	5.4	2.7	2.7	32.4	0.0	0.0
	[山]	18.8	9.4	1.6	7.8	10.9	3.1	3.1
	[仙]	-----	10.9	4.5	13.6	20.9	0.9	7.3
	[福]	23.6	8.1	0.7	4.1	9.5	2.7	3.4
農協・漁協	[青]	54.1	23.2	15.5	0.0	15.5	7.7	0.4
	[秋]	29.1	12.8	3.5	7.0	15.1	1.2	2.3
	[盛]	34.3	8.6	5.7	5.7	22.9	2.9	2.9
	[山]	13.5	10.8	0.0	1.4	6.8	1.4	1.4
	[仙]	-----	7.6	0.0	4.5	13.6	1.5	0.0
	[福]	23.1	10.4	1.2	4.6	12.7	5.2	2.9

注) 表中 [秋] は秋田市町内会、[青] は青森市町内会、[山] は山形市町内会、[福] は福島市町内会のことである (以下の表における [秋] [青] [山] [福] はすべて同じ)。各市集計ベースは巻末集計表を参照。

る。ちなみに、コトでは青森市の町内会を筆頭にして、6都市を通して「子供会育成会」、「体育振興会」、「社会福祉協議会」、「民生・児童委員会」、「防犯協会」、「消防団」、「老人クラブ」とのむすびつきを維持している町内会が多い。他方、コトほどではないにしても、ヒトでは「体育振興会」、「防犯協会」、「民生・児童委員会」、情報では「民生・児童委員会」、「防犯協会」、「少年補導委員会」、「社会福祉協議会」、「老人クラブ」、さらにカネでは、「子供会育成会」、「体育振興会」、「社会福祉協議会」、「消防団」、「老人クラブ」とのむすびつきが強い。ちなみに、町内会と他組織・集団とのむすびつきは双方向的なものではなく、ヒトでいうと町内会→他組織・集団、情報でいうと他組織・集団→町

内会といった一方向的なむすびつきとなっている。詳述はさておき、町内会と「社会福祉協議会」、「体育振興会」、「防犯協会」、「民生・児童委員会」との間に厚いネットワークが形成されていることがわかる。

　ここであらためて注目されるのは、町内会とともに厚いネットワークを形成している上述の組織・集団がいずれも行政の窓口とむすびついたいわゆる行政協力組織として存在することである。そこでは一見したところ、指摘されるようなネットワークがヨコの協働関係を織り成しているようにみえながら、実は行政主導のタテの関係に町内会が地域のまとめ役として組み込まれていることが読み取れる。同時に、そうしたネットワーク自体、かつて町内の年齢階梯集団として町内会に内属していたような諸集団（ここでは「子供会育成会」、「婦人会」、「青年団」、「老人クラブ」）を周辺に追いやったり、ヒトを介して紐帯を維持している町内会を少数派にしてしまっていることなどに観られるように、明らかに変容を遂げている。いずれにせよ、町内会の対他的関係は、行政の意思が深くおよんだ、諸組織・集団間の擬似的な横結的関係としてある、といえる。むろん、だからといって、これらの対他的な関係がタテの階統的なシステムに丸ごと組み入れられてしまっているというわけではない。地域のまとめ役としての機能には、何ほどかは地域の多様な利害を根茎状に節合する機能が埋め込まれている。

3　町内会の機能

(1) 日常活動の実施状況

　さて町内会の構成についてはこれぐらいにして、次に活動の実態に目を向けてみよう。まず各種日常活動の状況についてみる。表2-10からすぐさま指摘できることは、町内会が日常活動の担い手としてきわめて包括的な役割を果たしていることである。このことは、これまで町内会の多機能性を示すものとして指摘されてきた点であるが、あらためてここで確認することができる。ちなみに、町内会の活動として活動頻度の高い順に整理しグループ分けしてみると、ほぼ以下のようになる。

表2-10　各種日常活動の実施状況

(上位15位まで％)

	町内会が実施する日常活動
青森市	(1) ゴミ処理 84.8　(2) 清掃美化 76.6　(3) 設備管理 61.9　(4) 廃品回収 48.1　(5) 施設管理 41.1　(6) 公園管理 36.8　(7) 交通安全 35.1　(8) 高齢者福祉 32.3　(9) 防犯 29.4　(10) 青少年教育 22.9　(11) 私道管理 18.6　(12) 防火 14.7　(13) 学童保育支援 13.4　(14) 乳幼児保育支援 5.6　(15) バザー 4.3
秋田市	(1) 設備管理 93.2　(2) ゴミ処理 85.8　(3) 清掃美化 79.7　(4) 廃品回収 59.0　(5) 施設管理 49.1　(6) 公園管理 46.2　(7) 高齢者福祉 35.9　(8) 交通安全 33.7　(9) 私道管理 22.2　(10) 青少年教育 19.8　(11) 防犯 19.6　(12) 学童保育支援 18.6　(13) 防火 14.6　(14) 乳幼児保育支援 4.5　(15) バザー 4.2
盛岡市	(1) 清掃美化 92.2　(2) 設備管理 89.6　(3) ゴミ処理 87.0　(4) 廃品回収 63.7　(5) 公園管理 62.2　(6) 施設管理 54.9　(7) 高齢者福祉 49.7　(8) 防犯 43.5　(9) 交通安全 40.4　(10) 青少年教育 30.1　(11) 防火 23.3　(12) 学童保育支援 17.1　(13) 私道管理 14.0　(14) バザー 7.3　(15) 乳幼児保育支援 4.1
仙台市	(1) ゴミ処理 75.0　(2) 清掃美化 68.8　(3) 防犯 46.8　(4) 防火 46.2　(5) 公園管理 42.9　(6) 設備管理 40.9　(7) 交通安全 38.3　(8) 私道管理 29.2　(9) 高齢者福祉 28.4　(10) 青少年教育 21.5　(11) 学童保育支援 15.1　(12) 乳幼児保育支援 1.5
山形市	(1) 設備管理 88.9　(2) ゴミ処理 87.3　(3) 清掃美化 77.6　(4) 高齢者福祉 61.2　(5) 公園管理 57.1　(6) 廃品回収 54.7　(7) 施設管理 51.5　(8) 防犯 31.5　(9) 交通安全 29.1　(10) 防火 23.2　(11) 学童保育支援 22.6　(12) 私道管理 22.1　(13) 青少年教育 22.1　(14) 乳幼児保育支援 7.5　(15) バザー 4.0
福島市	(1) ゴミ処理 81.9　(2) 清掃美化 80.5　(3) 設備管理 56.0　(4) 施設管理 44.6　(5) 廃品回収 43.0　(6) 公園管理 40.0　(7) 防犯 22.1　(8) 高齢者福祉 21.7　(9) 交通安全 20.5　(10) 私道管理 17.8　(11) 青少年教育 15.4　(12) 学童保育支援 14.0　(13) 防火 13.2　(14) 乳幼児保育支援 3.2　(15) バザー 2.4

注1) 仙台市については日常活動が他市と重なるもののみをとりあげた。
　2) 表中の□で囲んだ活動は、「10年前に町内で活発に実施されていた」と答えた町内会が全体（不明、無回答を除く）の3分の1（33.3％）以上におよぶもの、また網掛けをかぶせた活動は「10年前に町内で実施されていなかった」と答えた町内会が全体の3分の1以上におよぶものを示している。ただし、仙台市に関しては、資料なし。

〔第1グループ〕「ゴミ処理収集協力」、「地域の清掃美化」、「街灯等の整備活動」

〔第2グループ〕「集会所等の施設管理」、「廃品回収」、「公園・広場の管理」

〔第3グループ〕「高齢者福祉」、「交通安全対策」、「防犯パトロール」、「私道管理」

　これらは都市によって若干のバリエーションをともなっているが、概ね第1グループは70％以上の町内会が実施しているもの、第2グループは40％以上60％未満の町内会が実施しているもの、第3グループは20％以上の町内会が

実施しているもの、と類別することができる。ここで想起されるのは、菊池美代志による生活集団としておさえた場合の町内会の機能である（菊池 2006）。菊池によると、それは問題対処機能と施設維持管理機能と親睦機能からなるという。そして全国120ほどの地区の町内会長調査から、問題対処機能→施設維持管理機能→親睦機能の順に町内会の機能が検出された、という（同上 27-28）。今回の6都市の調査結果でも菊池の調査結果と概ね符合している。

もっとも生活集団という規定から距離を置いて上述の活動傾向を検討してみると、第1グループおよび第2グループに属する活動が多かれ少なかれ行政の委託業務としてあることがあらためて指摘できる。詳述はさておき、町内会によって日常活動として遂行されているものの多くが実質的に行政補助業務としてあるのである。この点はこれまでしばしば町内会の行政的起用を示すものとして指摘されてきた点である。そして政治学とか行政学の分野では、そのことが日本社会における「公私未分化」を象徴的にあらわす旧慣的なものであるとか、端的に「行政の貧困」（高木鉦作）を示すものであるなどと論難されてきた。しかしそうした面が、生活の内部から立ちあらわれる側面を帯同してきたことも否定できない。少なくとも、等身大の視線で町内会をみたときに、行政に規定されながら、いや期待されるからこそ浮かび上がってくる世界がある。

なお、上述の日常活動を「10年前に町内で活発に実施した活動」および「（10年前に）町内で実施されていなかった活動」で再整序してみると興味深い事実があらわれる。つまり行政とのつながりの強いものは町内会の日常活動として一貫して取り組まれているものの、たとえば「乳幼児保育の支援」のように、人びとの日常生活においてますます重要性が高まっているにもかかわらず10年前同様ほとんど手付かずのままのものもあるという点だ。後者については、たしかに町内会活動の守備範囲にはいるのかもしれないが、町内会の現状からすれば、明らかに力量を越えるものとしてある。実際、われわれがアンケート調査と並行して試験的に実施した個別町内会にたいするヒヤリングでは、町内会マターであるという認識はたしかにみられるものの、現実には町内会の「外」、すなわちNPOとかボランタリー・アソシエーションによって担われるか、民間の業者に委託するといったケースがほとんどである、という。

ここで、近年、全国的に取りざたされている町内会の防犯活動および防災活

表2-11　町内会の防犯対策

(複数回答、%)

防犯対策	青森市	秋田市	盛岡市	山形市	仙台市	福島市
防犯パトロールの実施	−	21.7	50.8	−	47.2	42.6
情報共有	52.8	42.9	46.1	51.2	−	41.6
防犯マップ作成	3.9	5.9	15.5	25.9	−	10.1
防犯灯の設置	60.2	75.0	78.2	78.7	25.1	71.8
防犯カメラ設置	0.9	0.2	0.5	1.9		0.4
声かけ	35.1	47.0	42.5	38.3	34.4	33.7
見晴らし改善	6.9	9.4	18.7	17.5	−	11.8
連絡先	27.7	26.6	34.7	37.7	52.6	25.4
セミナー・講習会への参加	−	17.4	23.3	−	35.5	21.7
小・中学校との情報交換	−	59.2	69.9	−	−	43.8
その他	6.1	3.0	2.6	4.3	2.6	3.7
無回答	12.1	7.6	9.8	7.0	19.4	8.5

表2-12　大地震への対策

(複数回答、%)

対策	青森市	秋田市	盛岡市	山形市	仙台市	福島市
準備の呼びかけ	28.1	28.6	38.3	39.1	48.1	38.3
食糧備蓄のすすめ	14.3	12.8	21.8	20.5	35.3	13.8
倒壊防止の呼びかけ	7.8	9.4	12.4	8.9	34.6	11.2
地震保険加入の働きかけ	3.5	1.2	3.1	1.6	3.1	3.0
住民間の連絡方法の決定	12.1	27.4	43.5	18.9	28.2	22.9
避難場所の決定	50.6	52.6	63.2	53.4	65.3	49.5
啓発活動	12.6	14.2	31.1	26.1	32.1	16.2
防災訓練や講演への参加	26.4	22.2	34.2	35.8	49.0	34.3
高齢者世帯の把握	46.8	62.8	53.9	54.7	53.4	31.2
その他	2.2	5.9	5.2	7.5	5.3	3.0
何もしない	27.7	18.4	15.0	18.1	10.0	23.9
無回答	6.1	3.0	2.1	7.3	7.9	7.3

動について少しだけ言及しておく。表2-11によると、どの都市にも共通して「防犯灯の設置」が防犯対策の主柱をなしていること、加えて「情報共有」、「声かけ」、「小・中学校との情報交換」が（防犯対策の）重要なアイテム（項目）を成していることがわかる。近年、防犯対策が視覚優位体制になっていることを考えると、コミュニティ主導の「声かけ」そして「防犯マップ作成」とか「見晴らし改善」は今後ますます重要になってくるであろう。次に、大地震に照準して町内会の防災対策のありようをみた表2-12に目を転ずると、6市に共通して「避

難場所の決定」と「高齢者世帯の把握」とが防災対策の柱をなし、これに「準備の呼びかけ」、「住民間の連絡方法の決定」、「防災訓練や講演への参加」が副次的な対策として加わっていることがわかる。こうした対策が〈有事〉の際に機能するには、何よりもまず「手間のかかる活動」に四苦八苦しているような町内会体制の現状を打破する必要がある。「非日常」への対応は、日常における防災活動の積み上げがあってはじめて可能になるのである。

(2) 各種行事の実施状況と参加状況

町内会の活動実態は、以上の日常活動に加えて行事として遂行されているものによってもみることができる。ここでも資料の制約上、仙台市を比較の対象から除外せざるを得ないが、その上で町内会レベルの各種行事の実施状況をみたものが表2-13である。同表よりすぐさま気づくのは、行事の実施主体としても町内会が主導的な位置にあることである。しかし実施状況は明らかに日常活動を下回っている。そうしたなかで「町内会の総会」は別にして町内会の行事として傑出した位置を占めているのは、「新年会・忘年会」である。これは菊池の既述した機能類型にしたがうと親睦機能にはいる。注目されるのは、これに次いで多くの町内会が取り組んでいることになっている「神社祭礼[5]」と「夏祭り」の実施状況に地域差がみられることである。このことは、地域社会の〈共同性〉をどのようにして維持するか／何によって担保するかという点で都市によってかなりの違いがあることを示唆している。

なお、「成人式」とか「葬式」は、長い間〈共同性〉に加えて〈地域性〉を維持する上で重要な役割を果たすと考えられてきたが、「成人式」は行政に、「葬式」は民間に外部化されているのが今日の趨勢である。しかしここでも一様に論じることはできず、福島市の町内会のように「葬式」においてなお重要な役割を果たしている場合もある。かつて町内会は年始の「新年会」、「成人式」からはじまって、年度末もしくは年度初めの「総会」、夏の「ラジオ体操」を経て年末の「忘年会」に至るといった、生活世界に生きる人びとの年中行事とともにあった。そして折々において、〈共同性〉と〈地域性〉を維持し再編する上で画期的な役割を果たした「葬式」等の諸行事がとりおこなわれた。しかしそれらの多くがいまや外部化され（あるいは私化され）、反対に動員がらみの諸行事の実施主

表2-13 各種行事の実施状況と参加状況

(%)

		実施している町内会	会員の参加状況					
			ほとんど参加	半数程度参加	一部参加	ほとんど不参加	わからない	無回答
神社祭礼	[青]	19.0	−	−	−	−	−	−
	[秋]	23.3	16.0	13.1	51.0	9.5	2.6	7.8
	[盛]	15.0	2.0	16.3	59.2	5.1	1.0	16.3
	[山]	37.5	17.1	15.6	41.1	4.0	1.1	21.1
	[福]	26.6	20.0	17.9	40.3	4.2	5.2	12.5
夏祭り	[青]	28.6	−	−	−	−	−	−
	[秋]	22.6	7.4	29.8	47.2	6.0	2.5	7.1
	[盛]	46.6	7.5	30.8	49.6	0.8	0.8	10.5
	[山]	30.2	12.2	27.3	34.0	3.8	0.0	22.7
	[福]	14.8	7.2	21.7	48.7	5.9	3.6	12.8
花見	[青]	6.5	−	−	−	−	−	−
	[秋]	8.2	10.9	15.8	51.5	3.0	7.9	10.9
	[盛]	14.0	6.3	22.9	62.5	0.0	2.1	6.3
	[山]	12.7	16.2	12.1	37.4	1.0	4.0	29.3
	[福]	28.2	28.4	22.6	32.7	1.0	1.9	13.5
成人式	[青]	−	−	−	−	−	−	−
	[秋]	0.3	6.5	0.0	17.4	15.2	39.1	21.7
	[盛]	14.5	8.7	4.3	41.3	8.7	17.4	19.6
	[山]	0.8	8.7	0.0	13.0	4.3	30.4	43.5
	[福]	0.2	10.6	6.1	18.2	6.1	39.4	19.7
葬式	[青]	7.4	−	−	−	−	−	−
	[秋]	5.9	21.3	8.5	38.3	6.4	4.3	21.3
	[盛]	15.0	3.2	3.2	64.5	6.5	9.7	12.9
	[山]	17.0	14.0	4.4	47.4	0.0	0.0	34.2
	[福]	37.3	27.4	14.5	35.0	3.8	3.0	16.2
運動会	[青]	10.8	−	−	−	−	−	−
	[秋]	10.1	5.8	15.9	54.4	13.7	1.4	8.8
	[盛]	25.4	7.6	22.9	57.1	1.0	1.0	10.5
	[山]	10.2	5.3	14.7	44.2	6.4	0.8	28.7
	[福]	12.4	3.9	19.0	52.1	6.3	1.7	17.1
運動会以外の体育活動	[青]	10.4	−	−	−	−	−	−
	[秋]	10.8	2.8	5.4	61.3	14.1	1.7	14.7
	[盛]	28.0	4.9	6.6	73.0	1.6	0.8	13.1
	[山]	11.1	1.6	5.3	57.4	6.1	1.2	28.3
	[福]	12.6	2.5	5.4	63.1	10.8	2.2	15.9
宿泊旅行	[青]	8.7	−	−	−	−	−	−
	[秋]	4.0	1.5	6.2	58.5	7.7	4.6	21.5
	[盛]	6.7	2.4	2.4	78.6	2.4	0.0	14.3
	[山]	3.8	2.2	2.2	28.6	1.1	5.5	60.4
	[福]	5.7	2.9	9.5	48.2	10.9	7.3	21.2

新年会・忘年会	[青]	39.0	−	−	−	−	−	−
	[秋]	22.9	7.0	13.7	54.6	6.2	2.2	16.3
	[盛]	62.2	4.3	13.8	65.9	1.4	1.4	13.0
	[山]	20.8	4.7	7.6	43.5	5.9	1.2	37.1
	[福]	49.1	26.1	20.7	32.8	4.1	1.9	14.3
ラジオ体操	[青]	42.9	−	−	−	−	−	−
	[秋]	16.1	3.9	4.5	62.0	9.6	3.7	16.3
	[盛]	9.3	0.0	4.3	59.4	8.7	7.2	20.3
	[山]	17.0	1.5	4.1	53.8	6.7	2.6	31.3
	[福]	7.5	2.5	4.4	55.0	8.1	10.0	20.0
研修会・講習会	[青]	26.8	−	−	−	−	−	−
	[秋]	14.1	2.8	4.9	61.8	9.1	2.8	18.6
	[盛]	47.7	0.7	8.6	74.1	2.9	1.4	12.2
	[山]	21.3	1.0	7.6	49.2	7.1	1.5	33.5
	[福]	16.8	3.7	7.3	52.0	10.2	7.3	19.5
映画上映・演劇鑑賞	[青]	1.7	−	−	−	−	−	−
	[秋]	2.3	2.0	2.0	55.1	14.3	8.2	18.4
	[盛]	4.1	0.0	8.0	64.0	8.0	12.0	8.0
	[山]	1.1	0.0	9.1	48.5	3.0	9.1	30.3
	[福]	1.4	0.0	2.6	39.5	5.3	31.6	21.1
町内会の総会	[青]	92.6	−	−	−	−	−	−
	[秋]	93.4	22.7	37.8	31.6	1.6	0.7	5.5
	[盛]	96.9	20.2	25.5	45.7	0.5	1.1	6.9
	[山]	95.1	37.9	23.7	22.8	0.3	0.0	15.3
	[福]	89.7	44.5	25.3	17.0	1.3	0.7	11.2
その他	[青]	10.4	−	−	−	−	−	−
	[秋]	10.6	8.6	24.3	58.6	0.0	0.0	8.6
	[盛]	6.2	8.3	16.7	41.7	0.0	0.0	33.3
	[福]	6.1	36.1	13.9	38.9	2.8	2.8	5.6

注）福島市調査で回答肢を設けた「町内会連合会単位の別組織が実施」の項目は誌面に記載していない。「会員の参加状況」の各市集計ベースは巻末集計表を参照。

体として期待されるようになっている。そうしたなかで、福島市の町内会の上述の動向をどうとらえるかは、きわめて重要な課題であるといえる。

　もっとも、行事を実施してもそれに参加する人がいなければ意義は大きく損なわれてしまう。再び前掲の表2-13に立ち返って検討するが、おしなべて参加状況は芳しくなく、6都市を通して会員がある程度参加している（「ほとんど参加」＋「半数程度参加」）と認知される行事は「町内会の総会」、「夏祭り」、「神社祭礼」にとどまっている。総じて「一部参加」の行事が圧倒的に多く、いわゆる役職者だけが参加するトップヘヴィの町内会行事が日常的風景になっているように思われる。いずれにせよ、行事からみた町内会の形骸化が予想以上に進展し

第2章　町内会の構成と機能　57

表2-14　運営上の問題点

(複数回答、%)

問題点	青森市	秋田市	盛岡市	山形市	仙台市	福島市
ルールを守らない	35.5	9.0	26.9	30.5	−	19.5
未加入世帯の増加	23.8	3.0	8.3	9.7	−	9.3
行事への不参加	58.9	52.4	66.3	53.4	63.4	48.7
役員のなり手不足	68.8	64.4	74.1	65.0	70.3	59.8
予算の不足	16.5	12.5	9.8	16.7	14.2	16.2
会員少子高齢化	60.6	60.8	63.7	60.4	−	58.6
行政との関係	17.3	7.1	34.7	12.4	41.0	14.4
行政以外の団体との関係	19.0	11.1	19.7	14.6	6.3	14.6
家族世帯数の多さによる障害	1.3	0.9	0.5	1.9	4.9	1.0
単身世帯数の多さによる障害	7.8	2.8	9.8	12.4	−	3.7
構成世帯数の少なさによる障害	7.8	3.1	5.7	9.4	−	4.5
加入世帯の家族構成把握できず	22.1	7.3	20.2	16.4	−	12.4
日中、留守の世帯多い	31.2	7.3	18.1	22.4	35.5	22.5
集会施設がない／狭い／不便	26.4	9.4	20.2	22.4	17.7	20.3
住民間の摩擦	11.3	1.7	1.0	4.0	3.2	3.0
世代間の断絶	12.1	4.3	12.4	6.7	14.8	10.3
役員間のあつれき	3.5	0.3	2.6	2.2	2.1	1.4
政治や選挙の相談・依頼事	1.7	0.0	1.6	4.6	2.0	1.8
運営のための経験・知恵不足	10.0	3.5	6.7	7.3	5.3	9.9
町内会の財産トラブル	0.4	0.2	0.0	1.6	−	0.4
特にない	3.0	4.5	2.1	3.2	2.6	8.3
その他	4.8	4.5	11.4	5.7	5.6	3.9
無回答		1.9		2.4	5.6	1.6

注）秋田市のみ、「一番困っているもの」を一つだけ回答(他の市は複数回答)。

ているのである。

(3) 運営上の問題点

こうしてみると、町内会はいまなお生活世界に生きる人びとの日常活動を支え、地域の諸行事の担い手として存在するとはいえ、基層のところで大きな〈地殻変動〉が生じているのは否めない。「運営上の問題点」を聞いた表2-14にこのことが如実にあらわれている。これまで町内会の抱える問題状況としてしばしば指摘されてきたのは、「予算の不足」であり「集会施設の未整備／不足」であった。これらを問題点として指摘する町内会はたしかに一定程度の比率を占めているが、数値としてはそれほど高くない。特に「集会施設の未整備／不足」についてはこの間行政の意識的な対応によって改善されたことが大きいと

いえる。むしろ「運営上の問題点」として多くの町内会で指摘されているのは、「役員のなり手不足」、「会員の少子高齢化」、「行事への不参加」である。この点は地域的バリエーションがほとんどなく、あらためて問題の深刻さがうかがいしれる。考えてみれば、多くの町内会がとりあげる上記の問題点は、いわばセットとなって町内会の組織的形骸化をおしすすめるとともにコミュニティの衰退をうながしている。同時に、地域のありようを何ほどか映すものとなっている。

ところで、「運営上の新たな問題点」として立ちあらわれている以上のような事態からあらためて指摘できることは、組織の底辺において無関心層が増大し、またそのことと相まって地域においてリーダー層が不足／枯渇しているという点である。特に後者については、以下に概観する町内会長の社会的属性傾向からもはっきりと読み取れる。繰り返すまでもなく、指摘されるような問題状況は3の（1）および3の（2）でみたような町内会の日常活動および行事の遂行にとって重大な障碍要因となっている。

4　ゆらぐリーダー──町内会長の存在態様

(1)〈地付きの男性高齢者〉主導の町内会長

これまで町内会の日常的な活動および運営のありようを「構成と機能」という形でみてきた。いまさらいうまでもないが、そうした「構成と機能」の要をなすのは役職者層、とりわけ町内会長である。近年、地域リーダーの多様化と分散化傾向が著しくすすんでおり、町内会長はそうした地域リーダーの one of them にとどまっている。そこで最後に、地域リーダーとしての町内会長の社会的属性の動向について一瞥しよう。通常、町内会長の社会的属性をみる場合、性、年齢、職業、収入、学歴、家族構成、居住形態、居住開始時期、会長在任年数が検討対象になる。ただし、調査協力者の諸事情のために、職業、収入、学歴については検討対象から外した。そうした制約下で町内会長の社会的属性をみたものが表2-15である。ごく大雑把にいうと、どの都市でも町内会長は事実上男性によって、しかも「60歳代」以上層によって占められている。ちなみ

表2-15 町内会長の社会的性格

(%)

	青森	秋田	盛岡	山形	仙台	福島		青森	秋田	盛岡	山形	仙台	福島
(1)性別							(4)居住形態						
男性	97.8	97.7	95.9	98.4	92.1	94.9	持家(一戸建て)	93.5	94.8	91.7	93.8	79.3	91.1
女性	1.7	2.1	3.6	0.8	6.2	2.4	持家(集合住宅)	1.7	1.2	3.1	1.3	10.0	1.4
無回答	0.4	0.2	0.5	0.8	1.6	2.6	公営の借家・住宅	3.9	2.3	3.6	3.2	5.7	4.1
							民間の借家・住宅	0.4	0.7	0.5	0.5	1.4	0.2
							その他	0.0	0.9	0.5	0.3	1.5	0.8
							無回答	0.4	0.2	0.5	0.8	2.1	2.4
(2)年齢							(5)居住開始時期						
20歳代	0.0	0.0	0.0	0.3	0.3	0.2	戦前から	32.4	31.2	27.5	45.8	18.1	31.2
30歳代	0.0	0.9	1.6	0.3	1.5	0.4	昭和20年代	7.8	8.2	8.3	9.2	9.3	7.9
40歳代	1.3	2.6	2.6	0.5	3.1	1.8	昭和30年代	10.8	8.2	9.3	6.5	12.6	8.5
50歳代	8.7	9.4	7.8	4.6	9.1	9.1	昭和40年代	18.6	17.7	17.1	14.8	18.5	19.9
60歳代	29.0	47.4	37.3	43.7	28.8	41.0	昭和50年代	13.0	13.9	16.6	12.7	15.9	14.4
70歳代	53.2	35.4	41.5	45.3	45.2	39.4	昭和60年代	10.0	9.4	9.3	3.8	11.1	6.1
80歳代以上	7.4	4.2	8.3	4.3	10.2	5.7	平成7年以降	5.6	10.4	10.4	5.1	12.1	8.7
無回答	0.4	0.2	1.0	1.1	1.8	2.4	無回答	1.3	0.0	1.6	2.2	2.4	3.0
(3)家族							(6)会長在任年数						
非高齢者のみ核家族	17.3	18.1	17.1	11.6	−	14.0	0〜1年	11.3	25.2	11.4	15.9	19.3	33.1
高齢者のみ核家族	32.9	33.5	39.9	36.4	−	30.0	2〜5年	40.3	38.7	42.5	50.1	32.7	35.7
非高齢者と高齢者の親族世帯	30.3	31.4	23.3	28.8	−	34.1	6〜10年	25.1	21.0	28.5	19.9	21.3	14.8
非高齢者の単身世帯親族世帯	1.3	1.6	2.1	0.3	−	1.8	11〜15年	9.5	7.8	6.2	5.1	9.1	7.7
高齢者の単身世帯	2.2	3.1	2.1	1.6	−	3.2	16〜20年	4.8	2.8	3.1	1.9	5.8	1.6
二世帯以上	12.6	10.4	11.4	16.7	−	11.4	21年以上	4.8	3.5	3.1	1.1	4.8	1.4
その他	1.3	0.9	2.6	2.2	−	1.2	無回答	4.3	1.0	5.2	5.9	7.0	5.7
無回答	2.2	1.0	1.6	2.4	−	4.3							

に、家族構成については「高齢者のみの核家族」および「非高齢者と高齢者の親族世帯」、居住形態では「一戸建て持家」層がほぼ3分の2から90％強となっている。また居住開始時期では「戦前から」が最も多い。こうしてみると、6都市から共通に浮かび上がってくるのは〈地付の男性高齢者〉という町内会長像である。もちろん、ここには、仙台市町内会の場合のようにやや逸れているものも抱合している。考えてみれば、このような町内会像は、今日の町内会の住民構成（既述）、とりわけ活動層といわれる者たちの社会的属性傾向を集約的にあらわしており、先に一瞥したトップヘヴィといわれる状況をリーダーの内部からさし示すものとしてある。

表2-16 兼職状況

(上位10位まで、％)

	青森市	秋田市	盛岡市	仙台市	山形市	福島市
現在	社協(60.2)	連町(42.7)	消防後(46.1)	社協(36.9)	連町(50.4)	連町(39.1)
	連町(38.1)	社協(30.6)	連町(44.0)	団体(19.5)	社協(36.9)	社協(26.8)
	防犯(34.2)	防犯(20.7)	社協(27.5)	協議(19.1)	防犯(17.8)	体協(25.2)
	交通(28.1)	交通(17.9)	防犯(24.4)	趣味(18.2)	体振(13.7)	交通(22.7)
	老ク(17.3)	議員(9.2)	交通(20.2)	その他(14.4)	公園(12.4)	防犯(21.9)
	民児(9.1)	募金(8.5)	老ク(13.0)	体協(14.0)	消防後(12.1)	消防後(11.0)
	ねぶた(8.7)	その他(6.4)	公園(9.3)	議員(9.1)	交通(10.8)	宗教(9.7)
	議員(8.7)	趣味(5.9)	NPO(9.3)	PTA(6.4)	趣味(8.9)	趣味(9.1)
	趣味(7.4)	公園(5.6)	議員(8.8)	宗教(5.6)	議員(7.5)	その他(7.7)
	公園(6.5)	宗教(5.6)	趣味(7.8)	民児(5.2)	宗教(6.7)	議員(7.5)
	宗教(6.5)	民児(5.0)	体協(6.7)	同業(5.2)	老ク(5.1)	老ク(7.3)
過去	町内会(31.6)	町内会(26.9)	町内会(40.9)	PTA(11.2)	PTA(34.2)	町内会(31.6)
	PTA(21.6)	PTA(19.8)	PTA(22.3)	団体(3.3)	町内会(25.3)	PTA(23.1)
	社協(15.2)	体協(13.5)	連町(13.5)	青年(2.7)	体振(15.4)	体協(19.3)
	民児(10.0)	交通(13.0)	消防後(9.8)	趣味(2.6)	交通(12.1)	交通(12.6)
	防犯(9.5)	連町(7.3)	青年(9.8)	体協(2.6)	消防(12.1)	議員(8.9)
	議員(9.1)	議員(6.9)	老ク(9.3)	協議(2.2)	青年(11.9)	消防(8.5)
	交通(8.7)	社協(6.8)	議員(9.3)	同業(2.2)	連町(11.3)	趣味(7.5)
	青年(6.9)	防犯(6.6)	民児(8.8)	審議会(2.1)	社協(10.8)	青年(7.3)
	ねぶた(6.1)	趣味(6.4)	社協(8.8)	社協(2.0)	防犯(6.7)	防犯(7.3)
	連町(5.6)	青年(5.7)	交通(8.8)	民児(1.8)	議員(5.9)	連町(5.9)
	商工(5.6)	民児(4.7)	趣味(8.3)	議員(1.8)	民児(5.9)	

注)表中の役職名はすべて略称である。正式名は以下の通りである。社協→社会福祉協議会役員、連町→連合町内会役員、町内会→町内会役員、防犯→防犯協会役員、交通→交通安全協会役員、青年→青年団役員、消防→消防団役員、消防後→消防後援会役員、老ク→老人クラブ役員、民児→民生・児童委員、PTA→PTA役員、体協→体育協会役員、体振→体育振興会役員、商工→商工会・商店会役員、募金→共同募金会役員、ねぶた→ねぶた団体役員、議員→議員後援会役員、趣味→趣味余暇集団世話人、公園→公園愛護協会役員、宗教→宗教団体役員、NPO→NPO・ボランティア組織役員、団体→団体役員、協議会→協議会役員、同業→同業組合役員、審議会→審議会委員。なお、仙台市の巻末集計表は、現在＋過去で集計しているため、本表の数値とは異なる。

(2) ゆらぎのなかの町内会長

ちなみに、ここでいうトップヘヴィの状況が目にみえる形で立ちあらわれているのが町内会長の兼職状況である。表2-16によると、仙台市を除いて5都市の町内会長の全体の25％強から50％弱が「町内会役員」を経て町内会長になっている。そして町内会長になるとほぼ自動的に「連合町内会役員」になるものが上記の5都市で4割弱から5割強に達している。詳述はさておき、単位町内会と連合町内会の間に役職を介してのタテの成層構造ができあがっている

のである。また学区レベルで組織されている社会福祉協議会役員、防犯協会役員、体育協会役員になる者も多い。もっとも、議員後援会役員になる者は意外に少なく、こうした点からも町内会が議員輩出機能を担っているとはもはやいえなくなっている。

 とはいえ、上述したような町内会長の一般像も、今後大きくゆらぐ可能性がある。ちなみに、先の表2-15の町内会長在任年数では、盛岡市を除くどの都市でも「2～5年」層が最も厚くなっている。かつて町内会長の固定化傾向[6]が指摘されたことがあるが、同表でみるかぎり、こうした傾向は影をひそめつつあるようにみえる。少なくとも、今後「2～5年」層がさらに厚みを増すなら、それは結果的に「11年以上」層の減少をもたらし、結果的に先にみた一般像を掘り崩すことにつながるかもしれない。だが逆に、「役員のなり手不足」と多少とも関連がある「1年」層が今後より膨らむなら、みてきたような一般像が固定化する可能性がないわけではない。ともあれ、町内会長をめぐる状況はきわめて流動的であり、今後については目が離せない。

5　むすびにかえて

 本章の冒頭の箇所で十年一日変わらないようにみえる町内会の姿態と述べた。たしかに述べてきたことは、考えようによっては近代の国民国家の機制のなかにすっかりおさまっているようにみえる。そして町内会について批判的に言述されてきたことがそのまま再現されて立ちあらわれているかのようである。しかし同じようにみえることが実は歴史的に異なった文脈で異なった意味を紡いでいるのである[7]。「境界」のゆらぎが、そして「境界」の再強化／再埋め込みが町内会の行政的起用（いわゆる「上から」の動員）にまるで異なった音調、色調を与えている。そして件の「ガバメントからガバナンスへ」という論議がネオリベラリズムの吹き荒れるところで空々と回っている。ガバナンスがガバメントの言い換えであることは、ハーヴェイがつとに指摘しているところであるが（Harvey 2005）、ハーヴェイを引例するまでもなく、本章の3を読めばたちどころに明らかになる。しかしそれだっていまのコミュニティにネオリベラリズムがすっかり織りこまれていることを見抜けなければわかるものではない。

さしあたり、いまは防災コミュニティの基層をなす町内会が日々馴れしたしんできた変わりばえのしない風景からどう離れようとしているのか、あるいはとどまろうとしているのかを明らかにすることに主眼が置かれている。だが、肝心なことは、そこに深く投錨しているモダニティの質を自在に描きだし、コミュニティの奥底に隠されたダイナミズムを突きとめることである。本章の叙述はその点でまるで凡庸であり、うわべの語りにとどまっていると批判されても仕方ないが、それでも町内会の「構成と機能」をいくつかの項目に寄り添ってざっと追ってはみた。それは決して感度のよい記述ではないが、底にあるものを多少ともあぶり出そうとする意欲とともにあることはたしかだ。

　もしここで時代と対峙する姿勢をもう少し鮮明に打ちだしていたら、観察し批判すべき町内会の位相がこころみたような実証的な論証の手続き抜きで明らかにできたかもしれない。しかしそう思う一方で、いま筆者の頭には、日本の町内が歴史貫通的に担ってきた「隣り合うこと」の本義を「グローバルとローカル」という文脈においてどう生き返らせ、再埋め込み化するかといった課題が深くめぐっている。本章で述べたことはそうした課題の解明に直接むすびつくわけではないが、町内会の「いま」と多面的に向き合うこで、（そのような課題を）しっかりと見据え、解きほぐすことにつながっていくかもしれない。しかしそうはいっても、必ずしも緊密につながるものでないことが悩ましいところである。ここではとりあえず、視線をとどかせようとする意思があることだけは述べておく。

　再度言っておこう。本章で述べてきたことはこれまで繰り返し言われてきたことの反復である。だがその背後でゆれ動いているのは、まぎれもなく現代という時代である。そしてそうであればこそ、町内会を基層とする防災コミュニティもまたこの時代のただなかから、まさに時代が織り成す入り組んだ関係のマトリックスを介して出現するしかないのである。ともあれ、かつてあったものと何ら変わらないようにみえる町内会の情景がめざましい新しい展開のただなかにあることを確認して本章を閉じることにする。

第2章　町内会の構成と機能　　63

注
1) 近代を批判の対象としてではなく、差異の次元で問い込む立論構成については、吉原 (2004) を参照されたい。またそれを経験的研究として敷衍したものとして桝潟 (2010) がある。
2) こうした動向とかかわって注目されるのは、コミュニタリアンに誘われたコミュニティ論の台頭である。このような動きは「場所のまわりに線を引く」ハイデッガー流の場所論と共振する形で立ちあらわれているが、同時に過去にとどまるよりは未来に逃げだすような議論をしている点、そしてそれゆえかなりの拡がりをもつようになっている点で興味深い。リバタリアンとの「内」と「外」の区分も以前ほど明確ではなくなっている。
3) なお、本章の叙述は東北都市社会学研究会による5都市の調査報告書をベースに据えている（東北都市社会学研究会　2006；2008a；2008b；2008c；2010）。詳細なデータはこれらの調査報告書を参照されたい。
4) これについては、たとえば、中川剛の議論が参考になる（中川 1980）が有益な視座を与えてくれる。また歴史的に遡及しての議論としては、少々古くなるが、GHQ/CIE (1948) が参考になる。
5) 町内会にとって「神社祭礼」は悩ましいものである。町内会が「神社祭礼」に公金をつぎこむことは、憲法の信教の自由に抵触するということであちこちで訴訟が起きている。しかし東北6都市の町内会では総じてこのことに無頓着であるようにみえる。ちなみに、筆者がよく知る仙台市のK町内会では、町内会会館をK神社の境内に置いている。そしてこのことについて、会員の間から問題にする声は出ていない。
6) このことに関してしばしば指摘されてきたのは、ボス支配の温床になっているということである。しかしここでより問題になるのは、行政による長期在職者にたいする顕彰制度である。これによって行政が町内会長にたいしてプレステージを付与することになり、結果的に固定化傾向をまねいているという点である。アンケートと平行しておこなわれたヒヤリングでは、在職期間の長い町内会長ほど先例にこだわり、地域の実情に目をとざす傾向があるという声が多々寄せられている。
7) ここでは新自由主義の動向をどうとらえるかが鍵になるであろう。近年、コミュニタリアンによる町内会の再評価の動きが目立っているが、こうした動きが新自由主義的なコミュニティ・ビルディング（たとえば安全安心コミュニティの社会設計）の動きとどうからんでいるのかを検討することはいまや避けて通れない課題となっている。一見したところ、両者は相容れないようにみえるが、実は深く共振しているというのが筆者の見方である。

参考・参照文献
菊池美代志　2006　「戦後町内会の機能と構造の変化」『ヘスティアとクリオ』2、26-33頁。
桝潟俊子　2010　「近代山村における『空間的実践』」『社会学評論』60-4、535-552頁。
東北都市社会学研究会　2006　『地方都市における変貌する町内会の現状とその行方』。
東北都市社会学研究会　2008a　『地方都市における転換期町内会の動向』。
東北都市社会学研究会　2008b　『地方都市におけるゆらぐ町内会とその動態』。

東北都市社会学研究会　2008c　『地方都市における町内会の転態とその実相』。
東北都市社会学研究会　2010　『地方都市における町内会の変容とその諸相』。
吉原直樹　1989　『戦後改革と地域住民組織』ミネルヴァ書房。
吉原直樹　2000　『アジアの地域住民組織』御茶の水書房。
吉原直樹　2004　『時間と空間で読む近代の物語』有斐閣。
吉原直樹　近刊　『コミュニティ・スタディーズ』作品社。
GHQ/SCAP, CIE 1948 *A Preliminary Study of the Neighborhood Associations of Japan,* AR-301-05-A-5.
Harvey, D. 2005, *A Brief History of Neoliberalism,* Oxford University Press.（渡辺治監訳［2007］『新自由主義』作品社）

第3章

町内会の防災活動の現状

石沢 真貴

1 今日における防災活動

(1) 国民運動としての防災活動の推進

　1995年1月におきた阪神・淡路大震災後、防災や災害時対策に対して、広く関心がもたれるようになってきた。日本政府は、震災発生当年の1995年12月に災害対策基本法を改正し、自主防災活動用の資材の整備等を促進するための国庫補助制度を創設、また自主防災組織による防災活動の推進を図ってきている。震災後10年が経った2005年7月には、中央防災会議において「災害被害を軽減する国民運動の推進に関する専門調査会」を設置し、2006年4月に「災害被害を軽減する国民運動の推進に関する基本方針」を決定している。その国民運動の推進では、「国民一人一人の防災意識の向上、家庭や職場における備えの実践、更には地域コミュニティ等の防災力の向上という視点に着目して行うことが重要である」(『平成21年版防災白書』：173) として、地域生活における個々人の防災活動の意識を高めようとしている。「安全・安心に価値を見いだし行動へ」をキャッチフレーズとし、自助、共助、公助の取組みの必要性と、個人、家庭、地域、企業等が減災のための行動と投資をする運動の推進である。そのうえで、基本方針として以下の5つのポイントを示している。このポイント

は、「災害被害を軽減する国民運動の推進に関する基本方針の概要」によると、1.防災(減災)活動へのより広い層の参加(マスの拡大)、2. 正しい知識を魅力的な形でわかりやすく提供(良いコンテンツを開発)、3.企業や家庭等における安全への投資の促進(投資のインセンティヴ)、4. より幅広い連携の促進(様々な組織が参加するネットワーク)、5. 国民一人一人、各界各層における具体的行動の継続的な実践(息の長い活動)である。内閣府では災害被害を軽減する国民運動に関する懇談会を開催し、平成21年3月に「災害被害を軽減する国民運動の今後の方向性について」を取りまとめている(『平成22年版防災白書』:173-174)。

　災害時に適切な行動をとれるようにするためには、正しい防災知識を身につけていくことも必要とされている。内閣府では、全国の地域や学校で防災教育を充実するため、全国各地の防災教育への意欲をもつ団体・学校・個人等による「防災教育チャレンジプラン」を募集し、その実践への支援を行っている。また、文部科学省においても、安全学習や避難訓練の進め方に関する教師用参考資料や防災教育教材の作成・配布、教職員を対象とした防災教育の研修会の開催、大学や地方公共団体、学校などが連携した防災教育に関する取組みを推進・高度化するための防災教育支援事業、防災教育推進フォーラムの開催などが行われている(『平成21年版防災白書』:178)。

　このように日本政府は、1990年代に高齢社会対策等において強調された参加型福祉社会における地域住民による参加活動促進の動きを、今度は防災あるいは防犯の領域にも広めていこうとしている。つまり、防災や防犯が、福祉活動と同様に、政府が担うべき公的領域よりは個人、家庭、地域コミュニティといった私的領域における活動として充実を図る必要があることを、国民に意識的に位置づけさせる方向性を打ち出しているといえる。こうして国をあげて取り組むべき運動として位置づけられるようになった防災活動は、実際のところ地域レベルにおいてはどのような状況にあるのだろうか。本章では、防災活動に関する概況を整理したうえで、主に地域における包括的な地域住民組織として位置づけられてきた町内会に関して、東北6都市の調査結果を参照しつつ、町内会の防災活動の現状と、個人や地域コミュニティの基盤を前提とした防災活動の課題をみてみることにする。

(2) 防災活動に関わる諸団体と町内会

1) 消防団、水防団

　防災活動に関わる公的な組織として、一般的には消防団や水防団といった組織があげられる。消防団は、消防組織法により設置される市町村の消防機関で、平成20年4月1日現在、全国で2,380の団体がある。担い手の消防団員は通常各自の職業に従事し、火災等発生時に地域を自分たちで守る特別職の地方公務員（非常勤）で構成されている。この消防団員数は平成元年で100万人以上いたが、年々減少しており、平成20年では88万8,900人となっている。ただし、1989年で1,002人であった女性団員数は年々増加傾向にあり、2008年4月1日現在で1万6,699人となっている。各地域で高齢化、人口減少がみられるなか、地域の女性団員の活躍が必要不可欠になってきていることの表れといえる。

　また、水防団は水防法で水防管理団体として定められている組織である。歴史的に水防は村落を中心とする自治組織により組織運営されてきた経緯から、市町村あるいは水防事務組合、水害予防組合などがその責任を負うものとされ、平成20年4月現在、全国1,818の水防管理団体が組織されている。消防団員同様に、水防団員数も減少しており、平成元年で19万2千人であった団員数は平成20年で15万6千人となっている（『平成21年版防災白書』: 178-180）。

2) その他の防災活動

　ところで、こうした公的組織による活動と並んで近年重要な活動としてあげられるのが、活発化している防災ボランティア活動である。古くは関東大震災、そして1990年の雲仙普賢岳噴火災害、1993年の北海道南西沖地震などでその活動がみとめられたところであるが、延べ130万人以上のボランティア人員が様々な災害救援、避難生活の支援、復旧活動等に携わったとされる1995年の阪神・淡路大震災時に活動の大規模化がみられ、以後の様々な災害時におけるボランティア活動の組織化、定着化をみたといってよいだろう。民間活動の中心的組織となるNPO等のボランティア活動関係者はもちろん、行政や各地の社会福祉協議会、大学、学生、そして本書で主に取り上げる地域住民組織の町内会・自治会等が、防災活動や災害後の復興のあり方などについて様々に連携し、

意見交換や共同訓練がなされるようになっている。

　そのほかにも、冒頭の国民運動のなかでも触れられていた企業の防災活動も促進されているところである。しかし、2008年に内閣府が実施した「企業の事業継続及び防災の取組みに関する実態調査」では、地域、自治体との連携を日頃からとっている企業は大企業で54.7％、中堅企業で37.6％にとどまる。特に中堅企業では連携をとっていない割合の方が55.2％と高くなっており、今後、企業との防災活動における連携はより促進されるべき関係であるとされている。また、自主防災組織や商店会、NPO等が防災に関する訓練や普及・啓発等を行う活動を「防災まちづくり」と位置づけ、「全国防災まちづくりフォーラム」の開催や「防災まちづくりガイドブック」が作成されている(『平成21年版防災白書』：181-191)。

(3) 地域住民による自主防災活動

　以上みてきたように、政府や各市町村による消防団等の防災活動組織、そして災害ボランティア等民間団体におけるフォーマルな組織の重要性はいうまでもないが、しかし、消防団や水防団の担い手の減少でみたように、現状としてそれらの防災活動に関する担い手の数は減少傾向を示している。また、1995年の阪神・淡路大震災以後の様々な研究による検証で、人口が集中し建造物が密集する都市部において大規模な災害が発生した場合には、広域をカバーする必要のある行政や専門的な組織による救助活動だけでは個々の地域における災害すべてに対応できないことが明らかにされてきており、一方で地域の住民同士による救助活動の有効性が示されてきている。たとえば、日本火災学会による「兵庫県南部における火災に関する調査報告書」によれば、生き埋めや閉じ込められた際の救助は、「自力」や「家族」、「友人に・隣人に」、「通行人に」で約96.6％を占め、「救助隊に」はわずか1.7％にすぎなかったという。

　そこで政府は、先述の国民運動の基本方針で示したように、「国民一人一人の防災意識の向上、家庭や職場における備えの実践、地域コミュニティの防災力」に着目して行うことを重視するようになったといえる。近年、住民による自主防災活動が推進され、地域コミュニティの防災活動は一般的には自主防災組織が中心となって進められている。この自主防災組織とは、「地域住民が「自

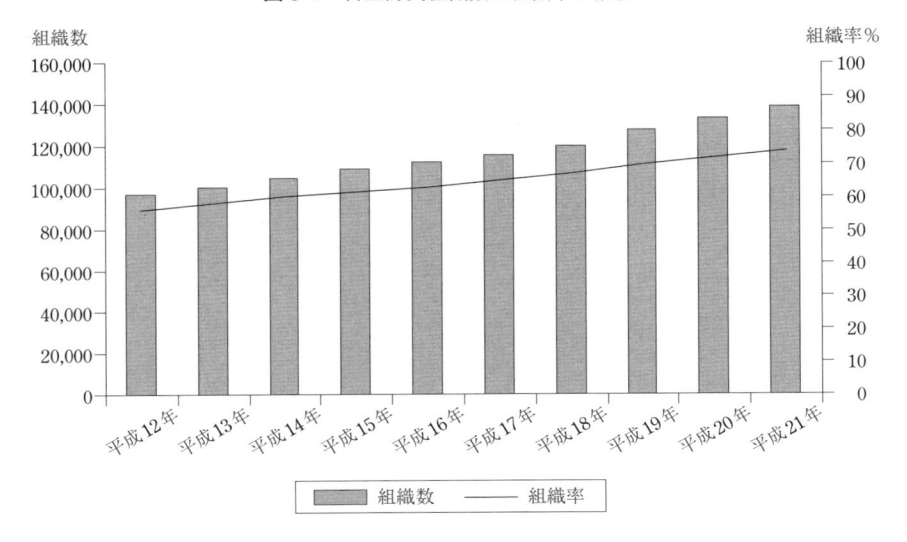

図 3-1　自主防災組織数と組織率の推移

出所：平成7～18年は『自主防災組織の手引き』、平成19～21年は『21年版消防白書』より作成。

分たちの地域は自分たちで守ろう」という連帯感に基づき自主的に結成する組織」とされ、「平常時においては防災訓練の実施、防災知識の啓発、防災巡視、資機材等の共同購入を行い、災害時においては、初期消火、住民等の避難誘導、負傷者等の救出・救護、情報の収集・伝達、給食・給水、災害危険箇所等の巡視等を行う」こととされている（『平成21年版防災白書』：180-181）。そうした組織のなかには、家庭の主婦等を中心に組織された「婦人（女性）防火クラブ」、少年少女が災害、防災について学ぶ「少年消防クラブ」などもある[1]。

阪神・淡路大震災においても、市町村や消防隊、救助隊等の対応は限られた一方で、地域住民が協力して初期消火活動を行って延焼の被害を防止した事例や、救助作業を行い人命を救った事例等が数多くみられ、地域における自主的な防災活動の重要性が改めて認識されたところであり、全国における自主的な防災組織による組織率[2]も増加傾向にある。この自主防災組織数と組織率の推移をみると、平成13年では57.9％（10万594組織）であったのが、年々増加傾向を示しており、平成21年では13万3,344の自主防災組織が設置され、組織率

70　第Ⅰ部　町内会と防災活動

図 3-2　都道府県別にみた自主防災組織の組織率

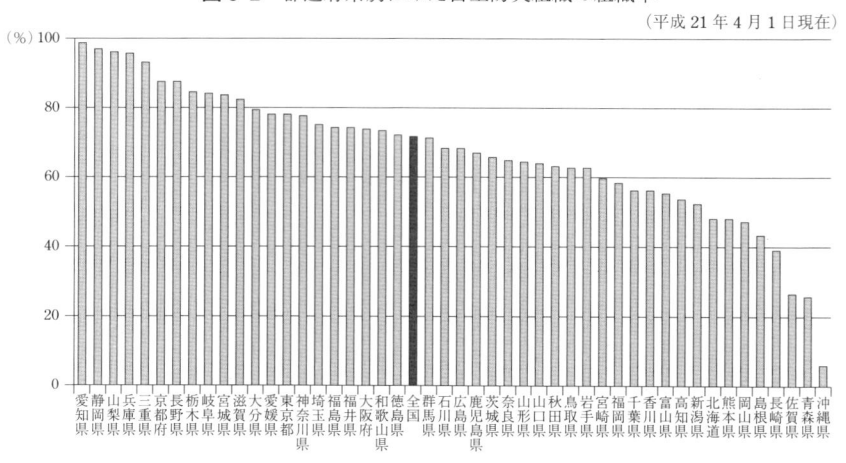

（平成 21 年 4 月 1 日現在）

愛知県／静岡県／山梨県／兵庫県／三重県／京都府／長野県／栃木県／岐阜県／宮城県／滋賀県／大阪府／愛媛県／東京都／神奈川県／埼玉県／福井県／福島県／大分県／和歌山県／徳島県／全国／群馬県／石川県／広島県／鹿児島県／茨城県／奈良県／山口県／山形県／秋田県／鳥取県／岩手県／宮崎県／福岡県／千葉県／香川県／高知県／富山県／新潟県／北海道／熊本県／岡山県／島根県／長崎県／佐賀県／青森県／沖縄県

出所：『平成 21 年版防災白書』より作成。

は全国平均で 73.5％ となっている（図 3-1）。

　ただし、これを都道府県別にみると地域差がみられ、愛知県（98.8％）、静岡県（96.8％）、山梨県（96.1％）など、過去に大きな災害被害がもたらされた地域や、今後大震災被害が予想されているような地域においては 90％以上と高いことがわかる。一方で、特にきわめて低い沖縄県（5.9％）をはじめ、東北地域では、宮城沖地震が過去に起きた宮城県で比較的高いものの、特に北東北地域の青森県が 25.6％と低く、また岩手県（62.6％）、秋田県（63.3％）も平均を下回っている（図 3-2）。

　この自主防災活動では、是非はともかくとして地域住民組織の代表的な団体と位置づけられることが多い町内会・自治会との関係は無視できない。現に、国、各自治体の地域コミュニティの活性化や福祉をはじめとした地域課題の認識と解決への活動においては、町内会等を基礎に地域の単位として組織が結成されるなどの動きがみられる[3]。

　そこで、次節では、こうした町内会の防災活動の現状を、東北 6 都市における町内会調査結果を基にみてみることにする[4]。

表3-1 大震災時の対応に関する話し合いの有無

	青森	秋田	盛岡	仙台	山形	福島
話し合ってきた	37.2	46.4	69.9	69.2	50.9	44.6
話し合っていない	58.0	49.5	28.5	22.4	46.4	48.1
わからない	2.6	3.1	1.0	1.9	0.8	4.1
調査数	231	576	193	1170	371	493

2　町内会における防災活動に関する調査の結果

(1) 防災に関する住民同士の話し合いについて

まず、防災に関する住民同士の話し合いについてみてみる。町内会で、大地震等（火災、水害等を含む）が起きたときの対応について、町内会で具体的に話し合いを行ってきたかという問いでは、「話し合ってきた」という回答は、6市平均すると53.0％であるが、盛岡市、仙台市で約7割に達するのに対して、青森市では37.2％と、都市間での差がみられる（表3-1）。

(2) 町内会における「防火パトロール」の活動状況

町内会における様々な活動状況がどの程度活発であるかたずねている質問項目のなかで、防災活動の一環として捉えることができる「防火パトロール」についての状況をみると、町内会で実施しているところが比較的高いが、特に、仙台市で63.1％と高い。一方で秋田市や盛岡市は、そもそもパトロール自体を実施していない割合がそれぞれ39.9％、29.5％と比較的高い（表3-2）。

この「防火パトロール」について、さらに10年前と比較したときの状況を秋田市を例にみると、10年前は「実施されていなかった」が35.1％、「ほとんど実施されていなかった」11.3％、「あまり盛んに実施されていなかった」15.4％であり、6割が実施されていなかった。現在の活動状況は「変わらない」が41.8％を占める（表3-3）。「活発化している」27.8％、「非常に活発化している」9.7％と活発化の傾向も4割近くみられるものの、10年前に実施していない割合が高い

表3-2 防火パトロール活動の活動組織について

	調査数	町内会	町内会単位の別組織	連合町内会	連合町内会単位の別組織	地区協議会	地区協議会単位別組織	その他の地域組織	実施していない	わからない	無回答
青森	231	14.7	4.8	3.0	4.3	6.5	3.5	10.4	22.5	0.9	34.6
秋田	576	14.6	5.9	7.3	9.2	−	−	8.9	39.9	2.1	16.8
盛岡	193	23.3	10.4	2.6	4.1	−	−	15.0	29.5	0.5	17.6
仙台	1,170	63.1	−	28.3	−	−	−	−	11.9	1.4	13.5
山形	371	23.2	12.9	12.9	9.7	−	−	11.1	17.3	1.9	21.6
福島	493	13.2	7.7	5.5	12.8	−	−	24.1	20.1	2.0	19.1

注)地区協議会に関するものがあったのは青森市のみである。仙台市は質問構成が異なるため町内会と連合町内会のみを表示した。

ことを考えると、現在も実施されていない状況も変わらず高いといえる。

　町内会における様々な活動状況では、全般に活動が「衰退化している」という回答はどの活動においても低い傾向がみられ、諸活動は「変わらない」という回答と、「非常に活発化している」および「活発化している」とをあわせ「活発化している」とする回答とは、拮抗している状態である。

　町内会は会員の高齢化や役員等の担い手不足で活動に困難があるとされるなかで、防災活動の活発化の状況は、一見すると矛盾する回答にみえる。10年前と比較して活動に変化はないという回答が各都市4割近くを占めることは無視できない高さであるが（表3-3）、防災活動に関しては、1995年の阪神・淡路大震災をはじめ、各地で豪雨被害が続発し深刻な都市災害がもたらされている傾向も顕著になっており、災害被害に対する認識が一般に高まってきていることを示す結果と考えられる。1990年代から在宅福祉を重視した地域福祉の展開や公的介護保険制度の導入に向けた社会政策の動きが顕著になってくるが、この10年くらいの間にこうした福祉分野での地域活動の必要性が問われてきたことを重ね合わせれば、それらに連動する防災活動を地域で展開することへの関心が高くなって諸活動に結びついているということができるであろう。

表3-3 防火パトロールの10年前と比較したときの活動状況
(%)

	調査数	非常に活発化している	活発化している	変わらない	衰退化している	非常に衰退化している	わからない
青森	−	−	−	−	−	−	−
秋田	237	9.7	27.8	41.8	3.8	1.3	4.6
盛岡	101	14.9	33.7	33.7	6.9	1.0	3.0
仙台	−	−	−	−	−	−	−
山形	220	13.2	26.4	43.2	3.2	0.5	1.4
福島	290	11.0	31.4	40.0	1.4	0.3	6.2

注1) 青森市、仙台市は該当の回答なし。
注2) 山形市は「変わらない」の選択肢なし。「あまり盛んに実施されず」を「変わらない」、「ほとんど実施されず」を「衰退化している」、「実施されず」を「非常に衰退化している」に置き換えて表示している。

(3) 町内会の防災および災害時への対応策

1) 災害時の対応策

　災害時の対応策についてみると、秋田市を除く5都市で最も高い回答率となったのが「避難場所の確立」で、青森市50.6％、盛岡市63.2％、仙台市65.3％、山形市53.4％である（表3-4）。この対応策は、2番目に高い回答項目となった秋田市においても52.6％と高く、他都市との著しい違いはない。つまり、避難場所の確立は東北各市における防災対応策として最も取り組みやすい事項の一つであることがわかる。次に回答が高いのが、「高齢単身世帯の把握」である。秋田市や山形市では最も高い回答率でそれぞれ62.8％、54.7％であるが、青森市(46.8％)、盛岡市(53.9％)、仙台市(53.4％)でも2番目に高い回答率となっている。近年世帯構成の急速な小規模化にともない、従来は三世代世帯が多かった東北地域でも高齢者世帯における単身世帯や夫婦のみの世帯が増加しており、福祉面における施策として特に高齢者の単身世帯に対し、日頃からの生活の見守りの必要性が論じられ、対策もとられるようになっている。こうした日常的な世帯の状況把握は、災害発生時における避難活動、救助活動においても非常に重要な情報となると考えられるため、防災対策としても関心がもたれているといえる。

表3-4 大地震等に備えての対策

(%)

	青森	秋田	盛岡	仙台	山形	福島
非常用品準備の呼びかけ	28.1	28.6	38.3	48.1	39.1	38.3
飲料水、食料品の備蓄のすすめ	14.3	12.8	21.8	35.3	20.5	13.8
家具の固定、ブロックの点検などの呼びかけ	7.8	9.4	12.4	34.6	8.9	11.2
地震保険への加入	3.5	1.2	3.1	3.1	1.6	3.0
住民間の連絡方法の確立	12.1	27.4	43.5	28.2	18.9	22.9
避難場所の確立	50.6	52.6	63.2	65.3	53.4	49.5
防災に関するセミナーなどの啓発活動	12.6	14.2	31.1	32.1	26.1	16.2
自治体の防災訓練に参加	26.4	22.2	34.2	49.0	35.8	34.3
高齢単身世帯の把握	46.8	62.8	53.9	53.4	54.7	31.2
その他	2.2	5.9	4.7	5.3	7.5	3.0
とくに何もしていない	27.7	18.4	15.0	10.0	18.1	23.9
調査数	231	576	193	1170	371	493

また、防災マップやハザードマップなど防災対策資料については、何らかのかたちで作成したものあるいは作成中は、青森市30.8％、秋田市44.3％、山形市77.1％、盛岡市58.0％、福島市30.4％、仙台36.2％であるが、行政が作成したものの割合が高い。

2) 対策に関する町内会の役割

表3-5、3-6は、諸対策に関する町内会の役割をたずねたものであるが、特に防火対策についてはおおむね「このまま継続」の回答が高く、「さらに促進」をあわせると、6割近くが現状の対策を評価しているという結果になった（表3-5）。一方、自然災害等緊急時における町内会の役割についてみると、「実施に向け検討」の割合がやや高い傾向にあり、また「見直し」の割合も、防火対策に比べると高い傾向にある。日常的な防火対策としては、表3-3でみたように、「防火パトロール」が相当すると考えられ、これについては町内会で実施している割合が比較的高かったことを確認しているわけだが、一方、自然災害等への対策については、これまであまり都市部における町内会がその役割を意識する機会は少なかったのではないだろうか。しかし、近年集中豪雨など自然災害の被害数の増加や頻度の高さ、規模の大きさが目立つようになっており、自然災害等の緊急時における対策も必要性を増してきているとみられ、見直しや実

第3章　町内会の防災活動の現状

表3-5　日常的な防火対策で地域住民組織が果たす役割

(％)

	調査数	さらに促進	このまま継続	見直し	とりやめ	実施に向け検討	今後もやらない	わからない	その他	無回答
青森	231	14.7	38.1	2.6	−	15.6	3.5	9.1	0.9	15.6
秋田	576	17.2	45.5	5.2	0	16.5	2.6	7.5	0.7	4.9
盛岡	193	24.4	48.7	2.1	0	9.8	3.1	4.1	2.1	5.7
仙台	−	−	−	−	−	−	−	−	−	−
福島	493	21.5	55.6	1	0	5.7	2.8	5.3	1	7.1
山形	371	19.1	53.4	3.5	0	12.9	1.3	4	0.8	4.9

注）仙台市は該当質問・回答なし。

表3-6　自然災害等緊急時の備えで地域住民組織が果たす役割

(％)

	調査数	さらに促進	このまま継続	見直し	とりやめ	実施に向け検討	今後もやらない	わからない	その他	無回答
青森	231	15.6	23.8	6.5	0.0	24.2	2.6	13.4	0.9	13.0
秋田	576	20.0	33.0	10.1	0.0	23.3	1.6	6.3	0.2	5.7
盛岡	193	36.3	30.1	5.2	0.0	18.7	3.6	1.0	0.5	4.7
仙台	−	−	−	−	−	−	−	−	−	−
福島	493	21.1	41.2	4.7	0.0	14.8	1.6	8.1	0.8	7.7
山形	371	27.0	31.3	6.2	0.0	21.6	1.1	5.7	0.5	6.7

注）仙台市は該当質問・回答なし。

施に向けた検討を迫られていると考えられる。

3) 町内会における自主防災訓練の実地・参加

　次に、町内会における大地震を想定した自主防災訓練の実施・参加についてみると、「行い、数多くの会員が参加、見学」しているのは仙台市で15.9％となっている以外は10％未満であり、参加、見学するにしても限られた会員であるのが現状である。ただ、「行っていないがいずれ行いたい」の回答率はおよそ3割と、各市とも最も高くなっており、町内会単位でも自主防災訓練の実施についてはその必要性が高いと認識されているとえる（表3-7）。

表3-7 大地震を想定した自主防災訓練の実施・参加

(町内会単位)

	調査数	多くが参加・見学	行い、熱心な会員が参加・見学	行うが、参加見学は非常に限られる	行っていないが、いずれ行いたい	行っていないし、行う予定なし	その他	無回答
青森	231	5.2	3.5	8.2	32.9	10.4	0.0	39.8
秋田	576	2.4	5.2	9.4	41.0	13.9	0.7	27.4
盛岡	193	7.3	9.8	14.5	32.6	11.4	0.0	24.4
仙台	1,170	15.9	—	31.1	32.6	9.4	6.9	4.0
福島	493	6.9	9.1	13.8	26.0	12.8	0.8	30.6
山形	371	6.2	7.8	11.6	35.3	12.4	1.9	24.8

3　町内会における防災活動の課題

(1) 防災活動の担い手問題

　都市部において地震や火災など大規模な災害が発生した場合には、行政や専門的な組織による救助活動だけではすべてに対応できないことが、1995年の阪神・淡路大震災で明らかとなり、地域の住民同士による救助活動の有効性が様々な調査研究より示されてきている。たとえば、日本火災学会による「兵庫県南部における火災に関する調査報告書」によれば、生き埋めや閉じ込められた際の救助は、「自力」や「家族」、「友人に・隣人に」、「通行人に」で約96.6％を占め、「救助隊に」はわずか1.7％にすぎない。つまり、災害時においては、「個人と行政の中間に位置する「地域」という単位での対応や活動が、早期復旧やその後の復興に大きく影響する」(葛西靖・佐土原聡 2006：77) ということになる。また、松井によれば、中越沖地震に関する調査で、地震前の町内会活動が活発だったと回答した人の約8割は、隣近所の助け合いが活発で地震時の町内会活動も機能したと答えているのに対して、町内会活動が不活発である場合は、近隣の助け合いや地震時の町内会活動が機能したという回答は4割を超える程度であった(松井克浩 2008：70)[5]。

自主防災組織が一般に町内会・自治会で主に担われている実態(吉原編 2008：194)からすれば、上記調査事例等からもわかるように、町内会活動が活発で機能していれば防災活動だけでなく被災時やその後における対応もある程度機能すると考えられる。しかし、地域の災害対応が実際に組織的に進められたかという点については必ずしもそうとはいえず、特に既存の自治会町内会による震災時の対応への評価は高いものではなかったという報告もある(総合研究開発機構1995)。菱山・吉原は、防災活動における町内会への過剰な期待への懸念を示しており、「かりに組織はあるけれど活動がみえてこないといった状態が起こっているとすれば、それは組織的母体となっている町内会のあり様と無関係ではないように思われる」と述べる(菱山・吉原 2008：194)。

　参考までに、大地震発生時には、「町内会」や「隣近所・隣組」に対して「非常に重要である」「重要である」と回答した割合は、秋田市で80％以上であり、自治体や消防団、消防署、警察といった公的組織やそれに準ずる組織よりも地域住民組織のほうが救助活動で重要な役割を果たすと考えている回答が高い。しかし一方で、町内会の問題とその解決方法を聞いた質問項目において、「都市型災害に対する基盤整備の不足」に対しては、「役所・公社等の担当課・係に対して公式に依頼」が10.5％、「他の地域団体（連合町内会を含む）に働きかけ」7.0％が若干ある以外は、「具体的に何もしていない」が62.2％となっており、救助活動のアクターとしての重要視の程度とはかけ離れているのが実態である。町内会が自力で対応したり、町内会を活用した諸組織の結成などが行われることはほとんどないということになろう。

(2)「防災福祉コミュニティ」構想と災害弱者への対応問題

　倉田は、「大震災の経験に学んで、自主防災組織は再編成と強化を余儀なくされた」とし、神戸市を事例に「防災福祉コミュニティ」の構想を説明している(倉田 1997)。「防災福祉コミュニティ」とは、「市民、事業者及び市の協働により、地域福祉活動と地域防災活動との緊密な連携を図りつつ、これらの活動に積極的に取り組むコミュニティ」のことである(倉田 1997：52-53)。大震災の被災者には、高齢者そして低所得者層という年齢と社会階層における階層性が顕著にみられるという(倉田 1997：53)。高齢化の進んだ今日では、防災活動にも福祉

情報が不可欠であり、地域における福祉活動との協力体制が必要となる。この防災活動の特質として、「防災に限定せず、まずその基礎となる温かいコミュニティを育成し、その上に「防災」と「福祉」を連動させながら複合的なコミュニティ活動として遂行しようとしている」ことを示している。つまり、災害から学んだ第一の教訓は、「高齢社会における災害を考える際には、「防災」と「福祉」を密接に結合させる必要がある」としている（倉田 1997：55）。

東北6市の調査結果から、町内会における防災活動として質問している大震災等への対策については、表3-4でみたように「高齢者世帯の把握」の回答率が高く、日常の防災活動と福祉活動が重なっているという認識は高いとみることができる。阪神・淡路大震災における教訓から出されてきた「防災福祉コミュニティ」という構想の展開は、認識の高まりという意味ではひとまず一定の評価を得る状況をむかえることができたといえるのではないか。

しかし、阪神・淡路大震災から10年以上もたった現在においても、状況は変わらないとみる向きもある。調査で、全般に町内会が運営上困っていることは、「会員の高齢化」、「町内会役員のなり手不足」、「町内会行事への住民の参加の少なさ」が上位を占める（表3-8）。こうした運営上の問題は常態化しており、また近くに企業や学校といった施設等がない一般的な住宅地であれば昼間人口の少なさも懸念される材料であり、防災活動における町内会に、過剰な期待はよせられないのも現実である。

さらにいえば、高齢者や障害者など、災害弱者になりやすい世帯を把握する必要の認識は表3-4でみたように高まってきているといえるし、また行政も、たとえば秋田市をみると、災害時を想定した地域の支援体制を確立するため2010年3月に「秋田市災害時要援護者の避難支援プラン」を策定している。しかし、ここで躓くのが個人情報開示・掌握範囲の問題である。秋田市の例でみると、災害時要援護者情報の収集・共有のしかたとして、防災関係部局や福祉関係部局、自主防災組織等が要援護者本人に直接働きかけて必要情報を収集する「同意方式」や、要援護者のなかで自ら要援護者名簿等への登録を希望した者の情報を収集する「手上げ方式」、地方公共団体の個人情報保護条例において保有個人情報の目的外利用・第三者提供が可能とされている規定を活用し、要援護者からは直接同意を得ずして関係部局等が情報を共有する「関係機関共

表3-8 町内会の運営上の問題点

(%)

	青森	秋田	盛岡	仙台	山形	福島
町会役員のなり手不足	68.8	32.8	74.1	70.3	65.0	59.8
会員の高齢化	60.6	21.9	63.7	-	60.4	58.6
町会行事への住民参加の少なさ	58.9	18.2	66.3	63.4	53.4	48.7

注）秋田市のみ「一番困っているもの」を一つだけ回答。

有方式」などがあげられている。情報収集で作成される「避難支援対象者名簿」のほか、秋田市では、特に人的支援を要する一人一人についての「個別避難支援プラン」を作成する計画がたてられ、2010年度は幾つかのモデル地区で聞きとり調査やプラン作成等を試行している。そこで今後課題となるのは、そもそも個人情報がどれだけ適切に収集されるかという問題や、収集された情報をどのように、どの範囲で共有するかといった情報の扱いなどである。プラン策定までの経緯だけみても、福祉政策を審議する委員会等で様々に検討されつつも合意がなかなか難しい面がみえているが、町内会への対応依頼や、民生委員等への情報提供は、町内会の課題としても関連してくる。

(3) 災害時に孤立する集落の問題

一方、これまでみてきた都市部とは異なる中山間地域における町内会・自治会はどうだろうか。筆者がこれまで行ってきた秋田県内の山間部の最奥に位置する、いわゆる行き止まり集落に関する調査からみえてくるのは、高齢化が進み、もともと小規模であった集落規模がさらに小さくなっているが、しかし近隣関係が密であるゆえに互いの世帯の生活状況をある程度知っていることで、災害時にも特に組織的な体制がなくとも助け合いが容易にできるとしている住民の意識である[6]。

しかし、では災害時の情報、助け合いが期待できるからといって、中山間地域に大都市のような問題がないかといえば、そうではない。人口自体が少ないことは何よりも様々な作業の担い手がいないという問題につながるが、それだけではなく、災害時に行き止まり集落やそれに準ずるような地域で起きる可能性の高いのは、通信機能の障害や道路の分断で交通手段がなくなるなどで起き

る集落の孤立問題である。毎日新聞が2009年3月に各都道府県の防災担当課を対象に行った調査によれば、災害時に道路や通信手段が寸断されるなど孤立する可能性のある集落は全国に1万9,136集落あり、そのうち55％は非常時の無線手段を確保していないことがわかった。内閣府が2005年に実施した調査でも同様の結果であったことがわかり、孤立集落に対する対策は進んでいないことが明らかとなっている（2009年10月21日付毎日新聞）。この調査によると、東北地域で孤立の恐れのある集落数は、青森県176、岩手県314、宮城県241、秋田県141、山形県448、福島県341で、無線通信手段のある割合はそれぞれ53.4％、45.5％、32.4％、36.9％、24.3％、42.5％である。全国平均42.9％を上回るのは青森県と岩手県のみで、特に山形県は孤立集落が448と多いこともあってか、20％台と他県にくらべ8ポイント以上低い。

　山間地域における特に行き止まり集落のような集落は、もともと孤立しているがゆえに集落内における生活基盤がある程度整えられてきていた。仮に孤立する状況が起きたとしても、ある程度生活することは可能であったのである。また実は今日のように交通手段が発達していなかった時代においては、人々は徒歩でも生活できる範囲で生活圏がかたちづくられていたのであって、一見すると孤立しているかのようにみえる集落間を結ぶ峠道が近隣集落にめぐらされ、集落間での支えあいもある程度できていたと考えられる。それが、自動車により移動性が高まると、生活道はやがて使われなくなり、自動車を中心とした交通システムに依存した生活になり、結果として集落内で完結できたはずの諸機能は弱化する。今日の中山間地域は、災害によってひとたびその便利な交通網・通信網が破壊されてしまえば、かえって孤立する危険性を増しているのである。まして山間地の一本道の自動車道が分断されれば、その奥の集落はひとたまりもない。アスファルトで塗装された巨大な道路の断片が、山肌に沿って至るところで無惨にずり落ちている光景をみることとなった2008年6月の宮城・岩手内陸地震は、山間部における孤立集落問題を我々に知らせる大きなきっかけとなったといえるだろう。

4　社会参加としての防災活動

　1995年の阪神淡路大震災は、地域コミュニティを災害との関係で捉えなおす地域コミュニティや地域住民組織の研究に新たな潮流をつくり出し、今日的な新たな課題をもたらした。災害対策基本法第5条2においては、自主防災組織は、「住民の隣保協同の精神に基づく自発的な防災組織」（第8条2において、「自主防災組織」とされている）と定められており、市町村は自主防災組織の充実を図らなければならないとされている。

　冒頭でも述べたように、政府は国民運動として、1990年代に強調された参加型福祉社会のあり方を防災あるいは防犯の領域にもさらに拡大し、防災や防犯が福祉活動と同じく政府が担うべき公的領域よりは個人、家族・家庭といった私的領域とそれをとりまく地域コミュニティにおける防災活動をより意識的に位置づける方向を打ち出している。

　コミュニティは、一般に従来の「地域性」という要件を満たすものとして議論され、基盤としてのローカル空間、直接的関係、感情的絆が暗黙裡に想定されてきた。しかし、1980年代以降、解放論の展開にみるコミュニティの捉え方は、地域性を越えた議論の拡散を示している。そうしたコミュニティ自体の拡散的な議論のなか、一方で地域コミュニティを前提とした「防災のまちづくり」「安全安心のまちづくり」が推進されている。つまり、地域コミュニティ自体が揺らぐなか、また福祉コミュニティの実体のなさと限界という現実を見据えないまま、またしても地域コミュニティとその具現的組織としてとられる町内会・自治会への期待を強調する、依存領域の拡大、重層化とでもいえる事態が起きているのではないか。そこに組織として具体的に存在しうるのは町内会・自治会であるがゆえに、自主防災組織として期待を担うかたちとなっているのが現状である。

　しかし、家族・家庭さらには地域コミュニティに依存した体制はもはや維持しがたい状況になっていることは明らかである。福祉活動における社会化の必要性が喫緊の課題といわれていても、むしろ在宅福祉を基盤にすえる政策を強化し続けてきた福祉政策をみるかぎり、非常に安易な私的領域およびそれをと

りまく地域コミュニティというある意味実体のともなわない共同性への依存が透けてみえる。地域コミュニティの自主防災組織の重要性は異存のないところであるが、それが現実に組織化、活発化できない現状に対しては、どのような方策をとれるのであろうか。

　機能としてみればきわめて単純明確である「防災活動」は、しかし、今日単なる防災活動の意義を超えた、おそらく地域コミュニティの根幹に関わる中心的な活動と位置づけざるをえないであろう。防災活動を、町内会・自治会の問題も含めた地域コミュニティにおける社会参加の諸問題へのアプローチとして捉えてみる視角が必要になってきたといえるだろう。

注
1）婦人（女性）防火クラブは、平成22年4月1日現在、1万709団体、約172万人が活動しており、家庭での火災予防の知識の修得、地域全体の防火意識の高揚等を図っている。また、災害時には、お互いに協力して活動できる体制を整え、安心安全な地域社会をつくるため、各家庭の防火診断、初期消火訓練、防火防災意識の啓発等、地域の実情や特性に応じた防火活動を行っている。少年消防クラブは、組織であり、平成22年5月1日現在のクラブ数は、4,841団体、約42万人となっている。少年消防クラブの発足当初は、火災予防の普及徹底を目的とした学習、研究発表、ポスター作成、校内点検、火災予防運動などの活動が主であったが、最近では消火訓練、避難訓練、救急訓練などの実践的な活動に向けた取組みのほか、防災タウンウォッチングや防災マップづくりなど身近な防災の視点を取り入れた活動も多く行われている。
2）防災白書においては「活動カバー率（全世帯数のうち、自主防災組織の活動範囲に含まれている地域の世帯数）」として示されている数値を指して、ここでは組織率としている。
3）集落のまとまりと地域自治が重なることが多い中山間地域ではこの傾向が顕著である。たとえば秋田県湯沢市は、2005年の合併前、旧稲川町で従来行われてきた地区単位による自治組織を活用して生活に密着した課題の取組みを住民たちでやってもらう仕組みをつくっていたが、合併後湯沢市全体でそのような組織づくりを展開しようと試みてきている。
4）本書における町内会調査として示しているのは、東北都市社会学研究会による東北6都市（青森市、盛岡市、秋田市、仙台市、山形市、福島市）の町内会長を対象とした町内会・自治会調査の結果である。以下に刊行年順に各都市の調査報告書を列挙しておく。
　・2006年2月『地方中枢都市における変貌する町内会の現状とその行方——2005年仙台市町内会・自治会調査結果報告書——』
　・2006年2月『地方都市における転換期町内会の動向——2006年度山形市町内会・自治会調査結果報告書——』

・2008年9月『地方都市におけるゆらぐ町内会とその動態──2008年度青森市町内会・自治会調査結果報告書──』
　　　・2008年9月『地方都市における町内会の転態とその実相──2008年度秋田市町内会・自治会調査結果報告書──』
　　　・2010年2月『地方都市における町内会の変容とその諸相──2009年度福島市町内会・自治会調査結果報告書──』
　　　・2011年3月『地方都市における町内会の現状とゆくえ──2010年度盛岡市町内会・自治会調査結果報告書──』
5）他にも、今野裕昭2001、藤田勝他2003、葛西靖・佐土原聡2006等多くの調査研究で町内会活動の活発さと防災や災害時対応との関連性の高さが示されている。
6）筆者が2008年～2009年にかけ秋田県内で行った北秋田市および湯沢市における集落調査結果より。

参考・参照文献

秋田市福祉保健部福祉総務課地域福祉推進室　2010　「秋田市災害時要援護者の避難支援プラン」。
葛西靖・佐土原聡　2006　「地域防災力向上のための自治会町内会における地域コミュニティと災害対策に関する調査研究」『日本建築学会計画系論文集』第609号。
倉田和四生　1997　「防災活動とコミュニティ」『都市問題研究』第49巻11号。
今野裕昭　2001　『インナーシティのコミュニティ形成』東信堂。
総合研究開発機構　1995　「大都市直下型震災時における被災地域住民行動実態調査」『NIRA研究報告書』No.950067。
藤田勝・清水浩志郎・木村一裕・佐藤陽介　2003　「活発な自主防災活動と日常的な地域活動の関連性に関する研究──秋田市の状況から──」都市計画学会『都市計画論文集』No.38-3。
毎日新聞「孤立の恐れ1万9136集落　本紙調査　通信対策遅れ」『毎日新聞』2009年10月21日付。
松井克浩　2008「防災コミュニティと町内会」吉原直樹編『防災の社会学』東信堂。
菱山宏輔・吉原直樹　2008「防災と防犯の間」吉原直樹編『防災の社会学』東信堂。

第Ⅱ部　町内会と防災ネットワーク

第4章

町内会と自主防災組織

庄司 知恵子

1 はじめに

　1995年に起きた阪神・淡路大震災は、防災における地域の重要性をわたしたちに示した。このように防災において、「地域」の重要性が指摘される背景には、普段の自治会活動が、災害発生後の住民対応に差をつけたという点が確認されたためである。例えば、神戸市真野地区のように、普段の自治会活動の蓄積が、救出・救助活動に結び付き、復興活動が進められてきた地域（今野 2001）がある一方で、自治会が存在していても、住民の交流活動がほとんどなされていなかった地域においては、震災後、住民組織の機能が麻痺しているといった状況の報告（倉田 1999）がみられた。奇しくも、防災におけるこのような地縁組織の重要性は2004年、2007年に発生した中越地震においても証明されることとなった（松井 2008）。

　以上に示したような状況から、国では地域を枠組とした防災活動の重要性を指摘し、地域において自主防災組織を立ち上げることを推進し、防災コミュニティの形成を進めている（総務省消防庁 2007）。

　自主防災組織とは、『消防白書』平成21年版によると、「地域住民の連帯意識に基づき自主防災活動を行う組織で、平常時においては、防災訓練の実施、防災知識の普及啓発、防災巡視、資機材等の共同購入等を行っており、災害時に

おいては、初期消火、避難誘導、救出・救護、情報の収集・伝達、給食・給水、災害危険箇所等の巡視等を行う」組織であるとされている（総務省消防庁 2009）。自主防災組織は、後に示すように町内会を基盤として結成されている場合が多い。自主防災組織を軸とした防災コミュニティの構築が急がれ、その基盤としての役割が町内会に求められているのである。

　自主防災組織は、その名が示す通り本来は住民たちが「自主的」に防災活動を行う組織である。だが実際は、その組織化において国のテコ入れが強く働いていることは、これまでも多くの論者によって指摘されてきた。自主防災組織＝町内会とすることに対し、これまでも様々な議論が展開されてきた「町内会の性格」における行政の末端組織としての側面を強化するものであるといった指摘もみられる。また、地域の個性を無視した組織化の進め方に対しても、批判が存在する（吉原 2007）。とはいえ、災害は誰かひとりにピンポイントで害を及ぼすものではなく、ある範囲を限定して生じる。故に、災害による被害を少なく抑えるためには、地域を範囲とした協働の体制が求められ、その際、「災害を生き延びるためのリソース」（松井 2008：59）として町内会を定位することには意味があろう。

　しかしながら、活動の基盤として期待されている町内会に目を向けてみると、その期待とは裏腹に町内会の弱体化が指摘されている。担い手の高齢化、地付き層の減少、単身世帯の増加等々は、町内会活動の停滞をもたらしている。住民たちにとって、ある地域空間を共有しているということが、生活意識・生活協働の共有には結びついていないような状況が存在するのである。災害といった緊急かつ危機的な状況に対応するための基盤として、町内会＝自主防災組織といった枠組みは、果たして成立しうるのであろうか。

　以上に示した問題関心のもと、以下では、まず、自主防災組織の組織化における国のテコ入れの状況を確認していく。その上で、東北6都市を対象とした町内会調査から、自主防災組織の基盤としての役割が期待されている町内会の現状と自主防災活動の取組みを確認する。その調査の結果を受け、実際の自主防災組織を事例としてあげ、自主防災組織と町内会の関係について考えていきたい。

2　自主防災組織形成の経緯

(1) 行政主導による組織化

　「自主防災組織」という言葉が、公的な文書の中に登場したのは、黒田（1998）によると1963年（昭和38年）6月に作成された防災基本計画だとされている。この防災基本計画は、防災対策基本法に基づき、中央防災会議が作成するものであり、国の防災政策の指針を示している。その後も、防災基本計画の中に「自主防災組織」の言葉が使用されることはあったが、法律上の規定はされてこなかった。
　我が国の災害対策の根拠となる災害対策基本法において、「自主防災組織」が登場したのは1995年12月の改正による。災害対策基本法第5条2において、自主防災組織は、「住民の隣保協同の精神に基づく自発的な防災組織」（第8条2において、「自主防災組織」とされている。）と定められており、市町村は自主防災組織の充実を図らなければならない旨規定されている。この改正は、1995年1月に起きた阪神・淡路大震災を受けてのものであり、これにあわせて国では、1995年度から自主防災活動用の資材の整備等を促進するための国庫補助制度を創設し、自主防災組織活動の一層の推進を図ってきた[1]。
　現在の防災基本計画においても、「周到かつ十分な災害予防」のために「国民の防災活動を促進するための住民への防災思想・防災知識の普及、防災訓練の実施、並びに自主防災組織等の育成強化、ボランティア活動の環境整備、企業防災の促進」といったように、自主防災組織の育成強化が、国の防災政策の方針として掲げられている。
　このような状況に合わせ、総務省消防庁は、1973（昭和48）年に作成した『自主防災組織の手引』を2002年、2007年に改訂し、また、自主防災組織結成のためのポイントを示したCD-ROM『自主防災組織の結成に向けて』も作成し、各自治体へ配布している。
　以上のような取組みが影響してか、自主防災組織の組織率は年々上昇している。1995年の段階で、組織率が43.8％と5割に満たなかった状況であるのに対

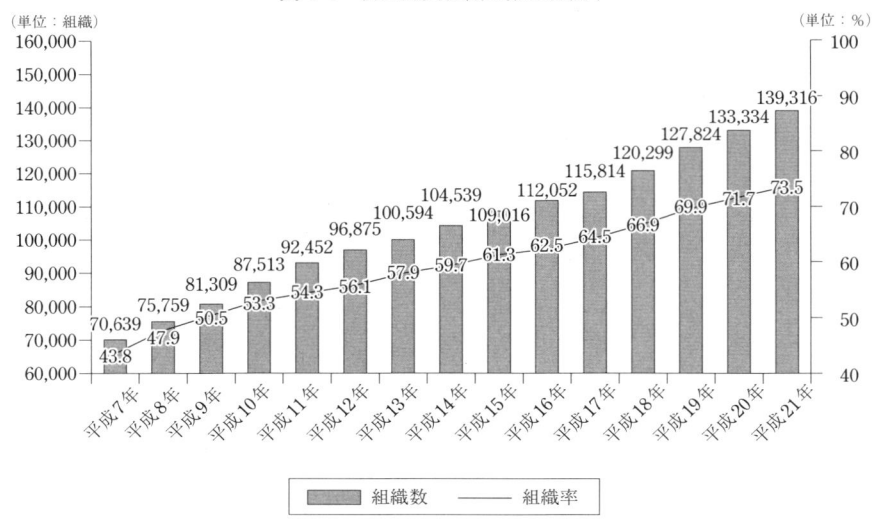

図 4-1　自主防災組織の数と組織率

（単位：組織）　　　　　　　　　　　　　　　　　　　　　　　　　　　　　　（単位：％）

年度	組織数	組織率
平成7年	70,639	43.8
平成8年	75,759	47.9
平成9年	81,309	50.5
平成10年	87,513	53.3
平成11年	92,452	54.3
平成12年	96,875	56.1
平成13年	100,594	57.9
平成14年	104,539	59.7
平成15年	109,016	61.3
平成16年	112,052	62.5
平成17年	115,814	64.5
平成18年	120,299	66.9
平成19年	127,824	69.9
平成20年	133,334	71.7
平成21年	139,316	73.5

注）『自主防災の手引　平成16年版』『自主防災の手引　平成19年版』『消防白書　平成21年版』を参考に作成（各データは、「消防防災・震災対策現況調査」による）

し、2009年は73.5％であり（図4-1）、都道府県レベルでみてみると東海地震を想定してか、愛知県が98.9％、次いで静岡県が97.6％と高く、阪神淡路大震災の被害を大きく受けた兵庫県が96.1％という状況である（総務省消防庁 2007）。各自治体においても組織率100％を目標として、組織化を進めている様子が伺える。

(2) 自主防災組織＝町内会

　自主防災組織は、既存の町内会を基盤として組織されていることが多い。2006（平成18）年4月1日現在、自主防災組織12万299組織のうち、町内会単位で結成されているものは、11万1,929組織、小学校区単位で結成されているものが2,438組織、その他が5,932組織となっている（図4-2）（総務省2007：157）。

　『自主防災組織の手引』では、自主防災組織を組織する際、「自治会等の既にある団体をベースとする場合が一般的である」としているが、特に町内会で組

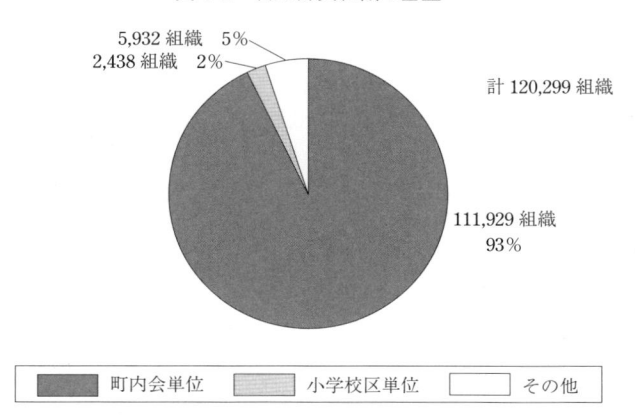

図 4-2　自主防災組織の基盤

5,932 組織　5%
2,438 組織　2%
計 120,299 組織
111,929 組織　93%

■ 町内会単位　　▨ 小学校区単位　　□ その他

注）『自主防災の手引平成19年版』を参考に作成（データは、「消防防災・震災対策現況調査」による）

織するべきであるといった点は強調していない。しかし、都道府県レベルでの組織化推進の動きをみてみると、町内会ベースで進めている様子が確認される。岩手県が作成した『岩手県自主防災組織育成の手引』では、既にある町内会自治会などの組織から自主防災組織を結成する例を紹介している（岩手県総務部総合防災室 2010）。また、仙台市では、1978年に発生した宮城県沖地震を教訓に、町内会を母体とする市民活動として自主防災組織の結成運営を呼びかけてきた（仙台市消防局 2010）。

　町内会は一定の地域区画をもち、その区画が相互に重なり合わず、原則として全世帯加入の考え方に立っている。地域の諸課題に包括的に関与することを目的としており、以上の理由から、行政や外部の第三者に対して地域を代表する組織とされている（中田 2007：12）。それ故に、災害といったような住民（国民といっても過言ではない）の生命にかかわるものとされる課題は、「包括的」なものとして理解され、その解決において町内会を基盤とした対応が求められているのである。

(3) 過剰なまでの役割期待

　これまでに示してきたように、国のテコ入れによって、各自治体を通して進められてきた自主防災組織の組織化は、現在新たな段階に突入しつつある。

　2000年の社会福祉基礎構造改革によって、社会福祉法が成立し、地域福祉が社会福祉の主流として位置づけられ、各自治体は地域福祉計画を策定することが義務づけられた。内閣府は、2004年に「災害時要援護者の避難支援ガイドライン」(2005年3月作成、2006年3月改訂) を公表し、これを受けて厚生労働省は、要援護者の支援方策について、市町村地域福祉計画に盛り込むべき事項を示した。各市町村の地域福祉計画においては、災害時要援護者の避難支援の必要性と、避難支援の際の自主防災組織の位置づけがみられる。地域を巡る防災コミュニティの形成において、上からの組織化に加え、福祉行政と防災行政との横のつながりにより、行政枠組みの「自主的」な基盤の基礎固めがみてとれる。

　2004年に制定された国民保護法 (正式名称は「武力攻撃事態等における国民の保護のための措置に関する法律」) では、「国及び地方公共団体は、自主防災組織及びボランティアにより行われる国民の保護のための措置に資するための自発的な活動に対し、必要な支援を行うよう努めなければならない」(第四条第三項)、「国及び地方公共団体は、自主防災組織及びボランティアにより行われる緊急対処保護措置に資するための自発的な活動に対し、必要な支援を行うよう努めなければならない」(第百七十三条第三項) と示され、テロや有事の際に、国などが出す警報や非難の指示に従い行動することが自主防災組織に求められており[2]、自主防災組織への過剰なまでの役割期待がみてとれる。

　以上、みてきたように、「自主的」とされる自主防災組織の組織化においては、国のテコ入れが強く働いていることがわかる。国は、自主防災組織＝町内会を通して、国民一人ひとりを集約し、防災コミュニティともいえる状況を作り上げようとしている。

　しかしながら、自主防災組織の「形」と「内実」の乖離を指摘する声がきかれる (朝日新聞 2010年1月15日)。このような不安は、基盤とされる「町内会」自体が弱体化しているといった点から導かれている。次節においてその状況を確認していこう。

第4章　町内会と自主防災組織　　93

3　自主防災組織基盤としての町内会の姿——東北6都市の調査より

　以下では、自主防災組織の基盤である町内会の姿を、東北6都市の町内会長調査の結果[3]をもとにみていく。

(1) 町内会の現状

　自主防災組織の基盤として期待されている町内会は、現在どのような状況にあるのだろうか。

　町内会への加入は、世帯を単位とし、全世帯の加入が原則とされている（中田2007：12）。6都市町内会の世帯加入率からその様子をみてみると、全戸加入の割合は、青森市38.1％、秋田市59.5％、盛岡市38.9％、仙台市34.8％、山形市54.2％、福島市50.5％となっており、全戸加入＋90％以上加入の割合でみてみると、青森市76.2％、秋田市87.6％、盛岡市76.2％、仙台市71.9％、山形市83.0％、福島市83.8％といった状況にある。自主防災組織が町内会を基盤として成立しているといっても、その活動からは抜け落ちてしまっている世帯も存在しているということが指摘できる。

　松井（2008）は、中越地震後の町内会調査から、町内会・自治会といっても、それだけで防災の基盤となるのではなく、「顔の見える」関係性が必要であることを述べている（松井2008：75）。しかしながらそれが可能なのは、農村部等の限られた町内会・自治会であり、流動性が激しく、匿名性の高い都市部の町内会では難しいと考えられる。

　この点について、6都市の状況をみてみると、地付き層の減少に加え（「外からの新しい世帯が多い」＋「外からの新しい世帯がほとんど」の割合：青森市31.6％、秋田市30.2％、盛岡市47.2％、仙台市45.9％、山形市28.3％、福島市31.0％）、人口の流出入もみられる（「大いに減少」＋「大いに増加」の割合：青森市12.1％、秋田市17.5％、盛岡市12.4％、仙台市8.2％、山形市15.4％、福島市13.0％）。この結果から、流動性が激しい都市部の町内会の特徴が見出せる。このような点について、「アパート数が多く、入居者も単身者、独身者（勤労者・学生）が多く、地域住民の意識は全く持っていない。顔、行動が見えない等で、現在特に問題はないが、人が変われ

表4-1 町内会運営上困っていること

(単位：％)

	青森	秋田	盛岡	仙台	山形	福島
町会役員のなり手不足	68.8①	64.4①	74.1①	70.3①	65.0①	59.8①
会員の高齢化	60.6②	60.8②	63.7③	—	60.4②	58.6②
町会行事への住民参加の少なさ	58.9③	52.4③	66.3②	63.4②	53.4③	48.7③

注）①②③は、順位を示す。

ば状況も変わる不安はある。」（盛岡市調査・自由記述より）といったように、同じ町内会の構成員であっても、住民としての意識を共有できない現状と、流動性の激しい都市部の生活環境の変化に対する不安をもらす町内会もある。町内会という枠組みにおいて、住民間の恒常的な関係性を構築することは難しい状況にある。

　町内会活動の継続性という点でも困難な状況が指摘できる。表4-1には、町内会の運営上困っていることの上位3位を挙げた。町内会の運営上困っていることとして、「町会役員のなり手不足」が、どの市においても1位となっている。それに加え、会員の高齢化も上位にランクインしている。実際に町内会長の年齢内訳をみてみると、どの市も70歳代が最も多い状況となっており、70歳以上の割合となると、青森市60.6％、秋田市39.6％、盛岡市49.8％、仙台市55.4％、山形市49.6％、福島市45.1％となっている。この点について、「全般に高齢化の進行で、役員自体の高齢化が事業の推進にブレーキとなっている。」（盛岡市調査・自由記述より）といったように、役員が高齢化しているために新たな活動の展開を図ることができない状況を述べる町内会もある。1位ではないものの2、3位に、先に問題点として指摘した「町会行事への参加者の少なさ」を挙げる町内会が多い。この結果から、「顔の見える関係」の形成を促すであろう行事等の「場」が機能し得ない状況が指摘できる。「会員間の顔なじみの関係を増やすため、夏には「夏祭り」、秋には「長寿を祝う会」、お正月には「世代間交流親睦の会」の三大事業を実施しておりますが、参加は常連に限られる状況です。」（盛岡市調査・自由記述より）といった声も聞かれ、町内会活動自体は行われていても、新たな住民層を取り込むことの難しさがみてとれる。また、同じような状況から町内会独自の行事を止めてしまった町内会もあった（秋田市調査・

自由記述より）。

　このように、東北6都市町内会調査の結果から、自主防災組織の基盤として期待される町内会の様子を概観してみると、都市部の町内会であるが故の旧住民、新住民の隔たり、そして高齢化の進展とともに生じてきた若年層、高齢者層の隔たり、さらに働き方の違いといったような様々な属性の絡み合いが、結果として町内会活動の停滞化をもたらしている。「地域力、住民力を引き出して利用しようとする風潮が近年著しいようです。そして地域の代表は町内会だ、ということで、町内会が期待されています。でも、町内会は全体としてはこのような期待には応えられないでしょう。地域力を必要とする向きは町内会を通さずに直接住民個々に働きかけてみたらどうでしょうか。」（盛岡市調査・自由記述より）といったように、住民は日ごろの活動を通して、町内会が「地域」を代表する団体として、住民個々人の意見を集約できるだけの力をもち得ていないことを感じている。行政の役割期待とは裏腹に、町内会の弱体化が進んでいることは否めない。

(2) 行政の「下請け」組織としての町内会

　表4-2は、町内会で行っている活動について、1位から3位まで（複数回答）を示したものである。

　「地域の清掃美化」は別として、行政からの委託業務である「ゴミ処理収集の協力」「街灯等の設備管理」が上位を占める。下位については示さなかったが、乳幼児保育の支援やバザーの開催、本章で扱っている防火・防犯など、各町内会の資源、構成員の違い、共有可能な課題等を意識して独自性を発揮できるような活動は下位に位置づけられている。現在の町内会は、画一的な基準の下に処理が求められる行政からの業務委託が中心的な活動となっている。自由記述において、行政からの回覧板や資料の配布、報告の義務などについて、処理が大変であることを述べる町内会は多く、「行政は町内会に依存業務が多く、それを見ている町内住民は役員をやりたくないのが本音だ。」（盛岡市調査・自由記述より）といったように、行政の業務委託の増大が、「役員のなり手不足」を導いているといった指摘もみられる。また、昨今の「市民協働」を提唱する行政に対して、「市がすすめている「市民協働」という観点で考えると今後、「町内会」

表 4-2 町内会で行っている活動

(単位：%)

	1 位		2 位		3 位	
青森	ゴミ処理収集の協力	84.8	地域の清掃美化	76.6	街灯等の設備管理	61.9
秋田	街灯等の設備管理	93.2	ゴミ処理収集の協力	85.8	地域の清掃美化	79.7
盛岡	地域の清掃美化	92.2	街灯等の設備管理	89.6	ゴミ処理収集の協力	87.0
山形	街灯等の設備管理	88.9	ゴミ処理収集の協力	87.3	地域の清掃美化	77.6
福島	ゴミ処理収集の協力	81.9	地域の清掃美化	80.5	街灯等の設備管理	56.0

注）仙台については、項目内容が違うため掲載しなかった。

のはたす役割が重要なものとなると思う。しかし、地域住民の高齢化がさらに進む中で、地域住民の果たさねばならぬ多くの役割に耐えられるかどうか心配である。」（秋田市調査・自由記述より）といったように、町内会の現状から考えて、業務に対応できるだけの余力が無いことを述べる町内会もある。また、「本来、何をするか、何をしないかは、その都度自主的に決めることが出来るはずですが、押し流されるのが現実で、することが次第に増え、整理することもできません。」（秋田市調査・自由記述より）といったように、任意団体であるはずの町内会において、独自の活動が展開できない状況と、増える行政委託業務への傾倒といったジレンマの中での苦しさを述べる町内会もある。このような中、せめて行政の支援を篤くしてほしいと願う。しかし、「「町内会活動保険」への加入〜中略〜が市で制度化されたり、補助対象となれば住民活動が活性化されるのではないかと思うのですが、市では動きません。」（盛岡市調査・自由記述より）といったように、町内会活動が停滞化する中で、行政の支援がなされていないことに対する不満がこぼれる。

現在の町内会は、独自の活動を展開したいと思いつつも、行政からの委託業務を拒めない状況の中で、任意団体である性格と行政からの「下請け」組織としての性格が拮抗する場となっている。町内会の弱体化は、構成員の高齢化、無関心層の増大、新住民の増加等によって、生活意識・生活協働を共有できない状況によってもたらされたものともいえるであろうが、行政からの業務委託の増加も影響を与えているということを、市民協働、行政と住民の連携を捉える際に、改めて考えていかなければならないことである。

表4-3 防災についての話し合いの有無

(単位：%)

	青森	秋田	盛岡	仙台	山形	福島
有	37.2	46.4	69.9	69.2	50.9	44.6
無	58.0	49.5	28.5	22.4	46.4	48.1
わからない	2.6	3.1	1.0	1.9	0.8	4.1

(3) 町内会における具体的な防災活動

　では、実際に町内会では具体的な防災活動として、どのようなことが行われているのであろうか。調査では、自主防災組織が組織化されているか否かといった点については直接聞いていない。よって、関連すると考えられる質問項目から、町内会における防災活動の組織化の様子を捉えていくことにする。

　「防災コミュニティ」の成立においては、防災に対する認識が、町内会全体で共有されていることが重要であり、その際、「話し合い」が不可欠であろう。調査ではこの点について、町内会において大地震等（火災・水害等を含む）が起きたときの対応について具体的に話し合ってきたかということを聞いている。対応について「話し合ってきた」とした割合が、盛岡市と仙台市が7割ほどであるのに対し、青森市が3割と極めて低い率となった（表4-3）。

　盛岡市、仙台市が高率である理由は、過去における地震の経験と、それに応じた行政の介入が影響していると考えられる。仙台市では1978年に発生した宮城県沖地震をきっかけに、町内会を母体とする市民活動として自主防災組織の結成運営を呼びかけてきた（仙台市消防局2010）。岩手県では、1995年の三陸沖地震があり、2008年には、未だ記憶に新しい宮城・岩手内陸地震があり、これら震災は、住民生活に甚大な被害を与えた。盛岡市では、2003年から各町内会に自主防災組織の組織化を要請しており、岩手県では東北で初めて2010年度内に、県内で活動する自主防災組織の連絡会議を設立することを目指している（岩手日報2010年10月24日）。このように、行政が過去の災害を振り返り、意識的に自主防災組織の組織化に取り組んできた自治体においては、組織率が高い状況にあるといえる。

表4-4 東北6県の組織率
（単位：％）

都道府県	組織率
青森	27.0
秋田	66.0
岩手	66.9
宮城	85.0
山形	70.5
福島	77.0
全国	73.5

注）『消防白書平成21年度版』を参考に作成（データは「消防防災・震災対策現況調査」）

　参考までに、表4-4には平成21年度の都道府県レベルでの自主防災組織の組織率を示した。表4-3と表4-4を比べてみると、「話し合い」の割合が低率である青森市がある青森県も、組織率が低い状況にある。県レベルでの組織率の数値は、町内会における「話し合い」の有無の割合とも関連しているようにみえる。各市調査年次が違うことを考えれば単純な比較はできないにしても、県そして各自治体を通して、自主防災組織の組織化が促され、それを機に、防災についての話し合いが、町内会単位でなされるようになったと考えられる。

　話し合ってきた割合が低い青森市は実際に組織率が低く27.76％（平成22年9月1日現在・青森市）であり、その理由として、青森市では、①消防団が地域防災力の中核を担っているため、市民が必要性を感じていないこと、②近年大きな災害に見舞われていないため、市民の防災意識が希薄化していること、③自発的・主体的に地域の防災活動に取り組むリーダーが不在であることを理由に挙げている[4]。本調査において、①に関連するものとして、大地震発生時と発生後に重要な役割を果たす組織について聞いている。青森市、秋田市、山形市以外の調査では、この点について別の形で聞いていたためここには載せていない。この結果をみてみると、青森市では、発生時、発生後両方において、消防団が決して高い割合で役割を期待されているとはいえない（表4-5、表4-6）。②に関しては、盛岡市、仙台市がそうであったように、大災害の被害の有無は組織率と関連していると考えられるだろう。しかし、この点については行政側の組織化促進要因であるかもしれないが、住民側の組織化促進要因としては捉えられないのではないだろうか[5]。③について青森市は、2003年より自主防災活動のリーダー講習会を行なっている。この点を考えると、地域内のリーダーの掘り起こしが行われていると考えられ、リーダーの不在といった状況には結びつかないように思われる。しかし、この点については行政側の取組みといった側面からの詳細な調査が必要となることから、ここでは触れない。とはいえ、表4-4と県・市の動きから

表4-5 大地震発生時の救援活動において重要な役割を果たす組織(「非常に重要である」)
(単位:%)

	青森		秋田		山形	
個人	28.6		30.7		36.4	
隣近所・隣組	34.2		38.9	⑤	53.1	①
町会	39.4	④	39.8	④	45.0	④
連合町会	13.0		13.5		19.1	
消防団	40.7	③	33.7		43.9	⑤
NPO等のネットワーク組織	7.4		8.0		8.1	
民間企業	3.5		5.2		7.8	
新聞・テレビラジオ等	−		33.3		−	
地方自治体	30.3		38.4		36.1	
消防署	45.0	①	48.4	①	52.0	②
警察	41.1	②	43.6	②	48.0	③
自衛隊	39.4	④	40.8	③	42.0	
国家	27.7		38.0		33.2	
その他	2.2		0.9		−	

表4-6 大地震発生後の共同生活において重要な役割を果たす組織(「非常に重要である」)
(単位:%)

	青森		秋田		山形	
個人	33.8	③	31.1		33.7	
隣近所・隣組	35.1	②	34.9	④	46.6	①
町会	41.4	①	37.0	②	44.2	②
連合町会	13.4		15.1		19.4	
消防団	28.6		21.9		30.7	
NPO等のネットワーク組織	7.8		10.8		12.4	
民間企業	4.8		5.9		8.6	
新聞・テレビラジオ等	−		29.0		−	
地方自治体	32.0		38.0	①	36.1	④
消防署	26.4	④	36.1	③	37.5	③
警察	25.1		34.4	⑤	36.1	④
自衛隊	26.4	④	31.8		32.1	
国家	23.8		31.9		29.6	
その他	1.3		1.0		−	

100　第Ⅱ部　町内会と防災ネットワーク

表4-7　大地震等についての対策

(単位：％)

	青森	秋田	盛岡	仙台	山形	福島
非常用品準備の呼びかけ	28.1	28.6	38.3	48.1	39.1	38.3
飲料水、食料品の備蓄のすすめ	14.3	12.8	21.8	35.3	20.5	13.8
家具の固定、ブロックの点検などの呼びかけ	7.8	9.4	12.4	34.6	8.9	11.2
地震保険への加入	3.5	1.2	3.1	3.1	1.6	3.0
住民間の連絡方法の確立	12.1	27.4	43.5	28.2	18.9	22.9
避難場所の確立	50.6	52.6	63.2	65.3	53.4	49.5
防災に関するセミナーなどの啓発活動	12.6	14.2	31.1	32.1	26.1	16.2
自治体の防災訓練に参加	26.4	22.2	34.2	49.0	35.8	34.3
高齢単身世帯の把握	46.8	62.8	53.9	53.4	54.7	31.2
その他	2.2	5.9	4.7	5.3	7.5	3.0
とくに何もしていない	27.7	18.4	15.0	10.0	18.1	23.9

　みてとれるように、県単位での組織率の開きは、自主防災組織の組織化において、県単位での介入、県と連動した形での市町村レベルの介入のありように影響されるものとして考えられる。

　表4-5と表4-6を比べてみると、発生時においては公の組織が重要な役割を果たすものとして考えられているのに対し、地震発生後においては、町会・隣近所が上位となっている。この結果については、町内会の弱体化が叫ばれている一方で、生活の基盤として町内会の役割が位置づけられているとも理解できる。ただ、本調査は町内会長を対象とした調査であることから、住民との意識の乖離が気になるところである。この点についても次節において触れる。

　表4-7は、実際の防災活動状況を示したものである。先にあげたように、自主防災組織が組織化されているか否かについては、本調査では聞いていない。表4-7に示した項目は、「はじめに」において示した行政が求める自主防災組織の活動内容について「大地震等についての対策」として聞いたものである。よって、これら項目から町内会における自主防災活動状況を捉えていく。

　活動の上位には、「避難場所の確立」「高齢者単身世帯の把握」がランクインしている。「避難場所の確立」に関しては、行政側の指示によるところが大きく、また、「高齢者単身世帯の把握」に関しても、冒頭で触れたように地域福

祉の流れの中で進められてきた感が否めない。それに対し、下位に位置している「家具の固定」「飲料水、食料品の備蓄」「地震保険の加入」は、個々人の裁量に委ねられる点であり、町内会が個々の防災意識の集約に寄与していないことがわかる。

　これらの結果は、「自主的」と捉えられる防災活動は、行政のかかわりによって成立しているものであるといった点を示唆している。また、組織率とは1つの指標に過ぎず、形と内実の乖離を示唆しているものとして考えられる。実際に、自主防災組織が町内会を単位として成立している町内会においても、高齢化による不安や若年層のかかわりが少ないことによって実際に災害が起きたときに自主防災組織が機能するのかといった不安を述べる町内会がある。「高齢者単身世帯ならびに高齢者のみの核家族世帯が35世帯中22。地区の敬老会にも15名に案内、参加希望者なし。町内会も運営に苦慮している。行政側が防災組織をつくるよう要請しきり。対応できないのが現状。また、高齢者・障害者の介助支援（依頼）あなたの町内会で対象者6人です。協力くださいといった趣旨の文章が……。実際にあった指導、応援が求められる。」（秋田市調査・自由記述より）といったような切実な声も聞かれる。また「不時の災害の対応が町内としては殆ど出来ていない。行政の進める「組織化」について高齢者世帯が多く、組織化が困難な情勢にある。然し、不時の災害には備えが必要である。連合町内としての組織化を考えて補うべきは少し広い範囲で考えて、このことを今後の課題としたい」（秋田市調査・自由記述より）といったように、町内会単位での組織化の難しさを述べる町内会もみられる。

　以上、みてきたように、自主防災組織の基盤として期待されている町内会は弱体化している。弱体化の原因は、構成員の変化や住民生活の多様化といった側面だけではなく、行政委託業務の拡大といった点からも捉えられる。現在の町内会は、住民側の要求と行政側の要求が拮抗している場であり、このような中、町内会の中心となって動く人たちは活動内容の取捨選択が困難な状況に置かれ苦しんでいる。

　「自主的」な防災活動は、このような不安定で脆弱な基盤の上に成立している。たとえ自主防災組織が組織化されていようとも、その形と内実の乖離が指摘されるのは、そのためである。しかしながら、この乖離というのは、基盤で

ある町内会側だけに問題があるのではなく、町内会が行政需要と住民需要の拮抗する場であることを考えれば、昨今の町内会に対する過剰なまでの役割期待が、町内会の弱体化をあらわにさせたともいえ、この帰結は当然のものといえる。

以上に示した内容をもとに、次節では、盛岡市における自主防災組織の活動を通して、自主防災組織と町内会の関係について考えていきたい。

4　盛岡市における自主防災組織と町内会
──「上田四丁目自主防災隊」の活動を中心に

盛岡市では、2003年から盛岡市町内会連合会と連携し、盛岡市の町内会・自治会すべてに自主防災組織の発足を促してきた。現在、盛岡市においては137の自主防災組織がある（2010年11月、盛岡市総務部消防防災課への聞き取り）。2005年4月時点での自主防災組織の組織数が24組織、組織率18.4％（岩手県 2010）であったことを考えれば、5年ほどの間に大幅な増加がみられる。以下に事例としてあげる「上田四丁目自主防災隊」は、上田四丁目町内会を母体とし、2003年の市の組織化要請を受けて、最初に作られた自主防災組織である[6]。

盛岡市上田四丁目町内会は、盛岡駅から車で5分ほどの場所にあり、国道四号線沿い、岩手大学工学部に接したところに位置する町内会である。総世帯数は850世帯ほどで、そのうちマンションやアパートが7割ほどを占めるという学生と一般世帯が混在している町内会である。本町内は、4つの区に分かれ、さらにその下には45の班が存在するが、一般世帯とそれ以外の世帯に分かれて班は構成されており、一般世帯によって構成されている班が26となっている。班の構成世帯数は、5〜20世帯である。

本町内会では、地区住民の親睦や交流を目的に、新年会や夏まつり、敬老会、運動会、資源回収、町内清掃などの活動を行っている他、岩手大学に通う留学生を対象とした交流会を開くなど、学生たちとも積極的なかかわりをもつ取り組みを行っている。これらの状況からも、地域における親睦活動の活発さがうかがえるが、各活動への住民の参加について、「外で集まる時は参加するけど、公民館で行うとなると集まらない」と町内会長は話す。ここで言う「外で集まる」とは班を単位とした掃除のことを指す。いわゆる「顔の見える範囲」

は、班単位となるわけだが、班で親睦を深めるための活動が行われることはなく、班が恒常的な関係性を維持する基盤とはなっていない。上田四丁目町内会では、他の町内会と同様に人口の高齢化はみられるが、役員については、40－50歳代の役員が存在し、その点を町内会長は評価している。

　上田四丁目町内会では、2003年、市の要請を受け、町内会を基盤とした自主防災活動の組織化について話し合いを重ねてきた。当初は、町内会と自主防災組織は別組織として立ち上げることも検討したが、「新たな人を入れることが難しい」という点と、災害発生時に能動的に動けるように町内会を母体として組織の結成を進めてきた。2004年の総会と町内会報で2度ほど、町内の人たちに自主防災組織の必要性をアピールし、役員の人たちの意見をまとめた。町内会長によると「すぐに対応すれば良いのだが意見集約に時間がかかった」と話すが、約一年の準備期間を経て、2005年5月8日「上田四丁目自主防災隊」（以下、「自主防災隊」とする）の結成に至った。自主防災隊には、規約と活動要綱が存在する。これらは、市が組織化を要請してきた際に提示した指針に基づき作られた。

　図4-3は、自主防災隊の組織体系と活動内容を示したものである。自主防災隊は、上田四丁目町内会の世帯をもって構成することとなっているが、実動部隊として「隊員」が存在する。町内会を枠組みとして自主防災隊が築かれているといっても、その地区の住人全員が、自主防災隊の活動に参加するわけではない。自主防災隊の隊長は町内会長が務め、副隊長は副会長が務めている。自主防災隊は「総務情報班」「消火警戒班」「救出救護班」「避難誘導班」「生活支援班」と5つの班に分かれ、それぞれの班長・副班長は、町内会の各部役員が務める。各班には、班員がそれぞれつくが、「総務情報班」の班員に関しては、町内の全班長（先に示した一般世帯26班の全班長）が班員となっており、上田四丁目町内会の一般世帯は、各班長を通じて、自主防災隊とつながりをもつことになる。ここには一般世帯以外である学生世帯は含まれていないことになる。「総務情報班」以外の4つの班の班員に関しては、町内会の各班から一名が選出され、選出された人が自主防災隊のそれぞれの班員として振り分けられる。

　自主防災隊では、年に1回、11月に防災訓練を行う。2010年の防災訓練には40名ほどが参加した。防災訓練では、初期消火、救出者の搬送、避難所誘導、

104　第Ⅱ部　町内会と防災ネットワーク

図 4-3　上田四丁目自主防災隊組織図および活動内容

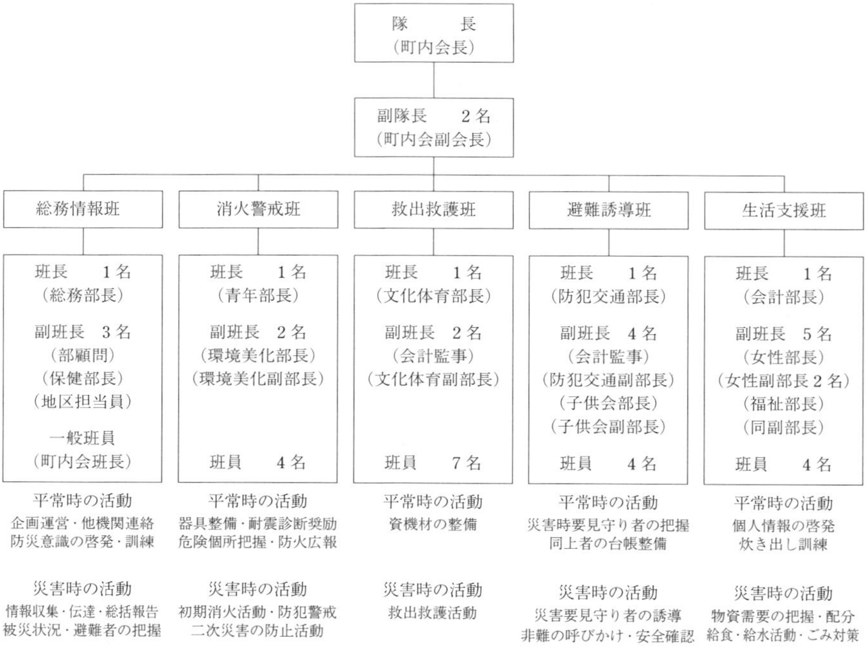

```
                    隊　長
                   （町内会長）
                      │
                    副隊長　2名
                  （町内会副会長）
    ┌───────────┬───────────┼───────────┬───────────┐
 総務情報班    消火警戒班    救出救護班    避難誘導班    生活支援班
```

総務情報班	消火警戒班	救出救護班	避難誘導班	生活支援班
班長　1名 （総務部長）	班長　1名 （青年部長）	班長　1名 （文化体育部長）	班長　1名 （防犯交通部長）	班長　1名 （会計部長）
副班長　3名 （部顧問） （保健部長） （地区担当員）	副班長　2名 （環境美化部長） （環境美化副部長）	副班長　2名 （会計監事） （文化体育副部長）	副班長　4名 （会計監事） （防犯交通副部長） （子供会部長） （子供会副部長）	副班長　5名 （女性部長） （女性副部長2名） （福祉部長） （同副部長）
一般班員 （町内会班長）	班員　4名	班員　7名	班員　4名	班員　4名
平常時の活動 企画運営・他機関連絡 防災意識の啓発・訓練	平常時の活動 器具整備・耐震診断奨励 危険個所把握・防火広報	平常時の活動 資機材の整備	平常時の活動 災害時要見守り者の把握 同上者の台帳整備	平常時の活動 個人情報の啓発 炊き出し訓練
災害時の活動 情報収集・伝達・総括報告 被災状況・避難者の把握	災害時の活動 初期消火活動・防犯警戒 二次災害の防止活動	災害時の活動 救出救護活動	災害時の活動 災害要見守り者の誘導 非難の呼びかけ・安全確認	災害時の活動 物資需要の把握・配分 給食・給水活動・ごみ対策

災害時救助工具の確認など、実際に災害が起きたときのことを想定して種々の活動が行われ、この活動を通して住民は有事の動きを確認することになる。

　今年行われた防災訓練を通して、町内会長は、「実際の災害が起きたときの問題」を感じたという。会長が感じた問題とは、災害が起きた際に、隊員が動けるか、動けないかといった類のことではなく、防災隊員が「何を大切にするのか」といったことであった。防災訓練当日、若い役員のうち7名ほどが、「仕事の都合」や「家族の行事」を理由に訓練に参加しなかったという。この状況から、町内会長は、実際に災害が起きたときに人々が大切にするものは、自分であり、家族であり、職場であり、そして最後に地域となるのが一般的なのではないかと感じた。上田四丁目町内会では、40-50歳代といった比較的若い役員がそろっていることから、町内会活動の不活発や継続性については、問題とし

ては捉えられていない。しかし、実際に災害が起きたとき、若年層は職場にいる可能性が高く、町内にいたとしても、職場や家族のことが心配で、町内での救助活動は二の次となってしまうのではないか、よって、自主防災隊を作っても意味がないのではないかと町内会長は心配している。

　この点に関しては、6都市町内会調査の自由記述においても関連するような記述がみられ、「(防災訓練に) 参加者が少ない。どのように人集めをしたらいいのか、役員共々困っている状況」(盛岡市調査・自由記述より) が挙げられ、また「災害時の対処に問題がある (例えば日中に発生した場合、高齢者のみである)」(秋田市調査・自由記述より) といったように、若年層の不在を懸念する声が聞かれる。しかしながら、自主防災隊の必要性は、地震発生時だけではなく、地震発生後に住民が避難場所に避難してからみえてくるのではないかと会長は考えている。というのは、中越地震において、避難所生活になったときに町内会の枠組みが重要な意味をもったということを知り、避難所生活において住民の生活を守るためにも、町内会という組織が健全である必要があり、健全である町内会を基盤とした自主防災組織の存在が求められていると町内会長は考えている。そのためにも、自主防災隊の活動を通して、「自分の事、火事を出すな、助け合う」そのためには、「日常のあいさつ」が重要であることを住民に伝え、自主防災隊の基盤となる町内会の健全育成に努めている。

　また、自主防災隊ができたことにより、自主防災隊を基盤とした新たな動きもみられるようになった。地域福祉の流れの中で、要援護高齢者の所在確認が求められるようになったことは先に示したとおりであるが、上田四丁目町内会においても、民生委員との協力の下、確認作業を進め、名簿が整った。要援護高齢者支援には、班を中心として対応することにしており、その活動のためにも、町内会長は挨拶の重要性を町内会活動の節々で伝え、「顔の見える関係」が成立することを町内会長は期待している。また、実際に災害が起きた際、多くの住民に対し物資を配給できる条件が整っている機関は、町内の「仕出し弁当屋」であると考え、「有事のときに動いてくれるよう提携してほしい」ということを上田自主防災隊を代表して、市に伝えている。

　町内会を基盤とした自主防災組織の多くがそうであるように、上田四丁目自主防災隊の始まりも、行政主導によるものであった。しかし、活動が進む中で、

防災にかかわる提言をする基盤として自主防災隊が機能しており、「行政を飼いならし始めた」といった状況がみられる。また、防災訓練を通して、活動を遂行していく上での問題状況も明らかになってきている。自主防災隊を基盤として各種活動に取り組むことにより、経験から導かれた問題点を「経験知」「実践知」として蓄積をすることで、真の「防災コミュニティ」の形成が期待できるのではないだろうか。

5　おわりに

　以上、東北6都市の町内会調査と盛岡市における自主防災組織の状況から、町内会と自主防災組織の関係についてみてきた。
　「自主的」とされる自主防災組織の組織化においては、国のテコ入れが強く働いている。国は、自主防災組織＝町内会を通して、国民一人ひとりを集約し、「防災コミュニティ」ともいえる状況を作り上げようとしている。しかしながら、その基盤となる町内会は弱体化しており、そのため自主防災組織の「形」と「内実」は乖離している。
　町内会の弱体化は、構成員の高齢化、無関心層の増大、新住民の増加等によって、生活意識・生活協働を共有できない状況によってもたらされたものとも考えられるが、その一方で、行政からの業務委託によって、他活動を展開できないといった状況や、住民が役員になりたがらないといった状況が町内会には存在し、行政の下請け組織化が町内会の弱体化を進めている側面も否定できない。現在の町内会は、内部の弱体化とともに、行政からの業務依頼の拡大により、任意団体の性格と、行政の下請け組織としての性格が拮抗する場となっている。故に、自主防災組織の組織化の要請は、住民に動揺を与え、町内会内部、外部との関係性の問題状況をあらわにし、結果としてその形と内実の乖離が指摘されるのである。
　このように考えるならば、国が進めている自主防災組織の組織化には無理があり、それによって作られた自主防災組織は形骸化すると予想される。だが、上田四丁目自主防災隊の活動から明らかになったように、自主防災組織が組織化されたことによって、住民の中で、町内会を捉える客観的な視点が投入され

た。上田四丁目町内会は、普段の活動や組織の様子は、健全にうつる。だが、「防災」といった特定の問題領域を通してみることによって、基盤の脆弱性がみえてきた。自主防災組織を基盤として各種活動に取り組むことにより明らかになった点を「経験知」「実践知」として蓄積することで、真の「防災コミュニティ」の形成が可能となるのではないだろうか。この様な特定領域への取組みを、町内会を整える際の「手段」として利用することで、地域の多様性、自律性を発揮する糸口が見つかる可能性があろう。むしろ、自主防災組織の形成によってあらわになった出来事は、行政・住民双方にとって町内会運営における資源となりうる。行政は、そのような側面を積極的に認め、画一的な対応ではなく、その地域独自の文化があることを認めながら、支援と対応をしていくことが求められる。その先に、真の「防災コミュニティ」の成立がみえてくるであろう。

注

1) この国庫補助制度は三位一体の改革により、平成18年度より税源移譲の対象となったため、現在は行われていない。その他の助成制度としては、財団法人自治総合センターにおける「コミュニティ助成事業（自主防災組織育成助成事業）」等がある（『自主防災組織の手引』総務省消防庁2007：10）。
2) 総務省消防庁は、「消防団・自主防災組織の皆さんへ」と付し、「なくてはならない国民保護」という名のパンフレットを出している。
3) 本調査は、日本学術振興会科学研究費補助金（基盤（A）(1)「『ポスト占領体制』期地域住民組織の比較・歴史社会学的研究」（課題番号16203029）、代表・吉原直樹）を得ている。調査では、(1)地域社会における町会をはじめとする地域組織の実態とその重要性を明らかにするとともに、(2)防犯・防災・福祉等の分野における地域住民組織の重要性を指摘する声が高まるなかでその現実的な可能性と条件を問い、(3)日本社会における今後の町会・自治会の課題と発展の道筋を探ることとを目的に、2005年仙台市町内会調査、2007年山形市町内会調査、2008年秋田市町内会調査、2008年青森市町内会調査、2009年福島市町内会調査 2010年盛岡市町内会調査が行われた。本稿をまとめるにあたり、調査データの整理については、吉原（2008）、菱山・吉原（2008）を参考にした。
4) 平成22年度第6回あおもり市民100人委員会資料。
5) 盛岡市の自主防災組織の現状を調べている中で、自主防災組織が組織化されていない町内会についても聞き取りをした。自主防災組織を組織化していない理由を、その町内会の会長に聞いてみたところ、「災害の経験があるから」と話す。この町内会は北上川とその支流に沿って位置し、ハザードマップ上において、浸水地域として表示されている（盛岡市 2008）。過去にも幾度となく、洪水の被害に遭ってきた。そのような経験を通して住民の中には、「逃げるということを拒否する」という意識、「自助

のことが一番」であるという意識が存在していると町内会長は話す。いずれは自主防災組織を作りたいと考えているが、役員の中に反対者が居るため、なかなか成立には結びつかない。

　行政側にしてみれば、災害があるからこそ、自主防災組織が必要であろうと考える。しかしながら、住民側の要求としては、実際の災害を経験しているだけに、災害が起きたときに住民が協力することの難しさを知っているのであろう。また、実際の災害が起きたときには自分の生活を守ることで精一杯なのかもしれない。本文で取り挙げた上田四丁目町内会は、高台にあり、洪水の被害を受けてこなかった地域である。組織化の形成に結びついているとされる災害の経験は、実は組織化を促進しないといったアンビバレントな結果が存在している可能性も否定はできないであろう。

6）盛岡市では、2003年に自主防災組織の組織化要請の前に既存自主防災組織が、20組織存在していた。

参考・参照文献

岩手県総務部総合防災室　2010　『岩手県自主防災組織育成の手引』

大矢根淳・浦野正樹・田中淳・吉井博明編　2007　『災害社会学入門』弘文堂。

倉田和四生　1999　『防災福祉コミュニティ』ミネルヴァ書房。

黒田洋司　1998　「「自主防災組織」その経緯と展望」『地域安全学会論文報告集』(8)：252-257頁。

今野裕昭　2001　『インナーシティのコミュニティ形成——神戸市真野住民のまちづくり』東信堂。

仙台市消防局　2010　『仙台市自主防災活動の手引　あなたの家族とまちを守る』

総務省消防庁　2002　『自主防災組織の手引』

総務省消防庁　2007　『自主防災組織の手引』

高見裕一・鐘ヶ江管一　1995　『〔体感激論〕防災と自立の思想　阪神・淡路大震災から学ぶもの』集英社。

中田実　2007　『地域分権時代の町内会・自治会』自治体研究社。

菱山宏輔・吉原直樹　2008　「防災と防犯の間」『防災の社会学』東進堂、193-215頁。

松井克浩　2008　『中越地震の記憶——人の絆と復興への道』高志書院。

松井克浩　2008　「防災コミュニティと町内会」『防災の社会学』東進堂、59-86頁。

吉原直樹　2007　『開いて守る——安全・安心のコミュニティ作りのために』岩波書店。

吉原直樹編　2008　「防災ガバナンスの可能性と課題」『防災の社会学』東信堂。

第5章

町内会と消防団

後藤 一蔵

1 はじめに

　我が国の伝統的な地域防災組織として機能してきたのが消防団である。消防団には、その構成メンバーや活動内容から「地元組織」と認識されてきた。それは限定されたエリア内の防災組織であることを意味する。昭和23年の消防組織法の制定にともない自治体消防となり、基本的には「市町村消防団―分団―班」というピラミッド型の構造になっている。消防分団は連合町内会、班は町内会のエリアと重複している部分が多く、防災や防犯に関して共同で対応することも少なくない。

　消防団活動のエリアである「地元」とは、明治の合併前の藩政村や昭和の合併前の旧町村の範域を指しており、その範域では行政の下部組織や伝統的な自主的組織が形成、「顔見知り」の関係が醸成されて、人間関係は濃密である。すなわち分団や班は、日常の生活圏をベースとする範域に成立しているため、この点に消防組織の特異性が存する。消防団は、上位レベルの指揮・指示に従う一方で、地元で発生する災害に対して、長年の慣行に基づいて独自の対応を行ってきた。

　かつてムラ（地域）社会にとって、最大の災害の一つであった火事は、「ムラ社会の全滅も招きかねない」という危険性をはらんでおり、構成する家々には、

火災防止の責任と応分の役割が課せられた。加えて一定年齢に達した男子は、ムラ消防組[1]のメンバーとなることは通過儀礼でもあった。

　自治体消防が成立したとはいえ、消防団のメンバーや組織自体は戦前の消防組とほとんど変化はなかった。だが、消防団は特定の地域社会に存立基盤を持っている以上、地域社会の経済的・社会的変化により、組織が変化することはいうまでもない。昭和30年代から40年代にかけての高度経済成長期は、若者を中心として就業機会を求めて、都市への人口流出が激しくなり、消防団員の減少と直結した。消防団員が全国で100万人（ピーク時の昭和20年代は200万人台）の大台を割った平成2年以降、消防庁や日本消防協会は消防団員の確保のためにさまざまな施策を打ち出した。消防団員の減少は消防団存続にかかわる問題であるとともに、地域防災にとっても深刻な問題であった。そのため、団員確保にあたっては、町内会においても、役員を中心として情報提供や人材の発掘に協力してきた。

　消防団は長い歴史を有してはいるものの、その活動や組織についてはあまり知られていない。だが、阪神・淡路大震災を機に、消防団の重要性が高まるとともに、地域防災訓練や防犯活動を通じて町内会との関係にも変化が生まれてきている。今回の東北地方6県の県庁所在地の調査を通じて示されたデータを活用しながら、既存の資料を援用し、町内会や連合町内会と消防分団（班や部）とのかかわりの実態を明らかにしていきたい。また、そこから浮かびあがる課題について、両者の関係がいかに構築されるべきかについて多少の提言を試みる。

2　町内会と消防分団の相互関連性

(1) 町内会と消防分団（班）の重層性

　町内会と消防分団のエリアの重なり状況を見たのが（表5-1）である。1分団当たりの町内会数が最も多いのは秋田市32.0、最も少ないのは盛岡市6.7である。両都市を比較すると5倍近い開きがある。町内会のエリアの策定においては、基本的には面積や人口を基準としているのに対して、消防分団は、昭和の合併

第5章　町内会と消防団　111

表5-1　町内会と消防分団・班との重なり状況

	町内会数	消防分団数	班数	一分団当たりの町内会数	一班当たりの町内会数
秋田市	1,025	32	185	32.0	5.5
青森市	411	40	117	10.3	3.5
山形市	549	21	147	26.1	3.7
仙台市	1,371	56	※1) 125	24.5	11.0
福島市	871	43	301	20.3	2.9
盛岡市	193	29	※2) 50	6.7	3.9

出所：消防庁ホームページより作成。
注※1)　機械器具置き場（平成22年版『仙台市消防概況』）。
　※2)　「部」を採用。

時の旧町村をベースとしていることが多く、分団の名称には旧町村名が付されていることも多い。消防分団は消防団員の減少や新たな団地造成により、消防分団の再編成が行われることがしばしば見られる。その結果、消防分団の管轄エリアが拡大し、災害発生時の対応面で支障をきたすことも少なくない。そのため、消防団活動の有効性や地元との関係を重視する意味において、消防分団の下部組織として「班」や「部」が設定されているところも多い。秋田市、青森市（浪岡消防団は除く）、山形市、福島市の4都市では「班」、盛岡市では29分団のうち10分団で「部」制を採用している。その結果として、一つの「班」あるいは「部」当たりの町内会数が、最も多いのは秋田市の5.5、他の4都市はいずれも「4」以下であり、町内会にとっては、消防分団よりは「班」や「部」の方が「地元消防団」という意識が強まるのは当然である。仙台市においては、基本的には「部」や「班」制は採用していないが、消防分団と連合町内会や町内会とのかかわりを考えると、市内125ヵ所に設置されている「機械器具置き場」が、他都市の班や部のような機能を果たしている。仙台市は町内会数1,371、機械器具置き場125（仙台市消防局総務部管理課　2010：121-122）という値であり、機械器具置き場が、11.0の町内会に1ヵ所の割合で設置されている。仙台市は平成元年に全国11番目の政令都市となり、行政上は5区制に編成されたものの、消防団に関しては、宮城消防団（旧宮城町）、秋保消防団（旧秋保町）はそのまま存続されたという経緯がある。この二つの消防団で、機械器具置き場は「25」、「6」にも

達しており、仙台市全体の約四分の一に相当する。都市化の進んでいる旧仙台市内（旧泉市を含む）と比べて、旧宮城町、旧秋保町では、消防団に対する依存度の高さをうかがい知ることができる。

(2) 町内会における消防分団の位置

町内会組織において、消防分団はどのように位置づけられているかは、「町内会に部会を設置している有無」（表5-2）からうかがうことができる。青森市の7.5％が最も高く、それに続くのが盛岡市の5.1％である。他の4都市はいずれも5％未満である。この部会の設置は、町内会と消防分団が連携して実施することが多い防災訓練や消防分団が慣行として行っている通学路の除雪作業、大雨による浸水地域の警戒、さらには土砂災害の危険性のある個所の状況等、消防分団の管轄エリア内で発生が予想される災害についての情報交換、あるいは町内会と消防分団の協力関係の在り方についての話し合いが中心である。この点について、「町内会が消防分団の活動に協力している」（表5-2 参照）という割合を見ると、「部会」の設置の割合が最も高い青森市（68.6％）がトップで、盛岡市（52.6％）、山形市（47.7％）、福島市（44.7％）、秋田市（35.9％）であり、町内会の部会の設置の割合との相関度は高い。町内会の組織上に「部会」が設置されていることは、常日頃から両者の意思疎通をスムーズに図っていくという観点からも、その存在意味は大きい。最近、消防団にとって全国的問題となっている消防団員の欠員補充問題の対応に関して、町内会のさまざまな場で話題となりやすい状況はある。従来慣行として行われてきた「退団するときは後任者を見つけてから」ということが事実上不可能になっている今日、適任者と思われる対象者の情報について、町内会の持つ広いネットワークはかなり有効に作用する。しかも、消防分団よりは町内会役員からの勧誘の方が、本人はもとより家族にも親近感を与えるという指摘もある。消防団員の確保という課題を町内会の会議の場において提示することにより、さまざまな人的ルートを通じた新たな人材の発掘が可能となる。この点については、町内会の「部会の設置」をはじめ、「活動の協力」、「町内会から役員を出している」（表5-2 参照）という割合が高くなることは、両者の協調関係をより一層促すことに直結する。

とはいえ、町内会と消防分団の連携は、あくまでも両者の活動協力や人的対

第5章 町内会と消防団　113

表5-2 町内会と消防分団との関係

(単位：%)

	町内会に部会を設置	町内会から役員を出している	町内会に役員が出されている	町内会が情報を出している	町内会に情報を提供している	町内会が活動に協力	補助金や負担金を出している
秋田市	3.5	20.6	2.8	7.3	26.8	35.9	32.4
青森市	7.5	20.0	6.2	8.7	20.0	68.6	34.9
山形市	3.1	19.0	3.5	4.7	11.2	47.7	53.5
仙台市	4.6	22.1	1.5	10.8	24.4		59.8
福島市	3.7	19.2	3.7	9.2	22.4	44.7	44.7
盛岡市	5.1	41.3	5.8	10.9	25.4	52.6	62.3

出所：調査報告書より作成。
注）集計ベースについては、巻末集計表を参照のこと。

応ということに関して行われるものであり、消防分団自体の活動内容について議論されることではないことはいうまでもない。

(3) 町内会長の前歴と消防団活動

(表5-3) は、町内会長に就任する以前の役職の上位3位までを表したものである。仙台市を除いた5都市にあっては、「町内会役員」、「PTA役員」が上位1・2位を占めてはいるが、全体の占有率はかなり異なっている。第3位に位置するのは「体育協会役員」が多い。「PTA役員」と「体育協会役員」の経験者が多い理由としては、これら二つの活動は町内会活動の中心的存在であることに関係する。これら6都市のなかで、仙台市の町内会長の前職は他の5都市に比べてかなり異質である。仙台市では、第3位に「青年団・消防団役員」が占めているが、2.7％である。仙台市の上位3位までの項目が、市全体に占める割合は17.2％にすぎず、「その他の役職経験」が「100以上」にも及んでいる。これは、町内会のメンバーの多様性と人的流動性が関係しており、都市化の進展をうかがうことができる。

町内会長が、過去に消防団役員経験者であった割合は山形市 (12.1％) をトップに、福島市 (8.5％)、青森市 (5.2％)、秋田市 (4.3％)、盛岡市 (3.6％)、仙台市 (2.7％) と続く (『各市調査報告書』参照)。山形市の町内会長の年齢層において、60歳以上の占有率は93.3％であるのに対して、仙台市は84.2％であり、両者間には9.1％の差がある。これとは逆に仙台市は50歳代の占める割合は9.1％ (山

表5-3 町内会長の前職

(単位:％)

	第 1 位		第 2 位		第 3 位	
秋田市	町内会役員	(26.9)	PTA役員	(19.8)	体育協会役員	(13.5)
青森市	町内会役員	(31.6)	PTA役員	(21.6)	社会福祉協議会役員	(15.2)
山形市	PTA役員	(34.2)	町内会役員	(25.3)	体育振興会役員	(15.4)
仙台市	PTA役員	(11.2)	団体役員	(3.3)	青年団・消防団役員	(2.7)
福島市	町内会役員	(31.6)	PTA役員	(23.1)	体育協会役員	(19.3)
盛岡市	町内会役員	(40.9)	PTA役員	(22.3)	町内会連合会役員	(13.5)

出所：調査報告書より作成。

形市は4.6％）と、町内会長の就任年齢にはかなりのばらつきがある。この点については、町内会長の選出方法や役割、町内会内の世帯の職業構成、年齢構成等も重要な要素となっている。山形市にあっては、60歳未満の町内会長の占有率は5.7％にすぎず、町内会長には高年齢層の就任するケースが多い。山形市と同じような事例は青森市にも見られる。山形市と青森市の両都市では、町内会長の年齢層では70歳代が最も多く、特に青森市は53.2％と高くなっている。そのため、消防団員として定年（多くは60歳）を迎えた後、一定期間、町内会役員を経て町内会長というコースをたどるケースが他市と比べて多いこと、もうひとつの理由は、町内会の今後の果たすべき役割として、「日常的な防犯対策」、「日常的な防火対策」、「自然災害等緊急時の備え」という三アクターの割合が高くなっており、消防団員としての経験が大いに生かされるという、町内会の期待の大きさが反映されていること、等が考えられる。

　ここで注目しておきたいことは、消防分団内の階級の上下が町内会長の就任にはほとんど影響を与えていないということである。消防団は年功序列型の階級構造であり、消防分団長は他の階級よりは定年が高く設定されているケースが多く、その分だけ町内会役職への就任年数は短くなる傾向がある。町内会は行政の末端機構としての側面も持ち併せており、行政とのパイプ役的存在である。そのため、町内会長はリーダーとしての資質と一定の経験、さらには企画立案能力や各種団体との交渉力も重要な要素である。

第5章　町内会と消防団　115

図 5-1　平成 20 年中　消防団員出動人員内訳

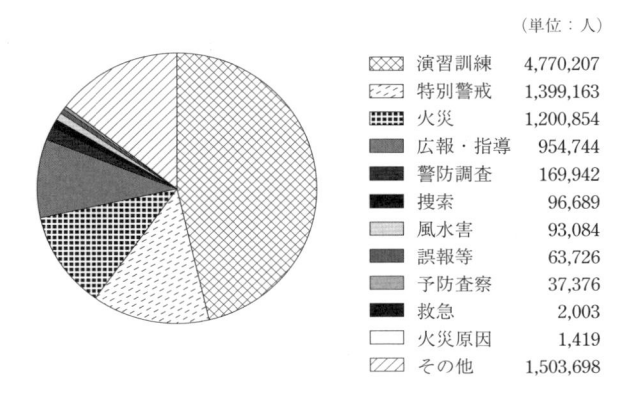

(単位：人)

演習訓練	4,770,207
特別警戒	1,399,163
火災	1,200,854
広報・指導	954,744
警防調査	169,942
捜索	96,689
風水害	93,084
誤報等	63,726
予防査察	37,376
救急	2,003
火災原因	1,419
その他	1,503,698

出所：消防庁『平成21年版　消防白書』。

3　町内会と消防団の距離感

(1) 災害の地域性と消防団活動

　平成20年中の全国消防団員の出動回数総計は589,514回、延べ出動人員は10,306,338人を数える。出動内容としては、「演習訓練」、「特別警戒」、「火災」が上位3位までを占め、全出動人員の71.5％に達している (図5-1)。

　注目しなければならないのは、「その他」の多さである。「その他」の延べ出動人員は1,503,698人で、全体では第2位に相当する。「その他」こそが、消防分団の活動の特異性であり、地域特有の災害の出動状況を反映している。例えば、高齢者世帯の雪下ろし作業、津波対策用として設置されている水門・陸門に付着した牡蠣から落とし[2]や周辺の草刈り作業、さらに伝統的な火防行事への参加等があげられる。これらに加えて、エリア内で発生する災害発生の予知指標として、動植物や地形の変化、周辺の河川の水量や濁り具合等の日常の観察等もある。平成20年中の「その他」の一消防分団当たりの出動回数は、全国平均で32.2回を数える。これらの消防分団活動は、長年の慣習として定着し

ていることが多く、地元における消防分団の重要性の根拠ともなっている。(表5-2)に見られるように、町内会と当該消防分団の間ではさまざまな情報交換が行われていることがうかがえる。消防分団から町内会に対しては、高齢世帯や一人暮らし世帯に対する防火指導や防火査察を通じて得た情報を町内会に提供することは以前よりも増える傾向がある。「町内会に情報提供」の割合(表5-2 参照)は、秋田市(26.8％)、盛岡市(25.4％)、仙台市(24.4％)、福島市(22.4％)、青森市(20.0％)、山形市(11.2％)という結果である。これらのなかで、最も割合の低い山形市は、(表5-2)の町内会と消防分団との関係の指標として取り上げた7項目において、総じてその割合は低く、市行政とのかかわりに重点が置かれていることが推測できる。

また消防分団では、地域特有の災害については、経験則に基づいて事前の対応策がかなり念入りに講じられるのが通例である。阪神・淡路大震災以降、全国のいずれの自治体でも地震に対する対応策は講じられており、6地点もその例外ではない。今回の調査報告書から各自治体が力を入れている災害について摘出すると次のようになる。

・秋田市／洪水、地震(津波)
・青森市／大雨、豪雪、地震
・山形市／大雨、大雪、地震　内陸直下型地震
・仙台市／近い将来に発生の予想される宮城県沖地震
・福島市／臨海地域・中通り地域・山間地域に応じた地震
・盛岡市／宮城県沖地震の発生に伴う地震

これらの災害対策として、ほとんどの町内会では防災訓練やハザードマップの作成に力を入れているが、後述するように進捗状況にはかなりの差異がある。また、これまでの防災訓練においては、管轄する消防署を中心に行われてきたが、近年、消防分団がその役割を担うという傾向も見られる。このような防災訓練を通じて、消防分団と町内会の距離感の縮小が図られていることは間違いない。

(2) 消防分団に対する町内会からの補助金

消防団員に対しては、各自治体から年報酬と出動手当が支給される。その金

額については、自治体条例によって定められているが、実労働の対価としては少ないのが実状であり、「消防団員の方々には頭が下がります」という言葉を耳にすることもしばしばである。仙台市においては、年報酬は階級によって異なり、団長93,000円を最高に、一般団員は29,683円である。他方、出動手当は階級の別なく火災・風水害4,400円、警戒・訓練3,700円である（平成21年4月1日現在）。

それとは別に、町内会では当該消防分団に対して、「地域の安全・安心のために、昼夜を問わず、お世話になっている。そのご苦労分として」ということから、連合町内会や町内会から当該消防分団や班に対して一定額の補助金や負担金が拠出されていることも多い。その拠出状況（表5-2 参照）は、盛岡市(62.3％)、仙台市(59.8％)、山形市(53.5％)、福島市(44.7％)、青森市(34.9％)、秋田市(32.4％)と、6都市によってかなりの違いはあるものの、すべての都市で拠出されている。そのうち、盛岡市と仙台市の割合は高い。仙台市では、昭和6年11月に市内全域を対象として「仙台消防組後援会」[3]が組織されている。その会則第九条の具体的事業において、「仙台消防組員ノ慰労ニ関スル件」が明記され、消防後援会を通じて消防分団に対して金銭や物的供与が行われており、その後も継続されている例が多い。他方、助成金や補助金という名目ではなく、消防分団が出初式や春・秋に行われる消防演習に際して、各戸から一定金額を寄付という名目で徴収し、消防演習後の消防分団員の慰労費に供されることもある。また、管轄するエリア内の出火に際して、「炊き出し」と称しておにぎりや酒が振る舞われることは慣習として広く行われている。しかも鎮火後の盗難防止や残火処理のために、消防団員が一晩中警戒に当たるということは今日なお広範囲にわたって行われており、その返礼という意味合いが強い。このような町内会から消防分団に対する物的補助は、戦前のムラ消防組時代から、継続されてきているが、市町村合併にともなう分団や班の統廃合によって、その態様は少しずつ変化してきている。

(3) 女性消防団員の加入と新たな地域課題

消防団＝男性集団という図式は、自治体消防の発足後も長い間、定着してきた。ところが、昭和45年、日本は高齢化社会に突入し、町内会にとって、高

表5-4 女性団員数と占有率

(平成21年4月1日現在)

	実団員数(人)	女性団員数(人)	女性団員の割合(%)
秋田市	1,994	13	0.7
青森市	1,843	76	4.1
山形市	1,709	24	1.4
仙台市	2,256	112	5.0
福島市	2,643	13	0.5
盛岡市	1,245	51	4.1

出所:消防庁HPより作成。

齢者問題は新たな問題として重視されるようになった。昭和63年3月8日、日本消防協会は次のような決議文を採択している。

　近時の高齢化社会の到来と複雑多様化する災害に対処するためには、その活動にあたり、人間性に満ちたよりきめ細かな思いやりが必要となってきている。
　これらの消防団に対する要請に的確に応え、更に安全な地域社会を築くためには、女性の特性を生かした消防団活動の充実が有効である(以下略)

(日本消防協会 1992:11)

ということからもうかがえるように、増加し続ける一人暮らしや高齢者世帯に対して、女性特有の感性を活かした消防団活動が注目されるようになった。女性消防団員の防火訪問指導や救急救命活動、さらに広報活動の充実は消防団の緊急の課題となっている。(表5-4)のように、6都市のいずれにも、女性団員は存在するものの、人数や消防団員全体に占める割合は、全国的にはかなり低いレベルにとどまっている。その要因としては、女性消防団の多い東京都や北海道に比べて、加入活動がかなり遅れてしまったこと、さらに男性団員の補充的側面が強調されるあまり、女性が消防団加入後の役割について十分な検討がなされないままに事が進んでしまったこと等が指摘できる。筆者が2009年1月に、「岩手・宮城内陸地震における消防団活動」に関して、栗原市消防団栗駒地区団の全団員(272名)を対象として行ったアンケート調査(回収率50.4%)において、女性団員からは「被災家屋の後片付け」、「老人の介護のため、勤務先で

の昼休み時間を利用した一時帰宅」、「災害発生時にやるべき任務の不明確さ」等が指摘されており、女性団員を取り巻く環境の厳しさを改めて知らされた。それでも、その必要性は確実に増えつつあるのが、実状である。さらに女性消防団員の加入により、消防分団の長年の慣習の見直しや、分団会議の決定経過がこれまでは上位下達であったのに対して、合議制を取り入れるという傾向も顕著となりつつある。消防団はこれまで、「内向きの集団（組織）」といわれ、消防団員以外の者にとっては、「消防団とはどのような組織であるのか」理解されにくい側面があった。そのためにも広報宣伝活動の活発化や、定期的な広報誌の発行により、活動内容の理解が深まることは間違いない。高齢化率の高まりは、地域の安全・安心にとって緊急かつ重要な課題であり、女性消防団の果たす役割は大きい。防災訓練や町内会の主催する各種防災講習会において、女性消防団員によるAED（自動体外式除細動器）の使用方法や救急救命の指導は高い評価を得ている。

4　大規模災害における対応

(1) 発生時における対応

　大地震の発生時に際して、最重要度のアクターとして「町内会」と「消防団」の位置を比較したのが（表5-5）である。青森市を除いては、町内会が消防団よりも高くなっているが、両者間に大きな差は見られない。

　まず福島市と盛岡市について見ておこう。この二つの都市は、いずれも第1位は「隣近所・隣組」であり、地縁関係重視が、町内会の高さにも反映されている。ただ、「町内会における大地震が起きた時の話し合い」は、福島市が44.6％であるのに対して、盛岡市は69.9％と両者には開きがある。一方、消防分団のランクでは、福島市は第3位（8.7％）、盛岡市は第5位（3.1％）と、「話し合い」とは反対となっている。両者の違いは、福島市では近年、隣接する新潟県や宮城県で大地震が発生し、消防団活動を直接・間接的に身近に感じていることから、消防団の有効性が認識されていると考えられる。

　次に、秋田市、青森市、山形市の3都市について見ると、秋田市は1983

表5-5 大地震の発生時の町内会と消防分団の最重要度の比較

(○内の数字は全体の順位)

	高い組織	割合(%)	低い組織	割合(%)
秋田市	町内会	39.8④	消防団	33.7⑧
青森市	消防団	40.7③	町内会	39.4④
山形市	町内会	45.0④	消防団	43.9⑤
仙台市	―	―	―	―
福島市	町内会	14.4②	消防団	8.7③
盛岡市	町内会	14.0②	消防団	3.1⑤

出所：調査報告書より作成。

注）秋田市、青森市、山形市の調査では、「非常に重要である」～「重要ではない」といった間隔尺度であるのに対し、盛岡市、福島市は「もっとも重要なもの」の単数回答である。詳しくは巻末集計表を参照のこと。

年の日本海中部地震以降、大地震が発生していない。また想定されるマグニチュード7クラスの大地震発生の可能性が考えられるのは秋田市直下型と秋田沖地震の二つがあるとはいえ、発生確率は今後30年以内で2％以下と低い。そのため、「大地震対応について話し合ってきた」という割合は46.4％、大地震を想定した自主防災訓練の「参加」と「見学」の合計した割合も17.0％にとどまっている。山形市も秋田市と同じ傾向である。5都市中、唯一消防団が高い青森市は、消防署（45.0％）、警察（41.1％）と、行政機関依存度が高くなっている。青森市は2008年7月24日の岩手県沿岸北部を震源とする地震により、人的・物的な被害は生じたものの、大きな被害には至らなかった。しかも、今後大地震災害の発生確率は6都市のなかでもかなり低いことが予想されている。他方、大雨や大雪による災害は恒常的に発生しており、それらの災害対策を通じて、行政機関に対する信頼度が高いことがうかがえる。

仙台市は、他の5都市とは質問内容が多少異なるニュアンスで設定されており、単純に比較をすることはできないが、「自然災害防止で最も重要な活動をしている団体」という設問（アクター数「24」）では、「町内会」(20.1％)がトップ、「消防団・災害救助団体」(10.9％)が第2位を占めている。このような結果は、町内会の役割としてこれまで論議されてきた「防犯、消防などの地域安全確保」が群を抜いて高く、かつ「町会から役員を出していること」、「補助金や負担金を出していること」の割合がかなり高いこと等からもうかがうことはできる（表

第5章 町内会と消防団　121

表5-6　大地震の発生後の町内会と消防分団の最重要度の比較
（○内の数字は全体の順位）

	高い組織	割合(%)	低い組織	割合(%)
秋田市	町内会	37.0②	消防団	21.9⑩
青森市	町内会	41.1①	消防団	28.6⑤
山形市	町内会	44.2②	消防団	30.7⑧
仙台市	−	−	−	−
福島市	町内会	12.0③	消防団	6.1⑤
盛岡市	町内会	19.7①	消防団	2.6⑦

出所：調査報告書より作成。
注）回答方式は、表5-5と同じである。詳しくは、巻末集計表を参照のこと。

5-2参照）。それに加えて、地域自主防災組織の組織率の高さ[4]や、近い将来、高い確率で発生が予想される宮城県沖地震等も、その要因としてあげられるだろう。平成13年3月にまとめられた「仙台市消防・防災に関する市民意識調査報告書」（仙台市消防局）[5]の、「消防団への印象」に関する設問（複数回答方式）では、「［消防団］は地域の安全を守る防災リーダーとして頼もしく思う」(55.9％)、「近くにいると安心できる」(41.4％)という結果から、消防団に対する市民の信頼度の高さが裏付けられる。

　総じていえることは、予測される大災害の発生確率や緊急性の違いが、行政の町内会への対応の在り方、そして町内会の消防団への期待度からもうかがうことができる。日本海側と太平洋側では対照的な結果が、それを物語っている。

(2) 時系列的対応

　大災害が発生すると、町内会と消防分団の初期行動は、おおむね安否確認→避難誘導→避難所生活（共同生活）支援という経過をたどる。今回の調査では「大地震発生後の共同生活において重要な役割を果たしているアクター」という質問項目が用意されている。（表5-6）は、避難所生活（共同生活）における町内会と消防分団の最重要度の位置を比較したものである。回答方式に違いがあるとはいえ、5都市のいずれもが、町内会が高くなっている。しかも、前項の地震発生時におけるランクよりもかなり高く、避難所生活における町内会の重要性が改めて確認された。他方、消防団は、町内会とは対照的に地震発生時と比較し

てランクは低下している。

　このような違いは、地震発生後の時間の経過とともに、両者の行動パターンが異なることに起因する。消防団の行動は被害の全体像が明らかになるにつれ、災害対策本部の指示に基づき、被害状況に対応した行動が基本となる。そのため、消防分団の活動地域が通常の消防分団や班のエリアとは異なるということがしばしば起こる。一方、避難所の共同生活は、被害の大きさや避難所のスペース等の違いにもよるが、隣近所・隣組といった日常生活を通じて培われている人間関係（いわゆる「気心の知れた関係」）を基本的な枠組みとして生活全般が組織化される。災害規模によっても異なるが、行政対応には人的配置や救援物資のルート確保の面で限界があり、避難所での共同生活は町内会や地域自主防災組織に依存せざるを得ない状況が見られる。「仙台市自主防災活動のてびき」（仙台市消防局作成）の「避難所での生活」の項において、避難所生活は地域自主防災組織をベースとして、管理・運営が行われることが明記されている。これは、阪神・淡路大震災以降、各地で発生した大地震の教訓に基づいている。一方、消防分団と避難所とのかかわり方は、避難所周辺の夜間警備や急病人の搬送、食事の運搬等が主なもので、かなり限定的である。

　平成20年6月14日に発生した「岩手・宮城内陸地震」において、住民生活と直接関係する内容について、消防団活動の時系列的な動きを概観してみる。
　　・6月14日〜15日／被害巡回調査、給水活動、車両通行規制及び誘導
　　・6月16日〜22日／被害巡回調査、給水活動、降雨対策
　　・6月23日〜29日／危険箇所の応急措置、倒壊家屋の復旧活動
　　・6月30日〜7月6日／仮設住宅引っ越し手伝い

すなわち消防分団においては、被災現場での行動が中心であり、時間の経過とともに避難所とのかかわり方の比重は低下するのが一般的である。とはいえ、緊急消防援助隊や自衛隊、さらには行政が平常の任務に戻るころになると、消防分団は仮設住宅からの引っ越し手伝いや高齢者の住環境の整備等が新たな任務として加わるため、長期間の対応が求められる。

(3) 町内会と消防分団の連携

　例年行われている春・秋の火災予防運動、あるいは風の強い日の地域内の巡

回活動を通じて、消防団は防火対策の中心的存在として、町内会や連合町内会からは認識されてきた。防火活動が地域社会の安全・安心に寄与することはいうまでもない。それに加えて、阪神・淡路大震災における同時多発の火災発生における消火活動や人命救助活動を通じて、消防団の有効性が新たな視点から見直された。政府は消防庁を中心として、平成9年以降、毎年のように検討委員会[6]を立ち上げ具体的提案を行ってきた。検討委員会の議論の中心は、消防団組織の根幹にかかわる消防団員の確保と国内外で頻発する大規模地震において、消防分団と町内会や連合町内会の連携を核とした地域コミュニティの構築の在り方であった。消防団と町内会は、体系上は別組織であるが、同じ地域をベースとする組織体であるがゆえに両者の緊密な連携こそ地域防災の在り方のキーポイントであることは、さまざまな観点から論じられた。それを法制度面からフォローしたのが、平成12年1月20日付の消防庁告示第1号[7]である。それによれば、消防団は「地域住民等に対する協力、支援及び啓発に関する業務」、すなわち、消防団の地域自主防災組織に対する指導・協力体制が打ち出されたことである。

　平成17年6月13日付ではその一部改正が行われ、その活動の円滑化を図るため、次のような消防団員数の算定基準が第38条第2項(2)に加えられた。

　　大規模な災害時等における住民の避難誘導に必要な数として、消防団の管轄区域の小学校区内の可住地面積を0.06平方キロメートルで除して得た数に1.1を乗じ地震、風水害その他の自然災害の発生の蓋然性等を勘案した数を加えた数[8]　　　　　　　　（消防力の整備指針研究会 2006：184）

この改正により、消防団員の適正配置の必要性と、大災害の発生時には消防分団員の任務として町内会とタイアップを図りながら、エリア内住民の安否確認と避難誘導行動が明確化された。それにともない、当該消防分団の日常活動として、高齢者世帯や一人暮らしへの対応が、民生委員や町内会、連合町内会と一体化して行うことが容易となった。この結果、消防団は、これまで以上に地域の日常生活のセーフティネットとしての機能性が高まったことは明らかである。

　このことについては、筆者が「岩手・宮城内陸地震」後、宮城県栗原市や大崎市の6ヵ所で行った消防分団と自主防災組織との連携の実態調査[9]において、

地震の発生直後に、町内会役員と消防分団（班）の役員が所定の場所に集合し、その時点でお互いが情報交換を行った後に、エリア内の巡回活動と声掛けによる安否確認を行った行動に対して、住民から高い評価を受けたことを確認している。

5 取り組むべき課題

(1) 進展しない防災への取り組み

（表5-7）から、町内会の「災害についての話し合い」の状況を見ると、盛岡市 (69.9％) が最も高く、仙台市 (69.2％)、山形市 (50.9％)、秋田市 (46.4％)、福島市 (44.6％)、青森市 (37.2％) と続く。さらに町内会の話し合いの内容においては、多少の順位の違いはあるが、上位3位以内にランクされているのは、「避難方法・時期・場所」、「心がまえ」、と「住宅間の連絡」（青森市を除く）である。なかでも、5都市でトップにランクされている「避難方法・時期・場所」は地域住民の生命に直接にかかわる問題を含んでおり、ハザードマップはその羅針盤的存在である。防災についての話し合いが比較的進んでいる盛岡市は町内会が中心となり、ハザードマップをすでに半数以上で作成しているのに対して、青森市は、「町内会独自で作成」は4.8％にすぎず、「行政の作成したもの」(19.9％) と「行政の指導の下作成」(3.9％) の三項目を加えても28.6％であり、行政依存度が高い。

盛岡市、仙台市以外の4都市では、現時点では、ハザードマップの作成は行政主導で進められている。一部の人々からは、「防災については、町内会や連合町内会での話し合いには限界があり、多くの情報を持ち併せている行政から指示された方が説得力はあるし、効果も上がる」という声もある。が、行政主導ではハザードマップの活用や有効性について、その認識が一部役員レベルにとどまる傾向がある。ハザードマップは町内会のすべての人にかかわるものであり、できるだけ多くの人が継続的な関心を持ち続けるための方策を考えていかなければならない。そのためにも、町内会の各種の会合の場を利用して、その必要性の周知徹底を図り、さらに町内会が定期的な見直し作業を行うことが

表 5-7 災害についての話し合いの有無と内容

(単位:%)

	話し合いの有無		話し合いの内容の上位3位					
	有	無	1 位		2 位		3 位	
秋田市	(46.4)	(49.5)	避難方法	(77.9)	住民間の連絡	(70.8)	心がまえ	(58.1)
青森市	(37.2)	(58.0)	避難方法	(79.1)	心がまえ	(72.1)	住民間の連絡	(64.0)
山形市	(50.9)	(46.4)	心がまえ	(74.6)	避難方法	(69.8)	住民間の連絡	(60.3)
仙台市	(69.2)	(22.4)	避難方法	(83.1)	心がまえ	(72.0)	住民間の連絡	(63.2)
福島市	(44.6)	(48.1)	避難方法	(83.6)	住民間の連絡	(64.1)	心がまえ	(60.9)
盛岡市	(69.9)	(28.5)	避難方法	(81.5)	住民間の連絡	(79.3)	心がまえ	(67.4)

出所:調査報告書より作成。
注)話し合い内容の集計ベースについては、巻末集計表を参照のこと。

重要である。そのハザードマップの作成過程において、消防分団は「土砂崩れや浸水等の災害危険箇所」、「消火栓」、「消防団詰め所」等の位置確認をはじめ、作成そのものについても指導・助言を求められることがある。消防団員は「防災のプロ」としての自覚を持つためにも、各種研修会への積極的な参加が求められる。

今日、大きな問題となっているのは、「災害弱者の方々の安否確認と避難場所への誘導」に関するものである。この点については、平成17年の『消防力の一部改正』にも明記されているように、非常時に限らず、日常的な町内会と消防分団の連携の在り方についての議論はより重要性を増している。

(2) 個人情報保護にかかわる問題

町内会が、ハザードマップを作成するにあたって問題となるのは、個人情報保護法との整合性である。「町内会の運営上の問題点」の設問に対して、「加入世帯の家族構成把握ができない」という割合(『各調査報告書』参照)は、秋田市(7.3％)はかなり低いものの、青森市(22.1％)、盛岡市(20.2％)、山形市(16.4％)、福島市(12.4％)の4都市においては1〜2割にも達している。このような結果は個人情報保護の在り方と密接にかかわっている。

消防庁は平成16年10月、「集中豪雨時等における情報伝達及び高齢者等の避難支援に関する検討会」[10]を設置し、平成18年3月、「災害時要援護者の避

難支援ガイドライン」[11]（以下ガイドライン）を策定した。そのガイドラインの「課題1　情報伝達体制の整備」の(1)において、「平常時は、班長（福祉担当部課長）、班員（福祉担当者、防災担当者等）。避難支援体制の整備に関する取り組みを進めていくに当たっては、社会福祉協議会、自主防災組織等の関係者等の参加を得ながら進めること」と定められている。

すなわち、要援護者にかかわる事前情報の保有者は、平常時は自主防災会長と民生委員を原則としており、消防団に対しては、災害発生後に情報提供が行われる。

「岩手・宮城内陸地震」において、被害の大きかった栗原市栗駒・一迫・花山の各地区団では、エリア内住民の安否確認はほぼ3〜4時間という短時間内で終了している。このようなことを可能とした大きな要因としては、各地区団のさまざまな会議を通して、隣近所の人的情報が消防分団員に共有されていたことがあげられる。とはいえ、マンションや事業所の多い都市部では、町内会内の災害弱者にかかわる情報が通常から把握されていなければ、安否確認作業に多くの時間を要することはもちろん、正確な住民の把握は不可能に近いであろう。大災害が発生するたびに、要援護者にかかわる情報の事前提供は自主防災会長、民生委員に加えて消防分団にも、という声はよく聞かれるものの、実現には至っていない。個人情報保護法の「本人の同意と本人の利益」という基本的な考え方は尊重しつつも、この問題の取り扱いについては今後さらなる検討が求められる。しかも、農山漁村にも、年々マンションや老人介護ホームが増える傾向があり、個人情報の問題は都市部に限定される問題ではなくなってきており、新たな観点からの議論が急がれる。

(3) 消防団員のサラリーマン化の進展にともなう課題

大災害の発生時、消防団に対する地域住民の期待は高い。しかしながら、今日では、団員のサラリーマン化が進み、6都市の平均は67.9％（平成21年4月1日現在）と、全国平均よりも多少低いとはいえ、その割合は、年々高まっている。そのため、消防団員が居住地を離れることが多い日中の時間帯の地域防災問題がクローズアップされてきている。その対応策として、多くの自治体で増加傾向にあるのは、退職後の職団員をOB団員として再任用したり、また市町村役

場職員を勤務時間内に限り、災害発生時に、身分上は消防団員として消防団活動に従事するという動きである。

　それとともに、町内会のエリア内には企業、事業所もあり、そこで働く人たちも町内会の構成メンバーである。最近は、企業や事業所はBCP（Business Continuity Plan）[12]と称される事業継続計画を策定する動きが広がりつつあり、企業内部の体制の在り方に限定されることなく、町内会や連合町内会とのかかわり方を視野に入れる動きも見られる。さらに企業や事業所の従業員には、消防団員もおり、それらの消防団活動に対する企業や事業所の理解も課題である。平成18年度から始まった消防団協力事業所表示制度[13]は、今日なお全国的には約4割程度の自治体で採用されているにすぎない。消防団協力事業所制度の普及があまり進捗しない理由としては、制度の趣旨に対する企業側の理解が十分に得られていないこと、また自治体の認定後のフォローがあまり行われていないこと、があげられる。

　「岩手・宮城内陸地震」における今後の消防団の在り方の意見としては、次のような指摘がなされている。

　　消防団員の多くはサラリーマンであり、団員個々が勤めている会社と個別的な話し合いをするには限度があります。企業の協力なしには消防団は有効に機能しないため、災害時の消防団活動について、企業と行政の間で事前の取り決めをすべきではないでしょうか。今回は、職場の被害が比較的軽微であり、しかも通勤の道路も確保されていたことから「消防団活動のために休みたい」ということにはかなりのためらいがありました。

　近年における日本の経済構造を考えると、消防団員のサラリーマン化の進展は予想されることである。これからの地域防災の在り方については、企業や事業所の積極的な対応を抜きにしては考えられないことは明らかである。

6　おわりに

　戦前の消防組の延長線上に位置づけられる消防団は、戦後においても、地元との関係についてはほとんど変わらない構図を保ちつつ、今日に至っている。町内会が行政の末端機構としてさまざまな組織の包括的な受け皿として機能す

る一方、消防団は町内会とは一線を画した組織として位置づけられてきた。消防団員が一貫して減少するなか、阪神・淡路大震災を契機として、これまで消防団に定着してきた「火消し集団」というイメージは大きく変わった。防災については、それまでは、行政や消防団に依存する傾向は否定できなかったが、住民一人ひとりの防災における対応の重要性が指摘され、かつ町内会や連合町内会をベースとする地域自主防災組織の組織化も急速に進んだ。

　昭和40年代の後半以降の高齢化の進展は、町内会や連合町内会、さらに消防分団にとっても取り組まなければならない安全・安心の地域課題としてクローズアップされた。今回の調査結果から、「災害発生時」、「避難所における共同生活」において、「町内会」が「消防分団」より重要なアクターとして認識されていることに注目したい。日常生活を通じて形成される地域コミュニティが、災害という非常時においても有効に機能することが実証された。地縁関係をベースとする地域コミュニティによって形成された人間関係は、今日のような高齢社会においては、これまで以上に相互依存関係が醸成されつつあると考えられる。しかも町内会の防災の議論や防災訓練、さらには高齢者世帯や一人暮らしの世帯への定期的な訪問防火指導を通じて、防災を媒介とした日常性と非日常性とがリンクされ[14]、両者の新たな関係が構築される状況が生まれつつある。

　本稿で示したように、6都市の消防団と町内会とのかかわり、あるいは災害に対する行政依存度についてはかなり違った様相が浮き彫りとなった。この点については、予測される災害規模や緊急度、さらには最近発生した災害に比例する傾向は強い。また町内会や連合町内会との共通認識がなければ、「絵に描いた餅」になりかねないということも明らかである。画餅に終わらせないためには、消防分団との常日頃からの議論の場が必要である。

　町内会と消防分団は異なった組織体とはいえ、活動のエリアが重複することの多い両者にあっては、平常時からより緊密な関係を構築することはそれほど高いハードルではない。それを通じてこそ、町内会がセーフティネットとしてより期待に応える展望が開けるのである。

注

1)「村中火之用心常々自身番組致吟味無油断入念可申候尤風烈之時ニ火之番大切ニ相勤可申事」(弘化三年、『御名目』静岡県賀茂郡三浜村西子浦)に見られるように、若者契約文書には、消防機能に関する条目が多数見られる(『消防団の源流をたどる』)。この点に関しては、後藤一蔵1998「若者契約における消防機能の展開過程」『村落社会研究』8　農山村文化協会、34－43頁を参照のこと。

2) 宮城県東松島市消防団で臨海部に位置する第10分団東名部では、定期的に「牡蠣から落とし」作業を行っている。高潮や津波の発生の際に水門や陸門がスムーズに作動しなければ効果はない。そのため、毎年8月のお盆明けに消防団員の作業として実施されている。このように、消防団活動は伝統的に受け継がれている事前・事後の地域特有の作業が災害発生時の対応の効果に決定的な意味を持っている。

3) 仙台消防組　昭和10年『仙台消防誌』166－171頁。

4) 昭和53年6月12日に発生した宮城県沖地震の教訓として、仙台市は全国に先駆けて昭和54年6月12日付で「防災都市宣言」を行った。そこで謳われた「市民自らが、自分自身の身を守る」という基本理念が、地域自主防災組織の組織化として推進された。仙台市の自主防災組織の組織率は、平成22年4月1日現在85.6％に達している(『平成22年版　仙台市消防概況』)。

5) この調査は、仙台市に住む満20歳以上の男女5,000人を対象として実施された。回収率は57.7％。

6) 後藤一蔵　2006『改訂　国民の財産　消防団』近代消防社。
各年次の検討委員会の詳しい内容については、1月から3月にかけて、消防庁が刊行している報告書を参照のこと。

7) 昭和36年消防庁告示第2号による「消防力の基準」は、社会・経済的な変化により全面的に改訂された。第30条(5)として「地域住民等に対する協力、支援及び啓発に関する業務」が新たに加えられている(消防力の基準研究会：2000：143頁)。

8) この算定式は、「広報活動等の火災予防活動や防火指導を兼ねた独居老人宅への訪問」と、「平成16年9月から施行されている武力攻撃事態等における国民の保護のための法律」にともなう地域住民の避難誘導が加味されている(消防力の整備指針研究会：2006：184－185頁)。

9) 栗原市3地区、大崎市3地区の計6地区を対象として事例調査を実施した。この調査を通じて、筆者としては、自主防災組織が有効性を発揮するためには、「合議制」「継続性」「多様性」の三条件が必要不可欠であるという認識をもった。この点に関しては、2009年11月20日付の毎日新聞に掲載。

10) 平成16年、梅雨時の集中豪雨と数多い台風の上陸により、死者は217名、行方不明者16名を数えた(消防庁『平成17年版　消防白書』109頁)。被害者の多くは高齢者であり、それを契機として、避難誘導の在り方について検討された。

11) ガイドラインによる要援護者とは、高齢者、障害者、外国人、乳幼児、妊婦等を指している。国、都道府県、市町村、さらには関係機関の整備が強調されている。とりわけ「課題1　情報伝達体制」の項においては、消防団、自主防災組織、福祉関係者の情報伝達体制が重視され、三者の救助体制の在り方が図解されている。

12) 企業においても、地震や風水害、さらには人為的災害によって、企業活動の継続が困難になることも予想される。その被害を可能な限り最小限に抑えるために、各企業

では災害発生時のマニュアル化の作成が進んでいる。とはいえ、筆者の管見する限り、企業と地域社会のかかわりについてはほとんど触れられていないのが実状である。
13) 平成18年度から始められた。消防団員のサラリーマン化に対応して、企業の消防団活動の理解を一層促進することをねらいとした制度である。平成22年4月1日現在、総務省消防庁表示証(いわゆる「ゴールド」)の交付企業数は187、市町村表示証交付事業所数5,300を数えている。また協力事業所表示制度導入市町村数の全国的割合は42.4％(総務省消防庁資料参照)である。
14) これまでは、災害発生時を「非常時」としてとらえられていたが、現在のような高齢社会にあっては、常時、地域社会は安全・安心が問われる状況下に置かれている。吉原が今日のボーダレス社会を「日常的な戦時体制」と表現したこと(吉原直樹2007年7頁)と一脈通じる。

参考・参照文献

大日方純夫　2000『近代日本の警察と地域社会』筑摩書房
倉沢進／秋元律郎編著　1990『町内会と地域集団』ミネルヴァ書房
後藤一蔵　1998「若者契約における消防機能の展開過程」『村落社会研究』8、日本村落研究学会、34-43頁。
後藤一蔵　2009「岩手・宮城内陸地震　消防団員はどう行動したか」『近代消防』581：66-69、近代消防社。
後藤一蔵　2010『改訂　国民の財産　消防団』近代消防社。
災害時要援護者の避難対策に関する検討会　2006『災害時要援護者の避難支援ガイドライン』内閣府。
消防基本法制研究会　2009『逐条解説　消防組織法　第三版』東京法令出版。
消防力の基準研究会　2000『逐条問答　消防力の基準・消防水利の基準』ぎょうせい。
消防力の整備指針研究会　2006『逐条問答　消防力の整備指針・消防水利の基準』ぎょうせい。
仙台市消防局総務部管理課　2010『平成22年版仙台市消防概況』仙台市消防局総務部管理課。
仙台消防組　1935『仙台消防誌』仙台消防組。
総務省消防庁　1999～［各調査検討会報告書］　総務省消防庁。
鳥越皓之　1994『地域自治会の研究』ミネルヴァ書房。
中田実・小木曽洋司・山崎丈夫　2009『地域再生と町内会・自治会』自治体研究会。
日本消防協会女性消防団員確保対策委員会　1992『女性消防団員確保事業に関する報告書』日本消防協会。
兵庫県　1997『阪神・淡路大震災復興誌』第1巻、21世紀ひょうご創造協会。
吉原直樹　2000「地域住民組織における共同性と公共性」『社会学評論』200、日本社会学会、140-153頁。
吉原直樹　2007『岩波ブックレット　開いて守る』392、岩波書店。
吉原直樹編　2008『防災の社会学』東信堂。

第6章

安全安心コミュニティと防災

菱山 宏輔

1 はじめに──問題の所在

　近年、防犯や防災を中心とした地域のセキュリティをめぐる議論において、安全安心にかかわるガバナンスが問われている。それは単に、犯罪や災害の量的・質的変容にもとづく関心から組織されるものではない。むしろ、リスクの蓋然性と再帰性、醸成される絶えざる不安とともに、現代社会のさまざまな区分線のゆらぎ、その再領域化をめぐる排除や包摂といった問題への認識によりながら、既存の機能領域と規制システムでは処理できないイッシューの噴出への対応としてあらわれる。それは、従来のナショナルな次元での治安維持ではなく日常生活における諸個人のレベルで発現するため、「ジェンダー、ジェネレーション、エスニシティ等をめぐって多次元的で重層的なデバイド（裂け目）をはらむ惧れ」(吉原 2008：170)がある。ここでは、ギデンズ(1998)が指摘した現代社会の二つの排除[1]とともに、そうしたデバイドの包摂・再包摂の問題が浮上する。

　安全安心にかかわる包摂の具体例のひとつが、地域住民によるローカルな治安維持への参画である。その傾向は世界的に見出され、コミュニティ・ポリシングの適用として具体化されている(安全問題研究会 2000)。しかしながら、「コミュニティ・ポリシング」がひとつのディスコースとして用いられている

(Ericson and Haggerty 1997) なかで、その運用は、ポリシングの形態というよりも、コミュニティがいかに位置付けられるのかによって特徴付けることができる。例えば、米国ではコミュニティの相対的自律性が背景となり (Kelling and Coles 1996=2004)、東南アジアでは民主化以降のセキュリティ・システムの再構築と国家への再包摂が特徴となる[2]。後にみるように[3]、日本ではかつてあった（／あるべき）地域像をモデルにした、均質的なコミュニティ・ポリシングが謳われている。このことは、防災の局面においても当てはまる。似田貝 (2008) によれば、そうした地域主義、家族主義などの規範の重視は、市民社会の持続的で安定した関係が弱体化したことに代わる、「補完性原理」および「自己責任原則」を中心とした秩序志向思想の帰結である。そこで用いられる防災思想は、市民社会の「脆弱性＝危機を回避すべく」企図され、「セキュリティ、安全、安心をめぐる政治プログラムの論理」の強化へと向けられる（似田貝 2008：6）。こうした状況を踏まえると、存立の自発性とガバメントの末端としての補完性、その間に位置してきた町内会は、お膳立てされた「自主性」のうちに補完性原理と自己責任原則を担いながら、防犯や防災に関するセキュリティの技術が動員されガバメントへと再包摂される領域、すなわち動員型の安全安心コミュニティとして浮かび上がる。

　こうした動員型コミュニティのひな形をたどれば、戦前の自衛自警の制度化と安全思想の流布を契機に、戦後、町内会がガバメントへと再定位して行くなかで、より具体的な様相としてあらわれたといえよう。本稿第2節ではこの過程を整理し確認したい。他方で、1950年代末から60年前後にかけては、当の安全や末端組織としての町内会をめぐって、町内会の役割の模索がみられた。本稿第3節では、そうした議論に触れることで、安全安心コミュニティをもってして必ずしも動員型へと収斂するのではなく、むしろガバナンスへと通じ得る特徴を見据えた議論の再活性化のきざしをすくい取りたい。

　より具体的な論の進め方は以下のようになる。第2節では、戦前の地域の安全をめぐる動向として、自衛自警の制度化と安全思想の動員の様子を確認する。そこでは、地域住民が自発性をもって秩序維持に向かい、個々別々の危険が普遍化・社会化され、安全思想のもとに生活が統合されることとなった。第3節では、戦後、特に1950年代末から1960年前後の町内会（町会）の下請け問題の

状況を追う。終戦直後の防犯・防災においては、各種隣保的な防犯／防災会等町内会の流れをくむ近隣住民組織と、警察の補完・外郭団体としての防犯協会という二つの団体が生じた。加えて、前者によって自発的に設置・管理された街灯と、後者によって公共財として設置された防犯灯という、二重の設置主体・設置物が混在した。しかし1950年代末には、ほぼ総ての街灯・防犯灯が町内会管理となった。ここに、町内会による街灯負担の増加、警察や防犯協会による「明るい町造り」推進における町内会の負担継続が問題となり、町内会の役割について大きな議論を巻き起こした。第4節では、現在の防災と防犯をめぐる政府の議論を参照し、町内会を基盤とした自主防災組織の自主性と安全思想がシステムの防衛に向けられている状況、第2節において確認された構造の現代的な復権の状況を明らかにする。あわせて、東北6県調査の集計を経ることにより、政府による安全安心まちづくりが町内会の活動に大きな影響を与えている様子を明らかにする。

2　自衛自警の制度化と安全思想の浸透

　近代において、安全への自主的な志向が制度化された事例として、まず、大正デモクラシー期の自警団の動向をあげることができよう。明治政府発足とともに、集権化された警察機構が設立されたが、大正デモクラシー期では警察と民衆がより接近し、自警団も活発となった。しかし、その接近は、あくまで民衆を警察の側にたぐり寄せて民衆運動の展開を解消し、有効な支配を図り、同時に、民衆の内部に治安維持の観念を導入することで秩序を自衛させようとする意図にもとづくものであった。すなわち、警察が民衆を組織化し、「自衛自警」の観念、「『自』を鼓吹することによって民衆の"自発性"を喚起しつつ、上から民衆統合をはかっていこうとする」（大日向2000：153-4）こと、民衆内部から統合的志向を醸成していこうとする「民衆の警察化」が目された。そのために、警察の側においても、デモクラシーの潮流に直接対抗・阻止を図ろうとするのではなく、その流れに一定程度沿いながら民衆支配を貫徹しようとする「警察の民衆化」が進展した。この延長に、保安組合、自警団などの名称によって官製的な地域住民組織が警察の下部組織として形成され、地域の「自警」を先導

した。その際、すでに警察の下部機関として存在した消防組が重要な役割を果たした（大日向 2000：第2、6章）。もともと消防組は各村の自治的・自衛的な義勇組織であったが、1894年の消防組規則の公布をもって消防活動に従事する地域住民組織として全国統一され、警察の統制と指揮のもとにおかれた。その後、1926年の時点で、全国に1万1,573の消防組、180万人の消防組員を数えるまでに至り、各地で、「民衆警察実現についてのいっそうの尽力」が消防組頭に要請されたり、「自衛共衛機関としての消防組の活動」として、「火防機関」であるとともに、「市町村に於ける総ての災害を防遏する自治的警備機関」として活動を要請されるようになった（大日向 2000：151）。

以上のような民衆の警察化、消防組の警備機関化、制度化は、当時の安全思想の広まりと軌を一にしていたといえよう。例えば、安全第一協会の設立（1917）[4]をあげることができる。この機関の中心事業として、機関誌『安全第一』が発行され、安全思想の広範な普及が目された。安全第一協会設立趣旨によれば、その目的は、「世運の進歩に伴う百般事物の発達」により「之に伴う危険は益々増大せられ、生命財産の安全を図ること容易ならざるに至る」ことをうけ、「之等大危険を未発に防遏するの良法として『安全第一』主義を社会に鼓吹し、鉄道、船舶、鉱山、工場等は固より、道路、住宅に之を普及せしめて、衛生に火災に死傷に、不幸なる災厄を防御せんとするもの」であった（安全第一協会 1917：74）。

この協会は以下の点について大きな役割を担った。第一に、事故や災害の原因として、個人の不注意から環境因へと人びとの関心をひろげた。第二に、社会統計を導入し、事故や災害を特殊個人的事象から社会的・普遍的な現象に拡大した。これらは、鉄道事故、鉱山事故、工場事故といった大規模なものから、「家庭の『安全第一』、火の元の『安全第一』、往来の『安全第一』、信書の『安全第一』、品物の『安全第一』」（安全第一協会 1917：10）のように、路上をはじめ家庭のような私的な領域にまで適用された。さらに、それが「一身一家のみの幸福ではなく、実に天下国家を益する大問題であること」（安全第一協会 1917：11）に結びつけられ、管理社会の浸透が促された。

防災の面であれば、「個人の家屋なかんづく台所などに『火の用心』なる張札をなし、煙草入等にも『火の用心』の文字を見受ける」として、防災思想は身近

に存在してきたものであることがあげられ、「我国に昔より伝ふる『火の用心』の思想は即ち……『安全第一』の思想と其意義を等しくするものである」(1918a : 2) として、より広範な安全思想への導入が図られた。こうした、安全思想による社会統合のなかで「安全第一を守らざる人は愛国者にあらず」(1918b : 48) という文言が挿入され、後の翼賛体制へとつながる道筋のひとつが示されたといえよう。以上のように、警察によって制度化された自発的な自衛自警と、私的領域まで浸透した普遍的な安全思想とによって、国家が地域社会を管理するセキュリティのシステムが形成されていった。

町内会の禁止・復興・展開へ

次第に深刻化する戦時体制に際し、町内会は、防空防火、市民防衛、配給統制といった活動の末端組織、銃後の国民団結の実動組織として市町村の補助機関の役割・機能を担った。特に、1940年9月11日の内務省訓令第17号「町内会部落会整備要項」の制定による町内会全国一斉配備の推進、1943年3月、市町村内団体・町会等における市町村長権限の法的規定により、非常時体制下への対応が進められた。戦後、GHQの占領のもと、1947年5月3日政令15号「町内会又はその連合会に関する解散、就職禁止その他の行為の制限に関する件」が制定され、「町会及びこれに類する団体」は5月31日までに解散させられた。しかしながら、実態は、配給物資の供給などの末端行政とともに、街灯、防犯、防火、保健衛生、日赤奉仕団といったかたちで存続をみた。政令15号は1952年10月24日に失効し、それと同時に都内でおよそ3,000の町会が形成された (『町会』1960, 5 (12) : 29) ことは、占領下にあっても脈々と活動が行われてきたことを意味する。その延長に、戦後の町内会は、防犯、防火の名目で生じた「総合補完団体」として始まった。治安の面でも、1954年の新警察法の施行までは再び流動的であったため、自助組織としての町内会が大きな役割を果たし、防犯・防火パトロールや街灯管理が行われた。

それと同時に、町会(町内会)において後に大きな波紋を呼ぶ政策がとられた。それは、警察の外郭団体としての防犯協会の設置と、この防犯協会による街灯(防犯灯)の設置であった。ここに、防犯活動と街灯それぞれにおいて、住民によるものと防犯協会によるものという二重の活動・管理体制が形成された。し

かし、次にみるように1960年前後、いわゆる戦後段階に至ると、防犯協会は集金団体あるいは役員の権威保守団体となり、実際の防犯活動と街灯設置・管理は町会に一手にまかされるようになった。その結果、町会予算に占める街灯管理費は全体の6割から8割までにのぼり、町会は行政の下請け機関の様相をますます強めていた。

　他方で、町会の活動は活気を取り戻しながら、高度成長のなかでさまざまな矛盾を呈しはじめた。その様子は、当時の東京の町内会を対象とした都政人協会・東京都自治振興会発行による『町会』（後の『町と生活』）に伺うことができる。『町会』発行の目的は、「町内の性格及運営はどうあるべきか……第一にこの点を調査研究して、自然発生的な町会に正しい方向を示唆」すること、「第二に各町会の情報を連絡交換し、さらに町会の都区に対する要望を取まとめて町会と都区のかけ橋の役目を果たしたい」ということであった（『町会』1956創刊号）。ここには、町会（町内会）が大きな社会変動のなかにあって、いかなる特徴をもつべきかを模索していこうとする態度があらわれている。この時期、1950年代末から1960年代初頭、すなわち国策としてのオリンピックへと町会が動員されていく前夜において、街灯（防犯灯）と安全をめぐる議論を追うことで、当時の町会の特徴をおさえよう。

3　町内会の役割の模索——防犯灯下請け問題

　戦後、地域社会の安全は町内会と防犯・防火協会というふたつの団体によって別々に担われていたが、1960年前後には、そうした分立のあり方が問題となりはじめていた。このことはすなわち、両者の区分が曖昧になるとともに、町内会が防犯・防火協会の補完的な位置づけに収まりつつあったことによる。これに対し、杉並区高円寺四丁目町会は、戦後すぐにもともと街灯会としてはじまったが、後、防火関係は町内の消防分団にまかせ、防犯協会については町会が警察の外部団体化することを避けるということから協会費をゼロにした（『町会』1957,2(4):26）。また、とある町会長は、防犯協会を「警察につながる顔役による寄付募集機関」であり、ずさんな運営費管理のうえに「極めて低水準の保守的意識しか持ち合わせていない町会幹部役員の形を変えた集合の機会の

一つに過ぎない」組織であることを見やり、町会での議論の後、防犯協会からの脱退を進めた（『町会』1957, 2（4）: 17-21）。同町会長によれば、「防犯協会は戦後直後の治安の混乱期に、警察予算の不足を補うとともに、防犯思想を普及することを目的として、いわば警察後援会的性格をもって、生まれたもの」であった。この、予算の不足に対して、町会が集金機関化されるとともに、防犯協会役員が町会役員からなることで、警察権力の下で「一種の出世意識」「名誉意識」「保守的意識」に浴し、「地域自治組織が、辛うじて、動かされているに過ぎない」状況となっていた。こうした、官製の制度との摩擦は、防犯協会によって設置された後に町会の管理に一元化されていた防犯灯についての議論へと広がりをみせた。

町会下請けの発露

　杉並区天沼尚和会は、戦後、暗い道を明るくするための集まりであったと同時に、隣組の協力による防火活動が火事を防いだことを契機にはじまった町会である（『町会』1958, 3（6））。そうした結成意図をくみ、同町会は消防署との連絡を密にし、防火パトロールや消防署での映画会を催していた。しかし、他方で、予算の八割が街灯費にあてられていること、町会が実質的に下請け団体となってしまっていたことが問題となった。同様に、八王子市東部連合町会では、「町内の懇親団体であるはずの町会が最近、募金、寄付、納税協力と市から下部機構のように利用され行政事務を頼まれてもなんの報酬も出されず、これでは存続も困難」といった現状認識が一般化しはじめた（『町会』1958, 3（9）: 40）。

　この認識が後に、「町会といえば現状は募金、衛生、街灯」（『町会』1959, 4（9）: 23）とされ、全街灯の公営化へと舵をきる東京都街路灯等整備対策要綱施行（1961年1月1日）までのおよそ2年間、防犯灯の町会負担の問題として『町会』のほぼ毎号を飾ることとなった。誌上にて大きく取り上げられた事例として、防犯灯・街路灯を「道路照明灯」にするために葛飾区自治町会連合会が東京都に対して行った請願がある。同連合会によれば、「防犯灯、街灯に対する町会予算中の支出は、少ない町会で町会予算の四割多いところでは六割以上である」とされ、町会の仕事を圧迫していた。この、「街灯」「防犯灯」と「道路照明」という図式がいかなるものであったのか、やや長くなるが、請願書の一部を引用

する。

> 防犯灯なる名称は終戦直後、占領軍の命令により町会が解散された為従来町内の辻々に設置されていた照明灯の費用負担者がなくなり、町内至るところ暗闇になった為、交通事故や大小の交通事故が続出したので占領軍の了解を得て、各警察署毎に防犯協会を作り更に往時の町会単位に事業所別に支部を作り、一面犯罪に対する町民の自己防犯に資すると共に、他面町内の夜間交通の安全をはかるため再び道路の照明を始めたという経緯から生まれた言葉でありまして防犯灯の性格は従来の道路照明灯であります。……（町会禁止解禁後）町内の防犯支部はその殆んどが同一地域の町会又は自治会に吸収され、防犯灯の費用も町会又は自治会の会費の中から支払われるに至りました。以上の経過からみましても現在、防犯灯と呼ばれているものは、実は道路照明でありまして、本来は道路の維持管理の責任者である都の費用によって、全額支払われるべき性質のものであります（『町会』1959, 4 (2)：44-5）（カッコ内は筆者）

この請願書をかわきりに、各町会は防犯灯維持管理費負担の問題を声高に論じはじめた。中野区昭二町会では、一ヶ月の集金額3万4,700円のところ、防犯用の街灯費が1万4,500円、防火防犯協会費が1万2,000円と、両者で8割近くの負担を強いられていた（『町会』1960, 5 (5)：33）。板橋町会連合会のある町会では、防犯関係の出費が5～6割、そこに防火協会や募金を支出するとほとんど残らなかった（『町会』1960, 5 (7)：19）。さらに、こうした負担に加え、街路灯に対して一年ごとに所管警察署に街路使用許可願を出す必要があり、その都度、手数料として200円を納入しなければならなかったことも大きな負担・不満となっていた。

防犯灯問題から町会の自己認識へ

以上のような防犯灯問題を通して、町会の社会認識において二方向への広がりがみられた。第一に、街灯管理費負担を通した町会構成人員の確認、第二に、先にもあった防犯協会へのいっそうの批判であった。

前者においては、「防犯灯の恩恵に最もあずかっているのは都心に勤め夜おそく帰ってくる町会にも加入せず、分担金も払ってくれない人たち」（『町会』

1959, 4 (11)：30) の存在が明るみになった。同様に、郊外部の町会にあっては、町会費の三分の二を街灯管理に使っているなか、公団住宅付近の街灯管理に際して、公団側は全く関心を示さず、自治会をつくることもないということが問題となっていた (『町会』1959, 4 (5)：32-3)。ここにおいて、旧住民と新住民の話し合いの必要、連合会結成を通した横のつながりによって情報を交換する必要が生じ、改めて町会の役割と行動へと目がむけられることになった。防犯協会については、「いちばん安易な方法として既存の町会に働きかけ、町会費から、寄付、あるいは分担金という名目により、一括して金をとる」(『町会』1960, 5 (2)：39-40) という集金体制、「現在、防犯協会の分担金……と、都区からの (防犯協会への) 助成額が約それと同額、これじゃ町会が防犯協会の肩ガワリをしてるみたいで何ら意味がない」(『町会』1960, 5 (4)：37) (カッコ内は筆者) という負担への認識が一般化した。

　他方、警視庁は、町会の負担を軽減するという方針を打ち出しながら、あくまで町会負担を前提とした防犯灯のいっそうの必要性を謳い続けた。警視庁防犯課の調査によれば、都内の防犯灯数は18万灯、経費は約四億円にのぼり、そのうち9割が町会・自治会により維持管理されていた (『町会』1960, 5 (8)：3)。この時点で、警視庁は「頻発する通り魔事件等……最近の犯罪情勢から考えて、防犯灯増設はきわめて緊急を要している」(『町会』1960, 5 (8)：21) との認識を示しながら防犯灯の数を三倍に増やすことを町会に要望し、1960年7月19日には道路使用許可申請手数料を廃止した (『町会』1960, 5 (8)：17)。同時に、警視庁防犯係は、繁華街、その他の市街地、郊外地方都市、村落その他において既設電柱の設置間隔を調べ、それらを利用することで防犯灯を安価に設置可能であり、町会の負担が軽減されるであろうことを提示した (『町会』1960, 5 (8)：21)。防犯協会連合会も、警視庁による治安悪化の認識をうけ、自宅近くの暗所にて被害にあった殺人事件を例にとりながら防犯灯の増設を呼びかけた (『町会』1960, 5 (9)：26)。両者において、「明るい町造り」(『町会』1960, 5 (9)：26)、「防犯」の名において、街灯設置を町会の負担により推進させようとする意図であったことは明白である。もっとも、この時点での町会の反応は、「警視総監、防犯協会などがひん発する通り魔事件などにことよせて、さらに防犯灯を増やせなどと町に呼びかけるのはもってのほか」(『町会』1960, 5 (6)：27) という言葉に集約されるものであった。

こうした状況に対して、町会の対応そのものには幅があった。まず議論としてもちあがったのは、町会を法制化・公認団体化し、助成金・補助金を拠出させようという動きであった。すなわち、「民生、衛生、教育、等の委員、防犯防火等の委員も徐々に町会に吸収され、それらがまた別の形で町会の仕事となりつつある。これらはどうみても事務的に実費が負担される筈である」(『町会』1960,5(5):25)との考えであった。そのなかでも、一部公的性格をもつ部分を明確化し、部分的に公認するべしという議論(『町会』1959,4(9):23, 1960,5(1):25)、他方で、町会は自由で民主的な団体であり、法規制により束縛されてはならないという議論(『町会』1959,4(4):19,50)があった。さらに、連合会の設立を推進し、衛生問題、防犯、防火といった問題に対応していこうとする動き(『町会』1959,4(6))、連合会の設立を推進する点は同様であるが、その目的として公認化や優遇措置を官公庁に対して働きかけるため(『町会』1959,4(9):21)等、町内会の新たな位置づけをめぐる種々の議論・動きが生じた。

新宿西大久保二丁目町会は「町会の法制化」の是非について議論されている状況を整理し(『町会』1960,5(12):23)、当の「町会の法制化」とは、「都なり区なりのもろもろの外郭団体(例えば社会福祉協議会、防犯協会等)と同様の助成資格を町会にもみとめさせて毎年の予算の中からなにがしかの助成金なり補助金をうけるようなことになること」、「現在の一般行政機関の末端はその出所所なのであるが、町会が更にもう一つ下部の機関の役目を買って出て……何らかの権限を与えてもらうこと」とした。そこから翻って自分たちの町会については、むしろ町の住民による行政の監視、町会内の親睦に重点が置かれ、都区政に関しては第三者的立場をとり、公認・法制化は「上意下達」につながることを危惧し、不要であるとの結論に至った。すなわち、「都の仕事、区の仕事の補完的な面があまりに多すぎるところから『法制化』の声は生まれる」(『町会』1960,5(12):24)のであり、町会が下請けではない自らの役割を改めて提示する限り、法制化そのものは問題とならないという認識であった。

以上、防犯灯にかかわる問題を整理すると次のようになる。終戦直後、自主的活動であった住民による街灯設置と、防犯協会による防犯灯設置が存在した。戦後段階に至り、後者の業務が前者によって担われることで、隣保集団のインフォーマルな性格が警察によって利用され、街灯設置が町会の自助努力として

の防犯・町造りという性格のもとに推進させられた。そうしたなかであっても、町会による行政や警察・防犯協会への批判は、費用負担軽減による町会の実質的下請け継続への動きを牽制しつつ、町会自体の自己認識と変革へと広がりをもった。すなわち、この防犯灯問題は、直接には町会予算の逼迫に端を発するとはいえ、結果的には、町会が下請け団体となっていたこと、防犯協会等官製外郭団体の変質、新住民の存在といったことを明らかにし得た。

　もっとも、その後の高度経済成長による人口の流動化によって、地域社会のきずなは崩壊し、町内会は形骸化していった。1970年代に至り、都市部地域社会と保守的な政治基盤の再組織のため、さらに住民運動と自治体革新の動きを包摂するために、政府の「コミュニティ政策」が始動した。それは、第三次全国総合開発計画における公共福祉の優先、資源利用・経営・輸送・流通等の分野での合理化、資源やエネルギーの需給の安定・経済の安定・「安全かつ安定した生活」と連動するなかで、地域社会に浸透した。つまり、社会福祉による受益施策の連動、低成長経済への減速による「合理化」「安定化」宣言によって、地域社会の包摂が進み、町内会が日常生活のなかに埋没するなかで、1980年代には「生活保守主義」が根づくこととなった（岩崎1989：7）。その後、町内会は衰退の一途をたどるなか、政府は安全安心をうたいながら再び町内会を末端に位置づけはじめている。その具体化が各種防犯活動であり、次にみる自主防災組織の結成推進である。

4　現在の町内会活動と自主防災組織をめぐる状況

　消防庁によれば、自主防災組織は、昭和48年に『自主防災組織の手引』が作成されたときからの名称である（消防庁2007）。これを機に、消防庁が音頭をとって自主防災組織の編成が進められた。当時の消防庁による要請は、専門機関である消防署ではまかないきれない領域に、地域住民による自主的防災組織が入り、「住民の自主防災組織と専門機関がうまくかみあって、はじめて大震災のような危機が突破できる。そのために、地域の住民が自主防災組織をつくってほしい」（倉沢1990：20）というものであった。しかしながら、町内の住民からみれば、「もともと町内の活動の一環として防災はやってきたことであるが、役

所の説明に従えば、自主防災組織という形をとれば、消防ポンプなどの装備や、服装なども提供される、それではそういう形をとろうではないか、ということに自然になった」、「町内会にもう一つ看板が増えただけ」(倉沢 1990：20) という状況が実態であった。すなわち、町内会は、それぞれの組織の「ルーツやメンツにおつきあい」しつつも「役所が持ち込んでくる地域の住民とかかわるありとあらゆる諸活動をなかにのみこんでしまう」(倉沢 1990：23) ような「町内原理」をもっていた。

しかし、現在、専門機関と「かみあう」はずの町内会の内部は空洞化し、看板を担うための活動組織も衰退化している。同時に、既存の社会制度・価値・しくみが適合しない場面が増加し、社会システム自体がゆらいでいる。ここに、政府は、自主防災組織をもって新たな位置付けを試みている。

防災と防犯の相同性――基盤としての町内会

その試みのひとつが、総務省消防庁総務課と総務省自治行政局自治政策課により平成16年から推進されている「地域安心安全ステーション整備モデル事業」である。これは、安心・安全活動の拠点施設づくりのために「各市町村を通じて、自主防災組織の活動拠点となる施設の充実や、防犯活動の支援を受けるもの」とされ、支援内容は次のとおりである。すなわち、自主防災組織としての資機材・情報整備・集約、消防職員による消火訓練・応急手当訓練の実施、警察官による安心安全パトロールのノウハウ提供等であり、消防・警察・自主防災組織や各種コミュニティの連係が謳われている (消防庁『平成16年消防白書』はじめに)。

こうした防災の試みとともに、同年6月、警察庁は「『犯罪に強い地域社会』再生プラン」を策定した。このプランは、自主防犯活動を支援するための「安全安心パトロール・サポート制度」、「警戒活動や不審者情報等の共有に関する消防団等との連係」の拡大、自主防犯活動の拠点・基盤として、機材や情報を集約・発信し、自主防犯活動の中核となる「地域安全安心ステーション」の設置からなる (警察庁『平成16年警察白書』第一章)。このように平成16年から、消防、警察の両者によって、地域社会の自主的な活動による安全安心対策が推進されている。両者の基盤となる理念が、「共同体的」コミュニティである。犯罪対

策閣僚会議による「犯罪に強い社会の実現のための行動計画」(平成15年12月)によれば、

> かつて、わが国では、季節の祭礼や町内会の集まりなどの共同活動も活発で、現在よりも地域住民の間の意思疎通は濃密であった。そして、近隣で見知らぬ人物を見かければ声を掛け、大人が子供たちにして良いことと悪いことの区別を教えるということが自然に行われ、犯罪や少年非行を抑止する環境として機能していた。都市化や核家族化により希薄化した地域の連帯や家族の絆を取り戻し、こうした抑止力を再生することが必要である

とされ、失われた共同性を取り戻そうとする意図が明確である。自主防災組織をめぐる状況もこれと同様に、地縁的な「共同性」への志向からなる。平成21年度版防災白書は、「地域の実情に合わせた実効性のある『共助』体制の構築を」として、災害時には実際の救出活動、平常時には災害経験の共有や、防災訓練などにより「実践的な防災時の行動方法を身につける場」として、地域での「共助」を重視している。さらに同白書によれば、「近年の災害リスクの高まり」の要因として、地域全体の高齢化や地域コミュニティの希薄化などにより共助が効果的に機能しにくくなってきているという。そのため、「地域コミュニティも変化していく中では、従来の家族や地縁的な結びつきを主とした『共助』の充実・強化を図るだけでなく、各地域の実情に即して、行政とそれ以外の多様な主体とも連携した『共助』の体制を構築し、災害リスクの高まりに対応していくことも重要である」とされる。ここでは、地縁的な結びつきと連係構築の重要性が改めて確認されている。そのまとめとして、「各種変化に対応した『公助』の充実により、『自助』『共助』の後押しを」として、防災対策の推進と、「自然現象や社会の変化についての的確な分析に基づく情報提供などにより、『自助』『共助』が効果的に実践されるよう支援していくこと」が「行政に課せられた使命」(強調は筆者による)とまで謳う(内閣府2009：序章)。ここには、防災を基礎とした安全・安心な社会形成に資する地縁的結びつき・各種連係を生みだそうとする様子をみることができよう。

さらに、平成16年公布の「武力攻撃事態等における国民の保護のための措置に関する法律」(国民保護法)においては、「テロとか有事に備えていわば『市民防衛』(シビルディフェンス)組織として自主防災組織が展開するのをささえるという意思表明」

がみられる(菱山・吉原 2008)。すなわち、自主的な防災活動は国民保護においても活かされるものとされ、政府主導の包括的な枠組みによる自主防災組織結成とその自主的活動推進が、テロや大規模災害への危機感のもとにいっそう明示化・正当化されることとなる。

以下にみるように、自主防災組織は町内会を基盤として設置されていることを踏まえると、現在、町内会は「圧力機能と末端補完機能だけを遂行するという状態」(倉沢 1990：25)の延長に、「システムの危機管理機能」という側面をもちはじめている。しかもそれは、失われた共同性に向かって防災・防犯が手を組み、手法・場所・手続き・思想までもがお膳立てされた動員型の安全安心コミュニティのうちに推進されている[5]。ここで、東北六県(六市)の状況を概括しよう。

盛岡市では、平成15年に「町内会や地区ごとに自主防を」として、「町内会や自治会を最小単位に、結成のしやすさ、活動のしやすさから既存の組織、役員をそのまま利用した自主防災組織の結成を推進しています」とされ(盛岡市 2006『広報もりおか』)、各地区の町内会や自治会に自主防災組織の設立を進める提案がなされた。上田四丁目町内会において平成17年5月に盛岡市最初の自主防災組織が結成されている(盛岡市 2007『もりおかNPOガイドブック』)。

福島市では「自主防犯・防災体制の充実」における防災ネットワークにおいて、地域の役割として「町内会では、防災訓練と自主防災組織を充実します」とされる(福島市 2006『福島市地域福祉計画2006』第5章)。

秋田市においても「自主防災組織は、町内会が中心となって住民同士が協力して自発的につくるものです」とされる。さらに、自主防災組織の組織化手順として、町内会で話し合う、役員会で検討する、総会での決議、リーダーを決める、規約を作る、防災計画を策定する、後に自主防災活動の開始、という手順が示される(秋田市 2009『自主防災組織のしおり』)

青森市では、「自主防災組織の結成、組織化は住民が自ら自主的に行うことを本旨としつつ、既存の町内会等の自治組織を自主防災組織として育成するとともに、その要となる優れたリーダー育成に努めるものとする」としている(青森市防災会議 2006『青森市地域防災計画(素案)』第2章第3部)。これも、実態としては町内会を中心とした組織化のひとつといえよう。

山形市は、「町内会、自治会等を母体とした自主防災組織の組織率向上を図る」とし、結成の手順として、「町内会や自治会の役員などで、自主防災組織の結成について話し合う」、「町内会や自治会の総会で、自主防災組織の結成を議題とし、討議・可決する」、「市町村に自主防災組織の設立の届け出をする」、「自主防災組織の活動を開始する」といった項目をあげている（山形市防災会議 2010『山形市地域防災計画』第二章）。

　仙台市では、「自主防災組織は、『共助』の中核となるもので、町内会など地域で生活環境を共有している住民等により、市民活動として結成・運営されることを基本とするもの」とされ、「自主防災組織の結成に当たっては、関連規定を町内会規約において定めることを原則」とする（仙台市消防局 2010『自主防災活動のてびき』）とされる。ここでは「共助」という理念を基底に据えた組織化が目されている。

　以上のように、いずれの都市においても、自主防災組織の設置は町内会が基盤となる。その指針は、政府からのトップダウンによるものであり、行政・警察主導の安全安心まちづくりのなかで、現在では失われた共同性や地縁の再生・活発化が期待されている。こうした状況をふまえ、以下の東北6都市についての統計においては特に、安全安心まちづくりや防犯・防災活動は町内会の活動にどのように影響しているのかという点に着目し、計量的に分析を進めたい。

調査集計からみる町内会活動の現状

　まず、現在の東北六都市における町内会の活動状況を確認しよう。図6-1から図6-6は主に問題解決や環境維持にかかわる活動の様子をあらわす。棒グラフは積み上げとなっており、棒全体ではその活動が「ある」と回答した町内会の数、各色はそれぞれ、活動の担い手として「町内会」「町内会単位の別組織」「町内会連合会」「町内会連合会単位の別組織」「その他の地域組織」をあらわし、左軸の値（実数）をとる。盛岡市・福島市・秋田市・山形市では、二種類の折れ線グラフを用い、波線は10年前の活動について「非常に活発」「活発」と回答された割合の和、実線は現在の活動についての回答であり、それぞれ右軸の値（％）をとる。青森市は10年前のみ、仙台市では設問としていない。

146　第Ⅱ部　町内会と防災ネットワーク

図 6-1　盛岡市の地域活動の担い手と活動状況（問8）

凡例：
- その他の地域組織
- 町内会連合会単位の別組織
- 町内会連合会
- 町内会単位の別組織
- 町内会
- 10年前活発な傾向
- 現在活発化の傾向

横軸項目：ごみ処理収集協力／資源・廃品回収／地域の清掃美化／防犯パトロール／防火パトロール／交通安全対策／集会所等の施設管理／街灯等の設備管理／公園・広場の管理／私道の管理／バザー／乳幼児保育の支援／学童保育の支援／青少年教育・育成／高齢者福祉

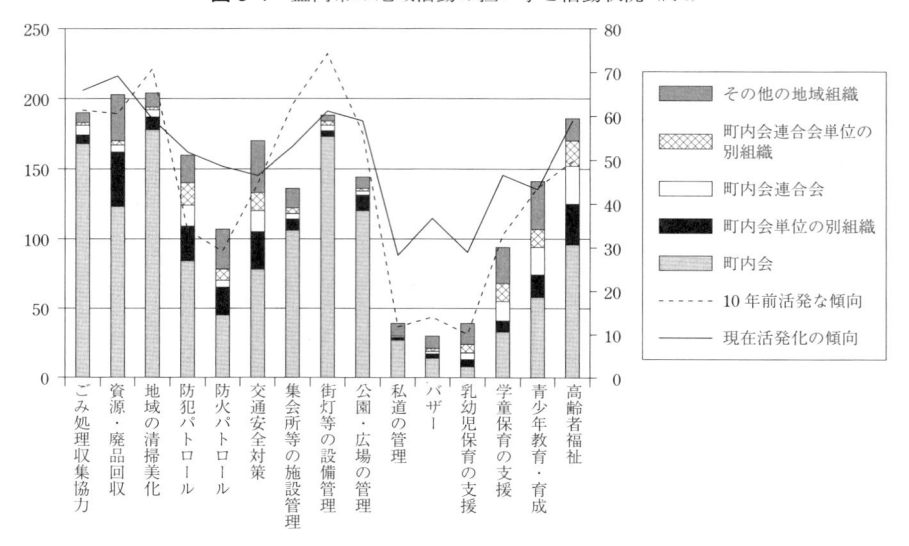

図 6-2　福島市の地域活動の担い手と活動状況（問8）

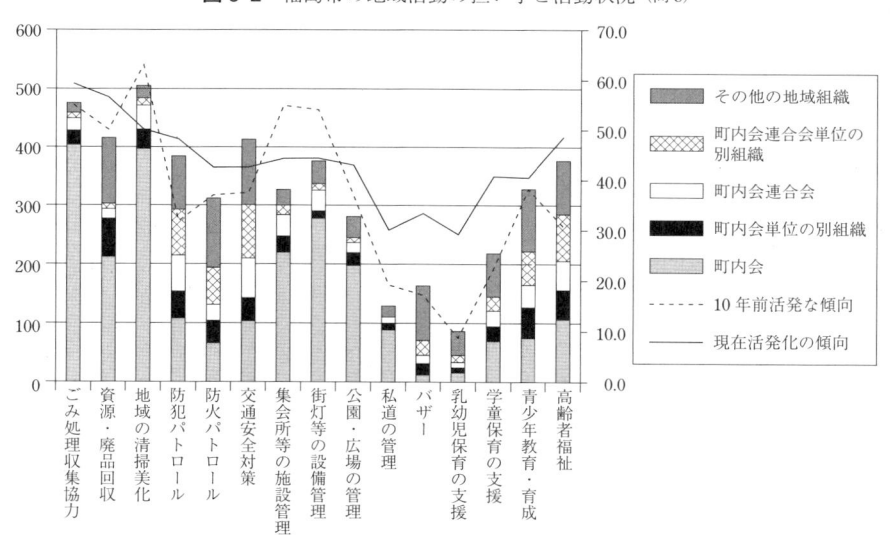

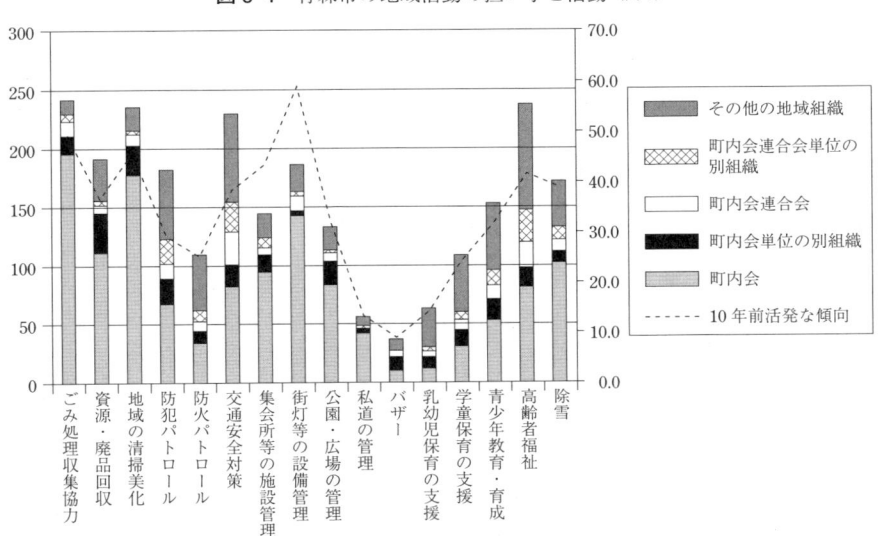

第6章　安全安心コミュニティと防災　147

図 6-3　秋田市の地域活動の担い手と活動状況 （問 8）

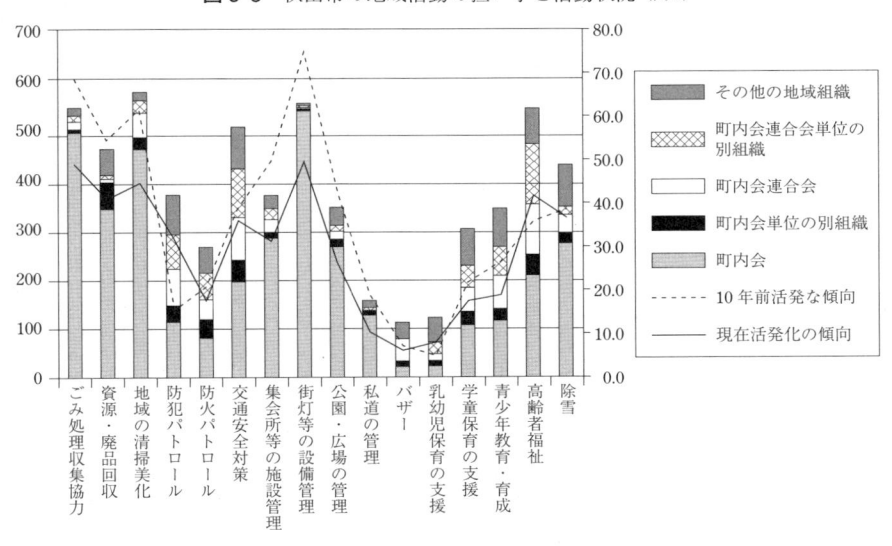

図 6-4　青森市の地域活動の担い手と活動 （問 7）

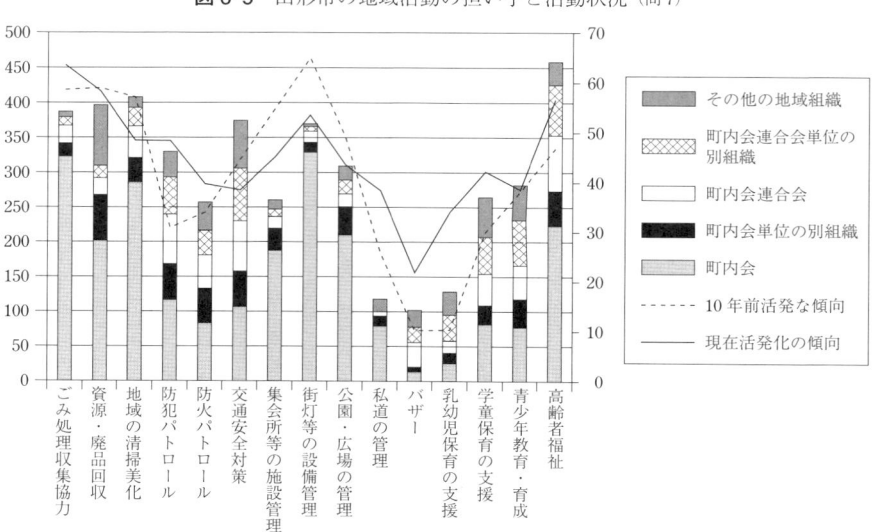

148　第Ⅱ部　町内会と防災ネットワーク

図 6-5　山形市の地域活動の担い手と活動状況（問7）

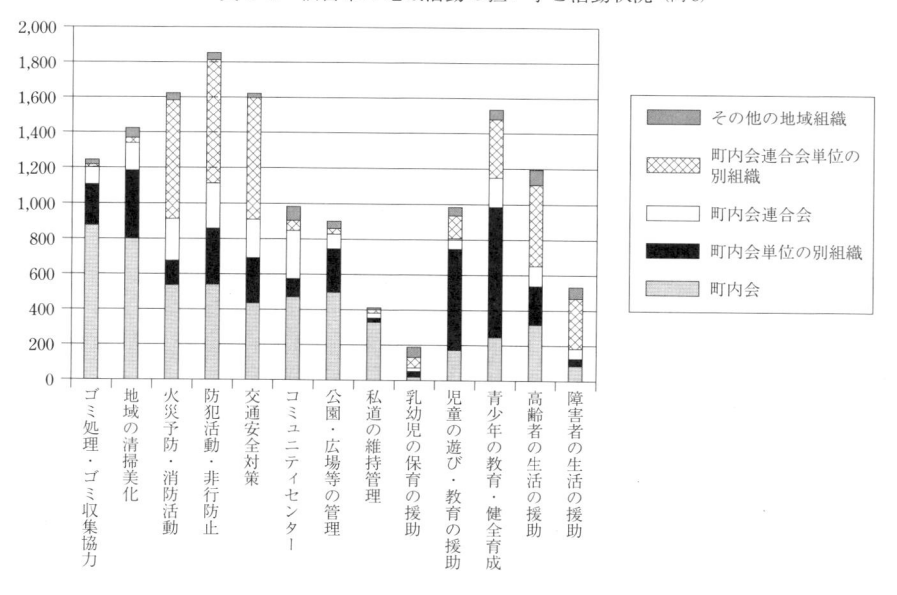

図 6-6　仙台市の地域活動の担い手と活動状況（問8）

これらの図に共通する傾向として、ゴミ処理収集協力、地域の清掃美化、街灯等の設備管理、公園・広場の管理といった環境維持機能において、町内会による活動が占める割合が高く、実数としても多く行われている。現在の町内会活動のほとんどは、これらの活動に集約されることになる。次に、乳幼児保育の支援、学童保育、青少年教育・育成、高齢者福祉と支援対象の年代があがるにつれて、対応する活動も盛んとなる傾向にある。その逆に、年代が下がるにつれて、その他の地域組織による活動の割合が高くなる。前者は、町内会の高齢化にあわせた傾向とみることができるが、後者は、共働き世帯の育児支援、保育所・幼稚園待機児童の緩和といったところにNPOや商店街による活動が入り出していることのあらわれといえよう。町内会活動は高齢者の受け皿として機能しつつも、環境維持機能をとおして行政の下請けの様相をみせている。

　次に、防犯と防災に注目すると、仙台市では非常に多くの活動がみられ、町内会とともに、別組織によって担われている様子が顕著である。その他の市においては、比較的低調であるようにもみえる。もっとも、折れ線グラフに目を移し10年前の活動状況と比較すると、現在多くの都市において防災、特に防犯パトロールが活況を呈している。その逆に、環境維持機能については比較的落ち着きをみせつつある。また、盛岡市、福島市、山形市において、取り組みの数自体は少ないものの、私道の管理やバザー、各種支援が盛り上がりをみせており、今後の動向が注目されるところである。

　図6-7から図6-12は主に懇親にかかわる活動の様子であり、棒グラフ、線グラフともに前掲図6-1から図6-6と同様の構成である。ただし、山形市においては10年前・現在双方の活動の活発さについての設問はなく、代わって、町内会会員の参加度を示している。仙台市においても設問の有無の関係から、積み上げ棒グラフのカテゴリをより具体的な「就労していない高齢者」「現役就労者」「主婦」「青少年」としている。

　まず、町内会による活動が高い割合をみせ実数としても多いものは新年会・忘年会であり、食事会・飲み会もほぼ同様の傾向となる。これらは比較的小規模かつ折につけ催されるものであることを踏まえると、むしろ、より大規模なものとして神社祭礼や夏祭りが比較的盛んであることを伺うことができる。同様に、青森市を除き、運動会あるいはラジオ体操やその他の体育活動は多くの

150　第Ⅱ部　町内会と防災ネットワーク

図 6-7　盛岡市の地域活動の担い手と活動状況 2（問 9）

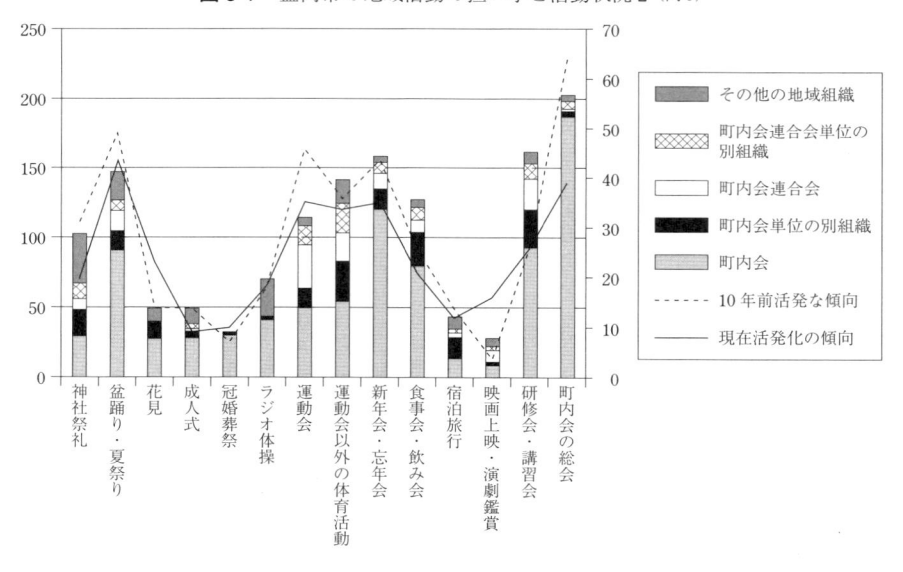

図 6-8　福島市の地域活動の担い手と活動状況 2（問 9）

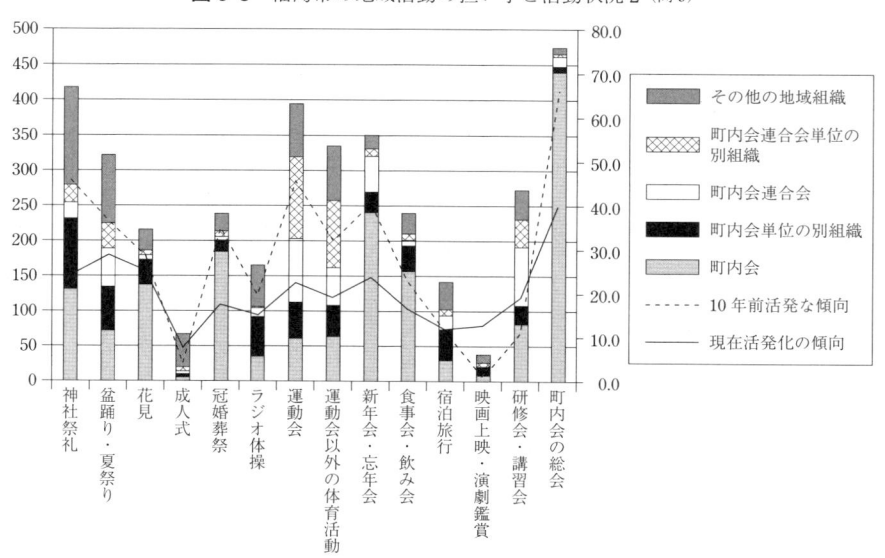

第6章 安全安心コミュニティと防災　151

図6-9　秋田市の地域活動の担い手と活動状況2（問9）

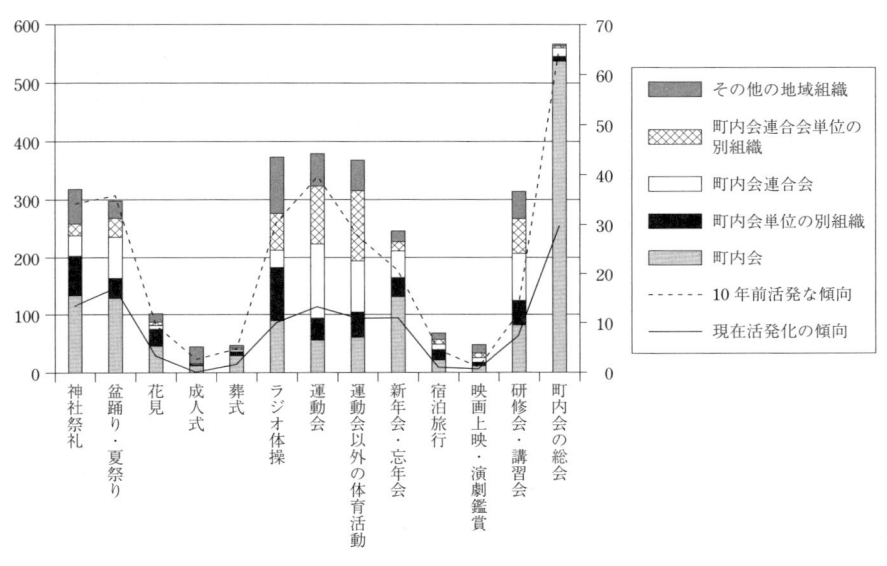

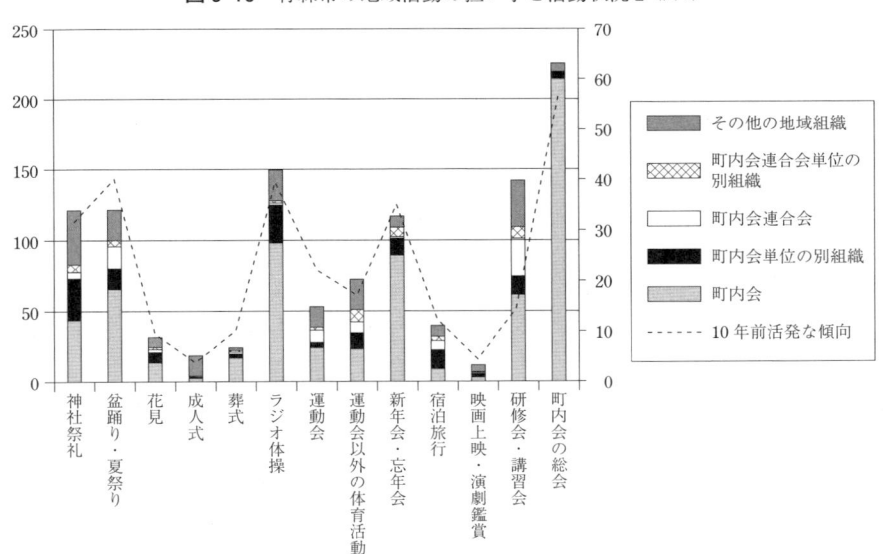

図6-10　青森市の地域活動の担い手と活動状況2（問8）

152　第Ⅱ部　町内会と防災ネットワーク

図 6-11　山形市の地域活動の担い手と活動状況 2（問 8）

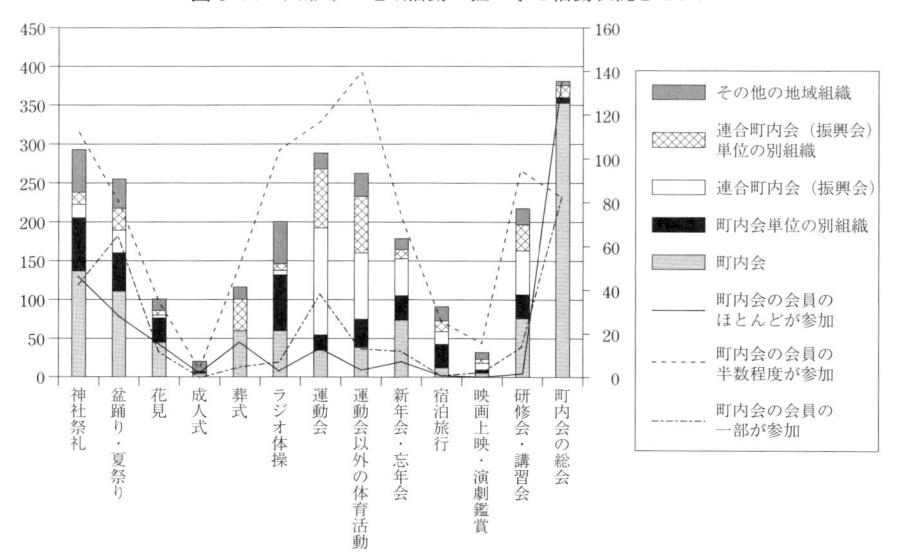

図 6-12　仙台市の地域活動の担い手と活動状況 2（問 9）

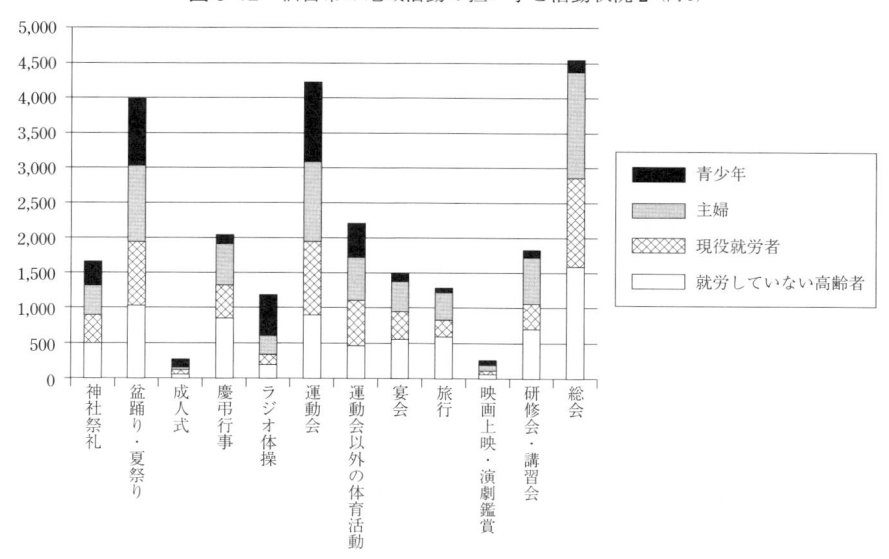

地域で行われている傾向にあるが、その担い手として町内会が占める割合はそれほど高くない。全体として、それぞれの都市ごとに、実数として活発な活動、町内会が占める割合において差異があるものの、活動状況を10年前と比較すると多くの場合に停滞している様子がわかる。

　山形市における町内会会員の参加の状況をみると、一見活況を呈しているようにみえる活動であっても、一部の会員の参加によって行われていることがわかる。とはいえ、神社祭礼や夏祭りは比較的多くの人を集めており、近年の都市祭礼への注目があらわれているといえよう。なお、仙台市における担い手の種別においては、夏祭り、運動会といった行事において青少年と現役就労者の占める割合が比較的高いが、両者とも休日の催行にかかわってのことと考えられる。逆に、ある程度の日時を要する旅行や、日時の指定による研修・講習会、普段からのつきあいが影響する慶弔行事といったところでは、都合のつきやすい高齢者や主婦によるものとなる。ここでは、夏祭りや運動会への幅広い参加が注目されるところであろう。

　図6-13から図6-18は、各都市の町内会の役割として、「さらに促進」「このまま継続」を現在「通常業務」になっているもの、「見直し」「実施に向け検討」を「今後の課題」とされるもの、「とりやめ」「今後もやらない」を「消極的」というようにカテゴリ化し、割合を示したグラフである。仙台市の場合には「役割として重要なもの」のみを聞いている。

　全体として、市議会に代表を送ること、開発計画・事業への参加・関与といった政治的役割において消極的であり、NPOや企業との連係においても同様である。他方、通常業務として行政からの依頼仕事が高い割合をみせ、民生委員、学校、警察・交番との連係の高さがそれを補っているという構図といえよう。ここには行政の下請けとしての町内会といった特徴が明確にあらわれる。

　また、防犯・防火対策において、通常業務としては目立って高くはないものの、多くの場合に今後の課題とされており、後々、業務に乗る可能性が高い。これは、自然災害など緊急時の備えに顕著な傾向であり、自主防災組織の非常時体制への組み込みが進行しつつあることの反映ともみることができよう。

　以上から明らかになる町内会の特徴として、活動は特定用途にしぼられ、一部では今後多様化の兆しをみせながらも、特に防犯・防災の側面が強くあらわ

第Ⅱ部　町内会と防災ネットワーク

図 6-13　盛岡市の町内会の役割（問 25）

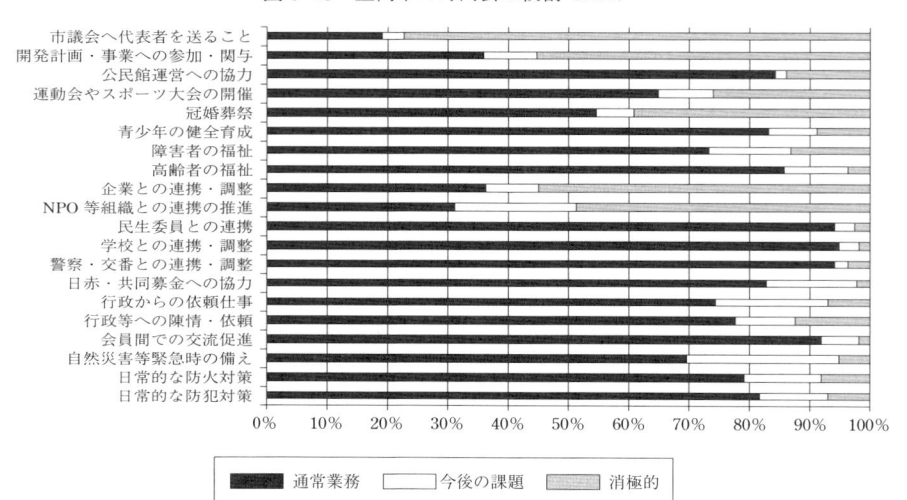

□ 通常業務　□ 今後の課題　□ 消極的

図 6-14　福島市の町内会の役割（問 25）

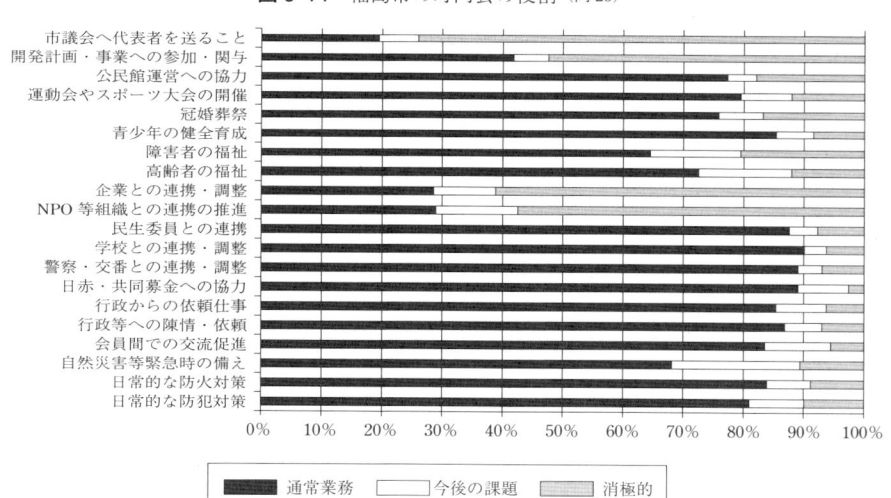

□ 通常業務　□ 今後の課題　□ 消極的

第6章　安全安心コミュニティと防災　155

図 6-15　秋田市の町内会の役割（問 25）

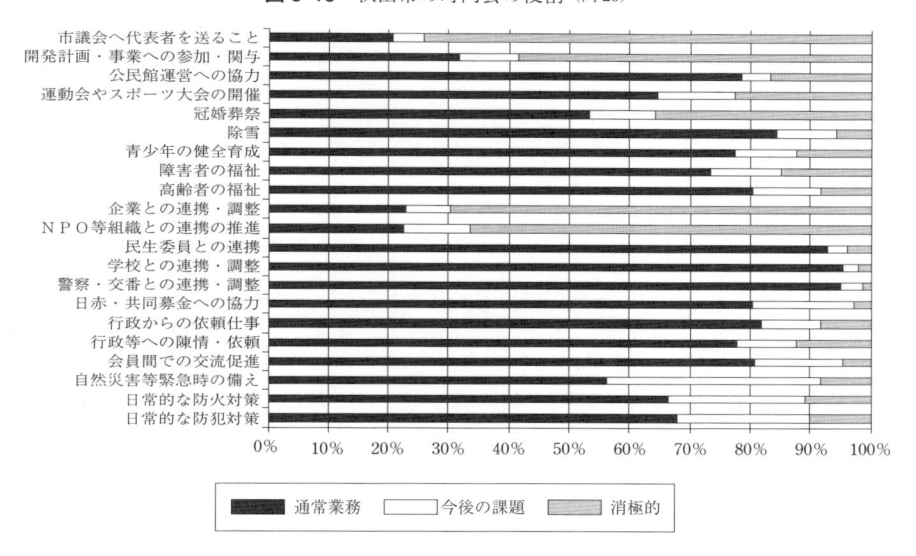

凡例：■ 通常業務　□ 今後の課題　▨ 消極的

図 6-16　青森市の町内会の役割（問 26）

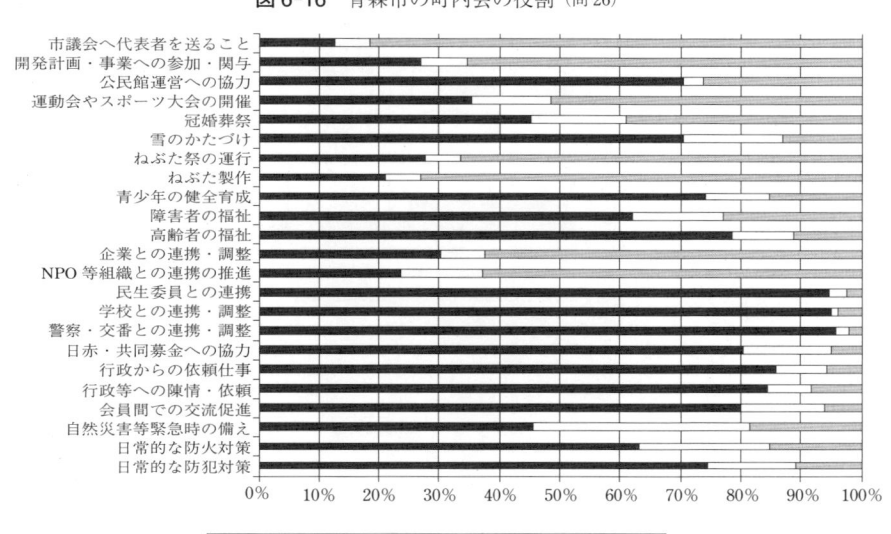

凡例：■ 通常業務　□ 今後の課題　▨ 消極的

156　第Ⅱ部　町内会と防災ネットワーク

図6-17　山形市の町内会の役割（問26）

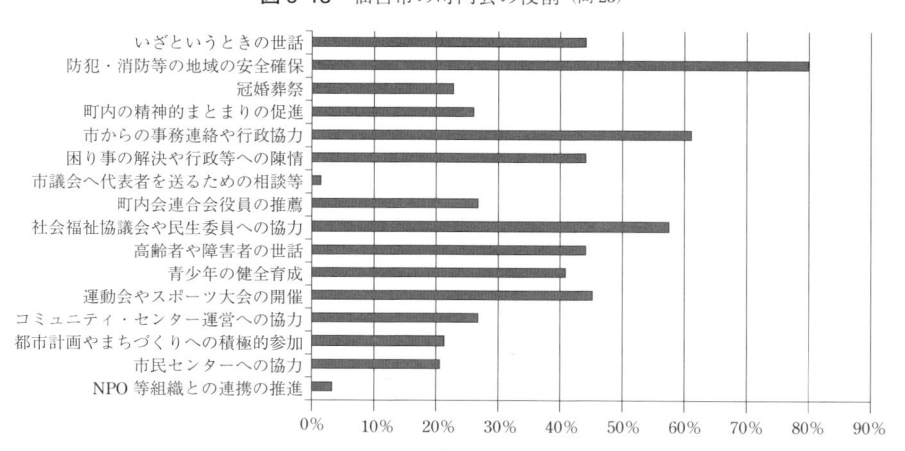

凡例：■ 通常業務　□ 今後の課題　▨ 消極的

項目（上から）：
- その他
- 市議会へ代表者を送ること
- 開発計画・事業への参加・関与
- 公民館運営への協力
- 運動会やスポーツ大会の開催
- 冠婚葬祭
- 青少年の健全育成
- 障害者の福祉
- 高齢者の福祉
- 企業との連携・調整
- NPO等組織との連携の推進
- 民生委員との連携
- 学校との連携・調整
- 警察・交番との連携・調整
- 日赤・共同募金への協力
- 行政からの依頼仕事
- 行政等への陳情・依頼
- 会員間での交流促進
- 自然災害など緊急時の備え
- 日常的な防火対策
- 日常的な防犯対策

図6-18　仙台市の町内会の役割（問23）

項目（上から）：
- いざというときの世話
- 防犯・消防等の地域の安全確保
- 冠婚葬祭
- 町内の精神的まとまりの促進
- 市からの事務連絡や行政協力
- 困り事の解決や行政等への陳情
- 市議会へ代表者を送るための相談等
- 町内会連合会役員の推薦
- 社会福祉協議会や民生委員への協力
- 高齢者や障害者の世話
- 青少年の健全育成
- 運動会やスポーツ大会の開催
- コミュニティ・センター運営への協力
- 都市計画やまちづくりへの積極的参加
- 市民センターへの協力
- NPO等組織との連携の推進

れはじめているといえる。同時に、役割として行政の下請けの様相をとり、活動の多様化をともに担うことができるようなNPO等その他の団体との連係には至っていないという状況にある。

町内会の諸活動と安全安心コミュニティ

では、町内会の諸活動は、防犯・防災への邁進によって活発化するのか。この点について明らかにするために重回帰分析を行った。その際、町内会の日常的な活動を従属変数、町内会の構造や防犯・防災・安全安心にかかわる活動を説明変数とした。説明変数として、まず、行政・警察の影響をうけた安全安心まちづくり[6]と、自主防災組織を点数化[7]して用いた。これとは別に、町内会における防犯・防災活動そのものとして、不安に対する自主的な対応[8]、防犯の組織的取り組み[9]について、同様に、防災についての話し合いの有無[10]、防災マップ所持の有無[11]、防災訓練の活発さ[12]を用いた。あわせて、町内会の自主性やネットワークを確認するために、地域生活上の問題[13]への対応を考慮した。その際、すべての回答項目のうちその解決の担い手として行政、警察、町内会、NPOやネットワーク[14]のそれぞれの回答数を足し合わせ、変数を作成した[15]。同様に、防犯・防災に関連する組織として、防犯協会ならびに消防団とのかかわり[16]を点数化して用いた。

従属変数となる「町内会の活動」は、町内会に担われる問題解決・環境維持・親睦といった諸機能にあてはまる諸活動の数を足し合わせたもの[17]である。これらの変数を踏まえた重回帰分析の結果が表6-1・表6-2である。

まず、各市の特徴をみると、盛岡市では、安全安心ではなく町内会におけるある程度組織だった活動が影響するが、不安に対する漠然とした対応は町内会活動の停滞を招きかねないこと、問題解決や収入において行政との連係をみせつつも、警察による問題解決はむしろマイナスの影響をもつこと、祭典・文化といった活動への支出が町内会活動の活発化につながる一方で寄付・負担金が足枷となることがわかる。まとめると、盛岡市では比較的自立した町内会活動の活発化を見出すことができよう。

福島市では、他の都市と比べ、町内会活動の活性化につながる要素が少ない。そうしたなかで、旧住民居住地区において、不安に対する自主的な対応の影響

158　第Ⅱ部　町内会と防災ネットワーク

表6-1　盛岡市・福島市・秋田市における重回帰分析結果

		盛岡市		福島市		秋田市	
		B	ベータ	B	ベータ	B	ベータ
	(定数)	2.115		7.536		4.614	
特徴	発足時期	0.242	0.124 +	-0.055	-0.027	-0.044	-0.024
	加入世帯数	0.002	0.208	0.002	0.113	-0.001	-0.046
	加入世帯率	0.074	0.017	0.012	0.003	-0.528	-0.132 ***
	新住民スコア	0.286	0.103	-0.295	-0.13 **	-0.026	-0.013
収入	一世帯あたり会費	0	0.047	0	0.064	0	0.126 ***
	市からの助成や補助金	0	0.088	0.001	0.138	0.001	0.233 ***
	資源・廃品回収やバザー売り上げ	0.004	0.094	0.004	0.077 +	0.002	0.013
支出	祭典・文化費	0.003	0.206 **	0.001	0.046	0.003	0.106 *
	寄付(募金)・負担金	-0.001	-0.144 +	-0.001	-0.086	-0.002	-0.094 +
	地域団体への補助・助成金	0	0.012	-0.002	-0.107 +	0.001	0.022
	共同施設・設備維持管理費	-0.001	-0.124	0.001	0.029	-0.001	-0.042
安全安心	問題解決_行政	1.454	0.301 ***	0.073	0.062	0.046	0.039
	問題解決_警察	-1.154	-0.21 **	-0.36	-0.069	0.133	0.029
	問題解決_町内会	0.099	0.021	0.009	0.005	0.052	0.036
	問題解決_ネットワーク	2.297	0.113 +	0.075	0.019	0.297	0.051
	安全安心_行政	0.114	0.045	-0.022	-0.013		
	安全安心_警察	-0.035	-0.022	0.007	0.005	0.069	0.083 *
防犯	不安に対する自主的対応スコア	-0.145	-0.105	0.081	0.173 ***	0.19	0.1 *
	防犯の組織的取り組みスコア	0.396	0.215 **	0.109	0.06	0.317	0.177 ***
防災	防災についての話し合い	-0.011	-0.001	0.351	0.054	0.313	0.05
	防災マップ所持	0.017	0.002	-0.225	-0.032	-0.332	-0.053
	防災訓練(町内会)スコア	0.326	0.096	0.255	0.08	0.472	0.124 **
	自主防災組織スコア	0.12	0.082	0.142	0.09	0.049	0.032
組織	防犯協会との関わり	0.137	0.061	-0.064	-0.024	0.22	0.073 +
	消防団との関わり	0.332	0.154 *	-0.101	-0.035	0.032	0.008
	N	193		493		576	
	決定係数	0.432 ***		0.148 ***		0.272 ***	
	調整済み決定係数	0.347 ***		0.103 ***		0.24 ***	
	F	5.076 ***		3.256 ***		8.579 ***	

従属変数：町内会活動スコア
有意水準：+：10％、*：5％、**：1％、***：0.1％

が目立つところである。もっとも、モデルとしてのあてはまりが悪い面もあり、福島市の町内会活動を説明するうえでは、防犯・防災といった側面とは異なる視点が必要とされる。

　秋田市では、収入が町内会活動に与える影響が大きく、祭典・文化費を通した活性化がみられるが、ここでも寄付・負担金が重荷となっている。しかし同

表6-2 青森市・山形市・仙台市における重回帰分析結果

		青森市		山形市		仙台市	
		B	ベータ	B	ベータ	B	ベータ
	(定数)	3.204		5.959		2.224	
特徴	発足時期	0.242	0.11	0.16	0.077	0.201	0.072 **
	加入世帯数	0.004	0.216 **	0.002	0.119	0.002	0.092 **
	加入世帯率	-0.61	-0.154 *	-0.016	-0.004	-0.115	-0.024
	新住民スコア	0.15	0.066	-0.214	-0.096	0.053	0.016
収入	一世帯あたり会費	-0.001	-0.113 +	0.001	0.099 +	0	0.037
	市からの助成や補助金	0	0.016	0	-0.082	0	-0.028
支出	資源・廃品回収やバザー売り上げ	0.012	0.171 **	0.006	0.135 *	-0.003	-0.016
	祭典・文化費	0	0.015	0.001	0.051	0.001	0.081 +
	寄付(募金)・負担金	-0.002	-0.065	0	-0.024	0	0.026
	地域団体への補助・助成金	0.003	0.101	-0.001	-0.083	0.001	0.058
	共同施設・設備維持管理費	0	-0.035	0.002	0.138 *	0	-0.023
安全安心	問題解決_行政	0.138	0.102	0.011	0.009	0.182	0.17 ***
	問題解決_警察	0.382	0.074	-0.054	-0.008	/	/
	問題解決_町内会	-0.182	-0.088	-0.038	-0.014	0.028	0.013
	問題解決_ネットワーク	1.016	0.097	-0.511	-0.056	0.073	0.011
	安全安心_行政	0.099	0.187 **	0.046	0.102 +	/	/
	安全安心_警察						
防犯	不安に対する自主的対応スコア	0.018	0.009	0.343	0.195 ***	0.212	0.095 ***
	防犯の組織的取り組みスコア	0.155	0.05	0.045	0.018	0.219	0.11 ***
防災	防災についての話し合い	0.546	0.078	0.703	0.11 +	0.591	0.054 +
	防災マップ所持	0.736	0.101	-0.293	-0.032	-0.177	-0.018
	防災訓練(町内会)スコア	-0.174	-0.044	0.295	0.075	0.16	0.03
	自主防災組織スコア	0.152	0.088	0.009	0.007	0.213	0.111 ***
組織	防犯協会との関わり	1.236	0.136 *	-0.074	-0.025	0.618	0.171 ***
	消防団との関わり	1.756	0.179 **	-0.069	-0.022	-0.107	-0.023
	N	231		371		1170	
	決定係数	0.315***		0.179***		0.275***	
	調整済み決定係数	0.235***		0.122***		0.261***	
	F	3.946***		3.144***		19.734***	

従属変数:町内会活動スコア
有意水準:+:10%、*:5%、**:1%、***:0.1%

時に、安全安心、不安への取り組み、防犯の組織的取り組み、防犯協会との関係というように、防犯の諸側面が町内会活動に大きく影響している。

青森市においては、安全安心まちづくりの影響をうけながらも、町内会による活動そのものというよりは防犯協会や消防団といった団体とのかかわりによって町内会活動が影響をうける。その傾向は、特に、規模が大きく、加入世

帯率は低く、会費も低いような町内会において顕著である。構造面からは拡散し停滞した町内会ともみられるが、資源・廃品回収やバザーといった自主財源が利用されている面もあり、一定のまとまりが予想される。

　山形市では、安全安心まちづくりの影響をうけつつも、さまざまな不安に対処していくなかで町内会活動が活発化する。会費や資源回収・バザーといった自主財源を集め、設備管理によって活発化している。

　仙台市では、唯一自主防災組織とのかかわりをもち、秋田市とともに防犯にかかわる変数から多くの影響をうける。問題解決の際の行政からの影響も比較的大きい。この点では、他の都市と比較して、システムの危機管理の側面から町内会活動が組織される傾向が強いといえよう。

　以上、全体に共通して、現在の町内会活動は安全安心まちづくりの影響を強くうけ活発化する傾向にある。しかしそれは、町内会の自主的な対応やネットワークによる多様性を確保した活動から立ちあらわれるものであるというよりも、あくまでトップダウンかつ一律の政策によるものである。この点で、先にみた町内会活動の偏りや下請けといった役割が漸次強化されるという傾向を招きかねない。防災に関してはいまだ町内会活動への影響は少ないものの、トップダウンの自主防災組織の編成や危機管理への動員を通して、今後、安全安心まちづくりがもつ影響と同様の進展をみせると考えることができよう。

5　おわりに

　これまでの議論をふりかえろう。まず、戦前の民衆の警察化、消防組の警備機関化、制度化の様子と、その後の、自発的安全、私的領域にまでひろがる普遍的な安全思想の導入の状況をみた。これをもって、日常生活が安全にかかわり制度的・思想的に把握される土台が築かれた。次に、戦後必要とされた防犯活動と街灯それぞれにおいて、住民によるものと防犯協会によるものとが分かれて生じ、それらが町会のもとに編入され、行政の下請けとして町会が大きな負担を強いられたこと、あわせて、安全と「明るい町造り」のかけ声によって、町会による負担が継続されようとしていたことをみた。すなわち、町会の活動は安全へと差し向けられ、単機能化し、行政の末端の役割へと近づいていった。

しかし、他方で、こうした状況は町会自身の自己認識を深め、新たな役割についての議論を可能とした。

　以上のような流れは、現代の町内会が直面している状況と軌を一にしているようにみえる。すなわち、1960年から50年の時を経て、いま町内会は改めて安全安心のもとにその役割を問われるべき時にきている。しかしながら、1960年にあって、その負担は財政面において端的に生じるものであったこと、対抗関係が明確であったことに比べると、現在、負担は活動の側面で自主的になされ正当化されるものとなり、対抗関係はむしろ補完的なものに替えられている。現在の町内会にあっては、かつてあった地域社会のノスタルジー、皆が顔見知りのコミュニティといったディスコース、加えて、不安を駆り立てるマスメディア、リスク社会化した全体社会といった錯綜する状況を前に、自己の役割に対して判断が留保されてしまう。上記の分析からも看取されるように、町内会は、そこからガバメントへと通じる末端構造の回路をたどり、均一性をもって活性化しようとしているようにもみえる。他方で、かつての町内会の多様性を担った諸機能は、これまで蓄積されてきた地縁や利権と絡む固定化された構造のみを残して離脱し、NPOやボランタリーな活動として柔軟に動き回ってしまっているかのようである。

　それでも、ガバナンスへと通じる安全安心コミュニティに資する町内会の特徴は、町内会をして動かし難い地縁や行政の末端に据え続けようとしてきた諸力にあっても、それらを組み替え、組み合わせながら、近隣住民組織として存続してきたという事実そのもののなかにある。それは、同時に、人びとが常に地域社会へと目をやり、その参照点として町内会を見出し続けてきたことのあらわれでもある。町内会のそうした経験を再び参照し、かつて町内会がもっていた役割を分有するNPOや社会的起業家とのつながり、生活世界における防犯・防災をこえるさまざまな経験、他分野との融合のうえに改めて町内会の役割が問われる必要があろう。そもそも、安全安心の技術自体も多様性をもつものである（菱山2009）。そうした認識のうえに、システムの危機管理へと差し向けられる状況を捉え直し、接続し直すことを可能にする都市ガバナンスと安全安心のかたちが見えてくるにちがいない。

注

1) 一つは、底辺層における雇用機会、医療サービスの機会、社会福祉からの排除である。もう一つは「エリートの反逆」であり、いわば自主的に自らを地域社会から隔離する傾向である。後者の具体的な形態のひとつがゲーテッド・コミュニティであるが、特に米国においては底辺層においても安全のために居住地区を要塞化するという、いわば「底辺層の反乱」もみられる(Blakery and Snyder 1997＝2004)。
2) 米国、日本、インドネシアのコミュニティ・ポリシングの比較と、バリ島の新たな地域セキュリティ・システムの把握・分析については、別稿を準備している。
3) 本稿第4節中「防災と防犯の相同性」を参照。
4) 安全第一協会は、米国で1913年に設立されSafety Firstの言葉と思想を普及させたNational Safety Councilを模範に、前台湾総督府民生長官、当時逓信次官をつとめていた内田嘉吉(1866-1933)を中心に設立された機関である(堀口2007)。
5) もちろん、それと同時に、防災組織の活動に即して、日常生活上の諸問題に対処するかたちでセーフティネットを構築／再構築する動きがあらわれてもいる。それはいわば、防災ガバナンスの領域をなす。しかしながら、「タテワリの発想でなされる、システムの危機管理という視点からの地域コミュニティを丸ごと包み込むような形での防災対策とか防犯対策の強行は、……セーフティネット構築／再構築の動きに逆行する」(菱山・吉原2008)ものである。ここであらためて、安全安心コミュニティをめぐるガバナンスの側面をすくい取るという課題が浮上するところであろう。
6) 盛岡市：問31、福島市：問31、秋田市：問31Ａ、青森市：問32、山形市：問32、仙台市：問28。仙台市の場合、「行政や警察に支援して欲しいこと」についての回答を用いた。なお、秋田市、青森市、山形市において、共線性の問題を避けるために行政と警察をひとつの変数とした。
7) 自主防災組織にかかわる説明変数として「自主防災組織スコア」を作成した。平成19年度の『防災白書』によれば、「自主防災組織」の定義として、「平常時においては防災訓練の実施、防災知識の啓発、防災巡視、投資財等の共同購入を行い、災害時においては、初期消火、住民等の避難誘導、負傷者等の救出・救護、情報の収集・伝達、給食・給水、災害危険箇所等の巡視等を行う」(内閣府2007：204)組織であるとされる。われわれが行った町内会・自治会調査においては、日頃行っている「大地震等への対策」の複数回答項目として、食糧備蓄、倒壊防止、地震保険、連絡方法、避難場所、啓蒙活動、防災訓練、高齢者世帯把握がある。先の『防災白書』における自主防災組織の定義からすれば、これら回答項目において、より多くの選択肢に回答があればあるほど、町内会が自主防災組織としての機能を内包していると考えることができる。そこで、選ばれた選択肢の数の合計を「自主防災組織スコア」とした。この得点が高いほど、その町内会は自主防災組織が活動ベースで組織されやすい、活動が活発であると考えることができよう。
8) 盛岡市：問29Ｃ、福島市：問29Ｃ、秋田市：問29Ｃ、青森市：問30Ｃ、山形市：問30Ｃ、仙台市：問26。
9) 盛岡市：問28、福島市：問28、秋田市：問28、青森市：問29、山形市：問29、仙台市：問27。
10) 盛岡市：問32、福島市：問32、秋田市：問32、青森市：問33、山形市：問33、仙台市：問30。

11) 盛岡市：問34、福島市：問34、秋田市：問34、青森市：問35、山形市：問35、仙台市：問32。
12) 盛岡市：問35、福島市：問35、秋田市：問35、青森市：問36、山形市：問36、仙台市：問33。
13) 盛岡市：問26、福島市：問26、秋田市：問27、青森市：問27、山形市：問27、仙台市：問24。
14) 仙台市の場合、町内会・ネットワークについての設問はなし。
15) 盛岡市・福島市・秋田市・青森市・山形市の場合、「働きかけ・対応の仕方」のうち1.から4.を「行政」、7.を「警察」、6.と8.を「町内会」、9.と10.を「ネットワーク」としてまとめた。仙台市の場合、1.から4.を「行政」、6.と7.を「町内会」、8.と9.を「ネットワーク」としてまとめた。
16) 盛岡市：問21、福島市：問21、秋田市：問21、青森市：問21、山形市：問21、仙台市：問17。
17) 盛岡市：問8A・9A、福島市：問8A・9A、秋田市：問8A・9A、青森市：問7A・8A、山形市：問7A・8A、仙台市：問8・問9。ただし、防犯パトロール、防火パトロール、交通安全対策については、説明変数との重複を避けるために除いている。

参考・参照文献

青森市防災会議　2006『青森市地域防災計画（素案）』。
秋田市　2009『自主防災組織のしおり』。
安全第一協会　[1917] 2007『安全第一』第1巻第1号、不二出版。
安全第一協会　[1918a] 2007『安全第一』第2巻第3号、不二出版。
安全第一協会　[1918b] 2007『安全第一』第2巻第10号、不二出版。
安全問題研究会・警察大学校学友会　2000『諸外国におけるコミュニティポリッシングの実施状況』社会安全研究財団助成調査研究。
岩崎信彦　1989「町内会をどのようにとらえるか」岩崎信彦・鰺坂学・上田惟一・高木正朗・広原盛明・吉原直樹編『町内会の研究』御茶の水書房。
大日向純夫　2000『近代日本の警察と地域社会』筑摩書房。
倉沢進　1990「町内会と日本の地域社会」倉沢進・秋本律郎編著『町内会と地域集団』ミネルヴァ書房。
警察庁　2004『平成16年版警察白書』。
消防庁　2004『平成16年版消防白書』。
消防庁　2007『自主防災組織の手引き——コミュニティと安全・安心なまちづくり——』。
仙台市消防局　2010『自主防災活動のてびき』。
都政人協会・東京都自治振興会発行　[1956] 2008『町会』創刊号、不二出版。
都政人協会・東京都自治振興会発行　[1957] 2008『町会』2(4)、不二出版。
都政人協会・東京都自治振興会発行　[1958] 2008『町会』3(6)、不二出版。
都政人協会・東京都自治振興会発行　[1958] 2008『町会』3(9)、不二出版。
都政人協会・東京都自治振興会発行　[1959] 2008『町会』4(2)、不二出版。
都政人協会・東京都自治振興会発行　[1959] 2008『町会』4(4)、不二出版。
都政人協会・東京都自治振興会発行　[1959] 2008『町会』4(5)、不二出版。

都政人協会・東京都自治振興会発行　［1959］2008『町会』4(6)、不二出版。
都政人協会・東京都自治振興会発行　［1959］2008『町会』4(9)、不二出版。
都政人協会・東京都自治振興会発行　［1959］2008『町会』4(11)、不二出版。
都政人協会・東京都自治振興会発行　［1960］2008『町会』5(1)、不二出版。
都政人協会・東京都自治振興会発行　［1960］2008『町会』5(2)、不二出版。
都政人協会・東京都自治振興会発行　［1960］2008『町会』5(4)、不二出版。
都政人協会・東京都自治振興会発行　［1960］2008『町会』5(5)、不二出版。
都政人協会・東京都自治振興会発行　［1960］2008『町会』5(6)、不二出版。
都政人協会・東京都自治振興会発行　［1960］2008『町会』5(7)、不二出版。
都政人協会・東京都自治振興会発行　［1960］2008『町会』5(8)、不二出版。
都政人協会・東京都自治振興会発行　［1960］2008『町会』5(9)、不二出版。
都政人協会・東京都自治振興会発行　［1960］2008『町会』5(12)、不二出版。
内閣府　2009『平成21年版防災白書』。
似田貝香門　2008「防災の思想——まちづくりと都市計画の〈転換〉へむけて」吉原直樹編『防災の社会学』東信堂。
犯罪対策閣僚会議　2003『犯罪に強い社会の実現のための行動計画』。
菱山宏輔　2009「宮城県レポート『仙台市の防災・防犯の現状』」東北都市学会編『東北都市学会研究年報』9: 74-79。
菱山宏輔・吉原直樹　2008「防災と防犯の間」吉原直樹編『防災の社会学』東信堂。
福島市　2006『福島市地域福祉計画2006』。
堀口良一　2007「解説——雑誌『安全第一』について」『『安全第一』解説・総目次・索引』不二出版。
盛岡市　2006『広報もりおか』。
盛岡市　2007『もりおかNPOガイドブック』。
山形市防災会議　2010『山形市地域防災計画』。
吉原直樹　2008「防災ガバナンスの可能性と課題」吉原直樹編『防災の社会学』東信堂。

Blakery, E. J. & Snyder, M G. (1997), *Fortress America: Gated communities in the United States*, London: Brookings Institution.（＝2004、竹井隆人訳『ゲーテッド・コミュニティ——米国の要塞都市』集文社）

Ericson, R. V. and K. D. Haggerty (1997), *Policing the Risk Society*, University of Toronto Press, Toronto.

Giddens, A. (1998), *The Third Way: The Renewal of Social Democracy*, Cambridge: Polity Press.（＝1999, 佐和隆光訳『第三の道——効率と公正の新たな同盟』日本経済新聞社）

Kelling, George L., Catherine M. Coles, 1996, *Fixing Broken Windows: Restoring Order and Reducing Crime in Our Communities*, New York: Martin Kessler Books.（＝2004、小宮信夫訳『割れ窓理論による犯罪防止——コミュニティの安全をどう確保するか』文化書房博文社）

第Ⅲ部　防災コミュニティの主体と活動実践

第7章

地域リーダーの防災観

松本　行真

1　地域リーダーとは

(1) 問題の背景

　町内会が問題解決の場として重要視されているなか、どの地域の町内会にも共通する課題としての「役員のなり手がいない」に現れているように、積極的に町内をつくりあげていくリーダー役になろうとする人は少ない。そのためか、輪番、選挙、推薦などにより選出された町内会長のなかからは「無期懲役」(福島市のある町内会長) といった悲鳴に似た声が聞こえてくる。誰もが町内会への問題意識とその解決への期待を抱きながらも、会長や役員をやりたがる人がいないために、いわば「囚人のジレンマ」に陥っているのが現状の町内会であるが、今後、どのような道をたどっていくのだろうか。
　「従来のような声が大きい住民・地域の権力者といわれる住民が町内会長を務めているような町内会は対応できず、町内会の運営も自然に若い世代に流れていくものと考える。その一時の牽引役は、団塊の世代の住民が担うものと推測する」(秋田市御所野地区の町内会長)[1] というように、地域を引っ張るリーダーの存在を求める声が多い。しかしながら、戦後から現在に至るまで核家族化や都市化が進行・浸透していくプロセスにおいて、換言すれば、ある意味で

「場所」から「空間」を経験した人たちにとって、たとえば家父長的なリーダーや、更にいえば「向こう三軒両隣」といった『三丁目の夕陽』的な世界「だけ」を求めているのではないだろう。何故というと、こうした「物語」の基底にあるものを読み取ると、諸個人間によるつながりは自分たちが生活する上での「必要条件」であったためであり、それが故に「逃れられない」、もっというと継続的な関係が想定された上での「人情」が形成された社会でもあったからである[2]。こうした背景には、高度経済成長前夜での一般的な家庭で見られた（今となってみれば）経済的な苦境もあっただろうし、また生活する上での必要な「情報」を得るためには、人を含む、限られたメディアしかなかったといえる。しかしながら21世紀に入って十年経った現在では、インターネットなどに代表されるような情報収集ツールが今に至っても発達しており、隣の人を知らなくても生活ができる、ということがいわれはじめてからずいぶん経つことも含めて、人々にとって先述した「必要」はあまり感じられなくなっている[3]。

　確かに、あまりにも地域社会、そのなかでの諸個人間の関係などの分離や私化が進みすぎた反省という意味で立ち現れているコミュニティ志向も、『三丁目の夕陽』がヒットした現象をふたたび取り上げるまでもなく、一つの大きな流れを形成している。しかしながら、いくら町内会などのコミュニティに対する熱いまなざしが注がれたとしても、地域の有力者が町内活動を牽引していく……という従来の会長に対するリーダー像を求めることが大勢を占めることはないのではなかろうか。というのも、「現在の町内会活動は「生活を守る」ことにあるが、集合型住居になると生活を守るから「生活を築く」活動になっていくと思われ、組織のリーダーは専任的な人が必要」（盛岡市中野地区の町内会長）というように、町内会のハード／ソフトの両面における構成自体が変化していることも念頭に置きつつ、今後、空間から場所への流れをたどることになるとしても、この会長のコメントにもあるように、その中心の一つとなる町内会長の存在意義や役割には「機能」として何らかの変化が求められているといえるからである。それでは、現在／将来の町内会や町内会長はどういった形を描く／いていけるのだろうか。

　そのために、2つの補助線を引くことにしよう。そこでは、町内会を「治める」——たとえばガバメントとガバナンス——という視点、そして、町内会の基層に

あるネットワークやそれを形成するコミュニケーションの視点である。これらの2つの補助線をクロスさせた、統治形態とネットワークにおける同質性／異質性への統合／分散の延長線上[4]に、リーダーシップの現状と課題への方向性が明らかになっていくだろう。ただし、注意しなければならないのは、町内会のダイナミズムを生んでいた同質性／異質性などの両義性は、当然ながら、単一の側面では捉えられないことである。簡単な例をあげると、先ほどの「役員のなり手がいない」といった町内会における重要な問題も、町内会が抱える状況に応じて、その程度が異なることである。たとえば、活動や予算が充実しているものの、役員の高齢化が進んでいる町内会であれば、「高齢化」が問題となり、若年層を含めた役員への取り込みや後継者育成といったことが主な課題となる。その一方で、活動も予算もないのだが、外から多くの人たちが流入してくる町内会では、同じ「なり手がいない」であっても、問題の一つは「町内会活動への無関心さ」や「現役世代による仕事の忙しさ」であり、課題は「町内会の認知浸透と活動への誘引」ということになろう。このように調査上（特に定量調査でわれわれが設定する選択肢において）では同じ問題に見えても、実は色々な状況が複雑にからみあっているのである[5]。

　本章と第10章『防災コミュニティの人的資源と活動資源』では、上記のような問題をいくつかに分割することにより具体的な解決策に迫っていくアプローチ方法を採用することにする[6]。そこで町内会を捉える視点を大きく2つに分けることにする。一つは町内会をとりまとめていくリーダー（町内会長）という人の視点、もう一つは諸個人の相互作用によって顕現する結果としての活動である[7]。まず本章では町内会のリーダーの現状と課題について考察を行うことにする。

　以下では、2008年以降に実施した、町内会会長を対象にした3つの調査（秋田県秋田市、岩手県盛岡市、福島県福島市という、東北地方にある県庁所在地であり人口が30万人前後と同規模の都市）を定量／定性の両側面から、町内会の現状と課題、会長自身の属性などの分析を通じて、今まで「全体として」扱われてきた町内会に関わる諸問題——特に防災に焦点を当てつつ——をリーダーの視点から明らかにしていく。

　まずはリーダーのセグメントを客観的・定量的に分析することを通じて、そ

れぞれについての特徴と今後の課題を見ていくことにしよう。

(2) 地域リーダーセグメントの考え方

　一言に地域のリーダーと表現しても、その様態は色々あることは容易に推測できる。町内会の文脈でリーダーを規定するためのいくつかの属性をあげれば、「名士」や「地付き」、「職業」、「町内会長・役員としてのこれまでの実績」などがあげられる[8]。一方ではこうした属性によるアプローチではなく、地方自治体との関係、町内会員構成、更には時代環境や背景といった町内会の内と外／または内と内同士の関わりなどにおける変化は、町内会で人々が期待するリーダーのあり方に何らかの影響を与えているだろう。町内会を地域づくりに含めて考えれば、まちづくりは「理念と抵抗の第一世代」、「実験とテーマの第二世代」、「地域運営の第三世代」の3つの世代に分けられるとしている(佐藤滋2004)。この詳細を論じることはできないが、こうした時代変化に応じてリーダー像が求められるのであるのだが、留意すべきは「トップダウン型」と「ボトムアップ型」——または「結束型」と「橋渡し型」——といった二項対立図式に収束されるのではなく、各々が互いの成立条件になるようなリーダーシップが求められることである。というのも、リーダーが属する（諸個人の関係の総体である）ネットワークがリーダーシップを発揮する条件という一方で、リーダー自身がネットワーク形成の与件というような相互既存／規定的な関係に包摂されており、更にいえば、町内会自体がネットワークという様々な層により織りなす領域であり、その関係すべてが必ずしも一対一にはならない。その複雑さを解きほぐす一つの道標に、類型化と各セグメントの現状と課題を明らかにするといった接近方法を用いるのである。

　こうした問題意識を持ちつつ、町内会長の類型化について示すことにしよう。それに用いる変数は意識レベルのものではなく、あくまでも客観的かつ定量的に捉えられるものとし、「会長の任期」と「会長家族が住み始めた時期」である。これらの変数を3つのランクに分け、3×3で掛け合わせたものを更に3つに分割し、1〜3点得点化した上で偏差値を算出している。それらを各市の地区別に集計した主な結果は次の通りである。

　単にリーダー像であれば、これら4つのセグメントだけを議論すればよい

第7章　地域リーダーの防災観　171

図 7-1　秋田市の会長リソース分布

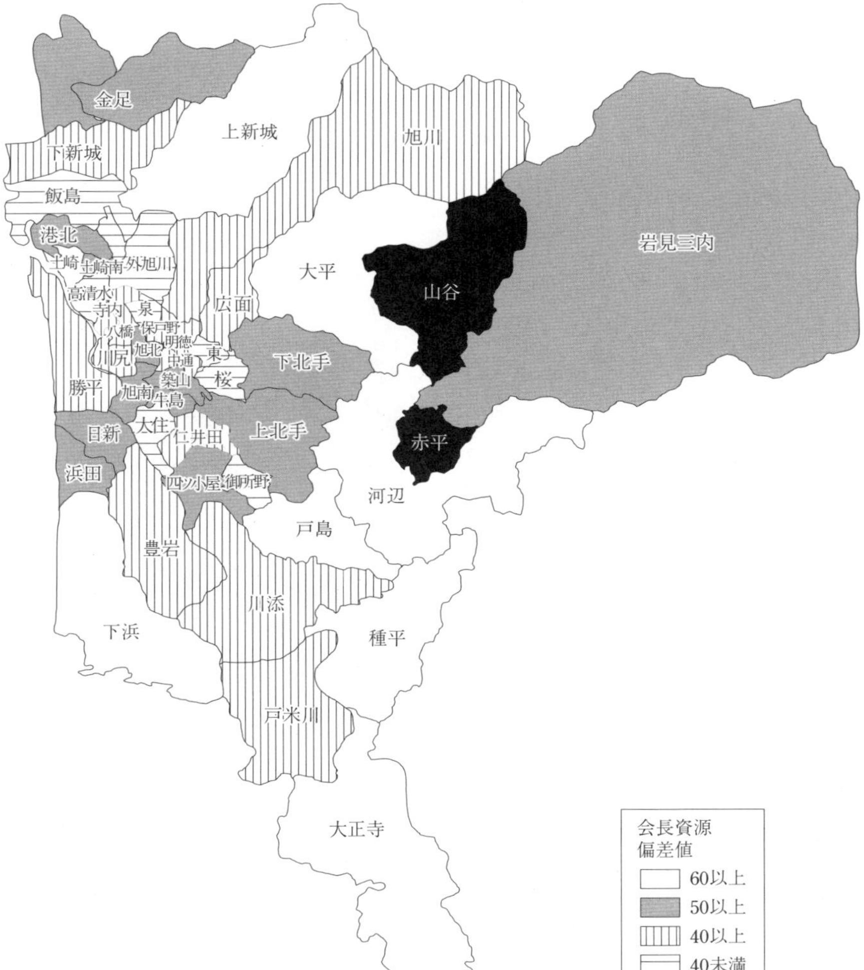

会長資源
偏差値
- 60以上
- 50以上
- 40以上
- 40未満

出所：筆者作成。
注）山谷、赤平は集計に含めていない。

172　第Ⅲ部　防災コミュニティの主体と活動実践

図7-2　盛岡市の会長リソース分布

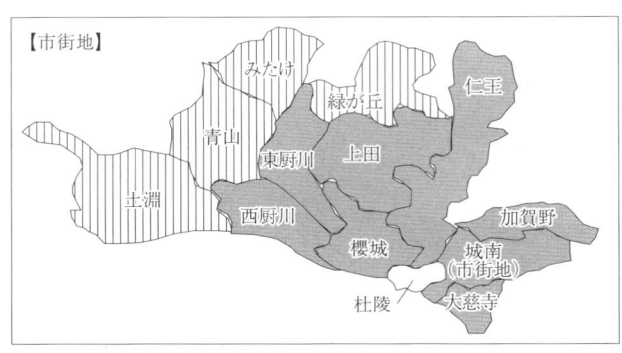

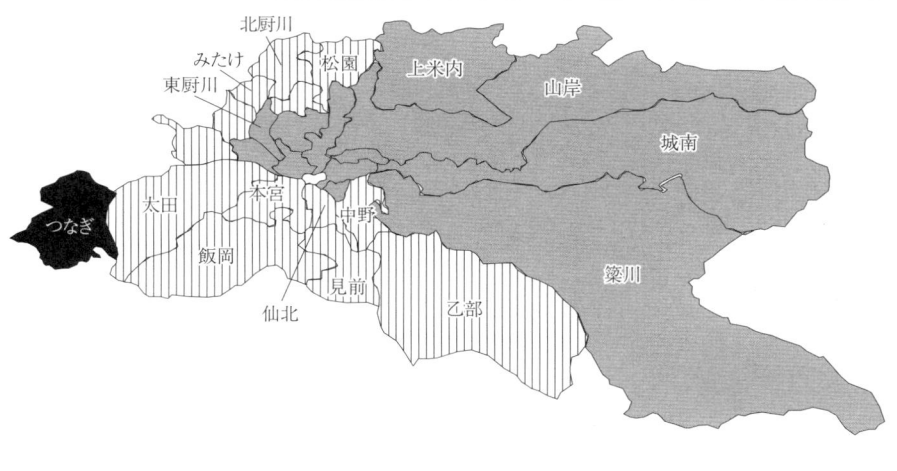

会長資源
偏差値
- 60以上
- 50以上
- 40以上
- 40未満

出所：筆者作成。
　注）つなぎは集計に含めていない。

第7章　地域リーダーの防災観　173

図7-3　福島市の会長リソース分布

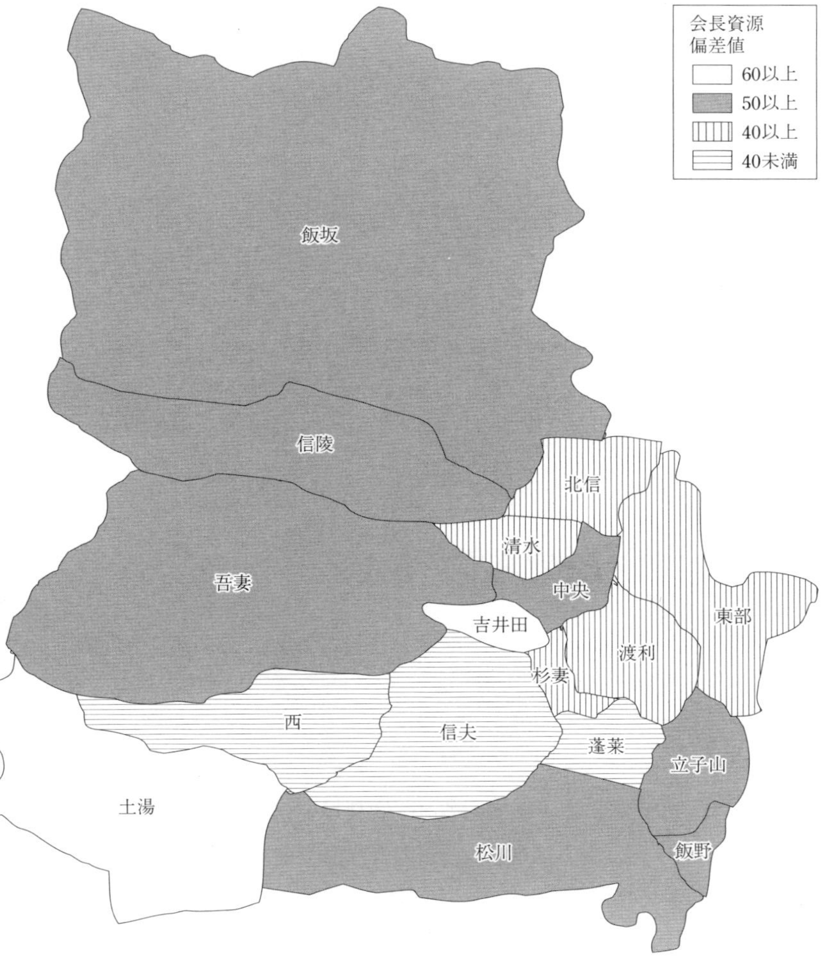

凡例：会長資源偏差値
- 60以上
- 50以上
- 40以上
- 40未満

地区：飯坂、信陵、吾妻、北信、清水、中央、東部、吉井田、渡利、杉妻、西、信夫、蓬莱、立子山、土湯、松川、飯野

出所：筆者作成。

のだが、あえて地区別に集計したのは、「地域」のリーダーであるということ、そして地域住民組織ということによる、リーダーシップの発現が地域とのつながり／ネットワークに関連があることによる。本来ならば、地区毎にそれぞれ存在するA〜Dのリーダーを見ていくのがよいのだが、調査対象者が会長であることからくる集計上の制約から、「この地区には○タイプのリーダーが多い」という視点で、以下、論じていくことに留意されたい。

分析に入る前に、類型化のために用いた変数から見てとれる、A〜Dタイプ像を簡単におさえておこう。Aタイプは会長としての任期も長く、会長宅も長くその土地に住んでおり、いわば「地区の顔」となる存在であり、様々な活動の牽引が期待される層である。Bタイプは任期または地付きのどちらかが市内の会長平均より長く、CやDタイプはそのどちらとも短く、知り合いというネットワークの少なさにより、いわゆるトップダウン型によるリーダーシップの発揮は難しいと考えられる層である。

2 地域リーダーと防災との関わり

本節では秋田市、盛岡市、福島市で実施したアンケート調査を定量／定性における2つの側面から、各市のリーダー像に迫ることにする。

(1) 秋田市

まずは会長のプロフィールであるが、9割以上が男性であり、また8割以上が60代以上である。Aでは60代、Bは70代の会長がそれぞれ多い。会長としての選出方法は全体の3割が総会の話し合いで推されているが、Aでのそれは4割近くに達する一方で、Bは前会長からの指名、Cは抽選、Dでは選考委員会などによる推薦や役員会での互選が多い。その任期は2年が全体の7割であるなかで、Aではそれが8割近くであり更に3年以上も多いことによる時間的な余裕がネットワークづくりなどを可能にし、自身のリーダーシップを発揮できる環境にあるといえる。Bの任期は不定であり、Dでは1年が多く、特に1年の場合は何もできないうちに終わってしまう可能性が高く、リーダーシップの発揮は難しそうである。他の活動における付き合いについては、会長の4

割程度の人たちが何もしていないなかで、Aでは調整や働きかけ、ポケットマネーで活動支援、発起人となってNPOなどの立ち上げを積極的に行っている。このようにAタイプの会長は長く、広く活動していることによる、ある程度の「押し」が利く＝トップダウンが可能と考えられる一方で、Dは逆に期間の短さや活動の狭さから、ボトムアップによるアプローチになりそうである。

　次に各タイプの会長が属する町内会のプロフィールを見ていこう。町内会の発足時期では3割近くが40年代以前に発足した町内会であるが、AやBではその割合が特に高い。その一方で、Cは70年代、Dは70年～2000年代に集中しており、これら2つのタイプの会長は比較的に新しい町内会に多いことがわかる。町内会の目的であるが、9割近くは親睦を図るとしているが、更にAでは共有施設などの管理、Cはマンションなどの管理組合、Dは行政などへの働きかけとなり、タイプにより目的が異なることがわかる。加入世帯数を見ると、秋田市平均は111世帯であり、Aの58世帯が最小で、B→C→Dにつれて規模が大きくなり、最大がDの185世帯となっている。同様に加入率については、全戸加入は全体の6割であるが、特にAはその割合が高く、あとはB→C→Dにつれて全戸加入率が低下している。建物・土地の特色は一戸建てが9割近くになるが、それに加えてAは田畑、商店、工場、Bは事業所、Cは集合住宅、Dは集合住宅（単身）が多い。ここ10年くらいの人口の変化を見ると、5割近くが減少傾向にあるという認識である。AやBでは大いに減少している一方で、Dは増加傾向にあると感じている。居住世帯の5割が非高齢者と高齢者からなる親族世帯であるが、AやBは高齢者単身世帯、Dは非高齢者のみの核家族が多い。また、新旧住民の世帯数の割合については、町内会全体の6割が地付き世帯の割合が多いなかで、AとBでは特に地付きの世帯が多いのに対して、Dでは外からの新しい世帯が多い。このようにAタイプの会長が属する町内会は、戦前に設立したものであり、規模は小さいが加入率は高く、地付き世帯も多い。高齢者単身世帯が多いこともあって町内人口も大幅に減っている。一方、Dタイプは高度経済成長期以降に設立された町内会に属しており、単身向けの集合住宅や核家族、更には外からの新しい住民が多いために、規模は大きいものの加入率は低い。「凝集性」といった視点だけで見ても、Aは高い、Dは低い町内会に属していることがわかる。

次に町内会の問題点についてであるが、町内会運営上の困りごとを見ると、一番多いのは役員のなり手不足である。Aでは予算不足、行政との関係、構成世帯数の少なさ、Bは会員の高齢化や世帯数の少なさ、Dは行政以外との関係や加入世帯の家族構成が把握できないとなっている。町内における生活上の問題点では、ゴミ処理問題を8割近くの町内会があげているなかで、Aでは2割が困っていることがないと認識している一方で、Dは除雪をはじめとしたほぼ全ての項目が問題であると感じており、会長タイプによる町内会の格差が大きいことを示している。

最後に防災実態・意識についてである。防災に関する話し合いの有無とその内容を見ると、町内会の半数近くが話し合っていないなかで、Dについてはその6割近くが話し合っている。話し合ってきた内容については避難方法や時期が約8割に達し、Cでは特に非常持ち出し品について話し合われているようである。次に、防災対策については全体の6割強が高齢者世帯の把握を行っているなかで、Aは保険加入を勧めており、Cは食料品などの備蓄を、Dでは市や消防署主催の訓練や講演に参加、セミナーなどの啓蒙活動、保険加入など多岐にわたっている。Dは他と比べて、リーダーシップが発揮しにくいことから、会員に対しての情報提供やリスク意識の共有に努めているようである。防災対策資料の作成については殆どの町内会で認知されているが、Dにおいてわからないと回答する会長が2割存在しており、ここでも格差があることを「情報」の領域でも確認できる。防災訓練は実施していない割合が高く、Bでは町会や連合会単位のどちらにおいても今後も訓練実施には消極的である一方で、Dは少ないながらも積極的な活動を志向している。発生時の救援活動について、全体の9割が町内会を重要な主体であると認識し、それに加えてAでは消防団をあげる一方で、Cは消防署、警察、自衛隊、新聞などのメディアといった外部の機関・組織に委ねている。また、発生後の救援活動を見ると、発生時と同様に町内会をあげているのが8割であるが、Cでは民間企業やメディアであり、先の結果と併せるとCの外部依存が目立つ。こうした結果をふまえ、リーダーシップが発揮しやすいAタイプではなく、CやDに着目することにしよう。というのも、町内会で防災を考えるときに、Aに比べると、C、特にDではそのリーダーシップの不足から、様々な取組を行い、必要に応じて外部の機関・組

織の活用を視野に入れているからである。このようにリーダーのタイプにより、防災対策にはいくつかのアプローチがあることが確認できた。

　次に各町内会長の自由回答を見ていこう。Aタイプの会長において問題意識の基底には、社会環境変化への対応があるといえる。たとえば、「時局に対応し、町内会に求められる問題も年々煩雑になっている。役割を分担し、旧態を見直すことも必要」（土崎）であり、こうした背景には会長が町内会の実態と課題を把握していることにある。また、その具体性があることから、地域活動の参加率低下に対して「婦人会、若妻会などが解体し、地域活動への女性参加が少ないが、青年会や老人クラブは活発に奉仕活動をしていることから、ソフト面の行事を充実させて地域的な連携を強める必要がある」（戸島）のように問題解決への迅速な対応ができているように思われる。一方で、「とにかく雑用が多すぎる。もっと行政マンは仕事をする必要がある」（大平）のように、相対的にリーダーシップがある会長ゆえに仕事が集まってくるという意味での「仕事の多さ」による弊害もあり、行政への努力を求めているのもこのセグメントである。このタイプの会長たちは「地元の顔」の典型であり、恐らくインフォーマルなネットワークにより色々な情報を収集することができており、それを町内会内外の各種活動に役立てていると思われる。リーダーシップが強いため、ある程度の個々人をまとめ上げる（→同質性を生み出す）ことが可能のように考えられ、町内会活動を「束ねて」活性化していくという一つの方向性を垣間見ることができよう。

　Bタイプの会長は、行政や他組織（他の町内会やNPOなど）との関わり方がAと比べて連携を望んでいることから、やや「行政・他組織頼み」の傾向にある。そうしたことの要因として、Aに比べて、リーダーシップが相対的に弱いために、いわば束ねてまとめ上げてことにあたるというよりは、個々の連携を生み出すというやり方になっているために、「気配りをしながら会を維持しているのが、どこの町内会にも当てはまるのではないか」（港北）、「地域住民の高齢化が進む中で、地域住民の果たさねばならぬ多くの役割に耐えられるかどうか心配」（土崎南）などに現れているように、どう活動に巻き込み、連帯感を生み出すかに苦労していることがあげられる。こうしたことから今後の方向性として、「合理的かつ民主的な町内会」（上北手）がこのセグメントの特徴の全てを表して

いるようである。「単独町内会での運営だけではなく、隣町町内会との連携やNPOなどの組織づくりも併せて検討しなければならない」や「市と一緒になって町内会を進めていきたい」(日新)というように、連携を成立させる「互助」や「助け合い」により活動を継続していくという方向性が見えてくる。

　Cタイプの会長は自身による個人のネットワークの「手」が少ないことによる、加入世帯のことが把握し切れてなかったり、情報伝達などのコミュニケーションが不足しているために、協力者が得られにくい状況にあることから、リーダーシップが平均以下という結果になっている。「お互いに相手の立場に立って物事を考えていくことが大切」というように、トップダウン型の運営よりは、ボトムアップ型で進めていく方向性であるといえる。たとえば、「若い世代が増え、その世代を活動に巻き込むことによって行動力が出てきている」(明徳)である。これは「より身近な組織」(寺内)として期待される町内会像を持っているのだろうか。その一方で「つかず離れずにやっていく」(明徳)という一面も見え隠れしており、以前のような「運命共同体」的なものではなく、必要あらば結束するというある意味での「プロジェクト型」の町内会像を描いているのかもしれず、Bと同様に「合併や連携」像を描いているものの、異なったタイプの合併・連携を目指しているのかもしれない。

　Dタイプは「問題意識を持ったことなくコメントできない」(泉)という象徴的なコメントがあるように、会員とのネットワークも少ないことも併せて、町内会の情報が入ってくることもあまりないようで、さほど「まとめていく」という意識もなさそうである。この背景には会長任期が1年であったり、役員間の互選であったりと、ある意味で「持ち回り」的な意識がある(「順番でやむなく、その期間だけはやるというような状況」(外旭川))といえるのではないか。持ち回りであればよいが、そうでない場合は「交代者」を探すのに苦労することがある。この背景にはやはり先ほどのネットワークが少ないため、頼むこともできず、結局嫌々ながら続けていく……という悪循環の構図が見受けられる(飯島、桜など)。こうした、いわば「ないないづくし」であることから、より行政やNPOといった「外部頼み」が強くなり、問題意識にも具体性がない傾向にあるようである(「自分が町内会のリーダーとして引っ張っていく自信がないから、NPO等の団体の組織化などが必要」(東))。また、違った形態である「共治」を求めていたりする(「班単位で

会合を開き、町内会長一人に依存するのではなく、地域協力者として自分は何が出来るかを考えてもらっている」(高清水))。情報共有の仕組みも難しい状況である。「熊」災害という例で「警察からの町内会への情報提供が大変お粗末。同時に関係する防犯協会PTA町内会の連携がほとんどなく、各団体がバラバラに行動している状況。情報の共有とそれに伴い、それぞれの団体がどういう行為をすべきか、その中心的役割は警察、それとも防犯協会なのか、つくづく考えさせられました」(御所野)がある。

(2) 盛岡市

リーダーのプロフィールであるが、男性が殆どのなかで、Cでやや女性比率が高く、半数近くが70代以上である。会長の選出方法を見ると、全体の3割が役員会の互選であるが、Bではその傾向が強いことに加えて、総会の話し合いで推されたり、立候補となっている。一方Cは選考委員会などによる推薦や持ち回りが多い。全体の7割強が2年任期であり、Bではその比率が高い。一方でCは1年も多い。会長の付き合いについては、4割近くが活動に積極的に顔を出しており、BやCのセグメントについても同様の傾向にある。盛岡市は他の市と比べると散らばりが少なく、BとCに大半が集まっており、全体的にリーダーのレベルが高いことがうかがえる。

次に会長の各タイプが属する町内会のプロフィールを確認しよう。町内会発足時期では、2割近くが60年代に発足しているが、Bでは40年代以前から、Cは70年代や90年代に発足しており、現在ではその殆どが住民同士の親睦を目的としている。加入世帯数の全体平均は391世帯であり、セグメント毎にさほど差はなく、加入率を見ると全戸加入は4割近くであり、Cが特に多い。建物・土地の特色は全体の8割に一戸建てが多いとしており、特にBは商店、Cは田畑が多い。ここ10年くらいの人口の変化は「やや減少」が全体の約4割である。居住世帯の特色を見ると、半数近くが親族世帯であり、新旧住民の世帯数は全体の5割近くが外からの新しい世帯が多いが、Bでは古くからの地付き世帯が多い。これらから、会長のタイプによる町内会構成における違いはあまりないことがわかる。

各タイプにおける町内会の問題であるが、全体の約7割が住民の参加の少な

さをあげており、更にBでは役員のなり手不足、会員の高齢化、集会施設の未整備、役員間のあつれきをあげている。生活上の問題点を見ると、全体の9割がゴミ処理の問題をあげている。

　各タイプの防災に関する話し合いの有無とその内容であるが、全体の7割が話し合っているなかで、Bの比率が高い一方、Cは話し合っていないが3割強となっている。話し合いの内容は避難の方法、時期が8割であり、更にCでは食料・飲料水がある。防災対策は6割が避難場所を決めており、Bではその割合が高いほかに、高齢者世帯や子供の状況把握、住民間の連絡方法、懐中電灯などの準備、啓蒙活動など、多岐にわたる対策を講じている。防災対策資料については、盛岡市も防災マップを作成していることも関連して、全体の6割が作成中または持っており、Bで特にその比率が高い。資料の作成主体を見ると、全体の6割が自身の町内会で作成しており、特にBでは7割強に達している。ところで災害時における特に注意すべき主体への関心であるが、それを高齢者としたのが全体の9割と高く、特にBではほぼ全数に近い。また、防災訓練を町内会単位で行っているのは全体の3割程度であり、Cは今後も行う予定がないとしている。連合町内会単位についても実施しているのは全体の3割である。最後に発生時の救援活動を見ると、隣近所・隣組を全体の8割があげているなかで、Bでは更に消防署や個人的な人間関係、ネットワーク組織であり、発生後の救援活動については全体の7割が町内会をあげており、更にBは消防団をあげている。盛岡市は大きくBとCの2つのタイプに分類されるが、Bの方が防災への意識が高く、積極的にかつ自主的な活動をおし進めていることがわかる。

　次は自由回答である。Aタイプは杜陵地区のみである。会長たちは具体的な問題意識は持っているようであり、たとえば「町内会として自主性にたち、トップでリードする人、実施面でリード出来る人を育てていくことが必要」であり、その役割を市が担うと考えているようである。また、リーダーシップが発揮されているという一方で会員の反応が弱いために、「解決について当事者意識に乏しい」「会費だけは全戸納入に協力的であるが、運営そのものについては今後も会長などの役員任せの傾向は濃くなる」状況にあるようだ。

　Bタイプはある程度のリーダーシップが発揮されており、また「諸個人同士

のネットワーク」による情報伝達もそれなりになされているセグメントである。その上で、「運営を担う後継者育成の問題」(上田など)や「連帯意識の醸成」(仁王など)が課題になっている。これらの背景にあるのが個人情報に関する防衛意識であり、「個人情報保護法が人間関係を疎遠にしはじめている。個人主義かが多く見られ、隣人愛が欠落しはじめている」(東厨川)とのことで、そのためには「社会教育政策をもっと強め、大人の再教育の必要性を強く感じてならない」(同)ようである。そうした対応策として「地域支え合いマップの作成」(大慈寺)などがある。また、秋田市もそうであったように、規模の格差を実感しているセグメントであり、「市が中心となって町内会ごとの規模格差の調整指導ができないか」(櫻城)といった、負担軽減を視野に入れた分割論であり、「防犯なら防犯に災害なら災害に的を絞って行動するようにしていかないと何事も進まない」(同)といった地域を超えた分業論を考えている。その延長線上に町内会と自治体などとの協働も視野に入っており、「町内会の担い手が高齢化する中、市職員、県職員、教員などの公務員はプライベートな時間は積極的に地域活動に参加して欲しい」(山岸)としている。

　Cタイプはリーダーシップが市内の平均以下であり、それが故に他に頼み手がいないことから、負担感が大きくなっているセグメントである。その象徴的な例は「自分の町内会の仕事より他団体の会合や行事の回数が多い」「行政や補助団体などからの依頼が多い」(緑が丘)であり、こうした押しつけの現状から「町内会組織の存在意義を行政が認識を新たにしてもらう」(本宮)必要があるとしている。そうした状況のなかで第一に考えていることは「人を思いやり支え合っていける組織活動を推進」(みたけ)のように、恐らく定量調査の項目ではAやBと同じような傾向にあっても、質的には異なる状況であることがうかがえる。会員間のネットワークを構築するために、「媒介」として子供を使っている場合で、「……つないでいるのが子供会で、今のところ子供会があるおかげで仲良く話し合うことが出来ていてつなぎ役を果たしている」(太田)のである。ある意味でリーダーシップを補うための総動員体制を敷く方向性にあるのだろうか、「役員でなくても誰でも活動できるようにした方がよいと思う」(飯岡)や「基本的に町内会は地域の助け合いなので、個人の壁を高くしないように考えたい」(中野)のように、会長などの役員と会員とのしきいを外そうという考え

もある。Dタイプであるが、該当するものがなかった。

(3) 福島市

　地域リーダーについてであるが、町内会長は男性が9割以上であるものの、Dでは女性が少し多い。年齢は60代以上が多いが、特にAでは80代以上、Cでは30代や70代が、Dでは50代以下が多く、A→Dにつれて年齢層が低くなっている。会長の選出方法であるが、選考委員会による推薦が全体の2割であるなかで、Aでは4割に達し、Cは互選、Dは持ち回りや抽選となっている。全体の7割近くが会長は2年任期であり、Aでは9割に達していて、Cも2年が多い。Dは1年と短い。地域の活動への会長の付き合いであるが、特に何もしていないのが会長全体の4割程度であるが、Aは調整や働きかけをしており、Bはポケットマネーでの支援、Cでは自らが発起人となってイベントを開催している一方で、Dの5割以上が何もしておらず、A・B・CとDに大別できよう。このように2つに大きくわかれる要因は会長の年齢の低さと任期の短さとともに、現職(本業)の忙しさが地域活動から遠ざけていることが考えられる。

　各タイプの会長が属する町内会のプロフィールについて確認しよう。町内会の発足時期であるが40年代以前が全体の2割であり、AからDになるにつれて発足時期が新しくなっており、その9割近くが住民同士の親睦を目的として活動し、特にBは行政などへの働きかけ、Dは共有地などの管理やマンションなどの管理組合も付加されている。加入している世帯は平均122戸であり、Aの287世帯が最大で、Bの104世帯が最小であり、CとDは130世帯台となっており、福島市の場合は規模の大きさが会長のリーダーシップを支えている可能性が高い。また、世帯加入率で見ると、全戸加入が5割であり、Aは50～70％、Cは70～90％、Dは全戸加入で多い。建物・土地の割合であるが、一戸建てが8割を占めるなか、Aでは事業所、Bは田畑や商店、Cは集合住宅(家族・単身)、Dは集合住宅(家族)が多い。この10年くらいの人口の変化については、やや減少しているとしているのが3割強であるなかで、Aはあまり変化はなく、Bはやや減少、Dは増加傾向と認識しているようだ。居住世帯については、非高齢者と高齢者からなる親族世帯が全体の約6割を占めているが、Aは非高齢者のみの核家族が多い。新旧住民の世帯数を見ると、古くからの地付き

の世帯が多く、その割合は全体の約6割に達しているが、CとDは外からの新しい世帯割合が多い。こうして見ると、Aは発足時期が古いものの、大きな規模は維持しており、また非高齢者のみの核家族比率が他と比べて高いことから、加入率の低さが気になるものの、少なくとも今後10年くらいは高齢化による問題は生じないと考えられる町内会に属している。一方のDにおいては、平均規模こそはAの半分以下であるが、加入率は高い上に集合住宅（家族）は多いのにもかかわらず、集合住宅の特性故か、リーダーシップを発揮できるような状況にないように見える。

次に各タイプにおける町内会運営上の困りごとを見ると、会員の高齢化が全体の6割近くを占めている。Aは日中、留守の世帯が多い一方で困っていることがない、という町内会も多い。Bは予算の不足や行政以外の団体との関係、Cは役員のなり手不足、高齢化、集会施設未整備、Dは行事への住民参加が少ない、ルールを守らない住民の存在、となっている。また、生活上の問題点では、ゴミ処理の問題を8割近くの町内会があげているなかで、Cは移動や交通の問題や買い物施設の不足、Dは特にゴミ処理をあげている。これは建物や家族形態をそのまま反映しているといえよう。つまり、Aは就業者が多いことと規模の大きさからコミュニケーションをとるのが難しく、Dでは集合住宅であるが故の凝集性の低さがもたらす諸問題の現れということである。

最後に各タイプの防災に関わる実態や意識を確認していこう。防災対策に関する話し合いの有無とその内容については、全体の半数近くが話し合っていないが、話し合っている町内会の8割以上が避難の方法、時期を議論の対象としており、タイプによる差異はない。具体的な防災対策であるが、全体の半数が避難場所を決めており、特にAでは避難場所の他に住民間の連絡方法を決め、Cでは市などが主催する訓練や講演に参加している。防災対策資料についてであるが、全体の6割が持っていないなか、Aの半数が作成中・持っている状況にある。これらの資料を作成する主体であるが、主体の半数は行政ではあるが、Aは町内会連合会や地域住民組織、Bは地域防災組織があげられており、ここでもAにおける会長・役員を中心とした住民とのネットワーク活用による積極的な防災対策を垣間見ることができよう。災害時における特に注意すべき主体として、7割が高齢者をあげているなかで、Aではそのほかに子供や女性、D

では短期・一時滞在者をあげている。次に防災訓練の実施であるが、全体的に実施している割合が低く、実施していても参加者が限られているのが現状である。しかしながら、Cについては連合会単位での積極的な参加が見受けられる。最後に発生時の救援活動である。多くが隣近所・隣組をあげており、ふだんの人づきあいなどのネットワークが重要であると考えているが、Cではさらに連合会を、Dは連合会、消防署、自衛隊、国家と行政機関に頼る傾向が強いことがわかる。発生後の救援活動であるが、「後」になると今度は町内会という少し大きいくくりが重要だと考えている。ここでもDは連合会のほかに自衛隊や国家をあげている。これはあくまでも想定上の設問であり、Aが浮き上がってこないのは、このタイプはふだんからネットワークが形成され機能しているために、災害時もふだんの延長線上（もちろん、緊急であるが）の関係を想定しているということだろうか。となると、CやDは緊急時に想定している対処などは機能しない可能性があるといえる。

　次に自由回答についてである。Aタイプは回答件数が少なく、特筆すべき点はない。

　Bタイプであるが、ここはリーダーシップはあるものの、高齢化や多様化する会員や個人情報保護などからネットワークづくりに苦労しているようで、「プライバシーの保護と住民間のコミュニケーションの両立を構築」（吾妻）や「お互い近所隣の情報交換が重要」（中央など）という意識が共通にあるようだ。そのなかで「町内会傘下の住民のエネルギーをどのように引き出して多様な住民要求をどう対処、解決できるのか役員体制の確立が強く求められている」（中央）。若年層が参加しにくい要因の一つは、「高齢化することによって幅広い層の考え方が町内会活動を妨げたりする」（信陵）があり、世代間対立のようなことも生じているようである。こうした意識の違いは「青年層（特に20〜30代）が自分の生まれ育った地域や故郷に対する意識が変わらないと、遠からず限界部落になる可能性が有ります。自分自身が地域の文化や伝統を考え、何が出来るかを皆で勉強する青年団体が結成されることを望みます」（立子山）にも現れているように、自分たち世代への「同質化」を暗に求めており、そのあたりのコミュニケーションを含めたやり方が課題になっているといえ、「どんな事業が会員のニーズにあるのか、前から慣例的な行事を消化しているだけではいけない」

(中央)といった多様な会員のニーズを把握した上での活動の見直しが、ネットワーク構築に向けた一つの鍵になりそうである。それらの総体が「町内会のあり方を根本から見つめ直したい」(信陵)といった、町内会そのものの存在意義を問うような状況になっているのであり、「町内活動は欲張らないでみんなが参加できるようにしておく」(飯坂)といったある意味での選択と集中が必要な時期に来ているのではないだろうか。また、それに関連して、「市側も人事異動などがあるために応対する人がよく変わってしまう。このあたりのプロパーを育てて欲しい」(飯坂)や「行政の中に町内会の指導を担当するクッションがあれば活動が活発になると考える」(中央)にあるように、自治体側の意識変革も求めている。

　Cタイプはリーダーシップが相対的に低く、ネットワークを持たないため、負担が会長や役員に「過度に」集中する傾向にあるセグメントになっており、本来の町会に関わる仕事まで手が回らない状況も多い。そのために、「役員の話し合いの場を多く持ち、町会員と役員で話し合いの場を作った」(渡利)という、まずは話し合いの場を設けてネットワークを構築し、その過程で「新しい住民組織の考え方と対処」(北信)を考えていくことが必要といえる。また、「親睦会を予定しても経済的格差で考えが一致せず、まとまらない」(清水)といった生活格差への指摘があるのもこのセグメントである。これは一つめと関連しているのだが、ある意味で互助組織としての町内会が機能していない、ないしは防災や防犯に特化してしまったことの現れともいえる。どのセグメントにもあることだが、こうした状況の把握は個人情報保護に阻まれており、近年の独居老人問題に関連して「町内会としても出来る限り実態把握に努めているが十分とはいっていない。従って個人情報保護の立場は理解しながらも民生児童委員から町内会長への(情報伝達の：筆者注)システム化は出来ないものか」(渡利)というコメントもあり、町内会長や役員の負担軽減も含めた自治体との連携を包摂する仕組みづくりが求められている。

　Dタイプはリーダーシップが弱く、またネットワークも少ないという性質を持つが、前者についてはやはり、「役員1年交代制度のため責任ある対応は難しい」(蓬莱)といった会長や役員の任期が短いことが大きな要因とのことである。ただ、これも会長の負担を減らすorなり手が少ないことによる任期の短期化

表7-1　各市の会長のタイプ別プロフィール

	秋田市	盛岡市	福島市
Aタイプ	・個々人をまとめ上げ、引っ張って活動を行う ・仕事が多いことから、役割分担の検討などで、行政との関係再構築を求めている	・町内会の自主性を保ち、町内を引っ張る ・リーダーと会員に温度差があり、役員任せの状況である	・会長・役員を中心とした住民とのネットワークを活用して、様々な活動を行う
Bタイプ	・束ねてまとめ上げるよりは、個々の連携を生み出すやり方をとる ・活動に巻き込み、連帯感を生み出すのに苦労している	・個人情報の防衛意識から、関係が疎遠になり、町内の連帯感を醸成するのが難しい ・町内の分割や分業、他町内会や自治体との連携を模索する	・個人情報保護によりネットワークづくりが難しい ・会長世代への同質化圧力がコミュニケーション不全を招いている ・会員のニーズを把握することでネットワーク形成を模索する
Cタイプ	・個人のネットワークが少ないために、頼める人や情報が不足する ・「頼む」という形のボトムアップ型 ・必要ならば結束するという「プロジェクト型」の可能性を探る	・頼み手が少なく、負担だけが大きくなっているため、行政との役割分担を必要としている ・役員と会員の垣根を取り払い、ボトムアップ型を模索する	・町内会内の格差が一体感醸成を阻害している ・話し合いの場を設けることで、ネットワーク形成を模索する
Dタイプ	・任期が短かったり、持ち回りや互選が多いこともあり、まとめていこうとする意識は弱い ・会長ひとりへの依存体質の脱却を目指している	該当なし	・任期の短さが役員の無責任体質を生みだしている ・行政への依存志向が強い

出所：筆者作成。

という側面もあり、たとえば「役員の交代でも一部の役員を再任し新体制のつなぎ役とするなど工夫」（蓬莱）をする町内会はあるものの、なかなか解決が難しい問題である。こうした背景から、他のセグメントに比べて、行政への依存志向が高いように感じられ、「行政機関による人材育成講座」（蓬莱）の開設といった要望も見受けられる。更にネットワークの構築は町会単位ではなく、その下のレベルである地区単位を基軸に行う（信夫）という意見もあった。

　秋田市、盛岡市、福島市にある町内会の会長を4つに分類して、それらのリーダーシップの現状と課題についてまとめたのが表7-1である。これらの

リーダーがどう防災活動を考え、そして関わっているのだろうか。これらの問いに加えて、次節で防災コミュニティ構築に向けた地域リーダーの課題について検討する。

3 防災コミュニティ構築に向けた地域リーダーの課題

前節では秋田市、盛岡市、福島市の3市にある町内会長の類型化を行い、各タイプのプロフィールを概観してきた。調査設計と回収上の問題による限界はあるものの、タイプによる差異が明らかになってきたように考える。

現状と課題について大きくまとめれば、Aタイプは共通して、町内会の人や活動をまとめ上げ、引っ張っていくという意味で、トップダウン型のリーダーであるといえよう。発足が古いことや地付きが多いなどを背景にした、日頃の会長または個人としての活動によるネットワーク形成があり、こうした関係が担保されて、リーダーシップを発揮できる環境を生み出している。従って、防災活動についても、「これまで行っている町内会活動の一つ」という捉え方であり、特別なことをしているという考えではなさそうである。このタイプの課題としては、「後継者の育成」であるといえよう。この場合、「人材がいないため後継者が必要」という意味合いではなく、これまでリーダーシップを発揮してきた町内会長や役員たちが、現状の役員・会員のなかから将来のリーダーを選出し、育成するといったプロセスをとるだろう。

これに比べると、CタイプやDタイプはリーダーシップが弱く、ネットワークが少ないことから、まずはネットワーク形成が課題となっているのが現状である。そのきっかけの一つとして防災を捉えており、防災に関する情報共有や啓蒙活動を通じて、何らかの特定のかつ重要なテーマを軸にした集まり≒ネットワークが、いわばボトムアップの形で立ち現れてくるのかもしれない。これは「上から」から「下から」への移譲やシフトという積極的な現象として見ることはできないだろう。何故というと、リーダーの不在によるいわば苦肉の策で「下から」の意思決定プロセスが構築されているのであり、「バラバラな状態で（とりあえず）まとまっている」可能性が高く、緊急時に町内会がその機能を果たすかは疑問である。テーマの継続性を保持する、換言すれば、テーマ型コミュ

ニティの形成や発展への取り組みが問題解決の鍵となるだろう。しかしながら、防災に限っていえば、防犯に比べて非日常的なものであることからも当事者意識の醸成は難しい。方途としては、テーマを細分化したコミュニティを積み上げていくようなボトムアップのプロセスが考えられないだろうか。会長をはじめとした町内会の主要メンバーが、行政と連携しながらそれらの形成の手助けをするのである。

どちらかといえば、昔ながらの町内会像を引き継いでいるＡタイプ、それとは逆のＣやＤタイプに比べると、捉えがたいのがＢタイプである。ある意味では平均的な会長、町内会像を現していることになるのだが、3つの市に共通する課題となるのは「連帯感の醸成」である。いくつかの階層、世代が混在していることも要因の一つであろうが、ネットワークがあったとしても各々が有機的に結びついていないことが、（トップダウン／ボトムアップのいずれにせよ）リーダーシップの発揮を困難にさせている。このタイプは多様な会員に共通するニーズを捉えることが第一のステップ、細分化するニーズの規模が大きいものから順に解決していくのが第二のステップであろう。こうした会員の共通したニーズを充足する過程で、また、いくつかにわかれるものについては、町内会での分業や他町内や自治体との連携で対応することによって、大きな／小さなという同質性／差異性を前提とした連帯感が生み出されていくのではなかろうか。

これまで町内会の問題として、高齢化による役員のなり手がいない、加入率の低下などがよく取り上げられてきた。こうした明確に問題が定義されればその解決も難しくないとは思われてきたが、町内会はきわめて個別的な地域特性と複雑な関係において、それぞれが包含されているために、それらに解決の方途を指し示すことが困難であったことは冒頭でも論じた。また、「ソリューション」を目的として検討するためには、何らかの範型が必要であり、町内会の類型化を会長のリーダーシップと活動実績の2つの視点に求め、本章では前者のリーダーシップに関するいくつかのタイプ分けを行い、その実態と課題を検討し、後者についてはやや抽象的になったものの、ひとまず上記の結論を得た。

最後に、あまり触れてこなかったＮＰＯとの関わりについて述べることにする。これまで論じてきた町内会とリーダーシップという関係において、会長は町

内の名士や地付きから選出されるのが多かったが、人口構成や新たな流入層のことを考えると、恐らく今後はそうはならないだろう。しかしながら、NPOが活動の中心となるかといえば疑問である。というのも、「NPOの役割は残念ながら限定であります。地方では得体の知れない人は信用しない」（福島市北信地区の会長）のコメントにもあるように、地方都市においてはある程度の身元／関係の保証≒地付きがあってはじめて、様々な活動に携わることが可能になる側面もあるからである。しかしながら、町内会自体を構成するメンバーが不足（いわゆる「限界町内会」の存在）することにより、活動や存続そのものが立ちゆかなくなる状況も多いことから、他の町内会との連携への必要性が高まっていくことも考えると、「位置変動」[9]を伴いつつ、広域リーダーという存在が「上から」の指名だけではなく、「下から」の活動の総体として立ち現れていくと思われるからである[10]。

　本章の議論においての「地域」は、会長の属性の一つとして考えてきたが、本来ならば地域の組織としての町内会として捉えるべきである。冒頭でも論じたが、町内会を（それを動かす）人と（地域の人を担保する）活動組織として考える時に、問題を複雑にしないために、後者の変数を固定して、考察を進めてきた。そこで第10章では、地域の活動組織を考慮に入れ、会長と活動組織を町内会の資源としたセグメントを作成して、エリア内の防災コミュニティの布置状況を確認するとともに、本章で簡単にふれた、リーダーシップと活動が物理的な範域性を持つ地域とどう関わりを持つのかを検討しよう。

注

1) 本章では秋田市、盛岡市、福島市町内会調査における設問「町内会の運営上困っていること」、「独自の取り組み」、「町内会の今後」、「本調査について」などへの自由回答を引用する。一部の誤字脱字については筆者の責任において文意を変えない程度の加筆・修正を施しているが、原則として原文のままで記述する。
2) 浅田（2008）は、プライバシーもない「監視共同体」が形成されていたとしている。
3) むしろ問題になるのは、こうした諸々のネットワークにとらわれる／とらわれない人たちではなく、ネットワークを必要としている人たちにもかかわらず、そこからすり抜ける人たちである。具体的には独居老人や、ネットカフェ難民などの存在があげられる。これらは重要な問題ではあるが、本論の中心は防災を目的とした町内会の現状とその可能性を考察するため、あらためて別稿で検討したい。

4）そこには当然、地域資源としてのソーシャル・キャピタルへのまなざしも含まれる。これについては第10章を参照。
5）そうなるとインタビュー調査などのより深く問うことが可能な定性的なアプローチが求められるが、それにも限界がある。
6）町内会の分類にはいくつかがあるが、たとえば、同質／異質×旧市街／新市街により「解体型」、「伝統型」、「団地型」、「混住型」（山本1989）といったハード＋ソフトの総体としての類型や、多様化する組織をその目的と機能×人の加入と構成による類型（鰺坂2006）、コミュニティの形成原理を2つにわけた（広井2010）などがある。
7）以下、設定に関する詳細は松本・吉原（2009）を参照のこと。
8）玉野（1995）を参照のこと。
9）「場の規範」という位相的なつながりの上にコミュニティが形成（吉原2008）といった議論をリーダーシップから見ると、それは様々な町内会にある地縁の論理から解き放たれたリーダーの存在である一方で、その論理の制約が強い場合や、逆に町内会連合会のように「上から」の仕掛けに回収されてしまうこともある。
10）ただ、この延長線上に町内会の「活性化」が見えてくるかどうかは、活性化というワードそのものへの問いに依存する。ラトゥーシュ（2004：2010）の議論を引き合いに出すまでもなく、たとえば、若い人が流入し、活動が活発になることで町内の安心や安全が高まり、その結果として地価が上昇する…といった意味での活性化では、結局のところ、グローバル化への圧力が高まっている現代社会では、より大きなものへこれらの活動の果実は回収されてしまうおそれがある。つまるところ、諸問題の基底に町内会の活性化や発展とは何なのかを問い直す必要があるといえる。

参考・参照文献

浅田通明 2008 『昭和三十年代主義 もう成長しない日本』幻冬舎。
鰺坂学 2006 「地域住民組織と地域ガバナンス」岩崎・矢澤編『地域社会の政策とガバナンス』東信堂。
佐藤滋 2005 「地域協働の時代とまちづくり」、佐藤・早田編『地域協働の科学——まちの連携を科学する——』成文堂。
玉野和志 1995 「コミュニティ・リーダーの社会的属性——東京都板橋区の町内会長調査報告——」『流通経済大学社会学部論叢』6(1)、81-97頁。
広井良典 2010 「コミュニティとは何か」広井・小林編著『コミュニティ』勁草書房、11-32頁。
松本行真 2009 「福島市町内会における問題の所在」『地方都市における町内会の変容とその諸相』東北都市社会学研究会編、21-48頁。
松本行真・吉原直樹 2009 「町内会における諸問題の解決法に関する一考察——町内会調査の再分析から——」『ヘスティアとクリオ』8号、19-51頁。
山本賢治 1989 「膨張する県庁所在都市の町内会——鹿児島市の事例——」岩崎ら編『町内会の研究』御茶の水書房、215-234頁。
吉原直樹 2008 「防災ガバナンスの可能性と課題」、吉原編『防災の社会学』東信堂。
ラトゥーシュ, セルジュ 2010 [2004] 『経済成長なき社会発展は可能か？——〈脱成長〉と〈ポスト開発〉の経済学』中野佳裕訳、作品社。

第8章

ボランティアと防災実践活動

松井　克浩

1　はじめに

　1995年の阪神・淡路大震災以来、地震などの大きな災害の現場には、必ずといっていいほどボランティアの姿がみられるようになった。悲惨な映像を目の当たりにして「居ても立ってもいられずに」被災地の外から駆けつけた一般ボランティアや、医療や建築、土木などの専門的な資格や技術をもつ専門ボランティア、あるいはみずからも被災者でありながら、被災地内での支援活動に従事する地域住民ボランティア、といった人びとである。

　災害による被害が大きければ大きいほど、公的機関による活動と地域内の人びとのボランティア（助け合い）だけで、救援を完遂することは難しい。どうしても、被災地の外から駆けつけて、さまざまな支援を行うボランティアの力が必要とされる。こうした外部ボランティアが被災地で十分機能するためには、いくつかの条件がある。町内会などの地域コミュニティとボランティアとの連携は、その一つであろう。両者の連携がうまくいかないと、場合によってはボランティアが地域コミュニティの「攪乱要因」とみなされたりすることもある。

　これまでの災害研究やマスコミの報道においては、こうした地域コミュニティとボランティアとの関係について、必ずしも十分に取り上げられてこなかった。たとえば中山間地や地方都市が被災地となった場合には、地域コミュ

ニティの意義や価値が重視され、その「強い絆」にもとづいた助け合いにスポットが当てられる。他方で大都市が被災した場合には、コミュニティの機能不全を外部からのボランティアが補ったとする論調が目立っていた。

本章では、被災地の諸条件（たとえば都市部か農村部かなど）に応じてこれまで別個に取り上げられることが多かったボランティアと地域コミュニティについて、両者の関係を中心にみていくことにしたい。あらかじめ論点をあげておけば、(1) 外部からのボランティアが有効に機能するための地域コミュニティ側の条件は何か、(2) 災害時に外部からボランティアを受け入れた経験は、地域コミュニティにどのようなインパクトを与えるか、ということである。こうした点を、2007年の新潟県中越沖地震で大きな被害を受けた柏崎市の事例をもとに考えてみたい[1]。

以下では、まず、これまでの災害ボランティアと地域コミュニティに関する主要な議論のいくつかを取り上げて検討する。ついで、本書全体のベースとなっている東北6都市の町内会調査データのうち、救援活動の主要なアクターにかかわる項目について検討し、本章の主題と関係づける。その上で、先にあげた論点について、とくに中越沖地震時の優れた対応が注目された柏崎市比角コミュニティおよび松美町内会の事例を中心に、順次みていくことにしよう。

2　災害ボランティアとコミュニティ

(1) 災害ボランティアへのアプローチ

似田貝香門とそのグループは、阪神・淡路大震災の被災地におけるボランティアの活動を長期にわたって調査研究してきた。とりわけボランティア組織のリーダー層に焦点を合わせ、新たな「市民社会」を予感させるような主体と関係の生成をみようとしている。そこで鍵を握るのが、「受動的主体」という概念である。それは、支援という課題を共有し、一方的に被災者に働きかけるボランティア像ではなく、個別性と固有性をもった被災者と〈居合わせる〉ことによりその「苦しみ」に感応していくような主体像である（似田貝編 2008：xix）。「自立」の概念についても新たに捉え返され、「弱さ」の自覚化を契機とした「社

会」の存在理由の再発見、とでもいうべき理路が示されている（西山 2008：99）。

　似田貝らが、阪神の被災地で活動を続けるボランティアをもとに理論化した新たな市民社会像には、共感できる部分が多い。だが、彼らのいう〈受動的主体性〉は、「受動的」よりも「主体性」の方に重心がやや傾きすぎているのではないか（似田貝編 2008：146、312）。待つ、耐えるというのを持続していくことは、かなり大きな努力と力量を必要とするだろう。似田貝の議論は、やや主体の力量や覚悟に依存して展開されているように思う。

　山下祐介と菅磨志保は、似田貝らに代表されるボランティア論の「市民社会論的」側面を批判し、それに「共同性論的アプローチ」を対置する。そこでボランティアは、「不特定多数の人々をつなぎ、こうした人々の間での協同を可能にする仕掛けであり、そしてこのことによって、新しい共同性を生み出しうるもの」と位置づけられる（山下・菅 2002：17、285）。この議論の背景には、次のような認識がある。「我々の社会は小さな共同体を次々と解消させ、より大きな社会へと共同の単位を引き上げてきた。このように見たとき、ボランティア・NPO・市民活動は、こうした共同単位の拡大化を市民レベルでもう一度引き下げ、共通するテーマや課題に向けて自由に集まり、協議し、実践していく、協同実践の新たな形として把握される」（菅・山下・渥美編 2008：48-49）。

　大きなシステムを前提としてものを考えると、多くの人びとは当事者意識をもたずに人まかせになる。自分の役割やつながりがみえやすい小さなシステムを多層的に数多く作り出していくこと、それらが緩やかに結びついていることが、地域の力量を高め、防災をはじめとする問題の解決につながるといえる（松井 2007：167-173、松井 2008：84）。

　いわゆる「市民社会論的アプローチ」と山下・菅の議論との違いは、公共性を、「自律した市民」ベースで考えるか、「共同性」ベースで考えるかにある。新しい「共同性」の出現という見方は重要だが、山下らの「市民社会論」への批判はやや二分法的なものになっているように思われる。似田貝や西山が試みているように、「自律した市民」や「市民社会」の捉え方を見直した上で、再度「共同性」やコミュニティと関係づけていくことは意義があるだろう。ボランティアという現象も、そこに位置づけることができるはずである。

　「市民社会」への変化を念頭においた似田貝らのボランティア論は、とくに

主体像や関係概念の再検討を含んでいる点で魅力的である。それをあえて批判的にふまえるならば、意識的に「市民社会」を創り上げていくような主体性や意思、力量をもたない、ごく〈ふつう〉のボランティアが活躍できる条件は何か、という課題が浮かび上がってくる。いいかえると、ボランティアの多様性をゆるやかに包み込むような仕組みや場の設定はどうすれば可能か、という課題である。その問いに対する回答の一つの可能性は、地域コミュニティにおける「顔の見える」持続的なつながりの中にあると考えている。その際、山下と菅によるボランティアの刺激による小さなシステムでの問題解決への着目は、重要なヒントを与えてくれる。本章では、事例に即しながら、この小さなシステムの可能性と現実性について検討してみたい。

(2) 町内会と防災活動

　吉原直樹を中心とする東北都市社会学研究会は、2005年から東北各県の県庁所在地の町内会・自治会を対象としたアンケート調査を順次実施してきた。回答者は各町内会長・自治会長である。その調査内容は多岐にわたるが、「防災活動と町内会」にかかわる質問がいくつか設けられている。ここではその中から、大地震のさいに「発生時の救援活動」・「発生後の共同生活」のそれぞれで重要な役割を果たすと考えられるアクターについて、その重要性の度合いを尋ねたものを取り上げる。この質問項目を共通に用いているのは、山形市・秋田市・青森市における調査である。各アクターについて「非常に重要である」を選択した割合を、表8-1に示した。山形市では、大地震の発生時も発生後も「隣近所・隣組」をあげる割合がもっとも高い。発生時ではそれに「消防署」「警察」が続き、発生後では「町内会」「消防署」が続く。秋田市では、発生時は「消防署」「警察」、発生後は「地方自治体」「町内会」の順で、公的機関をあげる割合が高くなっている。青森市は、発生時が「消防署」「警察」の順で、発生後は「町内会」「隣近所・隣組」が上位にあげられている。

　この設問では、災害ボランティアという項目が用意されていないので、この点について町内会サイドの意識を直接に知ることはできない。ただ、いくつか間接的な情報を得ることはできる。まず地域内での住民ボランティア（助け合い）に関しては、「隣近所・隣組」および「町内会」と結びついていると考えら

表8-1 救援活動のアクター

(単位:%)

	山形(2006)		秋田(2008)		青森(2008)	
	発生時	発生後	発生時	発生後	発生時	発生後
個人(個人的な人間関係)	36.4	33.7	30.7	31.1	28.6	33.8
隣近所・隣組	53.1	46.6	38.9	34.9	34.2	35.1
町内会	45.0	44.2	39.8	37.0	39.4	41.1
連合町内会	19.1	19.4	13.5	15.1	13.0	13.4
消防団	43.9	30.7	33.7	21.9	40.7	28.6
NPO等のネットワーク組織	8.1	12.4	8.0	10.8	7.4	7.8
民間企業	7.8	8.6	5.2	5.9	3.5	4.8
地方自治体	36.1	36.1	38.4	38.0	30.3	32.0
消防署	52.0	37.5	48.4	36.1	45.0	26.4
警察	48.0	36.1	43.6	34.4	41.1	25.1
自衛隊	42.0	32.1	40.8	31.8	39.4	26.4
国家	33.2	29.6	38.0	31.9	27.7	23.8

れる。対象地によって違いはあるが、地震発生時も発生後も「隣近所・隣組」・「町内会」には、大きな役割が期待されている。他方で、外部からのボランティアにもっとも関係がありそうな項目は、「NPO等のネットワーク組織」である。しかしこの項目は、「民間企業」と並んで救援活動のアクターとしてはもっとも期待されていない。いずれの都市においても、「わからない」や無回答が非常に多い結果となっている。町内会からは縁遠い場合が多く具体的なイメージがわかないので、救援のアクターとしては評価が下しにくいのだろう。

しかし、大地震に見舞われたときには、救援活動においても被災後の共同生活においても、町内会や隣近所・隣組の活動と行政の支援のみで完結できるわけではない。NPOや民間企業を含む外部からの支援（ボランティア）が必要になる場合も少なくない。青森調査の報告書では、大地震が起こったら「町会は機能を停止」という自由回答の記述をふまえ、次のように記している。「〔この自由回答は〕町会のようなその土地に「根ざした」組織の重要性だけではなく、その土地に介入し援助する「よそ者」の重要性を指摘しており、今後の地域防災を考える上できわめて重要な意見である」（東北都市社会学研究会編 2008：28）。

一連の調査では、ここで取り上げた設問以外にも、町内会の防災活動についてさまざまな角度から聞いている。しかし町内会等の地域住民組織が、災害時に外部からのボランティアにどう対応するかについては、選択肢が用意されていない。現場の町内会サイドにおいても研究者側においても、外部からの災害ボランティアを町内会等と関係づけて考える視角は必ずしも十分でないことが分かる。災害時に外部から駆けつけるボランティアをコーディネートする役割は、地域の社会福祉協議会をベースに開設される災害ボランティアセンターが担う場合が多い。しかし、被災現場でボランティアが有効に機能するためには、現場にもっとも近い町内会等の地域住民組織の果たす役割は無視できない。この点を、新潟県中越沖地震の被災地である柏崎市の事例をもとに考えていくことにしたい。

3　中越沖地震とボランティア

(1) 中越沖地震の発生と災害ボランティアセンター

　2007年7月16日の午前中に、新潟県中越沖地震の本震が発生した。最大震度は6強で、震源に近い柏崎市を中心とする地域に大きな被害が出た。中越地方は、2004年10月に中越地震に見舞われており、それからまだ3年も経っていない。死者は関連死を含めて15名、重軽傷者は2,300人あまりにのぼった。4万棟を超える住家が損壊し、うち7,000棟が全半壊の被害を受けた。余震は少なかったが、とりわけ柏崎市の中心街を含む狭いエリアに被害が集中した。地震発生後、小中学校やコミュニティセンターなどに避難所が開設され、避難所数は82ヶ所に及んだ。ピーク時（7月17日）の避難者数は1万1千人あまりである。地震被害の報を受けて、県内外から延べ2万人を超えるボランティアが被災地に駆けつけた（柏崎市災害対策本部資料による）。

　地震発生直後に、柏崎市社会福祉協議会が中心となって柏崎市災害ボランティアセンターを開設した。それ以降、センターが活動を終える2ヶ月後まで多くのボランティアを受け入れ、被災地でさまざまな支援活動を行ってきた。災害ボランティアセンターには、「ボランティアをしたい」という問い合わせが、

地震当日だけで300件以上あったという。そして翌日には、約130人のボランティアが実際にセンターに駆けつけ、作業を開始した。それ以降、ピーク時には1日1,000人近くが集まって、避難所の手伝いや被災家屋内外の片づけなどの作業に従事していく（柏崎市市民生活部防災・原子力課2009：54-5）。

　災害ボランティアセンターの主要な業務は、ボランティア希望者と被災地のボランティア要請（ニーズ）を受けつけ、両者をマッチングすることにある。そして作業時間などボランティア業務のルールを定め、活動を円滑に進めていかなければならない。当初からの問題点は、ボランティア希望者の数が、地域のボランティア・ニーズを大きく上回ってしまったことである[2]。そこでセンターでは、集まってきたボランティアに頼んで、被害の大きかった地域を一軒一軒声をかけながら回り、チラシを配付した。それによりボランティアへの理解を深め、ニーズをくみ上げようとしたのである。しかし地域の人びとの反応は、「みんな本当に遠慮深くて、なかなかお願いって言わない」という感じだった。

　災害ボランティアセンターからみると、外部からのボランティアに対する柏崎市内のコミュニティの対応は、大まかに3つに分かれていたといえる。第一に、コミュニティの自己完結型で、ボランティアは必要ないというもの。活発なコミュニティ活動を展開していて、地域のつながりが強く、地域内の助け合いで地震被害に対処できたケースである。第二に、ボランティアを受け入れたけれども、それによって避難所の運営などがうまくいかなくなったケースである。たとえば、外部からきたボランティアが勝手にルールをつくって避難所の運営を仕切り始めたために、現場が混乱して、地域の人びとやコミュニティ関係者とのあいだにトラブルを起こした所もあった。第三に、コミュニティでボランティアをうまく受け入れ、協力して災害を乗り切ったケースである。本章で取り上げる比角コミュニティは、その代表的な事例といえる。そこには、ボランティアのニーズをくみ上げる際の苦労や現場との距離など、柏崎市の災害ボランティアセンターが抱えていた課題に対する一つの回答をみることができる。

(2)「復興と地域生活」アンケートから

　中越沖地震から3年ほど経過した2010年8月に、筆者らは柏崎市民を対象と

表8-2 被ボランティア経験と感想

ボランティアの手伝い				ボランティア有効性			ボランティア抵抗感		
	全体	松美町		全体	松美町		全体	松美町
受けた	108 (19.7%)	68 (31.3%)	役に立った	107 (99.1%)	68 (100.0%)	抵抗感あり	33 (30.6%)	24 (35.3%)
受けない	438 (79.9%)	148 (68.2%)	役に立たなかった	1 (0.9%)	0 (0.0%)	抵抗感なし	71 (65.7%)	43 (63.2%)
無回答	2 (0.4%)	1 (0.5%)	無回答	0 (0.0%)	0 (0.0%)	無回答	4 (3.7%)	1 (1.5%)
合計	548 (100.0%)	217 (100.0%)	合計	108 (100.0%)	68 (100.0%)	合計	108 (100.0%)	68 (100.0%)

注)「有効性」と「抵抗感」は、ボランティアの支援を受けた場合のみ回答。

した「中越沖地震からの「復興」と地域生活に関するアンケート」調査を実施した。本アンケートは、柏崎市民全体を対象としたものと、後段で事例として取り上げる市内比角地区の松美町住民を対象としたものの二本立てで行っている[3]。以下では、この調査結果から「ボランティア」にかかわる部分を取り上げ、検討していくことにしよう。

アンケートでは、地震後にボランティアに手伝ってもらったかどうかを尋ねた上で、支援を受けた人については、役に立ったかどうか、また抵抗感があったかどうかを聞いた（表8-2）。その結果、ボランティアの支援を受けた割合は2割弱（松美町＝3割強）だった。自宅の被害状況との関係をみると、半壊以上の被害評価を受けた人の43.9％（松美町＝5割強）がボランティアの支援を受けており、関連が深い。ボランティアの支援を受けた人に「役に立った」と感じたかどうか聞いたところ、ほぼすべての回答者が肯定的に答えている。その一方で、ボランティアに手伝ってもらうことに「抵抗感」があったかという問いには、3割を超える人が「あった」と回答している。ボランティアの有効性はきわめて高いと受けとめられているが、一定の人びとは抵抗感を感じていた。ボランティアのさらなる「日常化」が課題といえる。

また回答者自身が、地震後にボランティア活動をしたかどうかも尋ねてみた。その結果、活動した人が18.2％（松美町＝26.3％）という結果になった（表8-3）。さらに、今後地域などで地震などの災害があった場合、住民ボランティアとして

表8-3 住民ボランティア経験と意欲

(単位：%)

ボランティア活動			ボランティア意欲		
	全体	松美町		全体	松美町
活動した	18.2	26.3	活動したい	64.0	70.5
活動しなかった	81.0	71.9	活動したくない	31.5	26.7
無回答	0.7	1.8	無回答	4.4	2.8
合計	100.0	100.0	合計	100.0	100.0

注) パーセンテージは無回答を除いて算出。

表8-4 被ボランティア経験とボランティア意欲の関係

(単位：%)

		ボランティア意欲(全体)		ボランティア意欲(松美町)	
		したい	したくない	したい	したくない
ボランティアの手伝い	受けた	82.9	17.1	87.5	12.5
	受けない	63.2	36.8	66.4	33.6

注) パーセンテージは無回答を除いて算出。

活動してみたいと思うか、という問いに対しては、64％(松美町=70.5％)が「ぜひ活動してみたい」、あるいは「できれば活動してみたい」と答えている。この回答と、地震時にボランティアの支援を受けたかどうかの関係をみたところ、支援を受けた人の82.9％(松美町=87.5％)が、今後住民ボランティアとして活動してみたいと答えていた(表8-4)。実際にボランティアの支援を受けた経験が、「次の機会には自分も」という意欲に結びついている様子がうかがえる。

地震後の被災生活の中で、町内会やコミュニティ協議会[4]がどの程度機能したかについても、いくつかの項目に分けて尋ねた(表8-5)。柏崎市全体では、機能した(「十分機能した」と「まあまあ機能した」の合計)という回答の割合が高いのは、支援物資の配付、生活情報の伝達、被害状況の確認といった項目で、7割前後に上っている。その一方で、住民ボランティアの活用、外部ボランティアの活用といった項目は5割程度でもっとも低い割合となっている。被害が軽微だったために、ボランティアそのものが必要なかった地域も含まれていると考えられるが、災害弱者の支援がやや低率である(6割弱)こととあわせて、少し気になる結果である。

表8-5 被災時の町内会・コミュニティ協議会の機能
(単位：％)

	機能した		機能しなかった	
	全体	松美町	全体	松美町
要援護者確認	66.0	83.6	34.0	16.4
被害状況確認	69.5	82.2	30.5	17.8
生活情報伝達	69.2	75.4	30.8	24.6
支援物資配付	70.5	79.7	29.5	20.3
災害弱者支援	59.7	78.0	40.3	22.0
住民ボランティア活用	50.2	77.8	49.8	22.2
外部ボランティア活用	52.8	83.3	47.2	16.7

　松美町住民の回答は、町内会やコミュニティ協議会の機能について、すべての項目で柏崎市全体の結果を上回っている。とくに災害弱者の支援、住民ボランティアの活用、外部ボランティアの活用の各項目については、全体よりも2～3割程度高くなっている。要援護者の確認（83.6％）、被害状況の確認（82.2％）も非常に高率である。松美町の住民は、中越沖地震の際の町内会等の機能について、きわめて高く評価していることが分かる。とくに地域内外のボランティアの活用と、その活躍の場や前提となる要援護者・被害状況の確認、災害弱者の支援において、機能したとみなされていることに注目しておきたい。これらの点は、次節でこの町内会やそれを含むコミュニティ協議会の事例を分析する中で、取り上げて考察することにしよう。

4　比角コミュニティの災害対応とボランティアの受け入れ

(1)「ボランティア中継基地」の形成

　比角地区は、現在の世帯数がおよそ4,000、人口が1万人ほどで、地区内に26の町内会がある。柏崎市の旧市街の東側に位置し、中心部は古くからの住宅地である。近年はその周辺に住宅やアパートが建てられ、とくに中心部では人口減と高齢化が進んでいる。1979年の比角コミュニティセンター設立以来、

この地区ではそれぞれの時期の課題に対応しつつ熱心に地域づくりに取り組んできた（松井 2009：86-89）。

中越沖地震は比角地区にも大きな被害をもたらした。住宅や土蔵、石塀が倒壊し、道路をふさいでしまった箇所も多い。地区内のほとんどの住宅が損壊し、半壊以上が400棟近くに及んでいる（比角コミュニティ運営協議会編 2007：9）。住宅やライフラインの被害が地区の全域にわたったため、比角地区内にコミュニティセンターをはじめとした7ヶ所の避難所が地震当日から開設された[5]。

阪神・淡路大震災以降、災害ボランティア団体・NPOのあいだにはゆるやかなネットワークができつつあった。そうしたつながりの中で、阪神の際に神戸の避難所でボランティア・コーディネーターの経験をもつT氏が比角コミュニティを訪れ、さらにT氏と能登半島地震の被災地でともに活動した経験をもつ静岡県出身のH氏も加わった。すでにコミュニティセンターで救援の指揮をとっていたコミュニティ協議会前会長のS氏にこの2人が協力する形で、コミュニティセンター内にボランティア中継基地（サテライトセンター）が形成された。そこで、地域や避難所でのニーズのくみ上げ・集約と、市のボランティアセンターへの派遣要請や直接地域に入ってきたボランティアに活動場所・内容を紹介する仕事を行ったのである。

被災地の外部から比角コミュニティに救援に駆けつけたボランティアは、大別すると次の3種類に分けられる。第一に、市の災害ボランティアセンターに登録して派遣されてくる一般ボランティア、第二に、災害ボランティア団体やNPOなどに属する、災害救援の知識や経験をもった経験ボランティア、第三に、医療関係者など専門知識をもち、所属組織を通じて派遣されてくる専門ボランティアである。このようにそれぞれ性格の異なったボランティアと地域のニーズを適切にマッチングすることが、ボランティア中継基地の役割だった。

柏崎市の他の地域と同様に比角地区でも、一般の住民は災害ボランティアのことはほとんど知らず、当初は外部から駆けつけてきた多くのボランティアにどう向き合えばよいのかよく分からない状態だった。こうした地域住民との回路をつくることが、コミュニティ協議会の会長を11年務め、地域をよく知るS氏の仕事だった。S氏はまず、もっとも大きな世帯数をもつ町内会長の自宅に経験ボランティアをともなって行き、倒れている塀の片づけをすぐに実行し

た。最初は遠慮する人が多かったため、場合によってはかなり「無理やり」手伝わせたケースもあった。こうしたやり方が功を奏して、地域の中でボランティアに対する評価や認知が急速に高まり、活動領域が広がっていった。

　神戸から来たT氏は自らの経験にもとづいて、これから時系列的に起こると予想されることをコミュニティ関係者に伝えるとともに、主として一般ボランティアの活動をコーディネートしていった。とくに、ボランティアが各町内を分担して家屋の被害状況の調査を行い、その結果を住宅地図に記入して被害の様子が一覧できる大型の地図を作成した。また各町内で「ローラー作戦」を展開してニーズの有無を確かめ、市の災害ボランティアセンターにボランティアの派遣を依頼していった。

　とはいえ、ボランティアセンターから派遣される一般ボランティアには、活動時間や活動内容にいくつかの制約がある。そのため、住宅の被害の大きかった比角地区では、一般ボランティアの支援を受けられないケースが多かったし、早朝のゴミ出しや夕食時の手伝いなども難しかった。一般ボランティアと被災地のニーズとのあいだには、隙間が生じていたのである。こうした隙間を埋めていったのが、災害ボランティア団体等に属する経験ボランティアである。彼らは自己責任で、ボランティア保険適用外の作業にも従事していった。経験ボランティアの一員として自らも現場での作業に従事するとともに、主に経験ボランティアをコーディネートする役割を果たしたのが、前出のH氏だった。

　外部から来援したボランティアの第三のカテゴリー、専門ボランティアの代表的な例は、福島県など県外から来た保健師のチームだった。地震直後から継続的に滞在して、避難所に避難している人びとの健康管理や地域に出かけての健康相談にあたった。後述するように、S氏を中心とするコーディネーターが町内会単位で行ったアンケート調査などをもとにしてニーズを取りまとめ、それを記載した地図をもって、保健師と民生委員のチームで比角地区を巡回したのである。

　こうして比角コミュニティセンターでは、3人のボランティア・コーディネーターがそれぞれの強みを生かしつつ協力して、さまざまなタイプのボランティアと地域のニーズを取り結んでいった。長年比角コミュニティ協議会の会長を務めたS氏は、地域のニーズを的確につかみつつ、積極的にボランティア

を地域の人びとにつないで、ボランティアに不慣れな被災者に安心感を与えた。外部から応援に来たT氏とH氏は、災害救援の経験を生かして、それぞれ一般ボランティア・経験ボランティアのコーディネートにあたった。比角コミュニティでは、被災現場により近いコミュニティセンターの中にボランティアの中継基地（サテライトセンター）をもつことができた。それは、地域のニーズを適切にくみ上げ、迅速に支援を届けることにつながったのである。

(2)「緊急被害調査」の実施——松美町内会の震災対応

ボランティアを適切に受け入れつつ地震被害に対応していくためには、より被災現場に近い町内会の活動が重要である。比角コミュニティは司令塔の役割を果たしたが、それを足腰となって支えたのは各町内会である。比角地区内にある松美町内会を例にあげて、町内会単位での震災対応をみていくことにしよう。

松美町は、比角地区の中央部やや北寄りに位置している。440世帯、1,160名が暮らす比較的新しい住宅街である。柏崎市中心部にとりわけ大きな被害をもたらした中越沖地震だったが、松美町でも全半壊が29棟、一部損壊が325棟で、町内の8割の住宅が被害を受けた。ライフラインは寸断され、ブロック塀の倒壊などにより多くの道路で通行に支障が出た。

松美町内会では、地震から3日目の18日に町内の全住民を対象とした「緊急被害調査」を実施した。班組織を通して配布と回収を行い、2〜3日のあいだで85％ほどが回収できた。調査票では、安否の確認、現在の居場所などを問うていったが、なかでも有効だったのは、「けがまたは身体の状態」を尋ねた欄である。そこには、血圧が高くなった、足を痛めた、ちょっと気分がおかしい、などといった記入がみられた。こうした記載を地図に書き出して、それを手に先に言及した保健師のチームが町内を巡回したのである。それにより、精神的なケアも含めて必要な支援を届けることができた。

また調査票には「手伝いの希望」を書き込む欄も設けたが、「手伝いは不要」という回答がほとんどだった。ところがその次の「主な被害状況」の欄をみると、タンスや家具が倒れた、壊れた食器が散乱している、といった被害がびっしりと書いてある。班名と氏名を町内会の役員がみれば、高齢者や障害者の世帯は

すぐに分かるので、その場合は支援が必要であると判断した。こちらも地図に書き出して、それをもとにボランティアが直接被災者の家を訪ねた。だが、最初はほとんど手伝いを断られたという。ここでも県外から来た見知らぬ他人を家に入れることには抵抗があったし、経費や食事が必要といった誤解もあったからである。そこで町内会では、副会長など役員がボランティアを案内して行くことにした。顔なじみの役員の紹介は安心感を与え、今度は地域の人びとに何とか受け入れられた。経験を積んだボランティアの活躍はめざましく、足の踏み場もないような室内も見事に片づけられていく。その評判が口コミで広がり、最終的には多くの家がボランティアの手助けを受けることになった。

　比角コミュニティセンターでボランティア・コーディネーターを務め、外部ボランティアと地域住民との橋渡しの役割を果たしたS氏は、松美町内会の会長でもある。彼は、松美町以外の各町内会長にも働きかけてボランティアを派遣していった。被害が大きかった比角コミュニティでは、積極的にボランティアを活用して被災者の支援にあたったが、その先鞭をつけたのは松美町内会の活動である。とりわけ地震後3日目というきわめて早い時期にアンケート調査を実施して被災者のニーズをくみ上げ、それを実情に即して解釈することによって適切な支援を行えたことは特筆すべきだろう。

5　被災経験と地域社会の再認識

(1) 経験の総括と地域ボランティアの育成

　比角コミュニティでは、震災後の復旧活動も一段落した2007年10月に、「生かそうこの体験 安全安心な町比角」をテーマにした「震災シンポジウム」を開催した。ボランティア・コーディネーターを務めたT氏やH氏、地元の町内会長らがパネルディスカッションを行い、それを受けて、200名近い住民が15グループに分かれてワークショップ形式のグループ討議を行った。その上で、このシンポジウムの内容に、中越沖地震の被害とコミュニティの対応、ボランティア活動の様子などを加えた報告書を刊行している（比角コミュニティ運営協議会編 2007）。震災の記憶が生々しいうちに議論を積み重ね、経験を共有し、それ

を外部に発信していこうという強い意欲が感じられる。

　また2008年には、比角地区子ども育成会が中心になって、地区内の幼稚園・保育園の保護者と小学校の保護者500名以上を対象に「中越沖地震に関するアンケート」を実施した。さらに同会でも、地震時に活動した経験ボランティアを招いて「感謝の集い」を開催し、ボランティア活動の様子や支援を受けての感想などを語り合った。アンケート調査の集計結果や「感謝の集い」等の記録は、活動報告書の中に収録されている（比角コミュニティ運営協議会、他編2009）。

　松美町内会でも、地震後の2007年10月に、300名近い住民が参加して「敬老のお祝いとボランティアへの感謝の集い」を開催した。町内で活躍した経験ボランティアの代表を静岡や富山などから招待し、感謝状を贈ったのである。また、この行事を含め、地震の被害や地域行事などをまとめた記録集を作成している（松美町内会編2008）。さらに松美町内会では、2008年度からボランティア学習の実行委員会を立ち上げた。中越沖地震の経験を受けて、地元でボランティアを育成し、助け合いに取り組もうという試みである。この実行委員会には老人会や青年会、そして12名の小学生も参加している。たとえば買い物や雪かき、話を聞く、ゴミ拾い、犬の散歩など、何でもいいから子どもでも大人でもできる範囲でやれることをやろうと考えている。

　そのために先進地視察も進められている。町内会の役員などが富山県や静岡県を訪問し、それぞれの地域でボランティア組織がどのように形成され、活動してきたのかについて学んできた。今後は、視察で得たものを学習・討議し、アンケート調査の実施、ボランティア登録簿の作成、ボランティア事業の展開へと進む予定になっている。これからいっそう町内の高齢化や一人暮らしの増加が進む中で、仲間づくりと助け合いを地域の核にしていこうとしている。たとえば防災に関しては、タンスが倒れないように留め金をしているか、テレビはどうしているか、などといったチェックリストを独自につくり、アンケート形式で町内に配布している。そして一人暮らしの高齢者などで手伝いが必要なケースを見つけ出し、地域のボランティアの手で耐震のための作業を手助けしつつある。

(2)「学習」コミュニティ

松美町では、中越沖地震の際のボランティア受け入れの経験と、その後の視察や学習等によって、ボランティアに関する考えを深めつつある。たとえば「助ければ何でもいいという、地域の自主自立を損なうような活動はしてはいけない。ボランティアにはそういう限界がある」(前出S氏)。ボランティアができることとできないこと、やるべきこととしてはいけないことを、きちんと考えて分けていく必要がある。このことは、コーディネーターを含めたボランティアの側に突きつけられた課題である。

また、ボランティアから支援を受ける被災者の側も問題なしとはいえなかった。(実際にはそれぞれの事情があったのかもしれないが)支援物資や食料を余計にもっていったり、ボランティアに対して不平不満や文句ばかりいう被災者の姿を目にした人も多い。また、ボランティアはただで何でもしてくれるので、家財道具の片づけでも引っ越しでも利用するだけ利用しようという人も中にはいた。

それに対して地域のリーダーは、あらためて次のようにいう。「それはね、学習だと思うんだよな。お互いがな」(S氏)。災害の現場に立てば、ボランティアをする側にも、支援を受ける側にもさまざまな問題があることがみえてくる。その際に、「困った人」を批判したり、排除したりして終わりにするのではなく、問題をきっかけとして、お互いが「学習」していくべきだと考えているわけである。この点は、比角コミュニティの地域づくりにおいて、つねに重視されてきたことでもあった。

この学習の場となるのが地域コミュニティである。経験を持ち寄り、話し合い、よりよい地域づくりのために知恵を出し合う学習のプロセスこそが、比角という地域コミュニティの神髄だといってもよい。災害の形はすべて違うので、事前の計画によって完璧な準備をすることはそもそも不可能である。いざ災害が起こったときに対応のベースとなるような地域のつながりと、予想できない事態に臨機応変に対応し、自らをつくりかえていけるような学習能力をいかに高めていくかが課題であろう。それにもとづいて、外部ボランティアの積極的受け入れを可能にするような自信と余裕も生まれてくるといえる。

6　むすび——ボランティアの日常化

　災害時には、安否確認や救助を始めとして、まずは地域の人びとの助け合いが必要となる。しかし、地震被害の程度によっては地域住民や地域住民組織を主体とした共助が不可能な場合もあるだろう。また過疎化・高齢化の進行により活動力が低下している地域も多い。3節で紹介したアンケートの自由回答でも、「自分で自分の身を守るのに必死」「同じ避難者であり互いに助け合う余裕はない」といった書き込みがみられた。こうした点をふまえると、被災地域の共助のみに過剰な期待を寄せることも問題である。公的機関の役割とともに外部ボランティアの支援をいかにして機能させるかが課題となる。

　比角地区の災害対応で際だっていたことの一つは、コミュニティセンターが、実質的に災害ボランティアセンターの「サテライト」の役割を果たしていたことである。地域のリーダーをボランティア・コーディネーターの経験をもつ2人がサポートして、地域のニーズを的確にくみ上げ、外部からの経験ボランティアや災害ボランティアセンターからの一般ボランティアを効果的に配していった。ここでポイントとなるのは、被災現場に近いところで、被災者のニーズと外部ボランティアを「つなぐ」仕組みをつくったことである。災害ボランティアセンターが広大な被災地を対象として十分な活動をしていくことは難しい。柏崎市でいうコミュニティ単位か、あるいはできれば指定避難所の単位で、こうしたサテライトのボランティアセンターをつくっていくことができれば効果的だろう。そのためには、地域の中でコーディネーターのできる人材を育成していく必要がある。

　中越沖地震の被災地では、当初はボランティアに対する理解がほとんどなかった。どこでも、「お金は必要なのか？」「お茶や食事は用意しなくてよいのか？」といった声が聞かれた。人に役立つことが「生きがい」だといわれても、なかなか納得ができなかったのである。多くの人びとは、長期的・短期的な対等性にもとづいて労力や物品をやりとりすることに慣れてきたので、ボランティアという存在はまさに「異文化」だった。ボランティアに何かを頼むことにはどこでも非常に抵抗感が強く、実際に支援を受けてみてはじめて、これは

ありがたいものだと実感した。だからこそ、こうした「異文化」を受け入れるためには、よく顔を知られた地域の人が「つなぐ」ことが不可欠だったのである。時には多少強引にボランティアの支援を受け入れてもらうことで、活動が広がっていった。また、地域のことをよく知る人であれば、必要なところに、しかも過剰にならないようにボランティアをコーディネートすることができる。

　被災地や被災者が身をもって経験した出来事を貴重な経験知として継承し、少しずつ前進していく。こうした経験の捉え返し・反省のプロセス、「学習」のプロセスを内在させた地域こそが、災害にも強い地域であるといえる。こうした学習プロセスの先に、支援する側と支援を受ける側の成熟——ボランティア文化の成熟を展望することができるだろう。それは「ボランティア」という言葉、ボランティアする／されるという区別を必要としないような関係性の成熟、と言い換えることができるかも知れない。「そんな区別しないで、もっとあたりまえのことにしていきたい」(前出O氏)。すなわち、生活者としてのボランティア、ボランティアの日常化である。

注
1) 本章で取り上げた事例に関しては、松井（2009）を部分的に圧縮・再構成して用いている。詳細についてはこの拙稿を参照していただきたい。
2) 以下の記述は、柏崎市災害ボランティアセンターの運営で中心的役割を果たしたO氏からの聞き取りにもとづいている。この調査は、2009年6月および2010年9月に実施した。
3) このアンケート調査は、20歳以上の柏崎市民1,000人を無作為抽出し、配付・回収とも郵送で行った。回収率は54.8％だった。また同じ調査票を用いて、松美町でも調査を行った。こちらは、町内会の全世帯（475世帯）に回覧板ルートを通じて1通ずつ調査票を配付し、217通を回収した（回収率45.7％）。対象者の選定や配付・回収方法が違うので両者の厳密な比較はできないが、大まかな傾向性を知ることはできるだろう。
4) 柏崎市には現在、おおむね小学校区単位に組織された32のコミュニティ協議会がある。1971年に国のモデルコミュニティ事業の指定を受けて以来、集会棟と体育館を備え公民館を併設したコミュニティセンターが順次整備されてきた。地域住民組織がその管理運営にあたるとともに、多くの住民が利用するコミュニティ活動の拠点施設としての役割を果たしている。
5) 以下の記述は、筆者が2008年6月および2009年6月に数次に分けて行った、比角コミュニティ・松美町内会関係者からの聞き取り調査にもとづいている。適宜『7・16

中越沖地震と震災シンポジウム報告書』(比角コミュニティ運営協議会編 2007)の記述も参照した。

参考・参照文献

柏崎市市民生活部防災・原子力課　2009　『がんばろう！　輝く柏崎　さらなる未来へ（7.16.中越沖地震記録集）』柏崎市。
菅磨志保・山下祐介・渥美公秀編　2008　『災害ボランティア論入門』弘文堂。
東北都市社会学研究会編　2008　『地方都市におけるゆらぐ町内会とその動態──2008年度青森市町内会・自治会調査報告書』東北都市社会学研究会編。
西山志保　2008　「災害ボランティアと支えあいのしくみづくり」吉原直樹　2008『防災の社会学』東信堂、87-106頁。
似田貝香門編　2008　『自立支援の実践知──阪神・淡路大震災と共同・市民社会』東信堂。
比角コミュニティ運営協議会編　2007　『7・16中越沖地震と震災シンポジウム報告書』比角コミュニティ運営協議会。
比角コミュニティ運営協議会、他編　2009　『平成20年度　比角はぐくみ運動報告書』比角コミュニティ運営協議会。
松井克浩　2007　『中越地震の記憶──人の絆と復興への道』高志書院。
─────　2008　「防災コミュニティと町内会」吉原直樹編　2008『防災の社会学』東信堂、59-86頁。
─────　2009　「中越沖地震被災地のコミュニティとボランティア──柏崎市比角地区の事例」『新潟大学災害復興科学センター年報』3号、83-101頁。
松美町内会　2008　「災害に強いまちづくり──新潟県中越沖地震の教訓から」松美町内会。
山下祐介・菅磨志保　2002　『震災ボランティアの社会学』ミネルヴァ書房。
吉原直樹編　2008　『防災の社会学──防災コミュニティの社会設計に向けて』東信堂。

［付記］
　本章は、平成20～23年度科学研究費補助金・基盤研究（C）「災害復興過程における地域内社会諸関係の再認識・再構築」（代表：松井克浩）による研究成果の一部を含んでいる。

第 9 章

災害「弱者」と防災コミュニティ

伊藤 嘉高

1 はじめに

　災害は、平時に平常に作動している社会システムを裂開する。災害は社会システムを機能不全に陥らせるだけではなく、その社会システムを支える自明性と正常性と正統性の基盤を揺り動かす（「当たり前だと思っていたこの社会はほんとうに正しいのだろうか？」）。したがって、中国の天命思想・易姓革命論などにみられるように災害は時代時代のイデオロギーと密接に結びついてきた。そして、今日の新自由主義もまた、災害（自然災害にとどまらず経済危機等も含む）を介してそのイデオロギーを人びとの生活に浸透させようとしている。ナオミ・クラインが「災害資本主義」と名付けるショック・ドクトリンの仕組みである（Klein 2007）。

　災害資本主義とは、平時にはとうてい受け入れがたい新自由主義への転換を災害ショックを介して暴力的に押し付け、そして利益を強奪するというスキームだ。災害資本主義は、災害を契機として、既存の社会システムの正統性を貶め（「国や社会はあてにならない」）、近代的制度秩序に埋め込まれた人間の生を孤立化させ脆弱化させる (cf. 似田貝 2008：4-6)。

　こうして、それまでの計画化された福祉国家システムから切り離された人びとは、オルタナティブを構想する余裕が与えられることなく、「自生的秩序」

に根ざした新自由主義のレトリックを受け入れざるをえなくなる。そこに資本家たちが入り込む。行政政策の失敗・後退や社会システムのゆがみを利用した、貧困ビジネスならぬ災害ビジネスの誕生である[1]。

しかしここには両義性が伏在している。生がむき出しにされることは、制度化された生からの脱却という点において社会変革にとって不可欠な契機である一方、むき出しのままの生は〈弱い〉。ここに、生の脆弱な存在者への支援が大きな課題として認識されるようになる背景がある。

したがって、大切なことは、そうした生が、新自由主義の世界にむき出しにされ市場化され「強者」と「弱者」とに制度化・物象化されることなく、その本源的な〈弱さ〉を契機としていかに自分たちの手の届く形で生の形式を共同創発[2]できるのか、そしてその共同創発を支える制度を構築できるのかにある。本章では、そうした共同創発と新たな制度構築の可能性を視野に入れつつ、今日の災害「弱者」と防災コミュニティをめぐる動向について考えてみたい。

災害弱者への対応については、2005年に内閣府で「災害時要援護者の避難支援ガイドライン」がまとめられている。これによって、行政的な制度化のモメントが生まれ、各地の基礎自治体は災害時の要援護者支援策を定めることが求められている。同ガイドラインにもあるように、災害発生時の地域での「弱者」支援には、町内会・自治会などの地域自治組織（以下、町内会と総称する）や自主防災組織などの共助による「要援護者支援」が力を発揮すると想定されている。周知のように阪神・淡路大震災以来、災害時の要援護者にとって隣近所や地域の支援が最も頼りになることが認識されるようになったからだ——まさに、「国や社会はあてにならない」のだ。そして、こうした要援護者の支援を地域で進めるにあたっては、要援護者がどこに住んでいるのか、どのような支援を必要とするのかなど、日頃から地域で理解を深め災害に備えておくことが重要であるとされる。そして、そのための要援護者の情報は地域が主体となって収集することが望まれている。

理想論は、理想論である限り常に正しい。しかし、要援護者支援をめぐる実際の動きの多くは、本章で具体的に指摘するように機能論的なコミュニティ観（旧来型のガバメント思考）にとらわれているがために、理想の背後に隠された問題の深部がみえていない。本章でみるように、そうした理想を形式的になぞっ

ただけの防災コミュニティは実際にはまったく機能しない。さらにいえば、国家や行政の責任を矮小化しようとする災害資本主義に対して徹底的に無力なのである (＝ボランティア論の陥穽)。

　本章では、あくまで経験的な地平から、機能論的＝ガバメント型の防災コミュニティ形成と、創発論的＝ガバナンス型の防災コミュニティ形成の異同を明らかにし、後者に向けた「創発論的転回」への道筋を示す。そのうえで、今日の災害弱者支援に対しては創発論に根ざした防災コミュニティ形成のための仕掛けこそが求められていることを論じたい。

　そこで、次節では、まず、山形で災害弱者支援を見据えながら町内会に入り込み防災コミュニティ形成の支援に当たっているNPO法人ディー・コレクティブの活動を手がかりとして、適宜、他の東北県庁所在都市の現状も参照しつつ、都市部における災害弱者支援ならびに防災コミュニティ形成の現状と課題について検討し、ガバナンス型の地域＝防災コミュニティの重要性とその実現のための条件を明らかにする。

　次に、防災を契機としたコミュニティ形成を巧みに進めている山形県川西町のNPO法人きらりよしじまネットワークによる地区町内会と融合したコミュニティ活動と防災活動を取り上げ、ガバナンス型の地域＝防災コミュニティの具体的なイメージを与えるとともに、そうしたガバナンス型の防災コミュニティが、今日の災害資本主義による「弱者」生産に対する抵抗のコミュニティとなるポテンシャルを有していることを確認することにしたい。

2　「現場」からの課題

(1) 機能論的な防災コミュニティ観の問題——生／生活の断片化

　すでにみたように、災害発生時の地域での弱者支援には、町内会＝自主防災組織による要援護者支援が力を発揮すると想定されている。しかし、しばしば指摘されるように、自主防災組織の結成率の高さが、そのまま地域の自主防災力＝災害弱者支援力の強さに結びつくわけではない。

　たとえば、消防団や隣組等の旧来の組織が十分機能しているような地域では、

わざわざ自主防災組織を結成することの意義が認められておらず、結成が進んでいない。盛岡市南部の旧都南村地区をみてみると、宅地造成が進み新住民が多くなった地域では自主防災組織の結成が進んでいるものの、具体的な地域防災活動の状況に目を向けてみると、自主防災組織の結成がみられない水田地帯の町内会の方が活発なのである（伊藤 2010；盛岡市の場合は、行政もこの点を十分に認識している）。

そして、以下で詳しくみるように、都市部で結成の進んでいる自主防災組織についても、災害発生時に実質的に機能するのは、せいぜい1～2割にとどまるという指摘もある。一部の熱心な町内会で結成された自主防災組織を除き、ほとんどの自主防災組織では、行政等が作成した統一の手引きに従い、役員名簿を作成し、避難場所など最低限のルールを策定するレベルにとどまっているからだ。

また、今回の東北6都市には当てはまらないが、県レベルで結成率の向上を掲げているために、市町村によっては、地区の町内会長を集めて一斉研修を行い、形式だけを整えさせて、結成率100％を達成しているところもある。そうして結成された自主防災組織では、「作ってはみたものの、何をしていいのか分からない」状態に陥っている。したがって、自主防災組織の結成率それ自体に実質的な意味を見いだすことはできないのである。

こうした状況の背景には、自主防災組織が、実質を伴わない形式レベルでの結成にとどまっていることもさることながら、地域に対する上からのまなざしが極めて機能論的な視点にとどまっていること、つまり、人びとの「暮らし」（ハイデッガー流にいえば「住まうこと」）に対する全体論的な視点（ホーリスティック）を欠いたまま、防災という単一の機能にのみ目を向けていることがあると考える。

つまり、地域コミュニティを制度論的、機能論的に捉える限り、そこに参与する人びとはその機能（ここでは防災機能）に資する「手段」として扱われることになってしまう。そこに生のリアリティはない。人びとの全体的な生の非制度的なつながりがあって初めて、制度的な自主防災組織は動き出す。非形式なき形式主義は、人びとの社交力（Geselligkeit）を減じることにしかならない。つまり、次節以降でもみるように、防災なり災害弱者支援は、本来的に、教育や福祉といった他の日常的な「暮らし」の課題と連関するものとして考えていかなけれ

ばならないはずなのだ。

　ではいかにして、都市地域において、防災なり要援護者支援に必要な地域のつながりを生み出していくのか。すなわち、「防災コミュニティ」を機能論的に捉えるのではなく、「防災」を触媒として、人びとのつながりに根ざしたコミュニティをいかに創成＝創発させていくのか（吉原 2008）。これを、防災コミュニティの創発論的転回と呼ぼう。

　この創発論的転回にとって重要なのは、手引きに従った形式的なルールの策定ではなく（もちろんルール等の制度の策定は必要であるが、ルールは本来、非制度的なつながりの歴史的な結晶体としてあるべきものだ）、人びとの生のつながりを生み出すダイナミズムに対するまなざしだ。このダイナミズムを地域に生み出すのに必要な契機のひとつとして、災害に対する現場感覚を有した「部外者」たるNPOによる関与・支援が挙げられる。

　ここでは、山形で災害弱者支援および防災コミュニティ形成を支援しているNPO法人ディー・コレクティブの活動を手がかりとして、この点について考えてみたい。

(2) 自主防災組織を支える社会的関係資本

　ディー・コレクティブの代表理事を務める千川原公彦氏に防災コミュニティへの関心を抱かせる契機となったのは、2000年の北海道・有珠山噴火による災害支援ボランティアとしての経験である。この経験から千川原氏が身をもって実感したことが以下の二点である。

　ひとつは、災害時の避難から復旧・復興に至るまで、地域住民の生活には数多くの困難が生じることになるものの、それらに対して行政の手がほとんど及ばなかったこと。そして、二つ目に、そうした困難に対して、地域住民組織やNPO、青年会議所などが一体となったチームを組織し対処していたことである。

　ただし、ここまではよく聞く話である。周知のように、阪神・淡路大震災では、救出に行政のみによる救助活動では間に合わず、救助活動が地域の手で行われ、被災者のうち2万7千もの人が市民自身の手で救助されたことが明らかとなった（cf. 今野 2001）。そうして災害時における救助活動に地域の力が不可欠であるという認識が広がり、今日の自主防災組織の全国的な整備に至っている

わけである。

　ただし、千川原氏は、その後、自らの体験した有珠山での被災者支援の枠組みを全国にそのまま敷衍することはできないということもまた身をもって体験する。2004年の新潟県中越地震では、地域住民組織とNPOの連携が必ずしもうまくいかなかったのである (cf. 松井 2008)。被災者支援はマニュアル化できるものではない。被災者支援のチーム作りには、各種組織の組織横断的なネットワークが必要になるが、それは一朝一夕にできあがるものではない。そこには、災害文化に根ざした社会的関係資本 (social capital) の時間的蓄積が必要なのだ。有珠山では、30年周期での噴火の経験があった。

　つまり、災害の経験を有した地域社会であれば、災害に対するある程度の社会的関係資本が蓄積されている。しかし、災害の経験がなければ、そのための社会的関係資本が自然に蓄積されることはない。そうした地域では、NPOの関与という蓄積されない社会的関係資本があって初めて地域の社会的関係資本が蓄積され始めるのだ。被災時に初めてNPOが関わるのでは遅いのである。

　北海道で被災者支援に携わった千川原氏は、その後、山形で同様のネットワーク作りを始め、2003年に法人化し、山形県社会福祉協議会の災害支援ボランティア育成事業に携わるようになり、地域住民を対象とした災害ボランティア・コーディネーター研修などを実施していた。そして、地域社会での独自の社会的共通資本の蓄積の重要性に気づいた中越地震後は、山形でも自主防災組織結成の気運が高まっていたこともあり、自治会や町内会の「内部」へ入り込むようになる。しかし、そこで目にしたのは、「ほとんどの自主防災組織は、役員名簿と避難経路など最低限のルールを作るだけで終わっている。やっているところでも、災害発生時の避難訓練がせいぜい。行政はこれで『組織された』とみなすけれども、8～9割は機能しないだろう」(千川原氏) という現実であった。

　重要なのはルールなどの形式ではない。千川原氏は「役割分担をルールとして決めたとする。しかし、それだけでは、実際の災害時にその役割が充てられたメンバーが集まらなかったときに、逆に混乱してしまう」と指摘する。非固定的な人間関係と臨機応変の対応力こそが必要なのだ。では、災害時の経験をもっていない自主防災組織は、非固定的な人間関係と臨機応変の対応力をどのように身につけたらよいのだろうか。

(3) 次につながる防災マップ

　そこでNPOの役割が重要になる。防災マップの自主作成の支援が、その一例だ。行政の作成するハザードマップは、あくまで「参考資料」にしかならない。それに対して、千川原氏が作成の支援に当たるのは「次につながる防災マップ」であるという。「参考資料」と「次につながる防災マップ」は何が違うのだろうか。

　千川原氏が「次につながる防災マップ」の作成支援にあたる際には、まず、行政の作成した防災マップ、たとえば水害ハザードマップについて町内会で検討してもらうことから始める。すると、往々にして、指定避難所が自分たちの地域よりも標高の低い場所に指定されていたり、幹線道路を越えたところにあったりなど、実態に合わない箇所が複数発見され、実際の避難には使えないマップであることが分かる。こうして、「自分たちで作らなければならない」ことが明らかになる。したがって、行政の作成するハザードマップは、あくまで「参考資料」なのである。

　しかし、そこで白紙の地図を広げて、「皆さん、地域の危険な箇所について自由に指摘してください」という場を設けても、話は進まない。そうではなく、ディー・コレクティブでは、町内会の人びとと一緒に「実際に災害が起きたら」という視点をもちつつ実際に地域を歩きながら、その地域の歴史も含めた話を聞き出すのである。そうすると、「いろいろと出てくる」(千川原氏)。つまり、人びとの体験や記憶は、空間に刻み込まれているのだ。それが、身体感覚を通じて想起される。それをディー・コレクティブのメンバーが聞き逃さずメモにしていく。そして、そのメモに基づいてシミュレーションを行いながらマップを共同で作成する。こうして、自分たちの地域固有の問題点が浮き彫りにされ、講じるべき対策も明らかになるのである。

　ただし、ここで付け加えておきたいのは、以上のハザードマップの事例をもって、行政を一方的に責め立てることは間違っていることである。東北地方は、しばしば行政依存の強い地域性を有していると指摘される。住民は一方的な要望・陳情を繰り返すだけで、「行政は何もやってくれない」という不満ばかりを口にしているというのだ。

しかし、行政が個々の地域の実情をすべて把握することは不可能である。行政に依存するのではなく、自らの地域の問題点を明らかにした上で、行政との協働が必要な場面に限って行政に積極的に働きかける「提案型」の文化の醸成のためにも、防災マップの自主作成は有益であろう（実際に、提案型の町内会の要望は行政に受け入れられることが多く、依存型の町内会からは、「どうしてあの町内会の言うことばかり受け入れられるのだ」と邪推されることもある）。

いずれにせよ、こうした自主作成の防災マップがあって初めて、災害に対する意味のある訓練や柔軟な取り決めも可能になる。実際に、ディー・コレクティブが関わった町内会の人びとからは、「自分たちのマップのないところで、いくら訓練しても意味がなかった」との声が一様に挙がっている。そして、意味のある訓練や討議を経て、防災マップもまた不断に作り直されていくのである。

つまり、大切なのは、「防災マップの共同作成によって、コミュニケーションが生まれ、役割が生まれ、ルールが生まれる」（千川原氏）という創発性であり、この創発性にこそ「次につながる防災マップ」の本義があるのだ。

(4) 災害時要援護者支援の条件

災害時要援護者支援を有効に機能させるための条件も防災マップと同様である。前述したように災害時要援護者の支援は隣近所・地域の手助けが何よりも頼りとなるとの認識に基づき、要援護者がどこに住んでいるのか、どのような支援を必要とするのか等のデータをまとめたものが要援護者名簿である。そして、災害時にすみやかな避難支援が行えるよう、要援護者情報は、本人や家族の同意のもとに、町内会や自主防災組織、さらには、消防署などで共有することで日頃から地域で理解を深め災害に備えておくことが必要であるとされている。

この要援護者名簿の作成は全国で進んでおり、東北県庁所在6都市をみてみると、仙台市を除き、行政が災害時要援護者登録制度を整備し、その台帳を町内会や自主防災組織に提供するかたちをとっている（表9-1：もちろん、仙台市以外でも、自主的に名簿を作成している町内会や自主防災組織は存在している）。ただし、制度の整備がある程度進んでいるのは盛岡市のみであり、他市はこれからといっ

表9-1 東北6都市の災害時要援護者登録制度の概要

	青森市	盛岡市	秋田市
災害時要援護者登録制度の有無	有	有	有
制度開始日	平成21年12月27日	平成19年4月18日	平成22年3月25日
要援護者の登録方法	手上げ方式・同意方式	手上げ方式・同意方式	手上げ方式・同意方式
登録者台帳の配布先	民生委員児童委員協議会、民生委員、主任児童委員、町(内)会長、社会福祉協議会、地区社会福祉協議会、消防署、消防団及び各分団、自主防災組織(代表者)	町内会長、民生委員、自主防災組織の代表者、消防本部、消防団分団長	町内会長・民生委員・自主防災組織(通知文で「班長レベルまで」としている)・消防署
備考	―	―	―

	仙台市	山形市	福島市
災害時要援護者登録制度の有無	無	有	有
制度開始日	―	平成20年度からモデル地区を設定し、平成22年度から市内全地区	平成22年度から外部提供開始
要援護者の登録方法	地域での自主作成のみ	手上げ方式	手上げ方式・同意方式
登録者台帳の配布先	―	町内会長、自主防災組織会長、各地区民生委員協議会会長、各地区社協会長	民生委員、町内会・自主防災組織(会長・副会長)、消防団(分団長・副分団長・庶務部長)
備考	―	平常時は代表者が所有し、災害時のみ利用	名簿は上記の範囲だが、地域の会議等で要援護者について話し合いができるよう、「町内会へ提供」と周知し、同意方式としている。

出所:2010年11月、筆者調べ。

た状況にある。

　具体的な登録手続としては、要援護者登録制度について広報、周知したのち、登録申請書を配布し希望者が申し込む「手上げ方式」と、行政が住民基本台帳のデータ等から一定の基準(たとえば、福島市の場合、①要介護3〜5認定者、②65歳

以上独居高齢者、③身体障害者手帳1級、2級交付者、④療育手帳A交付者、⑤精神障害者保健福祉手帳1級、2級の交付者）で抽出した対象者名簿や地域独自の情報に基づいて地域の民生委員等が対象者に直接働きかけ登録の同意を得る「同意方式」が採られている。とくに高齢者の場合は、高齢者福祉施策の基礎資料となる高齢者名簿作成のために民生委員が世帯調査に訪れる際に、要援護者台帳への登録を呼びかけるというかたちがとられていることが多い。

そして各要援護者には、それぞれ2～3名程度の「支援者」が登録されることになっている。具体的には、本人が個人的に依頼したり、あるいは、要援護者の登録を受けて、要援護者本人が了解したうえで、町内会等自治組織や自主防災組織、民生・児童委員、社会福祉協議会などが協議しながら支援者の選定と支援計画（個別計画）を進める。

こうして要援護者の台帳が作成されるわけであるが、ここでもいくつかの課題が指摘されている。すなわち、援護を必要としている人を必ずしもカバーしていないこと、そして、支援者の登録が進んでいないことである。

たとえば、「手上げ方式」を主とする山形市の場合、「災害時要援護者避難支援制度のお知らせ」といったものが回覧板で配布されるだけで、数百世帯の規模の町内会でも登録者がゼロないし数名といったところがみられるかと思えば、逆に、個々の世帯を回って登録を呼びかけるような熱心な民生委員のいる地区では、今度は、支援者の選定や個別計画の作成に町内会の役員が四苦八苦しており、結局は、住民の圧倒的な無関心のなかで一部の高齢役員層に負担が偏る町内会の構図が再生産されている（伊藤2008）。

そして何よりも重要な課題が、以上のように集められた台帳の情報が十分に活用されない懸念があることだ（cf. 永井 2008：147-51）。基本的に自主防災組織等が情報の収集・共有を図ることは個人情報保護法の適用外であるが、行政からの提供情報は、秋田市を除き、町内会・自主防災組織の会長・代表者レベルにとどめられている（秋田市の場合は班長レベルまで認めている）。以上について、6都市の現状を表9-2にまとめる。

詳しくは次節で検討することになるが、こうした課題が山積する状況にあって要援護者支援を本当に実効的なものにしようとするのであれば、要援護者とその支援者の登録作業は、各地の町内会や自主防災組織で防災マップを自主作

表9-2 東北6都市の災害時要援護者登録率、支援者登録率

	青森市	盛岡市	秋田市	仙台市	山形市	福島市
要援護者登録率	30.8％	47.8％	56.5％	—	—	70.0％
支援者登録率※	52.7％	51.6％	—	—	76.3％	10％程度※
集計日	2010.12	2010.11.30	2010.7.1	—	2010.12	2010.10

※支援者登録率は、1名でも支援者が登録されている要援護者の割合。福島市のデータは、支援者が2名登録（完全登録）されている要援護者の割合。
出所：筆者調べ。

成したり避難経路や後述の避難所生活についての議論や体験を深めたりするなかで行われるべきものであって、行政はそうした議論や体験のための支援と徹底した周知広報に回るべきである。

　ここでは、その一つの参考例として、盛岡市で進んでいる「防災福祉マップ」の作成について紹介しておきたい。防災福祉マップは、長野県の事例を参考に岩手県社協がバックアップして作成が進められているものである。具体的には、地域の人びととの話し合いをベースに、高齢者等の要援護者やその支援者の自宅に印をつけていくとともに（本人の同意が前提）、避難所となる福祉センターや保健センター、消火栓や防火水槽などの社会資源を地図に記載して、地域の住民へ配布し、災害時の速やかな避難支援に役立てるものである。そして、現在、盛岡市は、防災と福祉は別々の機能として切り離すことはできないとの問題意識に基づき、この防災福祉マップの作成と防災マップとを連動させるための地域支援策を進めている（防災福祉コミュニティについて、倉田1999も参照されたい）。

　実際に要援護者支援に必要な情報は、避難準備情報の提供、避難行動の支援、安否確認、避難生活における要援護者のニーズの把握、生活必需品の把握などである。したがって、避難経路や避難所生活の取り決めと一体となっていてこそ、要援護者名簿は有効に機能する。

　また、支援についての話し合いのなかで、多くの防災マップで見落とされている「女性」の視点が取り込まれていくことも重要である。妊産婦や乳幼児を抱える母子世帯もまた「災害弱者」なのである。さらに、災害時に多発する性暴力への対応もまた（多くは避難所周辺で発生するものであるが）すべての女性にとって重要な課題である。

そして、支援者についても、名簿に記載されるだけでは、自分に全責任が被せられるように感じるため、支援者にはなりたがらないという現実がある。ただでさえ、災害時には、住民からの要望や依頼、批判が役員層にのしかかる。支援者が臨機応変に対応できるような柔軟な役割を果たしていくためにも、防災マップの共同作成を契機としたコミュニケーションの蓄積が重要となるのだ。

(5) 防災を「自分たちの問題」にすること

ここで再びディー・コレクティブの活動に目を向けよう。千川原氏は、災害発生後の「避難生活」への対応にこそ、自主防災組織結成の意義があるはずだと指摘している。しかしながら、この避難生活までも視野に入れた検討を行っている自主防災組織はほとんどない。住民も行政も避難生活の経験がないために、避難生活について議論を行う土壌（社会的共通資本）がないからだ。

そこで、ディー・コレクティブらのNPOが提唱しているのが「避難所生活体験プログラム」の実施である。千川原氏によれば、災害に対する備えとして本来は2か月程度の避難生活を想定する必要があるが、このプログラムは、その手がかりとして実際の避難所で1泊の寝食を共にするというものである。

このプログラムを受けようとする町内会＝自主防災組織は他と比べて意識は相当に高いところであるはずだが、それでもプログラムの当日には大混乱してしまう。しかし、そうした混乱のなかで、NPOのアドバイスを受けながら、「就寝時に、頭の向きや足の向きはあらかじめ決めておいた方がよい」といった細かなことから、「自分たちの」避難所となる公民館等の設備・備品の不備やアレルギーやプライバシーなどの問題点について、身をもって知ることになる。こうして、新たな秩序が混沌のなかから生まれるのである。

「社会の問題」は「自分たちの問題」であると実感されない限り、それに応じようとする動きが生まれることはない（自己と社会の連環による創発循環[3]）。防災は、生死に関わる地域住民共通のテーマであり、間違いなく地域に共通の「自分たちの問題」である。

しかし、災害弱者支援の問題は、要援護者と支援者の名簿だけでは、「自分たちの問題」とはならない。繰り返しになるが、行政が行うべきことは、防災コミュニティ形成のための形式的な支援ではなく、そうしたコミュニティの形

式を生み出す人びとの社交を触発することである。そして、その手段として、NPO が関わるかたちでの「防災マップの共同作成」や「避難所体験プログラム」を位置づけることができるだろう。

そこで、次節では、創発論的転回を経た防災コミュニティ形成の具体像をみるために、NPO 法人「きらりよしじまネットワーク」の活動を取り上げることにしたい。

3　災害「弱者」支援と地域コミュニティの共振

(1) 地域づくりの物語としての「防災」

「きらりよしじまネットワーク」は山形県東置賜郡川西町吉島地区の 752 世帯（22 自治会）全戸加入の NPO 法人である[4]。2007 年に認証を受け、地区の単位自治会等をまとめて地域自治と地域経営のためのさまざまな取り組みを展開している。NPO はしばしば町内会・自治会とは水と油の関係にたとえられるが、自治会と融合した「きらり」はどのようにして立ち上がったのか。「きらり」事務局長の髙橋由和氏は、「防災」をそのキーワードとして挙げている。

まずは、「きらり」立ち上げに至るまでの経緯を簡単に追ってみよう。「きらり」立ち上げの立役者である髙橋氏は、吉島地区公民館が公設民営に切り替わった 2002 年から、それまでの会社員の職を辞し公民館の職員に転身している。当時、公民館では、各種地域住民組織の会計も請け負っていた。そこで髙橋氏は、さまざまな問題を感じることになる。すなわち、それぞれの団体が会費を徴収して会計を行っており、横のつながりもなく、役員が重複、高齢化しており、無駄な会議を重ね、地域の合意形成がないままバラバラに事業を行いマンネリ化している、といった問題である。そして、髙橋氏が振り返るには、「○○の長が××の理事になるというケースが悪さをしている面が相当あった」（髙橋氏）。まさに、旧来の町内会・自治会の抱える典型的な問題を網羅していたわけである。

そこで、髙橋氏は、2004 年に、地域住民に対して、各種団体の会計を一元化し、「地域経営」の視点を取り入れ、地域の財政基盤とすることを提案する。

それぞれの団体の有している剰余金が「眠っており」、それを有効活用するために一元化し、効果的に配分し、予算の執行率100％を目指していこうというのである。この提案は、自治会長連絡協議会を含む地縁団体と防犯協会などの各種地域団体からの事業と会計の全権限委託というかたちで実現されることになった。

　さらに、その後、3年をかけて各自治会への働きかけと説明を繰り返し、2007年にNPO法人化。「きらりよしじまネットワーク」として法人格を取得したのは、対外的な信頼性が高まり、町や県からの委託事業を受けることができるようになるほか、補助金や助成金の枠も広がり、「経営」の視点が本格的に入り込むことで、責任の所在と組織の目標も明確になるからだ。法人化の背景には川西町の財政危機があり、各地区は町長から「自立的な地域づくり」を求められていたこともあった。つまり、行政依存からの脱却も髙橋氏の狙いであったのだ。

　「きらり」の組織構成は、まず、地区を8つの支部（地区運動会のチーム編成の単位）に分け、各支部から経営者としての責任能力を有した人材を理事に置き、さらに、地域活動の実動的な担い手として、各自治会から協力員として推薦された概ね20〜35歳の若年層を配置する専門部制をとっている。専門部は、自治、環境衛生、福祉、教育の4部会に分かれており、防犯協会や社協など既存の地域組織を組み込み、既存の組織の当て職の役員をすべて排除している。

　そして、企画運営の中核を担う事務局は、専門部での経験を経て「20年先の地域づくりをリアルにイメージできる」ようになった有能な人物（30歳代）を登用している。そして、それぞれの部会には事務局からマネージャーを一人ずつ張り付け部会のコーディネート、マネジメントを担当させ、「きらり」事務局と各部会との橋渡しの役割を与えるとともに、若年層の人材育成をも視野に入れた体制を組んでいる（図9-1）。

　地域活動の担い手不足が指摘されるなか、吉島地区では高齢化が30％に達しているにもかかわらず老若男女の隔てなくコミュニケーションが生まれ、そして若い人材がNPOを支えるようになっている。しかし、どうして若い人材が集まるのだろうか。多くの地域組織が人材不足に頭を悩ませるなかで、髙橋氏は、「優秀な人材を発掘しようとするのではなく、そうした人材が生まれる

図9-1　きらりよしじまネットワークの組織図

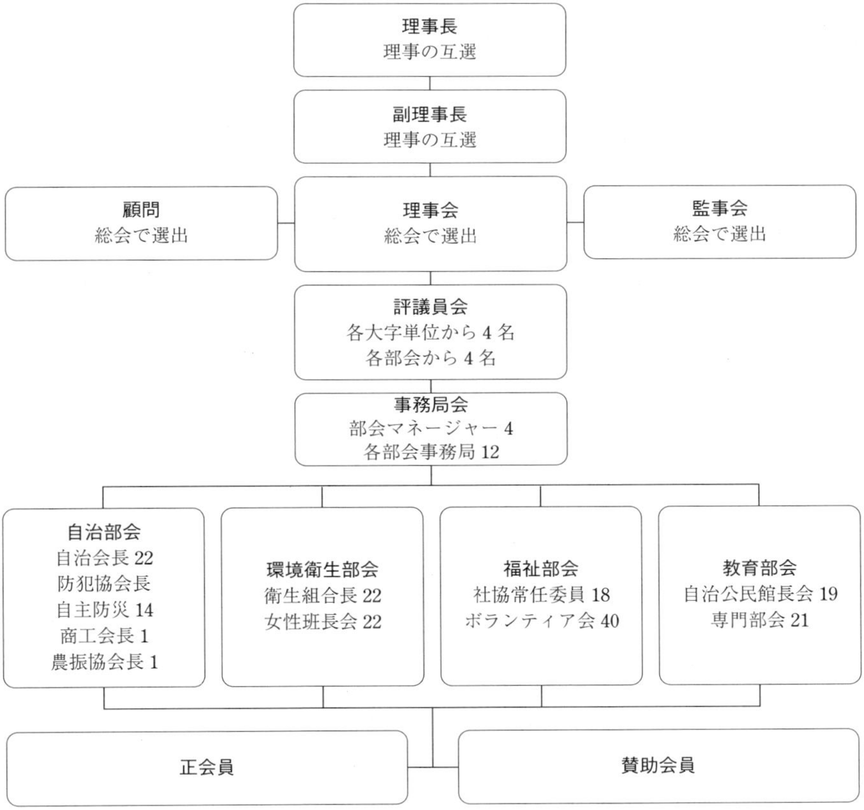

```
                    理事長
                   理事の互選
                      │
                    副理事長
                   理事の互選
                      │
     顧問           理事会           監事会
   総会で選出      総会で選出       総会で選出
                      │
                    評議員会
                 各大字単位から4名
                  各部会から4名
                      │
                    事務局会
                 部会マネージャー4
                  各部会事務局12
                      │
   ┌─────────┬─────────┼─────────┬─────────┐
  自治部会    環境衛生部会    福祉部会      教育部会
 自治会長22   衛生組合長22   社協常任委員18  自治公民館長会19
 防犯協会長   女性班長会22   ボランティア会40  専門部会21
 自主防災14
 商工会長1
 農振協会長1

       正会員                  賛助会員
```

出所：NPO法人きらりよしじまネットワーク資料。

仕掛けと育つ環境をつくればいい」と明快にその理由を語る。「体育会系」を自認する髙橋氏は、会社員時代の職務や地域スポーツクラブのマネージャーの経験によって、そうしたノウハウを十分に持っていたのである。

　しかし、そうした抜本的な地域組織改革を伴うNPOの立ち上げを可能としたのは、髙橋氏の人柄もさることながら、何よりも立ち上げまでの「3年」という地域での話し合いの期間である。髙橋氏は地域の人びとと徹底的に話し合い、

自身の思い描いているイメージを共有してもらい、「自分たちの問題だ」と気づいてもらうまで、3年ものあいだ「待ち続けた」のである。「きらり」の成功事例を知ろうと、全国各地から自治体関係者など多くの人びとが訪れているが、できあがった枠組みの形式的な模倣は間違いなく失敗する。大切なのは、この3年間という話し合いの時間の蓄積である。

そして、髙橋氏の言葉を借りれば、自立的な地域づくりの実現に向けた話し合いに不可欠なのが、「住み続ける」ために必要な条件を満たす持続可能な「ストーリー」——学術的に言い直せば「物語」——の構築である。

> その名で指名される行為主体を、誕生から死まで伸びている生涯にわたってずっと同一人物であると見なすのを正当化するものは何か。その答えは物語的でしかありえない。『だれ？』という問いに答えることは、ハンナ・アーレントが力をこめてそう言ったように、人生物語を物語ることである。物語は行為の〈だれ〉を語る。〈だれ〉の自己同一性は、それ自体物語的自己同一性にほかならない。実際のところ、個人の自己同一性の問題は、解決なき撞着に陥る運命にある。……物語的同一性の概念はさらにその多産性を、それが個人にも共同体にも適用されることにおいて立証する。今しがた個人的主体の自己性について語ったと同じく、共同体のそれについても語ることができる。個人も共同体も、そのいずれにとっても現実の歴史となるような物語を受容することによって、自己同一性を確立するのである。（Ricoeur 1985: 1990=448）

そこで、最初に髙橋氏が目につけたのが「危機感」からの連帯意識の醸成につながる「安全・安心」であり「防災」なのである（図9-2）。2004年の中越地震の際に、髙橋氏は新潟のいとこを訪れ、被災の現場を目の当たりにすると同時に、避難所では、自治会がまとまっているところでは、物資が平等に行き渡り、情報の連絡・共有がうまくいっていることを知った。

そして、この体験をもとに、髙橋氏は、県や町の指導を受けることなく、自主学習を進め、自主防災組織の立ち上げを決意することになった。すなわち、眼前の制度秩序による共同体の自己同一性ではなく、防災に対する地域住民の関心の高まりを好機とした自主的な防災組織の立ち上げによって、一人ひとりの住民の多様性と差異に根ざした物語的自己同一性を創発させることで、人々

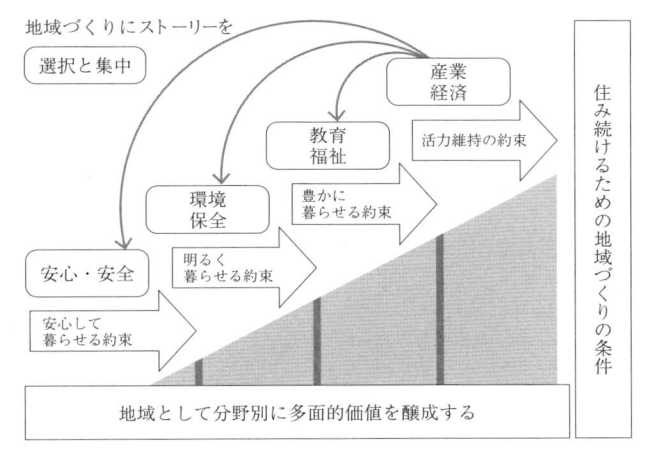

図 9-2　地域の「物語」の起点としての「安心・安全」

出所：NPO 法人きらりよしじまネットワーク資料。

が責任と判断と負担を担う自立型地域経営の実現への水路を開こうとしたのである。

(2) コミュニケーションから生まれる柔軟な防災コミュニティ

髙橋氏らによる自主防災組織の体制づくりは、前節で挙げたコミュニティ創発の条件を満たしている。防災マップはもちろん自主共同制作であり、また、小学校と連携することで、子どもの目線も取り入れた安全マップも共同作成している。そして、何よりも注目されるのが、「災害時安心プレート」である（図9-3）。このプレートは、家族、隣組、自治会のそれぞれで話し合いをしないと空欄が埋まらないように組み立てられており、これを全戸配布することで、家族、隣組、自治会、地区単位でのコミュニケーションを促すツールとしたのである。

まず、家族では、非常持ち出し品は誰が持っていくのか、玄関は誰が、火の元は誰が締めるのか、安否確認は誰がどこでするのかを話し合う。そして、次に、隣組単位では、隣組長が隣組の人たちの人数を掌握するために、皆が集まる一時退避所を決めなければならない。次に、自治会単位の一時待避所、そし

図 9-3　災害時安心プレート

項　　目	我が家の災害時安心プレート		
退避所 避難所	隣組の一時退避所 〇〇神社	自治会の一時退避所 〇〇公民館	地区の避難所 吉島小学校 川西二中 交流センター（本部）
安否連絡	さいたまのおばちゃん ××××-×××-××××		
非　常 持ち出し	貴重品袋 お母さん	防災袋1 お兄ちゃん	防災袋2 わたし
家族の約束　まずは自分の命の安全！　次に家族の安否の確認！　隣組長、自治会長の指示にしたがって			

出所：NPO法人きらりよしじまネットワーク作成資料。

て地区の避難所も決められていくのである。

　さらには、こうした話し合いがあって、地域の人たちから、「このおばあちゃん、どうやっても1人で逃げられないぞ」とか、家族から、「うちのおばあちゃん、ちょっと寝たきりだから、おれたちだけでなく、サポーターを付けてもらえないかな」といった発言が生まれ、支援者（サポーター）も決められていくのである。ここには、非形式的なコミュニケーションから社会的な形式が生まれるダイナミズムをみて取ることができる。

　また、災害時の物質的な備えについても、企業や商工会と防災協定を結び、自主防災組織では一切の備蓄を有していない。地区商工会はもちろんのこと、フランチャイズのコンビニエンスストアとも防災協定を結ぶことで、いざというときの非常物資の提供が確約されているのである。このなかには、救助用のエンジンカッターや重機も含まれる。「自分たちで持ってしまうと常に管理しないといけない。何かのときにエンジンがかからないとしゃれにならないので。だけど建設業やリース業が商工会の中に入っているので、常に点検をしているわけだ。すると何かあったときに、すぐに持ってきて使える」（高橋氏）からだ。さらに、地域に居住する看護師、保健師、医師、救急救命士ら16名と篤

志による個人協定も結んでいる。このように、地域横断的なコミュニケーションが日常的に積み重ねられていることで、形式に頼ることなく、実際的かつ柔軟な備えが可能となっているのである。

ちなみに、吉島での自主防災組織はさきにみた8地区ごとに組織され、自治会長や隣組長を巻き込み、さらに、各組織を支部として、地区全体で「連合会」がつくられている。そして、全自治会に防災無線を設置することで、各地域の責任に実質を与えるとともに、後述するような、地区全体の情報のワンストップ体制を組み立ててもいる[5]。

(3) 高齢者は「弱者」か

災害弱者支援の対象となるのは、主に高齢者である。しかし、高齢者を単にこうしたサービスの受け手たる「弱者」とみなしていては、これからの超高齢社会に対応することは不可能である。高齢者もまた、地域づくりの実践的な担い手とならなければならない。しかしながら、こうした発想に根ざした取り組みは、防災だけをテーマにしていては浮かび上がってこない。

「きらり」では、地域の高齢者に対して介護予防と生涯学習を兼ねた「よしじま燦燦塾」を小学校の空き教室を借りて開催している。単なる生涯学習でも単なる介護予防でもない。学校でミニデイサービスを行うことで、教育と福祉との融合に取り組み、高齢者の自立性を発揚させようとしているのである。具体的には、たとえば、休憩時間を15分ずらすことで子どもと高齢者とがコミュニケーションできる時間をとっており、小学生と高齢者が学び合う光景も出現している。

こうした人びととの社交のなかで高齢者たちは自らの役割を見いだし、単なるサービスの受益者の立場にとどまることなく、積極性が生まれ始め、地域の高齢者を誘い合って参加するようになっている。学校という教育の現場で地域のミニデイサービスを実施することは、高齢者を単なる「弱者」に貶めないための、一つの大きな工夫なのである。

さらに、こうした高齢者および若者の活力を生かすコミュニティ・ビジネスとして、地域の特産品を扱うインターネット・ショップを立ち上げたり、常設の産直をコンビニの駐車場を借りて開き、地元の人の作った野菜や工芸品を不

特定多数の人に販売したりしている。将来的には、農家レストランをデイサービスとセットで運営したり、さらには、福祉と定住のコンセプトに基づき、統廃合で空くことになる学校にデイサービスとグループホームの機能を持ち込み、福祉系大学の研修機能をセットにしながら学校の利活用と雇用創出を狙いとした事業も計画されている。

(4)「暮らし」の価値の創発

　以上のような取り組みは、機能単位のNPOや老人クラブで実施できるものではない。高齢者を単なるサービスの対象と捉えるのではなく、高齢者の積極的な「生き甲斐」を生みだすためにも、安全・安心、福祉、教育、産業が「暮らし」を軸にトータルに節合されることが重要だ。そうすることで、高齢者もまたそうした活動や事業の担い手として地域づくりに参画できるようになる。これは、「きらり」が、単一の価値、単なる趣味のボランティアに根ざしたNPOではなく、地域の人びとの生涯の「暮らし」(=「住まうこと」)がもたらす多面的価値に根ざしたNPOであるからこそ、可能になっている生の創発である。

　そして、何よりも重要なのは、こうした取り組みが、地域住民間の話し合いから生まれてきたものであることだ。「きらり」では、年間4～5回のワークショップが継続して開かれ、地域住民が70～80人が集まり、そのなかで課題や理想、具体的な解決策・実施策が挙げられ、その集約が行われる。さらに、課題解決の案を事務局が住民にフィードバックし、「こうやれば自分たちがやれる」「行政と一緒でないとできない」という判断を一人ひとりの住民にしてもらう。

　住民に対して、あらかじめ用意された役割を割り振るのではない。「暮らし」に根ざした住民同士の日々のコミュニケーションから必要な役割が生まれ、そしてその役割を生かすルールが生まれていくのである。

　さらに、行政との関係でいえば、「きらり」は縦割り行政に対するワンストップ機能を果たすとともに、地域内の旧来の縦割り組織に対するワンストップ機能をも果たす。行政も含めた諸アクターの役割分担と調整のために、この機能は有効だ。たとえば、災害時の要援護者支援にしても、地域住民がすべてを行えるわけではない。

こうして、住民総参加の地域づくりのシステムづくりが進められ、住民が主体となって責任・判断・負担を担うことで新たな価値を生み出し、さらには行政補完ではない行政との真の協働に根ざした自立型地域経営＝ガバナンス型コミュニティを実現するための水路が開かれてきたのである。

4　結論

　地域防災活動＝災害弱者支援は、地域社会のセーフティネット機能をめぐる主要な論点の一つである。しかし、防災の機能それだけでは、一つの「断片」に過ぎず、そこに「暮らし」をみることはできない。本章でみてきたように、機能論的なコミュニティ観から離れることで初めて地域防災活動＝災害弱者支援は、福祉や教育といった他の地域的課題と不可分のものとなり、地域の人びとにとって「自分たちの問題」となる。防災が「暮らし」とつながり、非固定的な物語的自己同一性／自己差異性の創発循環を支える一つの確かな価値となる。

　さらにいえば、災害弱者支援は、単に災害における絶対的弱者への対応にとどまるものではない。災害という非日常における「弱さ」を生み出してしまう日常世界の制度的秩序を問い直すポテンシャルを有しているのである。弱者とは一つの関係性であり、災害弱者の生の「弱さ」こそが、同じ生き死ぬ者として制度的秩序を生きる存在者たちの〈弱さ〉を浮き彫りにするのである。

　こうした制度化された既成の創発循環の「破れ」を形式的に縫合しようとするのか、あるいは、破れを破れとして認め、非形式的なコミュニケーションの創発の契機とするのか。こうした点からも、災害弱者への対応は、制度化された既存の地域住民組織を再生させる新たな地域コミュニティの創発、新たな連帯の創発と不可分の課題であるといえるのだ。これは、上からのガバメント型＝制度的再編とは根本的に位相を異にする、「開かれた」コミュニティ・ガバナンス形成の問題でもある。

　旧来の町内会などの地域住民組織は、制度化と機能分化が進みすぎたあまり、人びとの「暮らし」からほど遠い存在になってしまっている。行政によって形式化された防災コミュニティもそうした機能分化の延長線上にある限り機能しない。「安全・安心」は機能主義的に満たされるものではない。岩崎信彦の言葉

を借りれば、「住まうこと」に根ざした「住縁アソシエーション」(岩崎 2010)の柔軟性のなかに防災組織もまた位置づけられなければならない。

　本章の冒頭でみた災害資本主義は、制度化された生の〈弱さ〉を災害によって曝し出すとともに、人びとを「独りで強く生きるほかない消費者」として新自由主義経済に組み込もうとする。災害弱者支援は、災害という外部性を契機としながらも、非制度的な生の創発を引き起こすことで、そうした災害資本主義の狡知の防波堤ともなる「防災」コミュニティを生み出すポテンシャルを有してもいるのである。

付記

　　本稿は、日本学術振興会科学研究費補助金・若手研究（スタートアップ）「自治体病院再編が地域生活に及ぼす影響に関する社会学的研究」（課題番号21830020）による研究成果の一部である。執筆に際しては、政策研究ネットワーク山形（代表・北川忠明山形大学教授）地域主権部会（部会長・石川敬義氏）の方々から貴重な示唆を頂いた。
　　また、調査の実施にあたっては、NPO法人ディー・コレクティブの千川原公彦・代表理事、NPO法人きらりよしじまネットワークの髙橋由和・事務局長をはじめとする地域の方々に懇意にしていただいたほか、東北地方県庁所在6都市の担当行政職員の方々、とりわけ盛岡市役所の石井健治氏と佐々木俊幸氏にお世話になった。ここに記して深謝申し上げる。

注

1) たとえば、2005年にハリケーン・カトリーナがニューオーリンズを襲った際、ミルトン・フリードマンは、「この災害を教育制度を改革する好機としてとらえ、この際公立の学校の復興をやめて、私立の教育機関を作るべきである」と提言し、123校あった公立学校は4校に減らされ、私立学校は7校から31校に増え、4,700人の教師が解雇されることになった（Klein 2007: 5）。
2) 個としての人間は、人をまなざし、人にまなざされ、人にまなざしかえし、自らをまなざし生きていく。かつてジンメルは、この鏡像関係を人間存在としての「生」の究極的な原理として、その本質は、一方で生が現前する自分自身を絶えず超えていくという生の「自己超越性」、他方でその生が自分に対立する形式を通してでなければ自らを表現することができないという生の「自己疎外性」にあるとした。この規定を、近代的自我の発想を超えて、生の流動性、集合性といった視点から捉え返してみよう。生と生とが直接に交わりあうことで織りなされる共同生活が創造性をもたらし、制度や芸術、儀礼、技術、規則といった文化表象（ジンメル流にいえば「形式」）が創発される。ここで「創発」とは、低次レベルの無数の相互作用から、そうした要素や相互

作用には還元できない高次の事象が生まれることをいう。たとえば、〈歓び〉の心的存在は流動的なものとしてあるが、そうした流動的なものが交わりあい重なりあうことで、「歓び」の表現、象徴、儀礼、表象、言説といった文化形象＝形式が歴史的に生まれる。そうして創発された「歓び」の形式は純粋な〈歓び〉からすれば異形のものであるが、しかし、「歓び」の形式は次には〈歓び〉の心性を惹起するものともなる。こうして、いくつもの生は、そうした形式を舞台にしつつ、その形式を歴史的に乗り越えていくのである（生／生活による「創発循環」）。他方で、そうした生／生活による創発サイクルの外部からの間接的な「まなざし」によって文化形象が持ち込まれることもある。こうした形式が創発サイクルを離れるほどまでになるとき、生は倦怠のうちに囲い込まれる（筆者の展開している「創発の社会学」について、伊藤（近刊）も参照されたい）。

3）「創発循環」については、注2を参照のこと。
4）NPO法人きらりよしじまネットワークの組織運営や活動について、ユニークなものは数多くあるが、防災に焦点を当てた本稿では、すべてを紹介することができない。詳細については、法人のウェブサイト（http://www.e-yoshijima.org/）を参照されたい。
5）一般に自主防災組織は単位町内会・自治会単位で組織されているが、世帯数の少ない町内会や高齢者の割合の高い町内会単体では十分に機能しないため、吉島では、自治会単位ではなく、支部の単位で組織化され、さらに、各組織は地区全体の連合会として統合されている。確かに、災害時の活動を考えてみれば、自主防災組織の連携の意義は大きい。盛岡市でも、単位町内会を単位としたものが「自主防災隊」として組織されているとともに、コミュニティ地区（概ね中学校区）を単位とした「自主防災会」が、地区内の自主防災隊をまとめるかたちをとっている。

参考・参照文献

伊藤嘉高　2008　「町内会の現状と課題──非制度的な共同性の復権のために」『仙台都市研究』6：11-36頁。
──────　2010　「町内会における防火・防災活動と自主防災組織」東北都市社会学研究会編『2010年度盛岡市町内会・自治会調査報告書』。
──────　近刊　「コミュニティからの創発」似田貝香門・町村敬志・吉原直樹編『現代都市空間とネットワーク・コミュニティ・場所』東信堂。
岩崎信彦　2010　「『住縁アソシエーション』としての町内会・再論」『ヘスティアとクリオ』9：5-17頁。
今野裕昭　2001　『インナーシティのコミュニティ形成──神戸市真野住民のまちづくり』東信堂。
倉田和四生　1999　『防災福祉コミュニティ──地域福祉と自主防災組織の統合』ミネルヴァ書房。
松井克浩　2008　『中越地震の記憶──人の絆と復興への道』高志書院。
永井彰　2008　「災害弱者の支援と自立」吉原直樹編『防災の社会学』東信堂。
似田貝香門　2008　「防災の思想──まちづくりと都市計画の〈転換〉にむけて」吉原直樹編『防災の社会学』東信堂。
吉原直樹　2008　「防災ガバナンスの可能性と課題」吉原直樹編『防災の社会学』東信堂。

Klein, Naomi, 2007, *The Shock Doctrine: The Rise of Disaster Capitalism,* Metropolitan Books.
Ricoeur, Paul, 1985, *Temps et Récit III Le temps raconté,* Seuil.（= 1990　久米博訳『時間と物語Ⅲ　物語られる時間』新曜社）。

第10章

防災コミュニティの人的資源と活動資源

松本 行真

1 資源としての町内会

　第7章では秋田市、盛岡市、福島市の町内会長を対象にした防災コミュニティ構築に向けたリーダーシップの現状と今後のあり方について、リーダーを類型化し、各々のタイプにおける問題と課題の違いを明らかにしてきた。しかしながら、あくまでもこれらの結果は町内会の（多くとも）半分を捉えているだけに過ぎず、それはこのリーダーシップが発揮されるためには何らかの領域が必要だからである[1]。ここでは町内会を議論しているために、それが実質的な対象を指すことはいうまでもない。問題はこの領域をどういった視点で捉えるかである。

　ここでは領域を、町内会を構成する人々によって形成されたネットワークと、その行動を規定する／されるルールとの相互依存的な関係が、内外の境界を——伸びたり／縮んだり、生み出されたり／消滅したり、といった同質[2]／差異のはざまにある揺らぎを繰り返しながら——決めていくものとする[3]。単純に物理的な領域として行政によって定められたりするものとすればよいと思われるだろうが、情報を含めた広い意味での移動が容易に実現している現在の状況を考えると、それを超えて形成される関係[4]も無視できない存在だからである。

　こうした領域を想定した上で、リーダーシップとの関係はどう捉えればよい

のだろうか。リーダーシップとリーダーが属する集団のどちらかが先かという初期条件についてはここではふれず、それらが存在する段階からみていくと、これら二つは相互規定的／依存的な関係であるといえる。先ほどの領域と関わっていくことでもあるが、ここではリーダーがリーダーシップを発揮するための「条件」としての（リーダーが属する集団＝）町内会として以下、考察をすすめていきたい。

　「条件」とは何なのか。リーダーのマネジメントに関する議論を持ち出すまでもないが、ヒト・モノ・カネやそれらをめぐるネットワークの形成と時系列的な蓄積[5]といえよう。これらの総体を資源と考えた代表的な例は、パットナムらが行っているソーシャル・キャピタルを指数化する試みである。ソーシャル・キャピタルを3要素の指数、「つきあい・交流」（隣近所との付き合いの程度）、「信頼」（近所の人々への信頼度）、「社会参加」（地縁的な活動への参加状況）であらわしている。また、ワッツの「スモール・ワールド」やバラバシの「スケール・フリー」といったネットワーク理論とその測定も行われ、パットナムの議論については様々なモデル化への検討がなされており、ネットワーク論についてもしかりである。しかしながら町内会レベルを捉えようとすると、データのレベルが（マクロという意味で）違いすぎたり、更には付き合いの程度などといったデータは客観的な数値にはなりにくく[6]、町内会を表現するようなモデルには至っていないように思われ[7]、また、モデル化とその解法が問題の中心となってしまって、その解決策がミス・リードすることすらもあり得る。

　これらの諸個人の行動とそれらの総体としてあらわれる諸関係＝ネットワークを捉えようとするモデル化の試みは、上記の理由によってなかなか難しいのが現状である。そこで本章ではモデル化への欲求をひとまず脇において、（第7章でも試みたように）客観的でありかつ実態レベルのデータをもとにした類型化を行い、そこで得られた各セグメントの性質の同質性／差異性を見出し、それらの問題解決の方途を探ることにしたい。セグメントの意義については第7章でも論じたが、定量的に町内会の問題として顕在化している「役員のなり手がいない」の質的意味がセグメントの違いにより異なるように、他にも同様なことがいえる可能性が高いからである。

　そこで、2010（平成22）年春に『防災カルテ』を公表した秋田市に対象を絞り、

第7章で検討したリーダーシップといったいわゆる人的資源の観点に加えて、町内会の諸個人の相互作用によって得られる結果としての活動資源を組み込み、町内会を人的資源と活動資源による分類化を通じて、各セグメントであらわれる防災コミュニティの現状と課題を明らかにする。

2　秋田市の人的資源と活動資源

(1)「標準」の問題とセグメント化の必要性

2010年初頭の『広報あきた』において、市長の穂積氏は人口減少と高齢化への対策として、まちづくりの「標準」を考え、「時代に合った「標準」のもとで社会システムを再構築していく」必要があるとしている[8]。具体的には、「絆の位置づけや取り組みの段階を一つ引き上げることが今の「標準」となるのではないでしょうか」をあげている。何らかの達成水準を定め、その目標完遂を目的とした手段選択を決定していくといったプロセスは、きわめて問題解決的な思考法であるといえるが、それでは「標準」がどんな規準で定められるのだろうか。この議論の延長線上に、類型化とセグメンテーションがあるといえる。それではその方法であるが、第7章でも一部展開したが、松本・吉原（2009）で提示した分類方法を秋田市の分析に適用する。

さて、本論は防災を対象にしているが、これまで秋田市ではどのような災害があったのだろうか。秋田市消防本部[9]のまとめによれば、時代を「戦後」、「昭和末期」、「平成」の3つにわけており、主に火災、台風や大雨による水害のほかに豪雪（1974（昭和49）年、2005（平成17）年）、1983（昭和58）年に震度5の地震が秋田市をおそった日本海中部地震などがある。近年では4つの台風が通過した2004（平成16）年、2009（平成21）年では大雨や台風により4つの水害が発生している。

こうした環境要件のなかで、『秋田市防災カルテ（以下、「カルテ」）』が秋田市総務部防災対策課によって2010年3月に公表された。構成は大きく2つにわけられ、秋田市全体と47の小学校区の地区や防災に関する基礎資料がまとめられている。学校区ごとに一覧表が作成され、そこには（1）居住者の現況、（2）

建物に関する指標、(3) 急傾斜地などの現況、(4) 地震被害に関する指標（地震被害想定結果）、(5) 防火・防災施設に関する指標、更にマップが付されており、避難所や防災関連施設などが地図上に記されている[10]。また、「防災上の課題と対策」という項目に、防災コミュニティ構築に向けた若干の指針が示されているものの、その表記には具体性に欠けている観が否めないのは、収集・掲載データの性質上、やむを得ないところであろう。

そこで次項では、人的資源と活動資源のクロスであらわれる地域コミュニティの資源から、秋田市町内会調査における定量・定性調査の結果と『カルテ』を組み合わせることで、防災対策への必要が迫られている地域が、どのような町内会を形成して活動しているのか、またそれらのセグメント間での同質性／差異性はないかなどを確認することで、問題解決への方向付けを見出そう。まず、4つのセグメントを作成し、各セグメントの特徴をおさえた上で、各セグメントにおける代表例を2つの小学校区ずつ、カルテと併せて詳細に議論していく。

(2) 人的資源と活動資源による4つの町内会セグメント

人的資源については第7章で、活動資源とこれら2つの資源による組み合わせで得られる4つのセグメントについての詳細は松本・吉原（2009）を参照されたいが、ここでは活動資源の考え方について簡単に述べる。活動資源を操作的に定義するさいに注意すべき点は、アンケートなどの調査によってこの資源を客観的な次元で把握できるかにある。「客観的」とは、定量化＝数値化されている／されやすいことであり、それらを検証することが可能なこととする。そこで、調査票からは活動資源を、①町内会の活動内容数、②町内会にある組織・団体数、③町内会加入世帯数とする。活動資源は活動の数、それを実行する組織数、そしてそれらの活動の基盤となる世帯数で構成されると考える。そうして得られた活動資源を得点化した上で偏差値化して50以上／未満とわけて、同様に操作した人的資源の偏差値をクロスさせ、セグメント1：「活動：多」、「会長：多」、セグメント2：「活動：少」、「会長：多」、セグメント3：「活動：少」、「会長：少」、セグメント4：「活動：多」、「会長：少」に分類すると、次のような結果が得られた。

第10章　防災コミュニティの人的資源と活動資源　239

図 10-1　秋田市の町内会資源分布

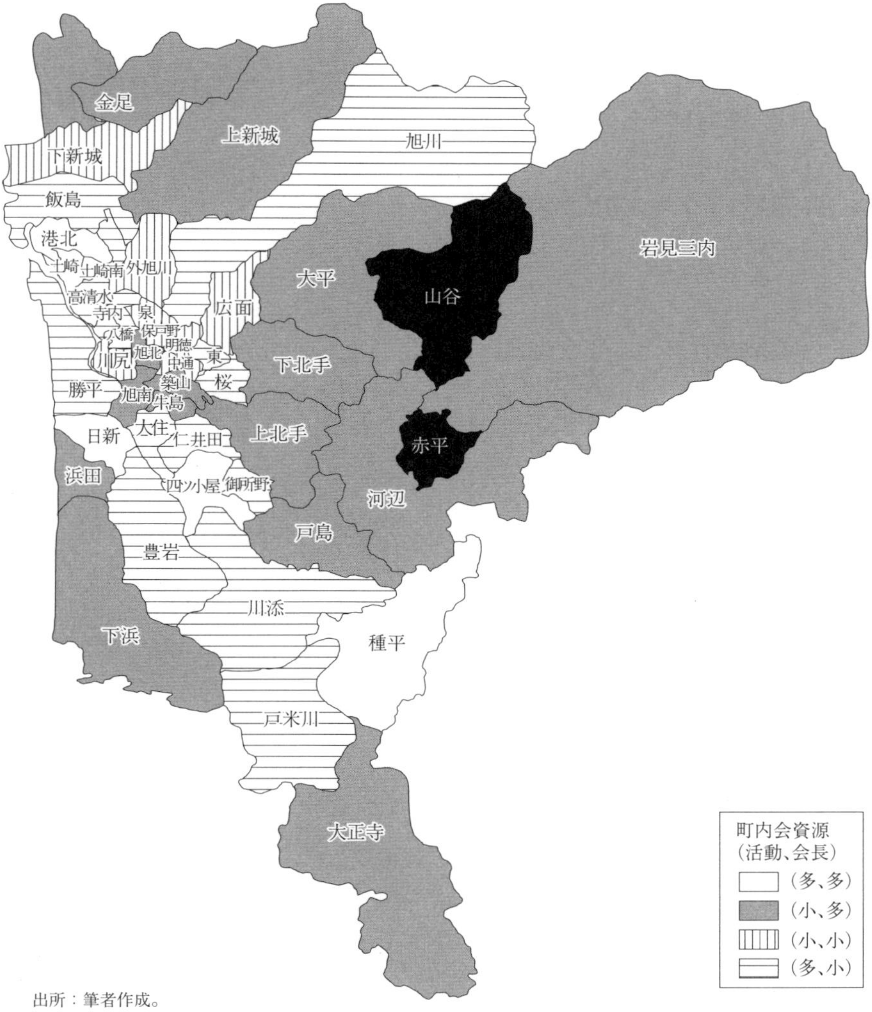

町内会資源
(活動、会長)
| □ (多、多)
| ▨ (小、多)
| ▥ (小、小)
| ▤ (多、小)

出所：筆者作成。
注）山谷、赤平は集計に含めていない。

大まかな傾向としては、秋田市中心部では活動資源が、周縁では会長資源が多いという結果になっている[11]。これは中心部には人口が多く、それ以外では人口は少ないものの地付き世帯が多いことを意味している。次項ではこれら4つのセグメントについて、秋田市町内会調査の結果に依拠しつつ、概観しよう[12]。

(3) 各セグメントの町内会の概況

最初に町内会全般のプロフィールをみていこう。町内会発足時期については町内会の3割近くが1940年代以前に発足しており、特にセグメント1とセグ2[13]では4割以上と多い。また、セグ3とセグ4では70年代以降の割合が高く、比較的新しい。このように、会長資源が多い町内会は古く、逆に少ないところは比較的に最近、発足したと考えられる。次に町内会活動における現在の主な目的であるが、住民同士の親睦や生活上の問題を共同で解決することは各セグメントに共通しており、更にセグ2では共有施設の管理、セグ4は行政などへの働きかけが多い。つまり、発足時期によって、古い町内会では施設管理、新しい町内会では行政との関係構築となっていることがわかる。

各セグメントにおける世帯の加入率であるが、全戸加入が6割に達するなかで、セグ2では全戸加入、セグ3は90％以上加入が高い。加入世帯数だけでみると、セグ4の151世帯が一番大きく、次いでセグ1の140世帯、セグ3は99世帯、セグ2の70世帯の順である。町内における建物・土地の特色では、一戸建てが9割近いなかで、セグ1は田畑や商店、セグ2でも田畑が、またセグ3は集合住宅、セグ4は単身向けの集合住宅が多く、会長資源が少ないセグメントでは集合住宅が多いことがわかる。後述することになるが、これは集合住宅という外からの新しい世帯によって形成されることを背景にして、住民の多様性という裏側に凝集性の低さが生じることで、会長のリーダーシップが発揮しにくい状況になっているようである。

次に町内会を構成する住民の内実に立ち入っていくと、ここ10年くらいの人口変化は全体の5割で減少しており、特に会長資源が多いセグ1と2では大いに減少している。一方で、会長資源が少ないセグ3では変化無し、セグ4では増加している。そして、半数以上は非高齢者と高齢者からなる親族世帯であ

るなかで、セグ1では高齢者の単身世帯が3割近くにのぼり、セグ2では親族世帯、セグ3は非高齢者のみの核家族世帯が多い。この背景には新旧住民の割合をみるとわかる。相対的に古くからの地付き世帯の多い町内会が6割近くあり、セグ2ではそれが7割以上になる一方で、セグ4は外からの新しい世帯が多い町内会が約5割である。こうした町内会を運営する上で、役員のなり手不足や会員の高齢化といった問題が6割以上の町内会において顕在化し、発足時期が比較的古いセグ2ではそれが顕著になっている。また、活動が多いセグ1では予算の不足、外からの新しい世帯が多いセグ4では日中で留守宅世帯が多いことがあげられる。

　実際の活動内容であるが、街灯などの設備管理やゴミ処理収集協力を9割前後の町内会で実施しているなかで、定義に依存していることもあるが、セグ1では集会所などの施設管理、除雪、公園管理、高齢者福祉、交通安全対策、私道管理、青少年教育・育成と多岐にわたっている。また、活動資源が多いセグ4もセグ1と同様な傾向にあるが、特に顕著なのは資源・廃品回収、防犯パトロール、学童保育の支援、防火パトロール、バザーなど、子供に関する見守り活動が含まれているのをみると、若い世代の会員が多いことがあらためてわかる。行事については、総会は9割以上の町内会が行っており、特にセグ1では全数に近い。その他の活動で多いものは、神社祭礼、新年会・忘年会、盆踊り・夏祭りである。セグ1ではこうした祭礼やラジオ体操、宿泊旅行、映画上映など、様々な行事が開催されている。セグ2では葬式が他に比べて多く、会員の高齢化によるものと考えられる。活動資源が多いセグ4でも行事数は多いが、セグ1と異なるところとして、神社祭礼や宿泊旅行といったいわゆる伝統的な行事が少ない一方で、研修会・講習会といった啓蒙的な活動が多いのは若い世帯が多いことによるものだろう。

　これらの活動を支える組織の上位3団体は子供会育成会、老人クラブ、婦人会である。セグ1では特に老人クラブ、氏子会、青年団、セグ2は氏子会、消防団、講、セグ4は先の上位3組織と防犯協会が多い。セグ1と2で多いのはいわゆる「伝統的」な町内会で形成される組織であり、それに対してセグ4は何らかの問題意識を共有することで結成される「テーマ型」の組織といえよう。そして、町内会の活動を支えるのはもう一つある。それはコミュニケーション

／プロモーション機能としての町内会報である。秋田市にある町内会全体の7割近くは独自に発行をしていないが、セグ1では毎月2回以上発行する町内会がやや多く、セグ4も年数回発行の比率が高いことから、会報発行による工夫が活動を増やしているともいえる[14]。一方、セグ2で未発行比率は高く、会員の高齢化で会長以外の役員が動きにくい状況にあることが背景にありそうである。

次に防災対策のセグメントによる差異を明らかにする。まず、災害等の対応についての話し合いの有無であるが、話し合ってきた／話し合っていないが市内の町内会をほぼ半数ずつにわけている。そのなかでセグ1は話し合いをした町内会がやや多い一方、セグ2と3は逆の結果である。防犯と比べて防災はどちらかというと非日常的な事態であるために会員には必要性を感じない人が多いかもしれない。そのために会長のリーダーシップとそれに応える活動資源が組み合わされてはじめて、町内会における防災活動が成り立つのであろうか。続いて、具体的な防災に関する話し合いの内容であるが、上位にあるのは避難の方法・時期・場所や住民間の連絡であり、特にセグ1は避難方法、セグ4では家屋の安全度が多い。

それでは実際に災害への対策はどうなっているだろうか。町内会全体の6割強が高齢者世帯の把握、近くの学校や公園などへの避難場所を決めているなかで、セグ1の町内会はそのほかに住民間の連絡方法を決め、市や消防署が主催している防災訓練や講演に積極的に参加している。これは会長のリーダーシップの下で、役員や会員で形成される防災ネットワークが構築され、その維持・発展のために訓練や講演などに参加し、それらが活動資源を増加させていると考えられる。同様に活動資源が多いセグ4で際だっているのは、消火器・懐中電灯・医薬品などの準備を住民に呼びかけ、防災に関するセミナーや講演を開くなどの啓蒙活動や、倒壊を防止するように住民への呼びかけを行い、セグ1のようなリーダーシップを発揮して防災対策を講じていくといった、いわばトップ・ダウンによるアプローチではなく、どちらかというとボトム・アップによる防災活動であり、ここに防災コミュニティ形成における2つのプロセスを見ることができる。

次に防災マップやハザードマップなどの防災対策資料の作成について確認

すると、町内会全体の3割は行政作成の資料を持っている[15]。また、セグ1では独自に作成または修正を加えた資料を、セグ4では行政の指導により作成した資料を持っており、活動資源が多いセグメントはいわば「行政＝上から」の既製品でなく、自分たちで若干のカスタマイズを行っている。会長のリーダーシップがある町内会では独自の修正を加えているが、これは会長自身が町内を知悉している、または防災に関する情報を町内会の内外から吸い上げるネットワークを持っていることが推測される。防災訓練の実施単位が町内会のとき、4割は未実施であるものの今後の実施を考えている。セグ1やセグ4では実際に行っている一方で、セグ2では今後も予定していない。これは会長のリーダーシップというよりは、会長、役員、会員たちによるネットワークが形成（→その表象としての活動と活動資源である）されているか否かに依存しているようだ。連合会単位をみると、現状は未実施であるが今後予定しているとするのが1～2割程度であるなか、セグ1では既に実施している割合が高く、セグ3では実施しているものの参加者は限定的であり、セグ2では今後も実施を予定していない。先述したことであるが、防災は防犯と比べて非日常的であり、また緊急性も低い。そのために「笛吹けども踊らず」ではないが、会長のリーダーシップというよりは、日常のネットワークによる問題意識の醸成が鍵であることに、防災訓練に対するこうした意識からもうかがえる。最後に発生時の救援活動であるが、重要な主体と考える上位が町内会や隣近所・隣組になるなかで、セグ1ではそれらに加え、消防署や警察、自治体、ネットワーク組織や民間企業など、多様な主体による救援活動が必要と感じ、また発生後についてもほぼ同様な傾向である。ここで留意すべきは、セグ1以外のセグメントにおける防災への認識である。特にセグ3の場合、両方の資源が少ないのにもかかわらず、救援活動の主体は町内会だけで足りていると感じているのであり、緊急性が低いとはいえ、今後これらのギャップをどう埋めていくかが課題となろう。

(4) 防災カルテからみた4つのセグメント

次に秋田市作成の『防災カルテ』のデータと、先の町内会調査で得られたセグメントを接合させ、町内会の人的資源・活動資源と防災の現状・対策をクロスさせることで、2つの資源に依拠した防災コミュニティ構築への方向付

244　第Ⅲ部　防災コミュニティの主体と活動実践

表10-1　『防災カルテ』によるセグメント・プロフィール

	セグメント平均町内数	セグメント平均自主防災組織数	セグメント平均自主防災組織率（％）	町内あたり人口（人）	町内あたり世帯数	65歳以上比率（％）	65歳以上世帯比率（％）	町内あたり急傾斜地危険度偏差値	町内あたり天長地震危険度偏差値	町内あたり秋田沖危険度偏差値
セグメント1	18	12	65.5	467	189	26.9	24.6	55.9	54.5	56.9
セグメント2	24	15	71.1	198	83	29.0	25.1	52.1	50.5	49.9
セグメント3	31	18	60.6	285	126	22.3	22.0	46.5	46.1	45.8
セグメント4	22	15	67.6	444	179	21.2	19.4	47.4	49.8	48.8

注）全て1町内あたりの平均。
出所：『防災カルテ』より筆者が集計・作成。

けを試みる[16]。カルテで用いた主な変数は「町内数」、「自主防災組織数」、「人口」、「世帯数」、「65歳以上人口」、「65歳以上世帯数」、「急傾斜地等危険箇所数」、「天長／秋田沖地震規模で発生する被害想定のレーダーチャート」である。これを4つのセグメントで集計すると次のような結果になった。

表10-1は秋田市の町内会を4つの資源マトリックスにより分割された各セグメントに属する町内会の「平均像」を示している。危険度偏差値であるが、50より大きいと市内では危険度が高く、小さいと逆に低いとみることができる。以下では、先の町内会調査とカルテのデータをふまえ、各セグメントの性質はみていこう。

まず、セグ1にある平均的な町内会像を確認する。このセグメントは秋田市内では町内数は少ない方に分類されるが、1町内会あたりの人口や世帯数は約470と比較的大規模である。また高齢化率も比較的高い。災害への危険であるが、土砂災害だけでなく、天長・秋田沖規模で想定される地震災害での危険度が高いことは、自主防災組織率を高めている要因の一つであるともいえる。セグ2にある町内会は、1町内あたりの人口は200人未満、世帯数が約80という数字にもあるように、秋田市内では最も小さい規模に分類される。更に65歳以上の比率などの高齢化率も高い。災害危険度であるが、土砂災害についてはやや高いものの、地震災害については平均前後であり、秋田市内における被

表10-2 各セグメントのプロフィール

	セグメント1 (活動、会長)＝(多、多)	セグメント2 (活動、会長)＝(少、多)	セグメント3 (活動、会長)＝(少、少)	セグメント4 (活動、会長)＝(多、少)
被災リスク	高	中	低	中
発足時期、規模	1940年代以前発足：3割、全戸加入：6割、一戸建て：9割、人口減少傾向(↓)：5割			
	・1940年代以前 ・大規模 ・人口減少傾向	・1940年代以前 ・小規模 ・人口減少傾向	・1970年代 ・中規模	・1970年代 ・大規模 ・人口増加傾向
会員構成	非高齢者＋高齢者の親族世帯が半数以上、地付世帯：6割			
	・高齢者比率が高い ・高齢者単身世帯 ・地付き世帯	・高齢者比率が高い ・非高齢者と高齢者からなる親族世帯 ・地付き世帯	・集合住宅 ・非高齢者のみの核家族世帯	・比較的若年層が多い ・単身向け集合住宅 ・外からの新しい世帯
町内会の問題点と活動	役員のなり手不足・会員の高齢化：6割、街灯等設備管理・ゴミ処理収集協力：9割			
	・予算の不足 ・集会所施設管理、除雪、公園管理、高齢者福祉、交通安全対策、私道管理、青少年教育・育成など	・役員のなり手不足や会員の高齢化	差がある項目はなし	・日中に留守宅世帯が多い ・資源・廃品回収、防犯・防火パトロール、学童保育の支援、バザー
防災対策	話し合い有：5割、避難方法や住民間の連絡、高齢者世帯把握や避難場所決定：6割			
	・住民間の連絡方法 ・防災訓練・講演への参加	差がある項目はなし	差がある項目はなし	・消火器・懐中電灯などの準備を住民に呼びかけ、防災セミナーの開催、倒壊防止への呼びかけ
リーダーシップ	・トップダウンとボトムアップのハイブリッド型	・トップダウン型	・リーダー不在	・ボトムアップ型
ネットワーク	・結束型のネットワーク	・伝統的なコミュニティ	・テーマの共有が出来ずネットワーク未形成	・橋渡型のネットワーク ・テーマ型のコミュニティ

出所：筆者作成。

災リスクは平均的なものであるといえる。自主防災組織率が71.1％と高いのは会長によるリーダーシップが発揮されているのと、高齢者同士によるネットワークが既に形成されていて、更に規模が小さいことで高い凝集性を可能にしていることもありうる。セグ3の町内会であるが、1町内あたりの人口も300人未満、世帯数も130未満と2番目に小さい規模であるが、65歳以上の人口をみると秋田市内では相対的に少ない。災害への危険度は土砂災害、地震災害ともに平均よりも低く、このセグメントに属する町内会は比較的安全な地域にあ

246　第Ⅲ部　防災コミュニティの主体と活動実践

ることが要因となり、自主防災組織率が一番低いとも考えられる。セグ4にある町内会は、セグ1についで人口や世帯数が多く、高齢者率も一番低い、いわば若い世代が比較的多いともいえる。災害についてはいずれも危険度が平均よりもわずかに低い程度であり、比較的被災リスクが低い地域にあるのにもかかわらず、自主防災組織率が67.6％と高いのは、「防災」が一つの検討すべきテーマとして定められ、それに従いボトム・アップの形でネットワークが形成されていると考えられる。これらの結果をまとめたのが表10-2である。

3　各小学校区の町内会における現状と課題

　ここまでいくつかの変数の組み合わせによって得たセグメントを代表する町内会像をみてきたが、あくまでも「平均像」であり、地形や建物などの地区構成から出来する個別具体的な問題である防災対策にまでは迫り切れていない。そこで、町内会調査とカルテから各々のセグメントに包摂される小学校区を深掘りすることで、防災の現状と課題を浮き彫りにし、防災コミュニティとしての今後の社会設計の方向性を指し示すことにする。

(1) セグメント1（活動：多、会長：多）

【港北小学校区】

　この地区の一部は秋田港に面しており、工業用地である西部海岸地域の他は、商業地や住宅地で、地形は平坦である。町内数は21で1940年代以前に発足した町内会が多く、自主防災組織率は61.9％である。1町内会あたりの人口は671人、同世帯数は286、高齢化比率は市内平均程度であり、人口構成に年代による偏りは少なく、非高齢者のみの核家族世帯と高齢者単身世帯が比較的多い。また、古くからの地付き世帯の方が多い。

　町内会の現在の目的は住民同士の親睦を図ることや、生活上の問題を解決、行政などとの連絡・調整である。行政との関係（依頼の多さ）、世代間のズレ、加入世帯の家族構成が把握できないことが町内会運営上の問題点にあげられている。高齢者福祉への活動が他よりも多く、宿泊旅行も行われている。また、独自の会報発行をしていない町内会が多い。

地区内の建物と防災状況についてだが、昭和56年以降の建物は全体の46％[17]であり、旧雄物川に面した地域を中心に液状化する可能性が高く、天長地震規模では建物の被害棟数が500以上と想定されている。防災マップは独自に作成したものを持つ町内会が多く、防災訓練は連合町内会単位で行っているものの、その参加者は限られている。

【日新小学校区】

雄物川河口部右岸に位置しており、海岸沿いの地域は砂丘であるために公園や緑地として、特に東部は工場群があるほかに住宅地や商業地として利用され、旧国道7号の周辺で建物の密集度が高い。町内会の発足時期は1940年代以前と70年代に多い。町内数、人口ともに港北と同程度であるが、自主防災組織率は95.7％と高く、世帯数は261と少ない。また高齢者比率も2〜3ポイント程度低い一方で、30代〜50代の占める割合が比較的高く、非高齢者の単身世帯比率は平均以上であり、外からの新しい世帯の方も多い（脚注：表10-2のプロフィールと異なる部分があるが、この表はあくまでも平均的な町内会像となるため、こうした結果になることもありうる）というのがこの地区の平均的な町内会像である。

現在の目的は行政への働きかけ・陳情が多く、町内会の運営では予算不足、住民間の摩擦などが問題になっている。地域の清掃美化、集会所などの施設管理、公園・広場の管理、交通安全対策などの活動、忘年会・新年会、盆踊り・夏祭りなどの行事が多く、これらは氏子会・檀家といった他地区よりも多く結成されている組織に支えられているのが特徴である。また、独自の会報を年数回以上発行している町内会が多い。

昭和56年以降の建物は全体の46％であり、天長地震規模では旧雄物川付近では液状化する可能性が高く、大破被害は750棟程度が想定される。防災については話し合いを行っている町内会が多く、具体的には避難の方法・時期や心構えについてである。また、防災対策では、防災訓練や講演への積極的な参加、セミナーや講演を開催するなどの啓蒙活動を行っている町内会が多い。防災マップは独自作成または行政作成資料を持っていることが多い。防災訓練は町内会、連合会単位、両方のレベルで実施している。

(2) セグメント2(活動:少、会長:多)

【旭北小学校区】

　市の中心部に位置しており、市役所や県庁などの施設が集まっている。東側を旭川が流れており、平坦な地形である。全域が都市計画区域に含まれ、住居専用地域と近隣商業地域が多くを占めており、事業所比率がやや高く、建物の密集度もかなり高い。1940年代以前発足の町内会が多く、町内数は50、自主防災組織率は50％であるが、町内あたりの人口は159人と少なくかつ減少傾向にあり、世帯数も84と小規模の町内会が多い。20代未満の比率が低い一方で、30～50代の割合は比較的高い。

　この地区には、会員の高齢化、構成世帯数の少なさによる障害を運営上の問題点とする町内会が比較的多い。行事は神社祭礼、葬式、また講や商工会・商店会といった組織が多いのもこの地区の町内会の特徴である。

　昭和56年以降の建物は全体の40％であり、天長地震規模では南部で液状化する可能性が高く、450棟以上が被害を受ける可能性が高い。防災対策をみると、防災マップは持っていないがみたことはあるという町内会が多く、防災訓練は町内会単位では未実施で今後も予定なしとしている。

【河辺小学校区】

　河辺地区の公共施設がＪＲ河辺駅付近に集中している。また、急傾斜地などの危険区域が多く分布し、集落は岩見川周辺の低地および台地部に多い。町内数は29、その発足時期は1950年代と2000年代以降に分布し、自主防災組織率は13.8％と低く、町内会の規模は小さいものの、人口変化はあまりない。また、新旧住民の世帯数割合は同じ程度であるが、高齢者人口比率は高い。

　この町内会に特徴的な目的は共有地・施設の管理であり、予算不足、日中留守宅、構成世帯数の少なさによる障害を多くの町内会が問題点にあげている。集会所などの施設管理、私道管理の活動が多く、会長のリーダーシップが強いことによる活発さによるものなのか、行事は神社祭礼、体育活動や運動会、花見、葬式などと多岐にわたるのが特徴的である。更に老人クラブ、氏子会・檀家組織、消防団、社会福祉協議会、民生・児童委員会などが他地区よりも多く

組織化されている。

　建物の多くは木造であり、昭和56年以降の建物は全体の45％。梵字川・神内川流域では、急傾斜地などの危険箇所に隣接もしくは含まれる集落が多く、また梵字川周辺では液状化する可能性が高い。しかしながら、意識は低く、防災対策を特に何もしていない町内会が多く、防災マップなどの資料を持っていないがみたことはあるが多い。

　(3) **セグメント3**（活動：少、会長：少）

【保戸野小学校区】

　市街地の中心部にあり、東側に旭川が、千秋公園付近には急傾斜地がある。人口、建物棟数ともに集中しており、家族向けの集合住宅や商店の比率が高く、病院や教育機関ほかの公共施設も多い。町内数は41、1940年代以前に発足した町内会が多い。自主防災組織率は46.3％、町内あたり人口は188人、同世帯数は90と規模は小さく、また高齢者比率は高くて3割に近い。高齢者のみの核家族世帯が多く、古くからの地付き世帯が殆どである。

　運営上の困りごとには特徴的な項目はなく、構成組織に防犯協会、商工会・商店会が多い程度である。また、独自の会報は月1回発行している町内会が多い。

　非木造建物が多く、昭和56年以降の建物は全体の44％であり、天長地震規模では広い範囲で液状化が発生し、また500棟程度の被害も見込まれる。さらに建物が密集しているため、火災が延焼する可能性が高いとされている。こうした状況であるが、防災対策については話し合っていない町内会が多く、対策も倒壊防止への呼びかけを住民にすることや、行政の指導により独自に修正した防災マップを持っている程度である。そして、防災訓練は独自にではなく、連合町内会単位で行っているのが現状である。

【外旭川小学校区】

　市街地の北側に位置し、ほぼ平坦であるが、東端部は丘陵になっている。南部に住宅地があり比較的新しい建物が密集する一方で、東部は農村地域であるように、地域の特性が大きく異なる。町内数は35、1970～80年代発足の町内

会が多く、自主防災組織率は68.6％である。人口は増加傾向にあって、町内あたり人口は362人、同世帯数は143と中規模程度の町内会が多い。高齢者比率も2割を切っており、20～50代の占める割合が高いのは、非高齢者のみの核家族世帯と親族世帯が多いことも要因の一つと考えられ、それらの殆どが外からの新しい世帯である。

こうした背景（＝リーダーシップを持つ会長もおらず、ネットワークが形成されにくい状況）を持つために、行政以外の団体との関係、集会施設が未整備、加入世帯の家族構成が把握できない、単身世帯数の多さによる障害を運営上の問題としている。また、活動でも公園・広場の管理がやや多い程度である。独自の会報を発行している町内会は殆どない。

昭和56年以降の建物は全体の59％であり、天長地震規模では広範囲で液状化する可能性が高く、650棟以上が大破すると想定される。しかしながら、防災対策は心許なく、防災マップについては持っていないが聞いたことはあるまたはわからないといった無関心な町内会（会長）が多い。防災訓練についても同様であり、町内会単位では未実施だが今後行いたいと考えていながらも単独実施は難しい状況のようで、連合町内会単位で実施するに留まっている。

(4) **セグメント4**（活動：多、会長：少）

【八橋小学校区】

市街地の西部に位置しており、平坦な地形である。中心から北部にかけて住宅地や商業地が集積している。1970年代発足が多く、町内数は23、自主防災組織率は73.9％である。人口変化はやや増加～変化無しという状況で、町内あたり人口は383人、同世帯数は173と市内では中規模程度の町内会が多く、30～50代の占める割合が高いのは集合住宅（家族向け）が多いこともある。また、非高齢者の単身世帯も多く、新旧住民の比率は外からの新しい世帯の方が大きい。

町内会の運営上における問題点は、役員のなり手不足、行事への住民参加の少なさ、ルールを守らない住民の存在、加入世帯の家族構成が把握できない、未加入世帯の増加である。若い世代が多いこともあり、公園・広場の管理、交通安全対策、青少年教育・育成が、そして行事では新年会・忘年会、ラジオ体

操、研修会・講習会、ナベッコが多く行われている。婦人会、少年補導委員会が組織されている町内会が多いのも特徴である。

建物については非木造建築物が比較的多く、昭和56年以降の建物は全体の49％である。天長地震規模では南部の一部で液状化する可能性があり、また建物の密集度が高い上に木造建物の半数以上が旧耐震建築物であるため、災害時に火災が発生して延焼する危険性も高い。こうした被災リスクを軽減させる方策として、防災対策の議論は非常持ち出し品、避難場所の決定、地震保険への加入を勧めたりしている。防災マップは行政の指導下で作成したもの、または行政の指導下で作成したものを独自に修正したものを持っている町内会が多い。

【仁井田小学校区】

市街地の猿田川と古川に挟まれた平坦な地域に位置している。国道13号沿いを中心にして西部で住宅地が集中し、市街化が進んでいる。東部に水田などの農用地が広く分布していることもあり、田畑の比率がやや高い。町内数は38、自主防災組織率は81.6％、町内あたり人口は303人、同世帯数は113であり、10～50代が占める割合が大きいこともあり、また高齢者比率は低く、非高齢者のみの核家族世帯が多い。外からの新しい世帯が多いことから、町内会の主な目的は住民同士の親睦を図ることにある。

運営上の問題点としては集会施設の未整備があげられている。私道管理のほかに、学童保育の支援、青少年教育・育成、乳幼児保育の支援といった主に子育てに関する活動が多く、それに伴って行事もラジオ体操、研修会・講習会、体育活動、ナベッコ、花見、映画上映などが他地区と比べて多く、これらは子供会育成会、防犯協会、体育協会を組織化して行っているようである。独自の会報は年1回発行の町内会が多い。

昭和56年以降の建物は全体の61％であり、天長地震規模では東部中心に液状化する可能性が高いとされている。そして防災対策は、避難場所を決めていたり、消火器や懐中電灯などの準備を住民に呼びかけており、防災マップは行政指導の下で作成したものを持っている町内会が多い。防災訓練は町内会単位で行っており、熱心な参加者が多いようである。

(5) 各小学校区の町内会における課題

　一部、記載内容は重複するが、(1)から(4)をまとめたのが表10-3である。本来なら4つのセグメントにおいて、それぞれ中心部と周縁部の各小学校区を選択するのがよいのだが、町内会長からの回収数の問題をなるべく排除するため、このような結果になっている。

　さて、セグ1からみていこう。「港北」と「日新」は規模こそ同程度だが、会員の構成が前者では地付き、後者は外からと大きく異なるため、問題点や活動内容の特徴における違いが際だっている。これらの小学校区での被災リスクは「中」となっているなかで、「港北」はさほど目立った防災対策がみえないのに比べて、「日新」では啓蒙活動などを中心に積極的にかつ多様な活動を行っている。これを表10-2でのリーダーシップとネットワークに重ね合わせると、以下のような解釈ができるのではないか。すなわち、「港北」では地付き世帯を中心とした会長や役員のトップ・ダウン型のリーダーシップが相対的に強く働いており、防災対策についてもふだんのネットワークでいつもの活動を行うといった意識を持っている。一方の「日新」においては、比較的年代が若く、また外からの新しい世帯で構成されているために、新旧住民間のネットワーク形成とそれらの積み上げを中心にした、ボトム・アップ型のリーダーシップに傾いているものと考えられる。

　同様にセグ2についてだが、「旭北」では町内会自体は古いものの、比較的若い年代が多く、「河辺」では50年代と2000年代と新しい町内会は多いが高齢者比率が高い。同一セグメント内で会員構成に特徴があるものの、構成世帯数の少なさといった問題点や、神社祭礼や葬式といった伝統的な町内会の活動などは共通している。つまり、会員構成といった人的資源の面では異なるものの、そのアウトプットとしての活動は似通ったものになる。こうしたタイプの町内会は活動や行事をみればわかるように、現状維持的な内容であり、防災対策が積極的になされないのもある意味で妥当な結果である。この場合のリーダーシップは「いつものことを、いつも通りで」といった形のものであり、セグ1のそれとは質的に大きく異なることがわかる。

　両方の資源が少ないセグ3はどうだろうか。「保戸野」は古い町内会、高齢

者、地付き世帯が多い一方で、「外旭川」は1970〜80年代発足の新しい町内会、若く、外からの新しい世帯が多く、対照的である。これだけの違いがある両者でも、同じセグメントである理由は次のように考えられよう。「保戸野」は高齢者が多いことから、活動を担う人が少なくなることも相まって、街灯管理やゴミ処理などのルーティンな活動だけで精一杯である。それゆえ、防災活動は単独でなく、他との連携で実施せざるを得ないのだろう。また、活動の衰退化とネットワーク形成状況の相互関係により、リーダーシップを発揮できる（ないしは発揮する意欲）環境にないと考えられる。「外旭川」であるが、先の「保戸野」とは事情が異なる。というのも、若い年代で外からの新しい世帯が多いことに起因する多様性があらわれているだけであり、それらの相互作用——テーマの共有を通じて形成されるその先のネットワーク——が生み出されておらず、同様にリーダーシップが生み出されもしなければ、発揮もできない状況にあるといえる。

　最後にリーダーシップは弱いものの、活動資源が多いセグ4についてみていこう。規模については「八橋」の方が大きいものの、発足時期や会員構成は両者ともに同じような傾向であり、若い町内会像がうかがえる。しかしながら、「八橋」に集合住宅（家族向け）が多いことにより、問題点や活動内容では異なった様態を示している。「仁井田」ではそれが集会施設の未整備といったインフラ面での問題をあげているのに対して、「八橋」は役員のなり手不足や、行事への住民参加の少なさ、ルールを守らない住民の存在、未加入世帯の増加など、活動は多いものの、その内情は良くも悪くも混沌としたものであるといえよう。いずれにせよ、多様な主体が混在しているのがこのセグの特徴であるため、活動内容をみるに、防災対策についても同様に、何らかのテーマに従ったコミュニティが形成されているといえるが、複数のコミュニティがいわば「橋渡し型」によるネットワークが形成されているのかというと、「八橋」の方はやや少ないといえるのではないだろうか。橋渡しが実現する程度の差こそあれ、同質／差異のはざまにただよう各々のコミュニティがボトム・アップの統合／分離におけるプロセスに、会長のリーダーシップが関わるとすれば、このセグメントではあくまでも「触媒」という位置づけであろう。

　ここまで、町内会の資源を人的、活動の2つの視点から、それらによって析

表10-3 各小学校区の

	セグメント1(活動、会長)＝(多、多)		セグメント2(活動、会長)＝(少、多)	
	港北小学校区	日新小学校区	旭北小学校区	河辺小学校区
被災リスク	中	中	低	低
発足時期、規模	1940年代以前発足：3割、全戸加入：6割、一戸建て：9割、人口減少傾向(↓)：5割			
	・21町、671人、286世帯、防災組織率61.9％ ・1940年代以前	・23町、675人、261世帯、組織率95.7％ ・40年代以前と70年代	・50町、159人、84世帯、組織率50.0％ ・1940年代以前	・29町、146人、52世帯、組織率13.8％ ・50年代と00年代以降
会員構成	非高齢者＋高齢者の親族世帯が半数以上、地付世帯：6割			
	・非高齢者のみ核家族、高齢者単身世帯 ・地付き世帯	・30～50代、非高齢者単身世帯 ・外からの新しい世帯	・30～50代	・高齢者比率が高い ・新旧住民の世帯数は同程度
町内会の問題点と活動	役員のなり手不足・会員の高齢化：6割、街灯等設備管理・ゴミ処理収集協力：9割			
	・行政との関係、世代間のズレ、加入世帯の家族構成が把握できない ・高齢者福祉、宿泊旅行	・予算不足、住民間の摩擦 ・清掃美化、施設管理、交通安全対策、忘年会などのイベント ・独自の会報を発行	・会員の高齢化、構成世帯数の少なさによる障害 ・神社祭礼、葬式	・予算不足、日中留守宅、構成世帯数の少なさによる障害 ・施設管理、私道管理 ・神社祭礼、体育活動、運動会、花見、葬式
防災対策	話し合い有：5割、避難方法や住民間の連絡、高齢者世帯把握や避難場所決定：6割			
	・防災マップは独自に作成、訓練は連合町内会単位で実施	・避難方法や心構えについて話し合いをしている ・訓練や講演への参加、セミナーや講演といった啓蒙活動の実施 ・独自作成または行政作成の防災マップ ・訓練は町内会、連合会単位で実施	・防災マップは持っていないが見たことがある ・訓練は町内会単位では未実施、今後も予定がない	・特に対策をしていない ・防災マップは持っていないが見たことがある

出所：筆者作成。

出されたセグメント別の現状と課題を検討してきた。次項では「ソリューション」の視点を取り入れ、防災コミュニティ構築へのいくつかの視点を指し示すことにする。

プロフィール

	セグメント3　（活動、会長）＝（少、少）		セグメント4　（活動、会長）＝（多、少）	
	保戸野小学校区	外旭川小学校区	八橋小学校区	仁井田小学校区
被災リスク	低	低	低	低
発足時期、規模	1940年代以前発足：3割、全戸加入：6割、一戸建て：9割、人口減少傾向（↓）：5割			
	・41町、188人、90世帯、防災組織率46.3％ ・1940年代以前	・35町、362人↑、143世帯、組織率68.6％ ・1970～80年代	・23町、383人、173世帯、組織率73.9％ ・1970年代	・38町、303人、113世帯、組織率81.6％ ・1970年代
会員構成	非高齢者＋高齢者の親族世帯が半数以上、地付世帯：6割			
	・高齢者比率が高い ・高齢者核家族世帯 ・地付き世帯	・20～50代 ・非高齢者核家族世帯、親族世帯 ・外からの新しい世帯	・30～50代 ・集合住宅（家族向け） ・非高齢者単身世帯 ・外からの新しい世帯	・10～50代が多く、高齢者比率は低い ・外からの新しい世帯
町内会の問題点と活動	役員のなり手不足・会員の高齢化：6割、街灯等設備管理・ゴミ処理収集協力：9割			
	・月1回独自の会報を発行	・行政以外の団体との関係、集会施設未整備、加入世帯の家族構成が把握できない、単身世帯数の多さ ・公園・広場の管理	・役員なり手不足、行事へ住民参加の少なさ、ルールを守らない、未加入世帯の増加・公園管理、交通安全、青少年教育、ナベッコ	・集会施設の未整備 ・私道管理、学童や乳幼児保育の支援、青少年教育などの子育て支援 ・年1回会報を発行
防災対策	話し合い有：5割、避難方法や住民間の連絡、高齢者世帯把握や避難場所決定：6割			
	・話し合っていない ・倒壊防止の呼びかけを住民にする ・行政の指導で独自に修正した防災マップを持っている ・訓練は連合会単位で実施	・防災マップは持っていないが見たことがある ・訓練は町内会単位では未実施で今後も予定なし、連合会単位では実施	・話し合いの内容は非常持ち出し品、避難場所の決定、地震保険への加入 ・行政の指導下で作成、指導下で修正したものを独自に修正した防災マップを持っている	・避難場所の決定や消火器や懐中電灯などの準備を住民に呼びかける ・行政指導の下で作成した防災マップを持っている ・訓練は町内会単位で実施し、熱心な参加者が多い

4　町内会資源に基づいた防災コミュニティの社会設計に向けて

　人々の防災対策のための町内会資源をどう創出し、持続的に利用可能な状態で維持していくか。具体的な次元でいえば、町内という領域において「共に生き」ていくための活動や、リーダーシップ、ネットワークやコミュニティをど

う生み出せばよいか。本章ではこうした疑問に答えるために、人的資源としてのリーダーシップをトップ・ダウン型／ボトム・アップ型、活動資源としてのネットワークをメンバーの種類（同質／異質）とつながり方（結束／橋渡）の次元で検討し、更に4つのセグメントのなかでも、資源として関連づけられる要素が異なることも、調査の分析と解釈を通じて明らかにしてきた。これらの知見を用いて、これからの防災コミュニティの方向を描いてみよう。その指針の一つとして「福祉社会開発」（穂坂2005）の視点を参考にすると、彼はミジレイのプロセスとデザインを重要視したマクロの視点での「社会開発」とミクロレベルでの「人々の生計」に対する2つのまなざしが、今後の社会開発の鍵となるとしている。そこで、問題解決への枠組みへと飛躍させるために、「生活のデザイン」（向井）と「コミュニティ・ソリューション」（金子）で張られる平面の次元へ射影したのが表10-4の「意思決定プロセスとしてのデザイン」と「ソリューション」である。

　前者のデザインは「ブルー・プリント」によって決められるようなものではない（穂坂2005）ものの、その選択における規準はこうした与件をも（相互依存的な関係により）包摂されているのは、町内会自体の（それまでの時間的な）継続性も要因の一つであり、そうした「生活のデザイン」をも含む、ゆらぎのプロセスで決められるといえる。また、ソリューションについてであるが、類型化する思考を引き継ぎつつも、大幅に枠組みを変えることが要求される。何故というと、その思考自体が問題の所在を明らかにし、その解決策を導出するといった目的―手段関係を、これまでの直線的で平面的なものから、多面的で入れ子状の関係にいったん、解き戻す必要があるからである。そして、分解されつつも依然として複雑である諸要素を、人的資源と活動資源の2つの視点から組み直して解決策を見出していくことが、構成員やその価値観は多様化されてはいるものの、人々の必要性から同質化が求められる側面をも持つ町内会で、同質と異質、統合と分散のはざまに創発性という名のダイナミズムを生み出す鍵になるといえよう[18]。

第10章　防災コミュニティの人的資源と活動資源　257

表10-4　各セグメントの課題

	人的資源としてのリーダーシップ		活動資源としてのネットワーク				防災コミュニティ構築に向けた課題	
			メンバーの種類		つながり方			
	トップダウン	ボトムアップ	同質	異質	結束	橋渡	意思決定プロセスとしてのデザイン	ソリューション
セグメント1 (活動、会長) ＝(多、多)	●		●		●		・テーマは与件または一定の了解のなかで決定され、その対象は狭いが継続性はもつ ・同意の下でのトップダウン	・持続的発展のためにも、時代の変化に応じたテーマを設定したり、同質化を求めるだけでなく、ある程度の異質性を認める
セグメント2 (活動、会長) ＝(少、少)	▲	●		●	▲	●	・会員同士の議論の末にテーマが決定され、対象は広いが、継続性をもつことには限らない ・ボトムノトップのハイブリッド型	・テーマの継続性を持たせるためにも、コミュニティ同士をつなげるリーダーの育成が必要である
セグメント3 (活動、会長) ＝(少、少)	●		●		●	▲	・テーマは会長・役員らの主要メンバーによって与えられることが多い ・テーマ設定の範囲は会長・役員の能力や関心次第で決まる ・積極的な会員が少ないことから、会長、役員が町内会を牽引するトップダウン型	・テーマが矮小化する可能性があるため、会長、役員以外からテーマの収集を可能にし、役員の関心をもつテーマ設定にしていくような仕掛けをつくる ・一部の人たちによる情報を会員全体に周知させる仕組みを構築する
セグメント3 (活動、会長) ＝(少、少)		●		●		▲	・テーマは引き継ぎが多いという意味で与件であり、対象の拡大する可能性は低い ・テーマは数多く出されるが、了解が得られずに実行に移せないことが多い ・皆で決めたいが、まとめ役が不在	・会長・役員の主導により、テーマ設定の拡大を図り、会員の関心を喚起する
セグメント4 (活動、会長) ＝(多、少)		●		●		●	・町内会の活動に積極的な関心をよせる会員が多いため、ひとりのリーダーというよりは、テーマ毎に存在する ・テーマは会員同士の議論の末に決定される ・その設定の範囲は会員構成の性質によって決まる	・問題意識を共有するテーマ・コミュニティをつくり、まとめるリーダーの育成を行う ・分散しているコミュニティにまたがって存在する何人かのリーダーを束ねて、町内会の中心的な存在にする ・また、コミュニティごとに偏在している情報をリーダーに集約させる一方で、会員への情報提供を行う仕組みを構築する

注) ● : あてはまる　▲ : ややあてはまる
出所) 筆者作成。

注

1) 一人だけしか存在しない領域、空間についてはここでは考慮しない。
2) 吉原(2008)が論じているように、町内会が同質的というのはある意味で違う。様々な階層が混住しているわが国の町内会は、いわば差異の固まりとなって活動しているのであり、ミクロのレベルでみれば、それらは相互作用として、いわば創発的な諸形態を発現しているといえる。だが、その一方で、こうした異なった主体による相互作用をマクロレベルでみると、自己組織的なゆらぎのただなかにあるといえ、そうした揺らぎの振幅全体、この振幅の時系列的な継続性の視点で置き換えると、町内会の「同質性」がたちあらわれると考えられる。そういった意味で、町内会のマクロレベルでの同質性とミクロレベルにおける差異性を正しく捉えずに、ただ単にその層の視点を考慮せずに、同質性だけを前面に出しても、町内会にあったであろう本来のダイナミズムをふたたび生み出すことは難しいだろう。そのあたりの社会設計をどう行うかが課題の中心でもある。
3) 対象とする規模は全く異なるが、オルテガのいう「皮膚」に相当するのかもしれない。
4) NPOはいうまでもなく、他の町内会との連携も含まれる。
5) 形式知や暗黙知もその一つである。それらの知をある領域でどうマネジメントしていくかという、いわゆるナレッジマネジメントに関する議論は、たとえば野中・紺野(2000)を参照。
6) 自分は親しいと思っていても、相手がそうではないことなど。
7) マクロ・ミクロディレンマも当然ながら、町内会のレベルでも起こりうることである。
8) 以下、『広報あきた 平成22年1月1日号』秋田市広報課2010。
9) 『秋田市災害年表』HPより。
10) 具体的な項目については次の通りである。(1)居住者の現況:人口、世帯数、65歳以上人口、65歳以上のみで構成される世帯数、(2)建物に関する指標:構造別建物棟数、建築年代別木造建物棟数、建築年代別非木造建物棟数、(3)急傾斜地等の現況:学校区内の急傾斜地崩壊危険箇所、区内の雪崩危険箇所、区内の地すべり危険箇所、区内の土石流危険渓流、(4)地震被害に関する指標:学校区内平均震度、液状化危険度、木造・非木造建物大破被害棟数、死亡者数、(5)防火・防災施設に関する指標:消火栓数、防災水槽数、消防車台数、消防ポンプ数、消防団員数、避難所・避難場所、管轄消防署、管轄警察署、病院数、最寄りの救急告示病院、自主防災組織数、主な公共施設。
11) 「大まかな」という表現になっているのは、回収数が20を切っている小学校区もあるためであり、現段階ではあくまでも傾向としかいえない点を留意されたい。
12) 因みにファインディングの方法であるが、全体の傾向をみながら、各セグメントについては規模と全体との差をみることで、各セグメントの特徴を明らかにする。
13) 以下ではセグメント1をセグ1という表記を行う。
14) 当然ながら、伝える内容が多いから会報を発行するという側面も否定できないが、相関は高いということはいえるだろう。
15) 因みに本調査が行われたのは2008年7月であり、秋田市によって作成された「防災カルテ」は2010年3月公表である。
16) 留意すべき点は、「防災カルテ」とのデータの整合性である。その背景の一つに会

長の町内会への認識に差がある可能性を否定できないことにある。更に言えば、これらファインディングのリアリティであり、町内会や自治体関係者への聞きとり調査や議論が必要である。
17) これは1981年（昭和56年）に新耐震基準が導入されたことによる。
18) 齋藤（2008）の議論を敷衍すれば、第7章でも少しふれたことでもあるが、町内会には生活上のリスク縮減（その裏返しとしての「監視共同体」）という面もあったが、戦後からはそうした仕組みが外部化されるプロセスを一貫してたどったともいえる。町内会を捉え直す一つの方向として、「人びとが互いの生活を相互に保障するために形成する社会的連帯の理由とは何かをあらためて問いなおす」（同2008：163）ことが考えられる。その表象の一つとして、防災といった課題が浮かび上がってくるのだろう。

参考・参照文献

金子郁容　2002　『新版　コミュニティ・ソリューション──ボランタリーな問題解決に向けて』岩波書店。

穂坂光彦　2005　「福祉社会開発学への方法論的考察」、日本福祉大学編『福祉社会開発学の構築』ミネルヴァ書房、128－159頁。

パットナム、ロバート・D　2006［2000］『孤独なボウリング　米国コミュニティの崩壊と再生』柴内康文訳、柏書房。

バラバシ、A．L　2002　『新ネットワーク思考──世界のしくみを読み解く』青木薫訳、NHK出版。

野中郁次郎・紺野登　2000　「場の動態と知識創造：ダイナミックな組織知に向けて」伊丹ら編著『場のダイナミズムと企業』東洋経済新報社。

向井周太郎　2008　「デザインの意味と転換の形成──基礎デザイン学からの提唱」『生とデザイン　かたちの詩学Ⅰ』中公文庫。

吉原直樹　2008　「防災ガバナンスの可能性と課題」、吉原編『防災の社会学』東信堂。

ワッツ、D　2006［1999］『スモール・ワールド──ネットワークの構造とダイナミクス──』栗原聡・佐藤進也・福田健介訳、東京電機大学出版局。

齋藤純一　2008　『政治と複数性　民主的な公共性にむけて』岩波書店。

あとがき

　本書に執筆者として加わっている者たちの大半がかかわった『防災の社会学——防災コミュニティの社会設計に向けて』が東北大学の「シリーズ　防災を考える」の第1巻として刊行されてからちょうど2年が経過した。幸い、同書はさまざまなメディアで取り上げられ、また防災に関するワークショップとか研究会等でも用いられた。そして短期間のうちに版元で品切れの状態になった。しかし副題として掲出した「防災コミュニティの社会設計に向けて」についていうと、地域コミュニティ／町内会がどうやらきわめて重要な位置を占めているということまではわかったものの、それ以上歩をすすめることができずに今日に至っている。他方、編者が代表者となっている東北都市社会学研究会では、ここ6年ほど、日本学術振興会科学研究費、社会安全研究財団研究助成、東北大学防災拠点研究経費によって、東北6都市（県庁所在都市）の町内会の防災および防犯に関する活動の調査をおこない、その結果を報告書等の形で明らかにしてきた。そして地域コミュニティ／町内会の実態の解明にまで何とかたどりつくことができた。しかしたどりついて、あらためて地域コミュティ／町内会を防災コミュニティにどうきりむすんでいくかという課題に直面することになった。いずれにせよ、こうして『防災の社会学』と過去の町内会調査の交差する地平が問い込まれることになり、結果として「防災コミュニティの基層」というテーマに到達することになったのである。

　だが取り組んでみて、このテーマは思いのほか厄介なものであることがわかった。ここでは町内会調査の結果をそれぞれの問題関心に引き寄せて読み解くという形でテーマに迫ったが、テーマが意想外に拡がり、深まりをもつことが認識されるにつれて、それぞれのアプローチにも困難がともなうことになった。本書には、そのことが如実にあらわれている。とはいえ、テーマを織り成すさまざまな要因については、執筆者各位のところでかなり鋭敏に把握されており、データの読み込みとか事例の処理についてはそれなりの冴えが示されることになった。ともあれ、本書は体系的というにはほど遠いが、テーマについ

てのそれぞれの問題意識を反映した、多分に個人技に依拠したモノグラフの集成といった性格を帯びている。いうまでもなく、テーマに即した対象の切りかたは基本的に各執筆者にゆだねられており、編者が介入する余地はまったくなかったといってよい。

　ちなみに、『防災の社会学』のメインテーマでもあった「防災コミュニティの社会設計」については、残念ながら本書ではほとんど立ち入ることができなかった。本書は当初の企画段階では「防災ガバナンスの可能性と課題」という章を設けて、上述のメインテーマを読み解く際の制度的枠組みを提示する予定であった。しかし諸般の事情でこのことが不可能になった。したがって、本書が『防災の社会学』の衣鉢を継ぐものであると先に述べたにもかかわらずきわめて不首尾なものになっていることは、否定できない。だがここであえて言い訳をしておくなら、各章は防災コミュニティ形成のための各プレイヤーの動きに十分に目配りをしており、それらを節合すると「防災ガバナンス」の「地」がみえてくる可能性はある。

　こうしてみると、本書は課題山積ではあるが、表題に関してそれなりの知見を示し得ているのではないかと思う。本書によって明らかになったことを、以下、2点ばかり指摘しておこう。

　一つは、防災コミュニティはたしかにテーマ／イッシューごとに存立する福祉コミュニティや防犯コミュニティ等と「横並び」のものとしてあるが、福祉コミュニティや防犯コミュニティ以上にガバメントの論理が貫徹しやすいものになっているという点である。行政環境がネオリベラリズムに席捲されるにつれて、福祉コミュニティや防犯コミュニティはますます「民」サイド／主導で編成されるようになっている。そうしたなかで、防災コミュニティは未だ「公」の関与が大きく、「生活の共同」の中身が上から簒奪される状況を深くとどめている。だからこそ、「防災コミュニティの基層」を「共」／「市民社会」サイドのさまざまな動きとからませながら、生活世界の只中からいわば根茎状に掘り起こしていくことが重要になっているのである。

　さて以上の点とかかわっていま一つ指摘できることは、防災コミュニティの可能性が行政サイドからする均質で一様なスペース（空間）にではなく、異主体、

異階層の人びとが「住むこと」を唯一の要件として「出会う」／「隣り合う」トポス（場所）にひそんでいるという点である。編者は本書で言及する場をもちえなかったが、町内会は地縁の、近代に特有の現象である、と考えている。そして歴史貫通的なこの地縁こそが上述の「出会う」／「隣り合う」ことを本源的に担保してきたトポス、とみなしている。もとより、この立場を本書の執筆者各位に強制する心算はまったくない。ここでは、防災コミュニティが日常的に上からの簒奪にさらされながら、さまざまな人びとが交わるところで「生活の共同」の内実を継承していることを本書が迂遠ながら示していることを指摘しておきたいのである。ともあれ、以上のことを踏まえた上で本書を透かしてみえてくるものがあるとすれば、それは次のようにいえよう。すなわち、防災へのかかわりを通して諸個人のレベルで自己の存在定位がなされるようになっていること、そしてそうした自己確認の営為が複雑にからまり合うことによってコミュニティの風景が確実に変わっていることである。

　いうまでもなく、上述の点をどう理解するかは、最終的には本書を手にした読者の判断にゆだねられるものである。だから、これ以上述べない。しかしそれでも最後に、本書が多くの人びとの善意に支えられて形になったことを指摘しないわけにはいかない。もっとも、ここでは紙幅の関係でいちいちお名前を記すことができない。そうしたなかで、あえて本書の刊行をお引き受けいただいた御茶の水書房の橋本盛作氏および小堺章夫氏、さらに索引を作成していただいた笹島秀晃氏には、謝意を表したい。非常に窮屈な日程のなかで、三氏の支えがなければ本書は日の目をみることはなかったであろう。

　なお、本書は2010年度東北大学防災拠点研究（代表・平川新東北大学東北アジア研究センター教授）の研究経費によって刊行されるものである。

編者

2011年1月

付録資料

町内会・自治会等調査集計表

【青森市町内会・自治会等調査】

I はじめに、あなたの町会・自治会(以下、町会)の全般的な事柄についてご記入下さい。

Q1 町会の名称

Q2 町会の所在する地区(ひとつだけ) 全体ベース N=231

1 東部	25.1	3 南部	24.2	5 中部	13.4
2 西部	19.0	4 北部	6.5	6 浪岡	11.3
					0.4

Q3 町会の沿革について

Q3.1 町会の発足した時期(ひとつだけ) 全体ベース N=231

1 1940年代以前(戦前からあり、禁止期間もかたちを変えて存続し、講和条約後に再発足)	5.2	6 1970年代	16.5
2 1940年代以前(戦前からあり、禁止期間にばらばらになったが、講和条約後に再発足)	0.9	7 1980年代	7.8
3 1940年代以前(戦前からあるが、経緯についてはよくわからない)	16.0	8 1990年代	4.8
4 1950年代	13.9	9 2000年代	2.2
5 1960年代	14.3	10 わからない	12.6
			6.1

Q3.2 (再)発足のきっかけ(いくつでも) 全体ベース N=231

1 講和条約を受けて発足	2.6
2 旧来の町会から分かれて発足	22.1
3 新来住民によって発足	14.7
4 団地・社宅・マンション等ができて発足	14.3
5 地域の実力者の意向で発足	12.6
6 行政等のすすめで発足	9.5
7 区画整理とともに発足	6.1
8 市町村合併とともに発足	7.8
9 その他	9.1
10 わからない	21.6
	3.5

Q3.3 (再)発足時の主な目的(いくつでも) 全体ベース N=231

1 住民同士の親睦をはかるため	70.1
2 町内の生活上の問題を共同解決するため	55.4
3 行政等への働きかけ・陳情のため	44.2
4 行政等との連絡・調整のため	48.5
5 共有地、共有施設の管理のため	10.8
6 マンションや団地の管理組合として	3.5
7 その他	2.2
8 わからない	12.6
	3.5

Q3.4 現在の主な目的(いくつでも) 全体ベース N=231

1 住民同士の親睦をはかるため	89.6
2 町内の生活上の問題を共同解決するため	77.1
3 行政等への働きかけ・陳情のため	71.0
4 行政等との連絡・調整のため	69.3
5 共有地、共有施設の管理のため	21.2
6 マンションや団地の管理組合として	2.2
7 その他	3.0
8 何もしていない	0.0
	0.4

Q4 町会に加入している世帯数等

Q4.1 加入世帯数(事業所を除く)	回答者ベース N=228	251.4 戸
Q4.2 加入事業所数	回答者ベース N=214	7.3 事業所
Q4.3 町内の区の数	回答者ベース N=200	2.1 区
Q4.4 町内の班もしくは隣組の数	回答者ベース N=230	17.6 班・組

Q4.5 町会への世帯加入率(ひとつだけ) 全体ベース N=231

1 全戸加入	38.1
2 90%以上加入	38.1
3 70%以上〜90%未満加入	19.9
4 50%以上〜70%未満加入	3.0
5 30%以上〜50%未満加入	0.4
6 30%未満加入	0.0
7 わからない	0.0
	0.4

Q5 町会等の「地縁による団体」が、その団体名義で土地建物の不動産登記等ができるよう、法人格取得が可能になりましたが、「地縁による団体」として法人格を取得していますか。(ひとつだけ) 全体ベース N=231

1 取得している(年に取得)	7.8
2 取得する予定である	2.2
3 取得する予定はない	76.2
4 取得するかどうか検討中である	6.5
	7.4

Q6 町会内の状況について

Q6.1 建物・土地の特色(多いものを2つまで) 全体ベース N=231

1 事業所	6.1
2 商店	6.9
3 工場	0.0
4 一戸建て	78.8
5 集合住宅(単身向け)	10.8
6 集合住宅(家族向け)	33.3
7 田畑	7.4
8 その他	3.9
	12.1

Q6.2 最近10年くらいの人口の変化(ひとつだけ) 全体ベース N=231

1 大いに増加	3.9
2 やや増加	14.3
3 あまり変化はない	31.6
4 やや減少	39.4
5 大いに減少	8.2
6 その他	0.0
	2.6

Q6.3 非加入世帯を含む居住世帯の特色(多いものを2つまで) 全体ベース N=231

1 非高齢者のみの核家族世帯	26.0
2 高齢者のみの核家族世帯	32.9
3 非高齢者と高齢者からなる親族世帯	48.1
4 非高齢者の単身世帯	13.0
5 高齢者の単身世帯	15.2
6 その他	13.4
	14.3

Q6.4 新旧住民の世帯数の割合(ひとつだけ) 全体ベース N=231

1 古くからの地付きの世帯がほとんど	31.2
2 古くからの地付きの世帯のほうが多い	27.3
3 同じくらい	6.5
4 外からの新しい世帯のほうが多い	12.6
5 外からの新しい世帯がほとんど	19.0
	3.5

Q6.5 計画的開発(区画整理等)(いくつでも) 全体ベース N=231

1 最近5年以内に実施	1.3	3 10年以上前に実施	18.2	5 実施していない	56.3
2 5〜10年前に実施	3.0	4 時期が不明だが実施	7.8	6 わからない	9.5
					5.2

Q6.6 町内の全般的な暮らしやすさ

Q6.6A バブル経済崩壊(1990年代前半)以前(当時の感覚でお答え下さい)(ひとつだけ) 全体ベース N=231

1 暮らしやすかった	16.5
2 どちらかといえば暮らしやすかった	62.8
3 どちらかといえば暮らしにくかった	7.4
4 暮らしにくかった	3.5
5 わからない	8.2
	1.7

Q6.6B 現在(バブル経済崩壊以前と比べて)(ひとつだけ) 全体ベース N=231

1 暮らしやすくなっている	5.2
2 どちらかといえば暮らしやすくなっている	10.0
3 かわっていない	18.2
4 どちらかといえば暮らしにくくなっている	36.4
5 暮らしにくくなっている	21.6
6 わからない	6.9
	1.7

II 次に、あなたの町会の活動状況についてお伺いします。
Q7 あなたの町会では、次のような活動が行なわれていますか。
また、それぞれの活動の10年前と現在の全体的な活動状況はどうなっていますか。

Q7A 活動組織（いくつでも）

全体ベース N=231	町会	町会単位の別組織	連合町会	連合町会単位の別組織	地区協議会	地区協議会単位の別組織	その他の地域組織	実施していない	わからない
1 ごみ処理収集協力	84.8	6.1	5.6	2.2	1.3	1.3	2.6	2.2	5.2
2 資源・廃品回収	48.1	14.3	3.5	1.3	1.3	0.9	13.0	11.3	15.2
3 バザー	4.3	5.6	0.4	0.4	1.3	0.4	2.6	39.4	44.6
4 地域の清掃美化	76.6	10.8	4.3	1.3	2.6	0.9	5.2	2.2	11.3
5 防犯パトロール	29.4	8.2	6.5	9.1	7.8	6.1	11.3	13.4	21.6
6 防火パトロール	14.7	4.8	3.0	4.3	6.5	3.5	10.4	22.5	34.6
7 交通安全対策	35.1	8.7	12.6	10.0	13.0	5.6	13.0	6.1	18.2
8 集会所等の施設管理	41.1	6.1	2.6	3.0	3.5	1.3	4.3	14.3	28.1
9 街灯等の設備管理	61.9	1.7	5.6	1.3	1.3	0.0	8.7	6.9	16.0
10 公園・広場の管理	36.8	7.8	3.5	2.9	2.6	0.4	5.6	18.6	30.7
11 私道の管理	18.6	0.9	0.0	0.4	0.4	0.0	3.4	29.0	45.0
12 雪かたづけ	43.7	4.3	4.8	4.3	4.3	3.5	9.1	14.3	21.2
13 乳幼児保育の支援	5.6	2.2	1.7	2.2	3.9	3.9	7.4	32.5	42.0
14 学童保育の支援	13.4	5.6	3.5	3.0	6.5	5.6	9.1	23.4	35.9
15 青少年教育・育成	22.9	7.8	5.2	4.9	10.4	5.2	9.1	14.7	29.4
16 高齢者福祉	35.1	7.4	9.1	12.6	25.5	8.2	4.3	4.8	17.7
17 その他	3.5	0.4	0.0	0.4	1.3	0.0	0.0	2.2	1.3	91.3

*Q7Aで1〜8を選んだ場合

Q7B 10年前の町内での全体的な活動状況（ひとつだけ）

Aで「わからない」「不明」を除いた人ベース		非常に活発に実施されていた	活発に実施されていた	あまり盛んに実施されていなかった	ほとんど実施されていなかった	実施されていなかった	わからない
1 ごみ処理収集協力	N=219	13.2	36.5	26.5	3.7	3.7	2.7	13.7
2 資源・廃品回収	N=196	12.8	23.0	23.0	4.6	19.9	4.1	12.8
3 バザー	N=124	2.4	6.5	7.3	4.8	56.5	5.6	16.9
4 地域の清掃美化	N=205	12.7	33.2	22.9	3.4	7.3	4.4	16.1
5 防犯パトロール	N=179	7.3	22.3	22.9	10.1	12.8	7.8	16.8
6 防火パトロール	N=149	5.4	20.1	19.5	5.4	26.8	7.4	15.4
7 交通安全対策	N=188	8.5	30.3	22.3	5.9	9.6	6.4	17.0
8 集会所等の施設管理	N=166	12.0	31.3	16.3	0.6	21.7	4.2	13.9
9 街灯等の設備管理	N=193	19.7	38.9	14.0	2.1	5.7	2.6	17.1
10 公園・広場の管理	N=156	10.3	23.1	20.5	5.1	22.4	3.8	14.7
11 私道の管理	N=119	6.7	6.7	15.1	5.9	37.0	10.9	17.6
12 雪かたづけ	N=179	15.6	23.5	19.6	4.5	16.2	3.9	16.8
13 乳幼児保育の支援	N=130	0.8	13.1	13.8	5.4	40.0	12.3	14.6
14 学童保育の支援	N=144	4.2	20.1	16.0	6.9	29.9	7.6	15.3
15 青少年教育・育成	N=157	9.6	22.3	21.7	7.6	18.5	6.4	14.0
16 高齢者福祉	N=187	7.5	34.2	23.0	7.0	7.0	6.4	15.0
17 その他	N=17	5.9	17.6	0.0	0.0	35.3	5.9	35.3

Q8 あなたの町会では、次のような行事が組織的に行なわれていますか。
また、町会が中心に行なっている活動については「参加対象」と「参加状況」についてもお答え下さい。

Q8A 行事の有無、実施組織（いくつでも）

全体ベース N=231	町会	町会単位の別組織	連合町会	連合町会単位の別組織	地区協議会	地区協議会単位の別組織	その他の地域組織	実施していない	わからない
1 神社祭礼	19.0	12.6	2.2	2.2	1.3	0.9	14.7	23.4	0.0	27.7
2 盆踊り・夏祭り	28.6	6.1	6.9	1.7	0.9	0.9	7.4	26.0	0.4	23.4
3 花見	6.5	2.6	0.9	0.4	0.4	0.9	2.6	47.6	0.9	37.2
4 ねぶた	8.2	9.5	2.6	3.9	1.3	1.3	7.8	30.7	0.9	35.5
5 成人式	0.0	1.3	0.4	0.4	2.2	0.4	3.0	47.2	0.4	44.6
6 葬式	7.4	0.9	0.4	0.0	0.0	0.0	2.2	45.0	1.3	42.9
7 運動会	10.8	1.7	3.5	2.2	2.2	0.9	3.0	43.3	0.4	35.9
8 運動会以外の体育活動	10.4	4.8	3.0	3.9	3.9	0.9	4.8	32.0	0.9	37.2
9 宿泊旅行	8.7	4.3	0.4	0.4	0.0	0.0	2.6	44.2	1.3	38.5
10 新年会・忘年会	39.0	5.2	3.0	0.0	1.7	0.0	1.7	26.0	0.4	25.5
11 ラジオ体操	42.9	11.3	0.9	0.0	1.3	0.4	7.8	16.0	0.4	20.3
12 研修会・講習会	26.8	5.6	11.3	3.5	7.8	1.3	4.8	19.5	0.0	28.6
13 映画上映・演劇鑑賞	1.7	0.0	0.4	0.4	0.9	0.4	1.3	51.1	0.4	43.7
14 町会の総会	92.6	0.0	2.2	0.0	2.2	0.0	0.0	0.0	0.4	6.9
15 その他	10.4	0.9	1.3	0.9	3.0	0.9	0.4	1.7	1.7	82.3

＊Q8Aで1～8を選んだ場合
Q8C　10年前の町内での活動状況（ひとつだけ）

		非常に活発に実施されていた	活発に実施されていた	あまり盛んではなかった	ほとんど実施されていなかった	実施されていなかった	わからない
	Aで「わからない」「不明」を除いた人ベース						
1 神社祭礼	N= 167	6.6	20.4	16.2	2.4	12.6	7.2	34.7
2 盆踊り・夏祭り	N= 176	8.0	26.1	14.8	2.8	16.5	4.0	27.8
3 花見	N= 143	2.1	6.3	4.9	7.0	30.8	6.3	42.7
4 ねぶた	N= 147	3.4	12.9	10.9	6.1	23.8	4.1	38.8
5 成人式	N= 127	0.8	3.9	3.9	34.6	8.7	45.7
6 葬式	N= 129	3.9	4.7	3.1	4.7	28.7	9.3	45.7
7 運動会	N= 147	5.4	13.6	8.3	4.1	24.5	6.1	38.1
8 運動会以外の体育活動	N= 143	2.8	11.9	11.9	5.6	23.8	5.6	38.5
9 宿泊旅行	N= 139	2.2	8.6	8.6	5.0	23.0	7.2	45.3
10 新年会・忘年会	N= 171	7.0	22.8	12.3	6.4	14.0	5.8	31.6
11 ラジオ体操	N= 183	4.4	29.5	19.1	4.9	7.7	3.8	30.6
12 研修会・講習会	N= 165	1.2	11.5	19.4	7.3	18.2	6.7	35.8
13 映画上映・演劇鑑賞	N= 129	1.6	2.3	6.2	3.9	38.4	7.0	42.6
14 町会の総会	N= 215	12.1	36.3	17.7	1.9	1.9	2.8	27.4
15 その他	N= 37	10.8	32.4	13.5	0.0	13.5	10.8	18.9

Q9　あなたの町会で現在町会の運営上困っていることがありますか。（いくつでも）　全体ベース N= 231

1 町会のルールを守らない住民の存在	35.5	12 加入世帯の家族構成が把握できない	22.1
2 未加入世帯の増加	23.8	13 日中、留守の世帯が多い	31.2
3 町会行事への住民の参加の少なさ	58.9	14 集会施設がない/狭い/不便	26.4
4 町会の役員のなり手不足	68.8	15 住民間の摩擦	11.3
5 予算の不足	16.5	16 世代間のズレ	12.1
6 会員の高齢化	60.6	17 役員内でのあつれき	3.5
7 行政との関係（依頼の多さなど）	17.3	18 政治や選挙の相談・依頼事	1.7
8 行政以外の団体との関係（負担金など）	19.0	19 運営のための経験や知恵が足りない	10.0
9 家族世帯数の多さによる障害	1.3	20 町会の財産をめぐるトラブル	0.4
10 単身世帯数の多さによる障害	7.8	21 その他	2.2
11 構成世帯数の少なさによる障害	7.8	22 困っていることはない	3.0

Ⅲ 次に、あなたの町会の組織構成と機能についてお尋ねします。
Q10　役員（班長・組長は除く）はどのように構成されていますか。また、手当てはありますか。
Q10A　人数　　会長　回答者ベース N= 211　1.0 名　　庶務　回答者ベース N= 166　1.1 名
　　　　　　　副会長　回答者ベース N= 207　2.0 名　　区長　回答者ベース N= 130　4.9 名
　　　　　　　会計　回答者ベース N= 210　1.1 名　　監事　回答者ベース N= 205　2.1 名

＊Q10Aで1名以上の場合
Q10B　役員手当て（定額）（ひとつだけ）
Q10C　活動ごとの手当て（ひとつだけ）
Q10D　手当てと持出しの割合

		手当て(定額)		活動毎手当て		手当てと持出しの割合				
		無し	有り	無し	有り	手当ての方が多い	同じぐらい	持出しの方が多い	わからない	
	回答者かつ各役職が1人以上いる人ベース									
1 会長	N= 211	31.3	64.5	4.3	68.7	11.8	19.4	9.0	14.7	27.5	11.8	37.0
2 副会長	N= 204	39.7	51.0	9.3	71.1	7.8	21.1	10.8	12.3	12.7	15.2	49.0
3 会計	N= 209	23.0	71.8	5.3	69.9	9.6	20.6	16.3	12.0	12.9	16.3	42.6
4 庶務	N= 116	31.9	58.6	9.5	69.0	11.2	19.8	10.3	14.7	12.9	15.5	46.6
5 区長	N= 54	37.0	40.7	22.2	66.7	11.1	22.2	9.3	7.4	11.1	16.7	55.6
6 監事	N= 201	55.2	24.9	19.9	64.7	6.0	29.4	8.0	6.5	6.5	12.9	66.2

＊Q10Aで1名以上の場合
Q10E　役員の主たる就業状況（副業は除く）（ひとつだけ）

		引退	現役	主婦	わからない
	回答者かつ各役職が1人以上いる人ベース				
1 会長	N= 211	59.7	29.4	0.9	0.9	9.0
2 副会長	N= 204	38.7	37.7	2.9	1.0	19.6
3 会計	N= 209	41.1	38.3	10.5	1.0	9.1
4 庶務	N= 116	41.4	37.9	6.0	0.9	13.8
5 区長	N= 54	14.8	33.3	7.4	7.4	37.0
6 監事	N= 201	36.8	31.8	4.5	1.5	25.4

＊Q10Aで1名以上の場合
Q10F　役員の主たる職業（引退の場合は現役時の主たる職業をお答え下さい）（ひとつだけ）

		農林漁業	商業自営	工業自営	勤務（常勤）	勤務（パート、派遣）	自由業	専業主婦	わからない
	回答者かつ各役職が1人以上いる人ベース								
1 会長	N= 211	8.5	9.5	2.8	56.4	2.8	4.7	0.9	3.3	10.9
2 副会長	N= 204	6.4	9.3	1.0	50.0	2.5	3.9	2.5	2.0	22.5
3 会計	N= 209	4.8	8.1	1.0	52.2	5.3	1.9	6.7	3.8	16.3
4 庶務	N= 116	6.9	3.4	0.9	52.6	0.9	4.3	8.6	2.6	19.8
5 区長	N= 54	7.4	5.6	1.9	24.1	0.0	3.7	5.6	20.4	31.5
6 監事	N= 201	5.0	5.5	2.0	48.3	2.5	3.5	2.5	4.5	26.4

Q11.1 どのようにして会長に選ばれましたか。(ひとつだけ)
全体ベース N= 231

1 総会で立候補	4.3
2 総会の話し合いで推された	28.1
3 役員会での互選	29.0
4 選考委員会等による推薦	10.4
5 前会長からの指名	20.8
6 持ち回り(当番制)	1.3
7 抽選(くじ引き)	0.4
8 その他	2.6
	3.0

Q11.2 町会役員(班長を除く)はどのように選ばれましたか。(ひとつだけ)
全体ベース N= 231

1 総会で立候補	3.9
2 総会の話し合い	38.5
3 新会長からの指名	24.2
4 選考委員会等による推薦	16.5
5 前会長からの指名	6.1
6 持ち回り(当番制)	2.6
7 抽選(くじ引き)	0.4
8 その他	3.9
	3.9

Q12 会長の1任期は何年ですか。(ひとつだけ)
全体ベース N= 231

1 半年	0.0
2 一年	9.5
3 二年	81.0
4 三年以上	3.9
5 決まっていない	5.6
6 わからない	0.0

*Q12で1~4の場合
Q12A 複数の任期にわたって会長職を務めることは会則等で認められていますか。(ひとつだけ) 任期が決まっている人ベース N= 218

1 認められていない	0.5
2 認められている	75.2
3 決まりはないが1期のみが普通	0.9
4 決まりはないが複数任期になることが多い	21.1
	2.3

Q13 町会の(総会で提案される)予算案はどのように作成されていますか。(ひとつだけ)
全体ベース N= 231

1 会長がすべて作成	3.9
2 会長が素案を示し役員会で審議の上、作成	26.8
3 担当役員がすべて作成	6.5
4 担当役員が素案を示し役員会で審議の上、作成	45.5
5 役員会で協議して一から作成	14.7
6 作成していない	0.4
7 その他	0.9
	1.3

Q14 町会の1年間の財政規模(一般会計)と、収入・支出の内訳をご記入下さい。

A. 収入 回答者ベース 千円

1 総額	N= 194	1,758
2 会費	N= 197	941
3 市からの助成金や補助金	N= 183	145
4 公園や街路樹の管理費	N= 66	11
5 地域ねぶたの寄付金	N= 58	6
6 広報紙等の配布手数料	N= 66	5
7 資源・廃品回収やバザーの売上げ	N= 77	48
8 コミセン・集会所等の使用料	N= 73	34
9 事務所や住民からの寄付	N= 68	40
10 その他	N= 104	103
11 前年度繰越金	N= 184	679

B. 支出 千円

1 総額	N= 187	1,532
2 役員手当て	N= 173	126
3 会議・事務費	N= 184	137
4 祭典・文化費	N= 187	165
5 祭典・文化費の内、地域ねぶたの経費	N= 69	43
6 祭典・文化費以外の事業費	N= 185	229
7 寄付(募金)・負担金	N= 157	139
8 地域団体への補助・助成金	N= 157	124
9 共同施設・設備維持管理費	N= 121	228
10 その他	N= 116	197
11 次年度繰越金	N= 176	683

Q15 町会本体の日々の会計支出はどのにされていますか。必要な書類と手続きのそれぞれについてお答え下さい。

Q15.1 必要な書類(いくつでも)
全体ベース N= 231

1 請求書や領収書	96.5
2 会長等への支出伺い	35.5
3 その他	6.5
4 なし	0.4
	0.9

Q15.2 支出の手続き(ひとつだけ)
全体ベース N= 231

1 会長が承認の上、会計担当役員が支出	65.8
2 役員会が承認の上、会計担当役員が支出	16.5
3 会計担当役員が承認、会計担当委員会が支出	8.7
4 会長が承認、会長が支出	1.3
5 役員会が承認の上、会長が支出	0.4
6 その他	6.5

Q16.1 日赤や共同募金会等への寄付金にはどのように対応されていますか。(ひとつだけ)
全体ベース N= 231

1 割り当て分を全額納めている	26.8
2 割り当て分のほとんどを納めている	19.5
3 割り当て分の一部のみ納めている	6.1
4 会員から集まった額だけ納めている	39.8
5 一切、納めていない	0.9
6 その他	4.3
	2.6

Q16.2 連合町会等組織への負担金にはどのように対応されていますか。(ひとつだけ)
全体ベース N= 231

1 割り当て分を全て納めている	97.4
2 納めていない分もある	0.0
3 ほとんど納めていない	1.3
4 一切、納めていない	0.0
5 その他	0.4
	0.9

Q17 町会費はどのように集めていますか。
Q17.1 一般世帯(ひとつだけ)
全体ベース N= 231

1 各世帯から平等に(同額)集めている	75.3
2 各世帯の状況で差のある額を集めている	22.1
3 その他の基準で集めている	2.2
4 集めることになっていない	0.0
	0.4

Q17.2 事業所(ひとつだけ)
全体ベース N= 231

1 各事業所から平等に(同額)集めている	26.0
2 各事業所の状況によって差のある額を集めている	18.6
3 その他の基準で集めている	2.2
4 集めることになっていない	9.1
5 そもそも事業所がない	15.2
	26.4

*Q17.1かQ17.2で1~3の場合
Q17.3 町会費をどのようにして集めているか(いくつでも)
町会費を集めている人ベース N= 231

1 町会役員が各戸に集金にまわる	17.3
2 役員以外の担当者(班長など)が集金する	80.1
3 各戸が町会役員に持参する	2.6
4 銀行振り込み/郵便振替	6.5
5 マンション等の不動産業者と契約	6.1
6 その他	4.8
	3.0

Q18 それでは、ひと月の会費は平均して1世帯、1事業所あたりいくらですか
(差額徴収の場合は直近の月の会費総額を全加入世帯数で割った平均額と、それぞれの額を記入してください)
回答者ベース

A. 1世帯あたりの月額(平均)	N= 205	497 円
B. 1事業所あたりの月額(平均)	N= 103	956 円

Q19　この10年間に、町会で特別会計を組み、何か事業をされたこと(されていること)はありますか。(いくつでも)

全体ベース N= 231

1 集会所の新築・改築	17.3
2 街頭炉の新設・補修	7.8
3 その他	30.3
4 ない	44.2
5 わからない	1.3
	5.2

Q20　町会会計の収支決算報告や事業報告をどのようなかたちで行なっていますか。(いくつでも)

全体ベース N= 231

1 総会で報告	96.5
2 役員会で報告	52.4
3 監事に報告	41.1
4 決算の概算書を会員に送付する	29.4
5 その他	7.8
6 報告はしない	0.0
	2.2

Q21　あなたの町会がある地域には次のような組織や団体がありますか。
Q21A　もしある場合には、それぞれの組織・団体の最小の単位をお教えください。(ひとつだけ)

全体ベース N= 231

	町会	町会組織単位の別	連合町会	連合町会組織の単位別	地区協議会	地区協議会組織単位の別	その他の地域組織	実施していない	わからない
1 子供会育成会	32.5	8.7	1.7	1.7	2.6	1.7	3.5	12.1	3.5	32.0
2 民生・児童委員会	22.9	9.5	8.2	3.0	21.2	5.6	2.6	3.0	1.3	22.5
3 少年補導委員会	2.2	1.3	3.9	2.2	4.8	3.0	4.8	19.9	7.4	50.6
4 体育振興会	3.9	1.3	3.0	1.7	3.0	0.4	1.7	26.0	6.5	52.4
5 防犯協会	16.5	10.0	7.8	3.9	16.5	4.3	7.8	6.1	1.7	25.5
6 消防団(分団)	13.9	10.0	5.2	1.7	5.6	3.0	14.3	9.1	3.0	34.2
7 社会福祉協議会	13.4	6.9	13.4	5.2	29.9	3.9	1.7	1.7	0.0	23.8
8 婦人会	24.2	11.3	0.9	1.3	1.3	1.3	3.0	16.5	1.7	35.5
9 青年団	3.5	2.6	0.0	0.0	0.4	0.9	1.3	29.0	7.4	55.8
10 老人クラブ	32.9	20.8	0.9	0.0	2.6	2.6	1.3	3.9	9.1	0.0	23.8
11 商工会・商店会	1.3	3.0	0.9	0.4	1.3	1.3	2.6	28.1	4.3	56.7
12 農協・漁協	2.6	1.3	1.3	0.9	0.4	0.9	6.9	23.8	6.9	53.0
13 生協	2.2	0.0	0.4	0.0	0.4	0.4	4.3	26.8	6.5	59.3
14 氏子会・檀家組織	13.0	8.7	0.4	0.4	0.9	1.3	6.9	16.0	5.2	47.6
15 講	0.9	1.3	0.0	0.4	0.0	0.0	0.0	1.3	8.2	61.0
16 ねぶたの会(団体)	7.4	4.3	1.3	0.9	0.4	0.4	3.5	25.1	3.5	53.7
17 その他	0.9	0.9	0.0	0.9	0.4	0.4	0.0	5.2	0.9	89.2

Q22　あなたの町会には集会施設がありますか。(いくつでも)

全体ベース N= 231

1 町会独自の集会所がある	39.0
2 他の町会と共有の集会所がある	15.2
3 他の団体と共有の集会所がある	7.4
4 公民館等利用している施設が周りにある	38.1
5 その他	10.0
6 集会所はなく、利用できる施設も周りにない	4.3
	0.9

＊Q22での1の場合
Q22A　町会独自の集会所についてお答え下さい。
Q22A.1　建物はどなたが所有している財産ですか(登記の有無は問いません)。(ひとつだけ)

独自に集会所がある人ベース N= 90

1 町会の共有財産(個人名義の場合を含む)	66.7
2 青森市	23.3
3 個人の私有財産	2.2
4 その他	5.6
	2.2

Q22A.2　建物が建っている土地はどなたの財産ですか。(ひとつだけ)

独自に集会所がある人ベース N= 90

1 町会の共有財産(個人名義の場合を含む)	27.8
2 青森市の財産	44.4
3 青森県の財産	7.8
4 国有の財産	0.0
5 個人の私有財産	7.8
6 法人の財産	3.3
7 その他	3.3
	5.6

Q22A.3　その集会所の利用状況はどのようですか。(ひとつだけ)

独自に集会所がある人ベース N= 90

1 容量の限度まで利用されている	13.3
2 容量の範囲内で十分に利用されている	71.1
3 あまり利用されていない	14.4
4 ほとんど利用されていない	1.1
5 わからない	0.0
6 その他	0.0

Q23　町会独自の会報を発行していますか。(ひとつだけ)

全体ベース N= 231

1 毎月2回以上発行している	2.6
2 原則として毎月1回発行している	9.5
3 年に数回発行している	22.9
4 年に1回発行している	3.9
5 発行しない年もあるが、時々発行している	4.8
6 発行していない	53.2
	3.0

Q24　地方議会の議員選挙のときに、町会として推薦や応援をしていますか。
Q24.1　現在(ひとつだけ)

全体ベース N= 231

1 いつも推薦している	2.6
2 推薦することもある	4.3
3 推薦はしないが応援はいつもしている	9.5
4 推薦はしないが応援することはある	20.3
5 何もしていない	60.6
6 わからない	1.3
	1.3

Q24.2　過去(ひとつだけ)

全体ベース N= 231

1 いつも推薦していた	2.6
2 推薦することもあった	8.2
3 推薦はしないが応援はいつもしていた	10.4
4 推薦はしないが応援することもあった	18.2
5 何もしていなかった	45.9
6 わからない	11.3
	3.5

Q25　あなたの町会では、役所からの広報配布や依頼業務についてどう対処していますか。(ひとつだけ)

全体ベース N= 231

1 当然のこととして積極的に協力している	47.6
2 果たすべき義務として協力している	39.0
3 最低限のことのみ協力している	8.7
4 原則として協力していない	3.5
	1.3

Q26　今後の町会などの地域住民組織が果たすべき役割について、どのように考えていますか。(ひとつだけ)

全体ベース N=231	さらに促進	このまま継続	見直し	とりやめ	検討実施に向けて	今後もやらない	わからない	その他
1 日常的な防犯対策	20.8	46.8	3.0	0.0	10.0	1.7	8.2	0.9	8.7
2 日常的な防火対策	14.7	38.1	2.6	0.0	15.6	3.5	9.1	0.9	15.6
3 自然災害等緊急時の備え	15.6	23.8	6.5	0.0	24.2	4.3	13.4	0.9	13.0
4 会員間での交流促進	25.1	45.0	4.8	0.0	7.4	0.9	4.3	0.9	11.7
5 行政等への陳情・依頼	19.0	55.0	1.7	0.4	4.8	2.6	4.3	1.7	10.4
6 行政からの依頼仕事	4.3	72.7	5.2	0.0	2.2	0.0	5.2	0.0	10.4
7 日赤・共同募金への協力	5.2	70.6	13.4	1.7	0.4	0.4	2.6	0.0	5.6
8 警察・交番との連携・調整	18.2	72.7	1.3	0.0	0.9	0.9	0.9	0.0	5.2
9 学校との連携・調整	16.0	72.7	0.9	0.0	0.4	0.9	2.6	0.0	6.5
10 民生委員との連携	22.9	65.8	1.7	0.0	1.3	0.4	1.7	0.4	5.6
11 NPO等組織との連携の推進	1.7	16.9	3.0	0.4	7.8	7.4	41.6	1.7	19.5
12 企業との連携・調整	1.3	22.1	2.6	0.4	3.0	13.4	34.6	1.3	21.2
13 高齢者の福祉	25.5	48.1	4.3	0.4	5.2	0.9	9.1	0.0	6.5
14 障害者の福祉	16.9	37.7	6.1	0.4	6.9	2.6	17.3	0.0	12.1
15 青少年の健全育成	18.2	46.8	3.9	0.4	5.2	1.3	11.7	0.0	12.6
16 ねぶた製作	1.3	13.9	1.3	0.0	3.0	37.2	15.6	3.0	24.7
17 ねぶた祭の運行	2.6	18.6	2.2	0.0	2.2	36.8	13.9	3.0	20.8
18 雪のかたづけ	16.5	45.9	6.1	0.4	8.2	4.3	6.9	1.3	10.4
19 冠婚葬祭	2.6	34.2	6.5	0.9	6.5	15.2	15.6	1.7	16.9
20 運動会やスポーツ大会の開催	6.1	22.1	3.0	0.4	7.4	22.5	18.6	1.3	19.0
21 公民館運営への協力	10.8	48.5	0.9	0.0	1.7	7.4	14.7	0.9	15.6
22 開発計画・事業への参加・関与	3.0	17.7	1.7	0.0	4.3	16.0	33.8	2.2	20.8
23 市議会へ代表者を送ること	3.5	6.5	0.9	0.4	3.9	28.6	35.5	3.5	17.3
24 その他	0.0	0.0	0.0	0.0	0.0	0.4	4.8	1.3	93.1

Q27　あなたの町会では、ここ数年、地域生活を営む上で困った問題がありましたか(現在、あります)か。(いくつでも)
　　　　ある場合には、そうした問題について、解決や改善のために何らかの働きかけを行ないましたか。(いくつでも)

全体ベース N=231	困った問題がある	各ベース	役所の担当課・公社等に対して公式に依頼	役所の知り合いに働きかけ	役所の幹部に働きかけ	市会議員に働きかけ	議員以外の地域の有力者に働きかけ	他の地域団体・町会連合会を含むに働きかけ	警察・交番に相談	町会の自力で対応
1 住宅の建て込み等の住宅問題	16.0	N=37	24.3	0.0	0.0	2.7	2.7	18.9	8.1	27.0
2 ゴミ処理の問題	77.5	N=179	36.9	3.4	0.6	2.8	1.7	8.9	3.4	53.1
3 商売・スーパー等の買い物施設の不足	17.3	N=40	10.0	0.0	0.0	2.5	2.5	2.5	2.5	0.0
4 開発による住環境や自然環境の悪化	12.6	N=29	44.8	0.0	0.0	6.9	3.4	3.4	3.4	10.3
5 治安・少年非行・風紀の悪化	24.7	N=57	19.3	5.3	0.0	1.8	5.3	10.5	66.7	7.0
6 移動や交通の問題	37.7	N=87	67.8	3.4	5.7	11.5	1.1	16.1	2.3	5.7
7 保育園・学校等育児・教育施設の不足	11.7	N=27	33.3	7.4	0.0	0.0	0.0	7.4	0.0	0.0
8 公園・運動場・体育施設等の不足	13.9	N=32	21.9	9.4	3.1	3.1	0.0	9.4	0.0	3.1
9 集会所等文化交流施設の不足・老朽化	22.5	N=52	55.8	1.9	0.0	9.6	1.9	7.7	0.0	9.6
10 病院等医療・福祉施設の不足	12.1	N=28	17.9	10.7	0.0	3.6	3.6	7.1	0.0	0.0
11 都市型災害に対する基盤整備の不足	16.0	N=37	43.2	8.1	2.7	2.7	0.0	8.1	2.7	5.4
12 住民間のトラブル	22.1	N=51	19.6	3.9	0.0	0.0	2.0	21.6	33.3
13 民間企業とのトラブル	9.1	N=21	9.5	0.0	0.0	4.8	0.0	4.8	9.5	33.3
14 行政とのトラブル	10.4	N=24	29.2	4.2	0.0	12.5	0.0	4.2	0.0	20.8
15 商店や工場を経営していく上での障害	7.4	N=17	17.6	5.9	0.0	0.0	0.0	0.0	0.0	5.9
16 土地問題(土地利用規制や共有地)	11.7	N=27	25.9	0.0	0.0	0.0	0.0	3.7	3.7	18.5
17 雪の処理	67.5	N=156	71.2	3.8	1.9	4.5	1.9	7.7	1.9	24.4
18 その他	0.4	N=1	0.0	0.0	0.0	0.0	0.0	0.0	0.0	0.0

	各ベース	町会のまとまり等を生かし問題解決	町会とは別に、問題解決のためのNPO等を組織	その他	具体的に何もしていない
1 住宅の建て込み等の住宅問題	N= 37	2.7	0.0	8.1	27.0
2 ゴミ処理の問題	N= 179	1.7	0.0	0.6	2.2	5.0
3 商売・スーパー等の買い物施設の不足	N= 40	0.0	0.0	2.5	75.0	7.5
4 開発による住環境や自然環境の悪化	N= 29	3.4	0.0	3.4	37.9
5 治安・少年非行・風紀の悪化	N= 57	0.0	0.0	5.3	5.3
6 移動や交通の問題	N= 87	0.0	0.0	3.4	2.3
7 保育園・学校等育児・教育施設の不足	N= 27	0.0	0.0	11.1	40.7
8 公園・運動場・体育施設の不足	N= 32	3.1	0.0	6.3	37.5	3.1
9 集会所等文化交流施設の不足・老朽化	N= 52	1.9	0.0	0.0	23.1	1.9
10 病院等医療・福祉施設の不足	N= 28	3.6	0.0	7.1	50.0	3.6
11 都市型災害に対する基盤整備の不足	N= 37	0.0	0.0	5.4	24.3	5.4
12 住民間のトラブル	N= 51	3.9	0.0	3.9	15.7	5.9
13 民間企業とのトラブル	N= 21	0.0	0.0	4.8	38.1
14 行政とのトラブル	N= 24	0.0	0.0	4.2	33.3	4.2
15 商店や工場を経営していく上での障害	N= 17	0.0	0.0	5.9	64.7
16 土地問題(土地利用規制や共有地)	N= 27	0.0	0.0	3.7	44.4	11.1
17 雪の処理	N= 156	1.9	0.0	0.6	0.6	5.8
18 その他	N= 1	0.0	0.0	0.0	0.0	100.0

IV あなたの町会の防犯活動についてお尋ねします。

Q28　あなたの町会の周辺におけるこれまでと現在(ここ数年)の犯罪の発生状況・危険性と今後の傾向についてどのようにお考えですか。

Q28A　これまで(ひとつだけ)

	全体ベース N= 231	くまなっていた	どほなといん	ないあまり	多い	非常に多い	多い	わからない
1 自転車バイクの盗難・破損		11.3	17.3	35.9	8.7	0.4	6.1	20.3
2 車上荒らし・自動車破損		14.7	26.0	25.1	3.5	0.4	6.5	23.8
3 落書きや器物の損壊		13.0	26.8	26.0	4.8	0.4	4.8	24.2
4 不審者の侵入		16.0	26.0	22.5	0.4	0.0	8.7	26.4
5 空き巣狙い		15.2	26.4	21.6	3.0	0.0	9.1	24.7
6 放火・不審火		29.4	23.8	13.0	0.9	0.0	4.8	27.3
7 詐欺(サギ)		18.2	23.8	17.3	0.4	0.4	13.0	26.8
8 悪徳商法		13.9	22.5	24.7	1.3	0.0	13.0	24.7
9 すり・ひったくり		22.9	23.8	13.0	0.9	0.0	12.1	27.3
10 下着等洗濯物の盗難		22.5	26.0	12.6	0.0	0.0	11.7	27.3
11 痴漢・変質者		18.6	26.4	20.8	0.0	0.0	8.7	25.5
12 ストーカー		23.8	23.8	11.7	0.0	0.0	13.0	27.7
13 恐喝・脅迫		22.5	26.4	11.7	0.4	0.0	11.7	27.3
14 暴行・傷害・強盗		20.8	25.1	14.3	0.0	0.0	11.3	28.1
15 不法なゴミ捨て		5.2	8.2	29.0	31.2	11.3	3.5	11.7
16 その他		0.4	3.0	2.2	0.4	0.0	2.2	91.3

Q28B　現在(これまでと比べて)(ひとつだけ)

	全体ベース N= 231	著しく減った	減った	変わらない	増えた	著しく増えた	いわからない
1 自転車バイクの盗難・破損		3.9	9.5	43.7	3.0	0.0	10.0	29.9
2 車上荒らし・自動車破損		3.0	6.5	42.4	2.2	0.0	9.5	36.4
3 落書きや器物の損壊		3.5	7.8	44.6	0.4	0.0	7.4	36.4
4 不審者の侵入		1.7	4.3	44.2	0.9	0.0	10.4	38.5
5 空き巣狙い		3.0	6.1	43.3	0.4	0.0	11.7	35.5
6 放火・不審火		3.9	3.9	44.6	0.4	0.0	8.2	39.0
7 詐欺(サギ)		2.2	3.9	39.8	0.0	0.0	15.2	39.0
8 悪徳商法		2.2	5.6	38.5	2.2	0.0	14.3	37.2
9 すり・ひったくり		3.5	2.6	39.4	0.0	0.0	14.7	39.8
10 下着等洗濯物の盗難		2.2	3.0	41.6	0.0	0.0	13.9	39.4
11 痴漢・変質者		2.6	4.8	42.4	0.0	0.0	12.1	37.7
12 ストーカー		1.3	3.9	39.8	0.0	0.0	15.2	39.8
13 恐喝・脅迫		1.7	4.8	40.3	0.0	0.0	14.7	38.5
14 暴行・傷害・強盗		2.2	5.2	39.4	0.0	0.0	15.6	38.1
15 不法なゴミ捨て		1.7	13.4	46.3	10.8	2.2	3.5	22.1
16 その他		0.9	0.9	6.1	0.0	0.4	1.3	90.5

Q28C　これから（現在と比べて）（ひとつだけ）

全体ベース N=231

	著しく減る	減る	変わらない	増える	著しく増える	わからない
1 自転車バイクの盗難・破損	0.4	9.1	36.4	4.3	0.0	16.9	32.9
2 車上荒らし・自動車破損	1.3	6.1	35.9	4.3	0.0	15.6	36.8
3 落書きや器物の損壊	1.3	7.8	36.4	3.0	0.0	14.7	36.8
4 不審者の侵入	0.4	5.6	34.2	3.9	0.0	16.0	39.0
5 空き巣狙い	0.9	7.4	33.8	3.0	0.0	16.9	38.1
6 放火・不審火	2.6	5.6	34.2	1.7	0.0	16.0	39.8
7 詐欺（サギ）	0.9	4.3	32.5	2.6	0.0	19.5	39.8
8 悪徳商法	0.9	5.6	30.7	6.1	0.4	18.6	37.7
9 すり・ひったくり	0.9	5.2	33.3	1.7	0.4	18.2	40.3
10 下着等洗濯物の盗難	0.9	5.6	33.8	1.3	0.0	18.2	39.8
11 痴漢・変質者	0.4	5.6	33.3	4.3	0.4	18.6	37.7
12 ストーカー	0.4	5.6	32.0	3.0	0.0	19.5	39.4
13 恐喝・脅迫	0.9	5.6	32.0	2.6	0.0	19.5	39.4
14 暴行・傷害・強盗	0.9	5.6	32.0	3.5	0.0	19.9	38.1
15 不法なゴミ捨て	1.7	12.6	37.7	11.7	1.7	11.7	22.9
16 その他	0.0	0.9	4.3	0.0	0.0	3.0	91.8

Q29　あなたの町会では、防犯のためにどのような組織的な取り組みをしていますか。（防犯パトロールを除く）（いくつでも）

全体ベース N=231

1 地域の犯罪発生や、不審者の出没状況の情報の共有（回覧板など）	52.8	5 声かけの実施	35.1
2 防犯マップの作成	3.9	6 公園等の見通し、見晴らしの改善	6.9
3 防犯灯・街路灯の設置	60.2	7 不審者に遭遇したときの連絡先・駆け込み先	27.7
4 監視カメラの設置	0.9	8 その他	6.1
			12.1

Q30　あなたの町会の周辺で、過去数年、治安の不安を感じさせてきたのはどのようなことですか。また現在はどうなっていますか。そして、そうした問題に対して住民の方々で何か対策をとっていますか。
Q30A　過去数年の状況（ひとつだけ）
Q30B　現在の状況がもたらす不安（ひとつだけ）
Q30C　自主的な対応や対策（ひとつだけ）

全体ベース N=231

	過去数年の状況				現在の状況がもたらす不安				自主的な対応・対策		
	大いに問題あり	やや問題あり	あまり問題なし	問題なし	大いに不安あり	やや不安あり	あまり不安なし	不安なし		行っている	行っていない
1 路上や空き地のゴミの散乱	14.7	33.8	23.8	9.5	18.2	10.4	29.4	28.1	11.3	20.8	50.2	26.4	23.4
2 自動車、バイク、自転車の不法放置	12.6	32.9	24.7	11.3	18.6	10.4	28.6	26.4	13.9	20.8	31.2	43.3	25.5
3 不審者の出没	1.3	12.1	32.5	24.7	29.4	1.7	15.6	29.4	20.3	29.4	14.3	50.2	35.5
4 不良のたまり場	1.7	8.2	28.6	31.2	30.3	1.7	7.8	32.9	26.8	30.7	10.4	54.1	35.5
5 深夜の暴走族	4.3	11.3	26.8	29.0	28.6	3.0	10.8	29.9	26.4	29.9	6.5	58.9	34.6
6 害悪のあるチラシやビラ	1.3	6.5	30.7	30.7	30.7	0.4	6.5	29.4	32.0	31.6	5.2	58.9	35.9
7 わいせつなビデオ・雑誌の自販機	0.0	4.3	18.6	46.3	30.7	0.4	5.6	19.0	43.3	31.6	4.3	58.9	36.8
8 深夜営業の店舗	0.0	3.0	22.1	44.6	30.3	0.9	4.8	21.6	42.4	30.3	3.0	61.5	35.5
9 町内のよくわからない住民	1.3	7.8	30.7	29.4	30.7	1.3	9.5	29.9	27.7	31.6	10.8	52.8	35.5
10 その他1	0.4	0.4	3.5	2.6	93.1	0.0	0.4	4.3	3.0	92.2	1.3	6.5	92.2
11 その他2	0.0	0.0	0.9	4.3	94.8	0.0	0.0	3.0	2.2	94.8	0.4	5.2	94.4

Q31　地域での防犯活動について、あなたの町会では、独自の取り組みをされていますか。
また、町会以外で、防犯活動に取り組んでいる地域団体はありますか。

Q32　安全・安心なまちづくりについて、あなたの町内会の周辺でこれまで行政や警察はどのような取り組みをしてきましたか。
そして、そうした活動の現状に対してあなたはどのように評価していますか。

Q32A　これまで（ひとつだけ）

全体ベース N=231

		非常に積極的に取り組まれてきた	積極的に取り組まれてきた	あまり取り組まれていない	取り組まれていない	わからない
1 防犯灯・街路灯の整備	行政	21.2	54.1	7.8	2.2	3.0	11.7
	警察	3.5	15.2	9.5	12.6	13.9	45.5
2 監視カメラの設置・整備	行政	0.4	0.9	3.9	38.5	14.7	41.6
	警察	0.9	2.2	4.3	34.2	15.6	42.4
3 犯罪発生状況の情報提供	行政	3.5	10.0	14.7	13.4	13.0	45.5
	警察	11.7	45.9	10.4	3.9	6.5	21.6
4 護身の知識・技術の提供	行政	0.9	1.7	11.3	27.7	16.5	42.0
	警察	1.7	6.1	13.0	26.4	15.6	37.2
5 防犯のための講習会の開催	行政	0.4	7.8	18.2	20.3	13.0	40.3
	警察	1.3	18.6	17.3	17.3	11.7	31.2
6 防犯活動のリーダー育成	行政	1.7	5.6	17.7	17.7	17.7	39.4
	警察	2.6	12.6	16.5	15.6	16.9	36.4
7 防犯活動の組織化の支援	行政	3.0	9.5	15.2	11.3	19.5	41.6
	警察	6.5	20.3	14.7	8.7	16.0	34.2
8 防犯キャンペーンの実施	行政	3.0	16.0	16.9	14.7	14.7	40.7
	警察	7.4	28.6	13.0	6.9	10.8	33.3
9 防犯パトロールの強化・連携	行政	3.5	14.3	15.2	12.1	14.3	40.7
	警察	11.3	40.7	9.5	5.2	8.7	24.7
10 自治体の安全・安心条例の制定	行政	0.9	9.1	10.0	10.0	30.7	38.5
	警察	1.7	8.2	10.0	9.1	30.7	40.3

＊Q32Aで1〜3の場合

Q32B　評価（ひとつだけ）

取り組んでいることを認知している人ベース

			良い面の方が多い	どちらかといえば良い	どちらかといえば悪い	悪い面の方が多い	わからない
1 防犯灯・街路灯の整備	行政	N= 192	35.9	44.3	4.2	0.5	2.1	13.0
	警察	N= 65	16.9	53.8	4.6	0.0	13.8	10.8
2 監視カメラの設置・整備	行政	N= 12	8.3	50.0	8.3	0.0	33.3	
	警察	N= 17	11.8	47.1	5.9	0.0	23.5	11.8
3 犯罪発生状況の情報提供	行政	N= 65	15.4	43.1	15.4	3.1	15.4	7.7
	警察	N= 157	30.6	47.1	1.3	0.6	7.6	12.7
4 護身の知識・技術の提供	行政	N= 32	6.3	31.3	18.8	0.0	34.4	9.4
	警察	N= 48	12.5	31.3	14.6	2.1	27.1	12.5
5 防犯のための講習会の開催	行政	N= 61	4.9	44.3	8.2	0.0	29.5	13.1
	警察	N= 92	16.3	43.5	5.4	1.1	19.6	14.1
6 防犯活動のリーダー育成	行政	N= 58	5.2	32.8	19.0	1.7	31.0	10.3
	警察	N= 72	8.3	36.1	16.7	0.0	25.0	13.9
7 防犯活動の組織化の支援	行政	N= 64	6.3	40.6	15.6	0.0	25.0	12.5
	警察	N= 95	15.8	44.2	10.5	0.0	14.7	14.7
8 防犯キャンペーンの実施	行政	N= 83	9.6	44.6	10.8	2.4	19.3	13.3
	警察	N= 113	16.8	51.3	7.1	0.9	11.5	12.4
9 防犯パトロールの強化・連携	行政	N= 76	9.2	46.1	7.9	2.6	19.7	14.5
	警察	N= 142	22.5	50.0	2.1	0.0	10.6	14.1
10 自治体の安全・安心条例の制定	行政	N= 46	2.2	50.0	10.9	0.0	15.2	21.7
	警察	N= 46	4.3	45.7	10.9	0.0	21.7	17.4

Q32a　では、具体的に行政や警察の活動の評価すべき点と課題点についてお教え下さい。

V　あなたの町会の防災活動についてお尋ねします。

Q33　あなたの町会では、大地震等（火災、水害等を含む）が起きたときの対応について具体的に話し合いを行なってきましたか。
（ひとつだけ）

全体ベース N= 231

1 話し合ってきた	37.2
2 話し合っていない	58.0
3 わからない	2.6
	2.2

＊Q33で1の場合

Q33A　具体的に話し合った内容（いくつでも）

話し合いを行ってきた人ベース N= 86

1 心がまえについて	72.1
2 避難の方法、時期、場所について	79.1
3 食料・飲料水について	30.2
4 非常持ち出し品について	27.9
5 住民間の連絡について	64.0
6 家屋の安全度について	22.1
7 地域の災害危険箇所について	39.5
8 その他	3.5

Q34　あなたの町会では、大地震等が起こった場合に備えて、どのような対策をとっていますか。
（いくつでも）

全体ベース N= 231

1 消火器、懐中電灯、医薬品等を準備しておくよう住民に呼びかけている	28.1
2 食料品や飲料水の備蓄を住民にすすめている	14.3
3 家具や冷蔵庫を固定しブロック塀を点検する等、倒壊を防止するよう呼びかけている	7.8
4 地震保険に加入するよう呼びかけている	3.5
5 住民間の連絡方法等を決めている	12.1
6 近くの学校や公園を避難する場所を決めている	50.6
7 防災に関するセミナーや講演を開くなどして啓蒙活動を行なっている	12.6
8 市や消防署が主催している防災訓練や講演に積極的に参加している	26.4
9 高齢者世帯の把握につとめている	46.8
10 その他	2.2
11 とくに何もしていない	27.7
	6.1

Q35　あなたの町会では、防災マップや災害危険予想図（ハザードマップ）等の防災対策資料を持っていますか。
（ひとつだけ）

全体ベース N= 231

1 独自に作成したものを持っている（作成中である）	4.8
2 行政の指導の下で作成したものを持っている（作成中である）	3.9
3 行政が作成したものを持っている（作成中である）	19.9
4 独自に作成し、行政の指導の下で作り直したものを持っている（作成中である）	0.4
5 行政の指導の下で作成し、独自に作り直したものを持っている（作成中である）	1.7
6 行政が作成し、独自に作り直したものを持っている（作成中である）	0.9
7 持っていないが、見たことはある	10.4
8 持っていないが、聞いたことはある	21.2
9 見たことも聞いたこともない	14.7
10 わからない	12.6
	9.5

Q36　あなたの町会や町会連合会、地区協議会では、近年、大地震等を想定した防災訓練を独自に行なっていますか（消防署や市から協力を受ける訓練も含みます）。またその際、住民は参加したり見学したりしていますか。

Q36A　町会単位（ひとつだけ）
Q36B　町会連合会単位（ひとつだけ）
Q36C　地区協議会単位（ひとつだけ）

全体ベース N= 231

	町会単位	単位町会連合会	単位地区協議会
1 行なっており、数多くの会員が参加したり見学したりしている	5.2	5.2	3.5
2 行なっており、一定数の熱心な会員が参加したり見学したりしている	3.5	4.3	3.0
3 行なっているものの、参加や見学をする会員は非常に限られている	8.2	11.3	6.5
4 行なっていないが、いずれ行ないたいと考えている	32.9	11.7	9.5
5 行なっていないし、今後も行なう予定はない	10.4	4.8	5.2
6 その他	0.0	0.4	0.9
	39.8	62.3	71.4

Q37　大地震のさい、あなたの町会のある地域の救援活動では、どのようなアクター（組織や人）が重要な役割を果たすと考えていますか。
Q37A　発生時の救援活動（ひとつだけ）
Q37B　発生後の共同生活（ひとつだけ）

全体ベース N=231	発生時の救援活動					発生後の共同生活				
	非常に重要である	重要である	あまり重要でない	重要ではない	わからない	非常に重要である	重要である	あまり重要でない	重要ではない	わからない
1 個人(個人的な人間関係)	28.6	33.8	1.7	0.9	5.2	29.9	28.1	3.0	0.4	4.3	30.3
2 隣近所・隣組	34.2	37.2	0.9	0.0	3.5	24.2	35.1	35.5	2.6	0.0	2.6	24.2
3 町会	39.4	32.5	4.8	1.7	4.8	16.9	41.1	30.7	4.3	0.9	4.3	18.6
4 連合町会	13.0	25.1	10.0	6.5	10.4	35.1	13.4	26.4	10.4	4.8	9.5	35.5
5 消防団	40.7	25.1	1.7	0.0	4.3	28.1	28.6	25.5	6.1	0.4	5.6	33.8
6 NPO等のネットワーク組織	7.4	20.8	3.0	3.5	20.8	44.6	7.8	21.6	5.2	3.5	18.2	43.7
7 民間企業	3.5	18.2	10.4	2.2	21.6	4.4	18.2	9.5	3.0	19.9	44.6
8 地方自治体	30.3	25.5	3.0	1.3	7.4	32.5	32.0	24.2	3.9	0.4	6.9	32.5
9 消防署	45.0	21.2	2.2	0.0	3.9	27.7	26.4	25.5	6.9	0.4	6.1	34.6
10 警察	41.1	22.5	1.7	0.4	5.2	29.0	25.1	27.7	6.1	1.3	6.1	33.8
11 自衛隊	39.4	19.9	2.2	0.4	5.6	32.5	26.4	25.1	4.8	1.3	7.4	35.1
12 国家	27.7	14.3	4.3	1.3	13.4	39.0	23.8	16.0	4.8	1.7	13.0	40.7
13 その他	2.2	1.7	0.4	0.0	3.9	91.8	1.3	2.2	0.4	0.4	4.8	90.9

VI 青森市の町会の未来についてお尋ねします。

Q38　青森市の町会の未来イメージについて、どのようにお考えですか。(ひとつだけ)　　全体ベース N=231

1 地域社会の役割が高まり、町会のしごとは増える	55.0	4 地域社会の役割は変わらないが、町会のしごとは増える	14.7
2 地域社会の役割が高まるが、町会のしごとは変わらない	11.3	5 その他	1.3
3 地域社会の役割は変わらず、町会のしごとも変わらない	9.5	6 わからない	4.3
			3.9

Q39　これからの市役所行政との関係について、どのようにお考えですか。(ひとつだけ)　全体ベース N=231

1 これまでは関係は強く、これからも強い	56.7
2 これまでは関係が深かったが、これからは弱くなる	14.3
3 これまでも、これからも関係は弱い	9.1
4 これまでは関係が弱かったが、これからは強くなる	7.8
5 わからない	8.7
	3.5

Q40　町会の未来はどんな組織になるとお考えでしょうか。(ひとつだけ)　全体ベース N=231

1 これまで通り、地縁的組織の代表的組織として続く	71.4
2 これまでは関係が深かったが、これからは弱くなる	17.7
3 その他の組織	0.0
4 わからない	6.9
	3.9

V 最後に、町会長さんご自身についてお尋ねします。

F1　会長さんの性別（ひとつだけ）　全体ベース N=231

1 男性	97.8
2 女性	1.7
	0.4

F2　会長さんの年齢（ひとつだけ）　全体ベース N=231

1 20歳代	0.0	5 60歳代	29.0
2 30歳代	0.0	6 70歳代	53.2
3 40歳代	1.3	7 80歳代以上	7.4
4 50歳代	8.7		0.4

F3　会長さんが現在お住まいの家（ひとつだけ）　全体ベース N=231

1 持家（一戸建て）	93.5
2 持家（集合住宅）	1.7
3 公営の借家・住宅	3.9
4 民間の借家・住宅	0.4
5 その他	0.0
	0.4

F4　会長さんの家の家族構成（ひとつだけ）　全体ベース N=231

1 非高齢者のみの核家族世帯	17.3
2 高齢者のみの核家族世帯	32.9
3 非高齢者と高齢者からなる親族世帯	30.3
4 非高齢者の単身世帯	1.3
5 高齢者の単身世帯	2.2
6 二世帯以上がともに居住	12.6
7 その他	1.3
	2.2

F5　会長さんのご家族は、現在お住まいの場所に、いつ頃から住んでいますか。(ひとつだけ)　全体ベース N=231

1 江戸時代以前から	6.9	4 昭和30年代から	10.8	7 昭和60年代から	10.0
2 明治・大正～昭和戦前期から	25.5	5 昭和40年代から	18.6	8 平成7年以降から	5.6
3 昭和20年代から	7.8	6 昭和50年代から	13.0	9 わからない	0.4
			1.3

F6　会長さんの在任年数　回答者ベース N=221　7.4 年目(通算)

F7　会長さんは、町会以外の地域組織・行政組織の役職（理事職）を引き受けていますか。
F7A　現在、引き受けている役職（いくつでも）
F7B　会長就任以前に引き受けたことがある役職（いくつでも）

全体ベース N=231	現在引き受けている	過去引き受けた	全体ベース N=231	現在引き受けている	過去引き受けた	全体ベース N=231	現在引き受けている	過去引き受けた
1 町会役員	—	31.6	10 消防後援会役員	5.6	1.7	19 町内の趣味余暇集団の世話人	7.4	3.9
2 連合町会役員	38.1	5.6	11 消防団役員	1.3	5.2	20 地域ねぶた団体役員	8.7	6.1
3 民生・児童委員	9.1	10.0	12 公園愛護協会役員	6.5	2.2	21 商工会・商店会役員	3.5	5.6
4 PTA役員	6.1	21.6	13 婦人会役員	0.4	1.3	22 行政審議会委員	3.0	3.9
5 社会福祉協議会役員	60.2	15.2	14 老人クラブ役員	17.3	5.2	23 議員後援会役員	8.7	9.1
6 児童福祉協議会役員	4.8	5.2	15 青年団役員	0.4	6.9	24 政治団体役員	3.5	3.0
7 体育振興会役員	3.0	3.9	16 日赤奉仕団役員	5.2	1.7	25 宗教団体役員	6.5	3.5
8 防犯協会役員	34.2	9.5	17 共同募金会役員	23.8	5.2	26 その他	6.5	4.8
9 交通安全協会	28.1	8.7	18 NPO等組織役員	4.3	2.6		0.9	35.5

F10 町会とそれに関連するお仕事は、ご自身の生活のおおよそ何%を占めていると感じていますか。

回答者ベース N= 205　　42.8 %

F10A 町会内の仕事（行政からの依頼仕事を除く）、町会連合会の仕事、行政からの依頼仕事、その他の町外の付き合いを、負担に感じますか。（ひとつだけ）

全体ベース N=231	負担に感じる	負担に感じない
1 町会単位の仕事・付き合い	37.7	45.5	16.9
2 連合町会単位の仕事・付き合い	29.0	50.2	20.8
3 行政からの依頼仕事	25.5	45.5	29.0
4 その他	10.4	22.9	66.7

F11 会長としての正規の仕事以外に個人的に地域活動に関わっていますか。（いくつでも）

全体ベース N=231

1 とくに何もしていない	26.8
2 地域の任意団体が活動しやすいように調整や働きかけをしている	38.1
3 地域の任意団体の活動に積極的に顔を出している	39.0
4 ポケット・マネーで地域の団体や活動を支援している	10.8
5 自らが発起人となって地域イベントを開催している	10.0
6 自らが発起人となって地域組織・NPOなどを立ち上げている	4.3
7 その他	6.9
	8.7

【秋田市町内会・自治会等調査】

I はじめに、あなたの町内会・自治会の全般的な事柄についてご記入下さい。

Q1　町内会の名称

Q2　町内会の所在する地区（ひとつだけ）

全体ベース　N= 576

1 明徳	4.0	16 土崎南	1.6	31 上北手	1.0
2 中通	3.3	17 港北	2.4	32 下北手	1.2
3 築山	6.6	18 新屋	2.8	33 下浜	0.9
4 保戸野	4.0	19 新屋北	1.4	34 金足	1.2
5 八橋	2.6	20 寺内	1.4	35 桜	1.0
6 旭北	4.2	21 将軍野	1.6	36 寺内小区	1.6
7 旭南	3.0	22 太平	1.2	37 大住	2.6
8 川尻	3.6	23 外旭川	3.1	38 御所野	1.9
9 茨島	1.4	24 飯島	3.0	39 岩見三内	1.9
10 牛島	3.0	25 下新城	1.2	40 和田	3.5
11 旭川	4.2	26 上新城	0.7	41 豊岩	0.7
12 広面	4.0	27 浜田	0.2	42 大正寺	0.9
13 東	2.1	28 豊岩	0.5	43 種平	0.7
14 泉	2.3	29 仁井田	5.7	44 戸米川	0.7
15 土崎中央	2.1	30 四ツ小屋	1.2	45 川添	2.1

Q3　町内会の沿革について

Q3.1　町内会の発足した時期（ひとつだけ）

全体ベース　N= 576

1 1940年代以前（戦前からあり、禁止期間もかたちを変えて存続し、講和条約後に再発足）	5.9
2 1940年代以前（戦前からあり、禁止期間にばらばらになったが、講和条約後に再発足）	0.7
3 1940年代以前（戦前からあるが、経緯についてはよくわからない）	22.2
4 1950年代	9.2
5 1960年代	13.4
6 1970年代	19.1
7 1980年代	8.2
8 1990年代	4.9
9 2000年代	4.0
10 わからない	10.1
	2.4

Q3.2　（再）発足のきっかけ（いくつでも）

全体ベース　N= 576

1 講和条約を受けて発足	1.0
2 旧来の町内会から分かれて発足	13.9
3 新来住民によって発足	23.6
4 団地・社宅・マンション等ができて発足	14.1
5 地域の実力者の意向で発足	15.6
6 行政等のすすめで発足	10.4
7 区画整理とともに発足	5.4
8 市町村合併とともに発足	2.6
9 その他	6.4
10 わからない	24.1
	4.3

Q3.3　（再）発足時の主な目的（いくつでも）

全体ベース　N= 576

1 住民同士の親睦をはかるため	72.6
2 町内の生活上の問題を共同解決するため	60.8
3 行政等への働きかけ・陳情のため	35.8
4 行政等との連絡・調整のため	37.3
5 共有地、共有施設の管理のため	15.1
6 マンションや団地の管理組合として	0.7
7 その他	3.0
8 わからない	12.5
	3.3

Q3.4　現在の主な目的（いくつでも）

全体ベース　N= 576

1 住民同士の親睦をはかるため	88.2
2 町内の生活上の問題を共同解決するため	78.1
3 行政等への働きかけ・陳情のため	56.8
4 行政等との連絡・調整のため	59.9
5 共有地、共有施設の管理のため	22.0
6 マンションや団地の管理組合として	1.4
7 その他	3.0
8 何もしていない	0.2
	2.6

Q4　町内会に加入している世帯数等

Q4.1	加入世帯数（事業所を除く）	回答者ベース　N= 571	111.5 戸
Q4.2	加入事業所数	回答者ベース　N= 555	1.9 事業所
Q4.3	町内の区の数	回答者ベース　N= 546	0.7 区
Q4.4	町内の班もしくは隣組の数	回答者ベース　N= 566	8.5 班・組

Q4.5　町内会への世帯加入率（ひとつだけ）

全体ベース　N= 576

1 全戸加入	59.5
2 90%以上加入	28.1
3 70～90%加入	8.7
4 50～70%加入	1.0
5 30～50%加入	0.5
6 30%未満	0.2
7 わからない	0.7
	1.2

Q5　町内会等の「地縁による団体」が、その団体名義で土地建物の不動産登記等ができるよう、法人格取得が可能になりました。「地縁による団体」として法人格を取得していますか。（ひとつだけ）

全体ベース　N= 576

1 取得している（　　年に取得）	13.2
2 取得する予定である	1.6
3 取得する予定はない	73.8
4 取得するかどうか検討中である	4.5
	6.9

Q6　町内会内の状況について

Q6.11　建物・土地の特色（一番多いもの）（ひとつだけ）

全体ベース　N= 576

1 事業所	0.5
2 商店	1.2
3 工場	0.0
4 一戸建て	83.3
5 集合住宅（単身向け）	0.3
6 集合住宅（家族向け）	5.0
7 田畑	2.6
8 その他	1.4
	5.6

Q6.12　建物・土地の特色（二番目に多いもの）（ひとつだけ）

全体ベース　N= 576

1 事業所	3.0
2 商店	4.5
3 工場	0.5
4 一戸建て	4.5
5 集合住宅（単身向け）	12.0
6 集合住宅（家族向け）	20.3
7 田畑	10.9
8 その他	2.6
	41.7

Q6.2 最近10年間くらいの人口の変化(ひとつだけ)

全体ベース N= 576

1 大いに増加	3.8
2 やや増加	10.4
3 あまり変化はない	31.8
4 やや減少	38.7
5 大いに減少	13.7
6 その他	0.2
	1.4

Q6.31 非加入世帯を含む居住世帯の特色(一番多いもの)(ひとつだけ)

全体ベース N= 576

1 非高齢者のみの核家族世帯	14.8
2 高齢者のみの核家族世帯	20.7
3 非高齢者と高齢者からなる親族世帯	39.2
4 非高齢者の単身世帯	3.8
5 高齢者の単身世帯	3.5
6 その他	6.8
	11.3

Q6.32 非加入世帯を含む居住世帯の特色(二番目に多いもの)(ひとつだけ)

全体ベース N= 576

1 非高齢者のみの核家族世帯	8.9
2 高齢者のみの核家族世帯	22.6
3 非高齢者と高齢者からなる親族世帯	15.3
4 非高齢者の単身世帯	4.0
5 高齢者の単身世帯	12.8
6 その他	0.2
	36.3

Q6.4 新旧住民の世帯数の割合(ひとつだけ)

全体ベース N= 576

1 古くからの地付きの世帯がほとんど	30.9
2 古くからの地付きの世帯のほうが多い	28.1
3 同じくらい	6.8
4 外からの新しい世帯のほうが多い	11.6
5 外からの新しい世帯がほとんど	18.6
	4.0

Q6.5 計画的開発(区画整理等)(いくつでも)

全体ベース N= 576

1 最近5年以内に実施	1.9	3 10年以上前に実施	19.3
2 5〜10年前に実施	3.8	4 時期は不明だが実施	6.8
		5 実施していない	50.5
		6 わからない	14.9
			3.6

Q7 あなたの町内会で現在町内会の運営上困っていることがありますか。(いくつでも)
Q7.1 あなたの町内会で現在町内会の運営上困っていることがありますか。(一番困っているもの)(ひとつだけ)
Q7.2 あなたの町内会で現在町内会の運営上困っていることがありますか。(二番目に困っているもの)(ひとつだけ)
Q7.3 あなたの町内会で現在町内会の運営上困っていることがありますか。(三番目に困っているもの)(ひとつだけ)

全体ベース N= 576

	困っていること	一番困っていること	二番目に困っていること	三番目に困っていること
1 町内会のルールを守らない住民の存在	9.0	3.8	1.7	3.5
2 未加入世帯の増加	3.0	0.7	1.2	1.0
3 町内会行事への住民の参加の少なさ	52.4	18.2	20.7	13.5
4 町内会の役員のなり手不足	64.4	32.8	21.7	9.9
5 予算の不足	12.5	5.0	3.8	3.6
6 会員の高齢化	60.8	21.9	19.4	19.6
7 行政との関係(依頼の多さ等)	7.1	0.5	2.3	4.3
8 行政以外の団体との関係(負担金等)	11.1	1.0	4.9	5.2
9 家族世帯の多さによる障害	0.9	0.3	0.2	0.3
10 単身世帯の多さによる障害	2.8	0.5	0.9	1.4
11 構成世帯数の少なさによる障害	3.1	0.7	1.2	1.2
12 加入世帯の家族構成が把握できない	7.3	1.4	2.4	3.5
13 日中、留守の世帯が多い	7.3	0.7	2.8	3.8
14 集会施設がない/狭い/不便	9.4	1.9	3.1	4.3
15 住民間の摩擦	1.7	0.5	0.3	0.9
16 世代間のズレ	4.3	0.2	1.7	2.4
17 役員内のあつれき	0.3	0.0	0.3	0.0
18 政治や選挙の相談・依頼事	0.0	0.0	0.0	0.0
19 運営のための経験や智恵が足りない	3.5	0.7	0.7	2.1
20 町内会の財産をめぐるトラブル	0.2	0.0	0.2	0.0
21 その他	4.5	4.9	1.4	4.0
22 困っていることはない	4.5	2.3	0.5	1.7
	1.9	1.9	8.5	13.5

II 次に、あなたの町内会の活動状況についてお伺いします。

Q8 あなたの町内会では、次のような活動が行なわれていますか。また、それぞれの活動の10年前と現在の全体的な活動状況はどうなっていますか。
Q8A 活動の有無、活動組織(いくつでも)

全体ベース N= 576

	町内会	町内会組織単位の別	連合町内会	別の連合組織町内会単位	その他の地域組織	実施していない	わからない	
1 ごみ処理収集協力	85.8	3.5	1.9	0.5	2.3	3.3	0.7	5.7
2 資源・廃品回収	59.0	9.7	1.2	0.7	9.2	12.8	0.5	9.9
3 バザー	4.2	1.9	4.9	2.8	5.4	53.6	3.8	24.1
4 地域の清掃美化	79.7	4.3	8.7	4.0	3.0	3.3	0.3	6.6
5 防犯パトロール	19.6	5.9	12.7	12.0	13.7	28.6	0.9	14.2
6 防火パトロール	14.6	5.9	7.3	9.2	8.9	39.9	2.1	16.8
7 交通安全対策	33.7	7.5	14.9	16.8	14.4	12.5	1.0	9.7
8 集会所等の施設管理	49.1	1.9	4.5	3.6	4.5	21.2	2.6	14.4
9 街灯等の設備管理	93.2	0.5	0.7	0.2	1.0	1.0	0.3	4.3
10 公園・広場の管理	46.2	2.3	2.8	1.7	6.3	21.0	2.8	20.0
11 私道の管理	22.2	1.6	0.3	0.2	2.6	35.9	13.9	23.6
12 除雪	46.9	3.8	6.1	2.8	14.6	18.8	1.9	11.5
13 乳幼児保育の支援	4.5	1.9	2.1	4.0	8.7	44.3	10.4	25.0
14 学童保育の支援	18.6	4.7	8.0	8.0	12.5	28.6	6.3	19.6
15 青少年教育の育成	19.8	4.2	11.8	9.9	13.5	22.9	4.7	19.6
16 高齢者福祉	35.9	7.1	17.4	21.2	12.2	9.7	2.6	10.2
17 その他	1.9	0.0	0.3	0.3	0.2	0.9	0.9	96.2

＊Q8Aで1～6を選んだ場合
Q8B　10年前の町内での活動状況（ひとつだけ）

		非常に活発に実施されていた	活発に実施されていた	あまり盛んに実施されていなかった	ほとんど実施されていなかった	実施されていない	わからない
	Aで「わからない」「不明」を除いた人ベース						
1　ごみ処理収集協力	N= 539	20.0	49.2	13.9	3.0	3.2	3.9	6.9
2　資源・廃品回収	N= 516	15.5	39.5	17.4	6.0	9.3	4.8	7.4
3　バザー	N= 415	1.0	6.5	7.2	6.5	62.9	9.2	6.7
4　地域の清掃美化	N= 536	16.4	45.1	20.9	3.0	3.0	4.1	7.5
5　防犯パトロール	N= 489	3.3	12.9	20.9	14.3	32.3	7.8	8.6
6　防火パトロール	N= 467	4.3	17.6	17.6	11.6	36.0	7.7	7.1
7　交通安全対策	N= 514	7.4	32.7	23.3	7.0	14.6	7.0	8.0
8　集会所等の施設管理	N= 478	16.7	35.1	7.7	2.1	24.1	5.2	9.0
9　街灯等の設備管理	N= 549	27.9	47.9	9.3	1.6	0.9	4.0	8.6
10　公園・広場の管理	N= 445	15.1	31.0	13.7	4.7	22.0	6.5	7.0
11　私道の管理	N= 360	7.8	15.8	11.7	6.4	41.9	9.4	6.9
12　除雪	N= 499	12.4	26.9	22.8	5.0	16.6	6.0	9.2
13　乳幼児保育の支援	N= 372	0.8	5.4	12.6	11.3	48.9	12.1	8.9
14　学童保育の支援	N= 432	4.2	20.1	18.3	7.2	31.0	10.0	9.3
15　青少年教育・育成	N= 436	4.1	23.9	22.7	7.6	22.7	10.8	8.3
16　高齢者福祉	N= 502	7.0	29.9	23.1	8.0	12.4	8.2	11.6
17　その他	N= 17	0.0	17.6	0.0	11.8	41.2	11.8	17.6

＊Q8Aで1～5を選んだ場合
Q8C　現在の町内での活動状況（10年前と比べて）（ひとつだけ）

		非常に活発化している	活発化している	変わらない	衰退化している	非常に衰退化している	わからない
	Aで「実施している」と答えた人ベース						
1　ごみ処理収集協力	N= 520	25.4	25.6	40.4	1.5	0.0	2.1	5.0
2　資源・廃品回収	N= 442	21.9	27.4	35.5	5.0	1.4	2.5	6.3
3　バザー	N= 106	1.9	24.5	36.8	13.2	1.9	11.3	10.4
4　地域の清掃美化	N= 517	16.8	30.6	38.9	3.1	1.5	3.1	6.0
5　防犯パトロール	N= 324	10.2	38.0	31.8	3.7	0.6	5.2	10.5
6　防火パトロール	N= 237	9.7	27.8	41.8	3.8	1.3	4.6	11.0
7　交通安全対策	N= 442	13.1	29.4	40.3	2.0	1.6	4.8	8.8
8　集会所等の施設管理	N= 356	17.4	28.4	40.4	1.4	0.8	4.5	7.0
9　街灯等の設備管理	N= 543	23.9	25.2	40.5	0.4	0.0	2.4	7.6
10　公園・広場の管理	N= 324	17.9	26.9	39.5	5.2	0.3	4.0	6.2
11　私道の管理	N= 153	15.0	20.9	41.2	5.2	0.7	7.8	9.2
12　除雪	N= 391	17.6	30.9	33.2	3.3	0.5	5.1	9.2
13　乳幼児保育の支援	N= 117	6.0	23.9	38.5	6.0	2.6	14.5	8.5
14　学童保育の支援	N= 267	8.2	27.3	37.5	9.0	2.2	7.5	8.2
15　青少年教育・育成	N= 304	4.3	25.7	41.4	8.9	2.6	8.9	8.2
16　高齢者福祉	N= 446	10.5	37.4	35.7	2.2	0.7	4.3	9.2
17　その他	N= 12	16.7	16.7	16.7	33.3	0.0	0.0	8.3	25.0

Q9　あなたの町内会では、次のような行事が組織的に行われていますか。
　　また、町内会が中心に行なっている活動については「参加対象」と「参加状況」についてもお答え下さい。

Q9A　行事の有無、実施組織（いくつでも）

		町内会が実施	町内会単位の別組織が実施	連合町内会が実施	連合町内会単位の別組織が実施	その他の地域組織が実施	実施していない	わからない
	全体ベース　N= 576							
1　神社祭礼		23.3	11.6	6.6	3.3	10.2	30.7	1.7	14.4
2　盆踊り・夏祭り		22.6	6.3	12.2	5.9	4.5	37.0	0.9	13.2
3　花見		8.2	4.9	1.4	0.5	2.8	60.9	1.9	19.6
4　ナベッコ		8.7	3.0	0.5	0.2	1.4	62.7	2.3	21.2
5　成人式		0.3	0.3	0.5	1.0	5.7	67.9	2.1	22.0
6　葬式		5.9	0.7	0.7	0.2	0.9	66.3	2.6	22.5
7　運動会		10.1	6.3	22.6	17.2	9.2	25.7	0.5	10.6
8　運動会以外の体育活動		10.8	6.9	16.0	21.0	9.5	24.0	0.9	13.7
9　宿泊旅行		4.0	2.8	1.7	1.6	1.9	64.2	2.6	21.5
10　新年会・忘年会		22.9	5.7	8.2	2.8	3.0	43.6	1.6	15.5
11　ラジオ体操		16.1	15.8	5.2	11.1	16.8	22.7	1.4	14.2
12　研修会・講習会		14.1	7.8	13.7	10.8	8.2	31.3	1.7	17.5
13　映画上映・演劇鑑賞		2.3	0.7	1.7	1.7	2.3	64.9	2.8	23.6
14　町内会の総会		93.4	0.9	3.0	0.3	0.2	1.6	0.3	3.1
15　その他		10.6	1.0	0.9	0.2	0.2	0.3	1.0	86.5

*Q9Aで1～5を選んだ場合
Q9B.1　町内会中心の行事の参加対象（ひとつだけ）
Q9B.2　町内会中心の行事の参加程度（ひとつだけ）

		参加対象					参加程度				
Aで「実施している」と答えた人ベース		町内会の全会員（義務）	町内会の全会員（自由参加）	実施組織に属するメンバー	わからない		町内会の会員のほとんどが参加	町内会の会員の半数程度が参加	町内会の会員の一部が参加	町内会の会員のほとんどが参加しない	わからない
1 神社祭礼	N= 306	13.4	45.8	29.4	2.6	8.8	16.0	13.1	51.0	9.5	2.6	7.8
2 盆踊り・夏祭り	N= 282	4.3	75.9	9.6	0.7	9.6	7.4	29.8	47.2	6.0	2.5	7.1
3 花見	N= 101	1.0	55.4	27.7	2.0	13.9	10.9	15.8	51.5	3.0	7.9	10.9
4 ナベッコ	N= 80	6.3	63.8	17.5	0.0	12.5	7.5	20.0	55.0	2.5	6.3	8.8
5 成人式	N= 46	0.0	28.3	26.1	23.9	21.7	6.5	10.9	17.4	15.2	39.1	21.7
6 葬式	N= 47	17.0	42.6	12.8	6.4	21.3	21.3	8.5	38.3	6.4	4.3	21.3
7 運動会	N= 364	4.9	74.5	8.0	0.5	12.1	5.8	15.9	54.4	13.7	1.4	8.8
8 運動会以外の体育活動	N= 354	1.4	74.0	12.1	1.4	11.0	2.8	5.4	61.3	14.1	1.7	14.7
9 宿泊旅行	N= 65	0.0	49.2	26.2	3.1	21.5	1.5	6.2	58.5	7.7	4.6	21.5
10 新年会・忘年会	N= 227	4.0	59.0	18.1	0.9	18.1	7.0	13.7	54.6	6.2	2.2	16.3
11 ラジオ体操	N= 355	1.1	53.0	27.3	2.3	16.3	3.9	4.5	62.0	9.6	3.7	16.3
12 研修会・講習会	N= 285	1.8	58.9	18.9	3.5	18.6	2.8	4.9	61.8	9.1	2.8	18.6
13 映画上映・演劇鑑賞	N= 49	0.0	55.1	22.4	4.1	18.4	2.0	2.0	55.1	14.3	8.2	18.4
14 町内会の総会	N= 547	46.8	43.5	1.1	0.2	8.4	22.7	37.8	31.6	1.6	0.7	5.5
15 その他	N= 70	4.3	78.6	5.7	0.0	11.4	8.6	24.3	58.6	0.0	0.0	8.6

*Q9Aで1～6を選んだ場合
Q9C　10年前の町内での活動状況（ひとつだけ）

Aで「わからない」「不明」を除いた人ベース		非常に活発に実施されていた	活発に実施されていた	あまり盛んに実施されていなかった	ほとんど実施されていなかった	実施されていなかった	わからない
1 神社祭礼	N= 483	8.7	26.7	17.8	4.3	15.1	10.1	17.2
2 盆踊り・夏祭り	N= 495	5.9	30.5	14.5	5.3	18.0	8.1	17.8
3 花見	N= 452	2.0	7.7	10.0	6.6	31.0	10.0	32.7
4 ナベッコ	N= 441	2.9	6.8	8.2	5.9	29.9	10.7	35.6
5 成人式	N= 437	0.5	2.5	2.1	3.0	38.2	14.9	38.9
6 葬式	N= 429	0.9	4.4	3.3	3.5	35.2	12.6	40.1
7 運動会	N= 512	7.4	32.4	14.6	4.5	14.3	7.8	18.9
8 運動会以外の体育活動	N= 492	2.2	26.4	20.1	8.7	13.2	9.1	20.1
9 宿泊旅行	N= 435	0.7	4.1	6.0	5.2	34.9	11.0	37.9
10 新年会・忘年会	N= 478	3.6	17.8	13.2	5.0	24.7	8.6	27.2
11 ラジオ体操	N= 486	3.3	27.8	22.6	5.6	12.1	8.8	19.8
12 研修会・講習会	N= 465	1.1	11.0	25.2	8.0	20.9	9.2	24.7
13 映画上映・演劇鑑賞	N= 423	0.5	0.5	7.1	5.0	36.9	12.1	38.1
14 町内会の総会	N= 556	14.9	48.7	19.2	0.5	1.8	6.1	8.6
15 その他	N= 72	8.3	45.8	11.1	4.2	9.7	4.2	16.7

*Q9Aで1～5を選んだ場合
Q9D　現在の町内での活動状況（10年前と比べて）（ひとつだけ）

Aで「実施している」と答えた人ベース		非常に活発化している	活発化している	変わらない	衰退化している	非常に衰退化している	わからない
1 神社祭礼	N= 306	7.5	14.7	44.4	19.9	3.6	4.9	4.9
2 盆踊り・夏祭り	N= 282	9.9	19.9	37.2	16.0	6.0	3.9	7.1
3 花見	N= 101	5.0	12.9	32.7	23.8	10.9	5.9	8.9
4 ナベッコ	N= 80	6.3	18.8	30.0	23.8	7.5	5.0	8.8
5 成人式	N= 46	2.2	2.2	32.6	10.9	10.9	21.7	19.6
6 葬式	N= 47	6.4	8.5	48.9	10.6	4.3	10.6	10.6
7 運動会	N= 364	5.5	13.2	37.6	18.4	9.1	7.7	8.5
8 運動会以外の体育活動	N= 354	2.8	11.9	38.7	19.5	8.5	6.8	11.9
9 宿泊旅行	N= 65	1.5	6.2	38.5	23.1	4.6	12.3	13.8
10 新年会・忘年会	N= 227	6.2	17.2	46.3	12.3	2.6	3.1	12.3
11 ラジオ体操	N= 355	2.0	12.4	45.1	14.6	6.5	5.6	11.8
12 研修会・講習会	N= 285	3.2	9.1	42.5	14.4	6.0	7.7	17.2
13 映画上映・演劇鑑賞	N= 49	4.1	6.1	38.8	20.4	6.1	14.3	10.2
14 町内会の総会	N= 547	10.4	19.9	51.6	7.1	0.9	3.5	6.6
15 その他	N= 70	8.6	22.9	37.1	8.6	0.0	0.0	22.9

Ⅲ 次に、あなたの町内会の組織構成と機能についてお尋ねします。

Q10 役員(班長・組長は除く)はどのように構成されていますか。また、手当てはありますか。

Q10A 人数

役職	回答者ベース	名	役職	回答者ベース	名
会長	N=552	1.0	庶務	N=440	0.8
副会長	N=539	1.8	部長	N=440	2.5
会計	N=545	1.1	監事	N=514	1.7

＊Q10Aで1名以上の場合

Q10B 役員手当て(定額)(ひとつだけ)
Q10C 活動ごとの手当て(ひとつだけ)
Q10D 手当てと持出しの割合(ひとつだけ)

		手当て(定額)		活動毎手当て		手当てと持出しの割合				
	回答者かつ各役職が1人以上いる人ベース	無し	有り	無し	有り	方が当ての多い	いじぐらい	方持出しの多い	いわからな	
1 会長	N=552	73.0	21.9	5.1	84.6	6.2	9.2	2.9	6.3	31.3	16.3	43.1
2 副会長	N=513	76.8	16.2	7.0	84.8	5.1	10.1	5.1	5.1	17.2	22.6	50.1
3 会計	N=533	71.7	22.3	8.0	84.4	4.1	11.4	5.4	6.4	14.6	24.8	48.8
4 庶務	N=230	75.7	15.2	7.4	83.9	2.6	13.5	1.7	4.3	15.7	23.9	54.3
5 部長	N=260	78.5	13.1	8.5	85.8	6.5	7.7	3.5	5.0	15.8	24.6	51.2
6 監事	N=447	81.9	8.7	9.4	84.8	3.8	11.4	3.4	3.8	12.1	25.7	55.0

＊Q10Aで1名以上の場合

Q10E 役員の主たる就業状況(副業は除く)(ひとつだけ)

		引退	現役	主婦	なわからいか
1 会長	N=552	59.4	32.6	0.9	1.1	6.0
2 副会長	N=513	36.6	44.4	2.1	1.2	15.6
3 会計	N=533	33.6	44.1	13.1	1.1	8.1
4 庶務	N=230	27.4	55.7	4.8	1.3	10.9
5 部長	N=260	20.4	52.3	5.4	1.9	20.0
6 監事	N=447	37.8	40.3	4.0	1.6	16.3

＊Q10Aで1名以上の場合

Q10F 役員の主たる職業(引退の場合は現役時の主たる職業をお答え下さい)(ひとつだけ)

		農林漁業	商業自営	工業自営	勤務(常勤)	勤務(パート、派遣)	自由業	専業主婦	わからない
1 会長	N=552	7.8	8.9	2.2	65.9	2.7	5.4	1.1	2.2	3.8
2 副会長	N=513	4.9	6.4	2.3	62.8	2.7	5.3	2.1	3.7	9.7
3 会計	N=533	3.4	6.2	1.3	59.1	5.8	4.5	9.9	4.3	5.4
4 庶務	N=230	4.8	3.9	1.7	66.1	4.3	2.6	4.3	3.9	8.3
5 部長	N=260	6.9	1.9	0.8	59.2	1.2	4.2	4.6	5.8	15.4
6 監事	N=447	4.7	5.6	2.0	60.6	3.1	5.4	4.0	4.9	9.6

Q11.1 どのようにして会長に選ばれましたか。(ひとつだけ) 全体ベース N=576

1 総会で立候補	1.7
2 総会の話し合いで推された	30.0
3 役員会での互選	13.7
4 選考委員会等による推薦	18.9
5 前会長からの指名	16.3
6 持ち回り(当番制)	9.0
7 抽選(くじ引き)	1.6
8 その他	6.4
	2.3

Q11.2 町内会役員(班長を除く)はどのように選ばれましたか。(ひとつだけ) 全体ベース N=576

1 総会で立候補	1.2
2 総会の話し合い	30.2
3 新会長からの指名	18.4
4 選考委員会等による推薦	20.1
5 前会長からの指名	5.9
6 持ち回り(当番制)	14.1
7 抽選(くじ引き)	1.2
8 その他	6.8
	2.1

Q12 会長の1任期は何年ですか。(ひとつだけ) 全体ベース N=576

1 半年	0.0
2 一年	21.4
3 二年	66.7
4 三年以上	4.3
5 決まっていない	6.4
6 わからない	0.0
	1.2

＊Q12で1～4の場合

Q12A 複数の任期にわたって会長職を務めることは会則等で認められていますか。(ひとつだけ) 任期が決まっている人ベース N=532

1 認められていない	4.5
2 認められている	67.5
3 決まりはないが1期のみが普通	6.8
4 決まりはないが複数任期になることが多い	17.3
	3.9

Q13 町内会の(総会で提案される)予算案はどのように作成されていますか。(ひとつだけ) 全体ベース N=576

1 会長がすべて作成	5.2	5 役員会で協議して一から作成	14.4
2 会長が素案を示し役員会で審議の上、作成	24.1	6 作成していない	1.2
3 担当役員がすべて作成	7.3	7 その他	1.7
4 担当役員が素案を示し役員会で審議の上、作成	45.1		0.9

Q14 町内会の1年間の財政規模（一般会計）と、収入・支出の内訳をご記入下さい。

A. 収入

	回答者ベース	千円
総額	N= 500	1,320
a. 会費	N= 495	580
b. 市からの助成や補助金	N= 491	136
c. 公園や街路樹の管理費	N= 235	22
d. 広報誌等の配布手数料	N= 204	1
e. 資源・廃品回収やバザーの売上げ	N= 237	11
f. コミセン・集会所等の使用料	N= 225	13
g. 事務所や住民からの寄付	N= 245	18
h. その他	N= 290	97
i. 前年度繰越金	N= 475	406

B. 支出

	回答者ベース	千円
総額	N= 489	1,166
a. 役員手当て	N= 343	28
b. 会議・事務費	N= 477	101
c. 祭典・文化費	N= 362	118
d. 祭典・文化費以外の事業費	N= 335	164
e. 寄付(募金)・負担金	N= 456	137
f. 地域団体への補助・助成金	N= 374	96
g. 共同施設・設備維持管理費	N= 406	179
h. その他	N= 343	173
i. 次年度繰越金	N= 452	377

Q15.1 日赤や共同募金への寄付金にはどのように対応されていますか。（ひとつだけ）

全体ベース N= 576

1 割り当て分を全額納めている	49.3
2 割り当て分のほとんどを納めている	24.5
3 割り当て分の一部のみ納めている	5.9
4 会員から集まった額だけ納めている	13.7
5 一切、納めていない	0.7
6 その他	5.2
	0.7

Q15.2 連合町内会等組織への負担金にはどのように対応されていますか。（ひとつだけ）

全体ベース N= 576

1 割り当て分を全て納めている	92.4
2 治めていない分もある	3.3
3 ほとんど納めていない	0.5
4 一切、納めていない	1.0
5 その他	2.1
	0.7

Q16 町内会費はどのように集めていますか。

Q16.1 一般世帯（ひとつだけ）

全体ベース N= 576

1 各世帯から平等に（同額を）集めている	84.0
2 各世帯の状況によって差のある額を集めている	13.0
3 その他の基準で集めている	1.6
4 集めることになっていない	0.3
	1.0

Q16.2 事業所（ひとつだけ）

全体ベース N= 576

1 各事業所から平等に（同額）集めている	21.9
2 各事業所の状況によって差のある額を集めている	5.6
3 その他の基準で集めている	1.7
4 集めることになっていない	7.5
5 そもそも事業所がない	24.5
	38.9

Q17 ひと月の会費は平均して1世帯、1事業所あたりいくらですか。

	回答者ベース	
A. 1世帯あたりの月額（平均）	N= 545	637 円
B. 1事業所あたりの月額（平均）	N= 243	550 円

Q18 この10年間に、町内会で特別会計を組み、何か事業をされたこと（されていること）はありますか。（いくつでも）

全体ベース N= 576

1 集会所の新築・改築	23.6
2 街路灯の新設・補修	25.0
3 その他	21.0
4 ない	42.5
5 わからない	1.4
	2.6

Q19 町内会会計の収支決算報告や事業報告をどのようなかたちで行なっていますか。（いくつでも）

全体ベース N= 576

1 総会で報告	95.0
2 役員会で報告	39.8
3 監事に報告	26.0
4 決算の概算書を会員に送付する	26.9
5 その他	4.7
6 報告はしない	0.3
	0.3

Q20 あなたの町内会には集会施設がありますか。（いくつでも）

全体ベース N= 576

1 町内会独自の集会所がある	44.8
2 他の町内会と共有の集会所がある	11.8
3 他の団体と共有の集会所がある	4.3
4 公民館など、利用している施設が周りにある	26.0
5 その他	10.2
6 集会所はなく、利用できる施設も周りにない	5.4
	1.6

＊Q20で1の場合

Q20A 町内会独自の集会所について以下の問いにお答え下さい。

Q20A.1 建物はどなたが所有している財産ですか（登記の有無は問いません）。（ひとつだけ）

独自に集会所がある人ベース N= 258

1 町内会の共有財産（個人名義の場合を含む）	86.0
2 秋田市	5.4
3 個人の私有財産	1.6
4 その他	5.8
	1.2

Q20A.2 建物が建っている土地はどなたの財産ですか。（ひとつだけ）

独自に集会所がある人ベース N= 258

1 町内会の共有財産（個人名義の場合を含む）	42.6
2 秋田市の財産	31.4
3 秋田県の財産	1.9
4 国有の財産	0.8
5 個人の私有財産	12.4
6 法人の財産	4.7
7 その他	5.4
	0.8

Q20A.3 その集会所の利用状況はどのようですか。（ひとつだけ）

独自に集会所がある人ベース N= 258

1 容量の限度まで利用されている	11.2
2 容量の範囲内で十分に利用されている	72.1
3 あまり利用されていない	13.6
4 ほとんど利用されていない	1.9
5 わからない	0.4
6 その他	0.4
	0.4

Q21　あなたの町内会がある地域には次のような組織や団体がありますか。
Q21A　もしある場合には、それぞれの組織・団体の最小の単位をお教えください。（ひとつだけ）

	町内会で構成されている	町内会単位で構成されている別組織	連合町内会単位で構成されている	連合町内会単位で構成されている別組織	その他の地域組織で構成されている	構成されていない	わからない
全体ベース N=576							
1 子供会育成会	33.2	12.0	10.1	4.9	10.2	3.1	6.8	19.8
2 民生・児童委員会	2.8	7.3	24.8	20.7	18.2	3.0	4.5	18.8
3 少年補導委員会	0.3	2.6	8.7	7.1	10.6	13.2	21.4	36.1
4 体育協会	3.8	6.6	33.3	25.3	12.5	2.3	2.4	13.7
5 防犯協会	5.0	5.2	20.3	19.3	14.4	5.2	8.2	22.4
6 消防団（分団）	2.8	5.2	9.9	13.0	18.9	14.8	9.4	26.0
7 社会福祉協議会	3.0	8.6	33.2	26.4	13.5	2.1	1.2	13.9
8 婦人会	15.1	6.3	10.2	6.1	4.0	18.2	10.9	29.2
9 青年団	5.6	2.8	1.4	0.3	1.7	33.2	16.7	38.4
10 老人クラブ	16.3	8.9	13.2	9.5	8.5	11.5	7.8	24.3
11 商工会・商店会	0.9	1.4	4.0	4.5	8.0	26.7	15.6	38.9
12 農協・漁協	1.2	1.7	1.4	1.2	9.4	28.0	17.4	39.8
13 生協	0.0	0.9	0.3	1.0	6.1	29.0	19.1	43.6
14 氏子会・檀家組織	8.0	5.0	3.0	3.3	13.0	19.3	14.4	34.0
15 講	2.6	2.8	0.2	0.3	2.8	26.6	21.7	43.1
16 市民憲章推進協議会	4.0	5.4	32.6	22.9	9.4	4.2	3.6	17.9
17 その他	0.3	0.2	0.3	1.0	0.0	0.5	1.7	95.8

＊Q21Aで1～5の場合

Q21B　それぞれの組織・団体とあなたの町内会はどのような関係にありますか。（いくつでも）

		町内会が活動に協力	町内会から役員を出している	町内会に役員が出されている	町内会が情報を提供している	町内会に情報を提供している	町内会内に部会を設置している	補助金や負担金を出している	集会所等の施設を使用している	
	各町内会で構成されているものベース									
1 子供会育成会	N=405	66.2	19.0	8.6	10.1	22.0	20.0	51.4	24.9	6.7
2 民生・児童委員会	N=425	43.8	31.8	5.9	18.4	38.8	2.6	5.2	5.6	15.1
3 少年補導委員会	N=169	37.9	21.3	2.4	9.5	25.4	4.7	4.7	5.3	30.2
4 体育協会	N=470	52.3	52.1	5.5	8.3	29.8	13.2	52.8	8.5	8.7
5 防犯協会	N=370	45.7	36.5	2.4	9.5	33.2	6.5	30.3	7.0	13.8
6 消防団（分団）	N=287	35.9	20.6	2.8	7.3	26.8	3.5	32.4	10.5	20.9
7 社会福祉協議会	N=477	52.6	42.8	4.0	15.3	37.7	3.8	53.5	8.4	8.2
8 婦人会	N=240	50.4	20.0	5.0	7.5	20.4	15.4	30.0	19.2	17.9
9 青年団	N=68	55.9	4.4	2.9	8.8	14.7	16.2	26.5	26.5	22.1
10 老人クラブ	N=325	53.8	18.2	4.0	16.3	22.8	9.2	41.2	24.3	16.9
11 商工会・商店会	N=108	27.8	4.6	2.8	7.4	20.4	1.9	2.8	8.3	48.1
12 農協・漁協	N=86	29.1	12.8	3.5	7.0	15.1	1.2	2.3	22.1	39.5
13 生協	N=48	8.3	4.2	2.1	6.3	29.2	0.0	0.0	12.5	56.3
14 氏子会・檀家組織	N=186	41.4	38.2	4.3	7.5	21.0	3.2	22.6	21.0	21.5
15 講	N=50	26.0	8.0	0.0	10.0	18.0	2.0	4.0	26.0	42.0
16 市民憲章推進協議会	N=428	57.0	43.0	3.3	14.0	34.6	10.0	50.7	6.5	9.8
17 その他	N=11	63.6	54.5	0.0	18.2	36.4	9.1	27.3	36.4	9.1

Q22　町内会独自の会報を発行していますか。（ひとつだけ）
全体ベース N=576

1 毎月2回以上発行している	0.3
2 原則として毎月1回発行している	3.3
3 年に数回発行している	19.1
4 年に1回発行している	4.9
5 発行しない年もあるが、ときどき発行している	3.8
6 発行していない	66.7
	1.9

Q23　地方議会の議員選挙のときに、町内会として推薦や応援をしていますか。
Q23.1　現在（ひとつだけ）
全体ベース N=576

1 いつも推薦している	5.7
2 推薦することもある	10.9
3 推薦はしないが応援はいつもしている	8.7
4 推薦はしないが応援することはある	16.1
5 何もしていない	54.5
6 わからない	2.8
	1.2

Q23.2　過去（ひとつだけ）
全体ベース N=576

1 いつも推薦していた	6.8
2 推薦することもあった	13.4
3 推薦はしないが応援はいつもしていた	9.0
4 推薦はしないが応援することもあった	13.7
5 何もしていなかった	45.0
6 わからない	10.6
	1.6

Q24　あなたの町内会では、役所からの広報配布や依頼業務についてどう対処していますか。（ひとつだけ）
全体ベース N=576

1 当然のこととして積極的に協力している	34.7
2 果たすべき義務として協力している	50.5
3 最低限のことのみ協力している	11.8
4 原則として協力していない	1.4
	1.6

Q25 今後の町内会などの地域住民組織が果たすべき役割について、どのように考えていますか。(ひとつだけ)

全体ベース N=576	さらに促進	このまま継続	見直し	とりやめ	実施に向け検討	今後もやらない	わからない	その他
1 日常的な防犯対策	17.7	46.9	6.8	0.0	14.1	1.9	7.8	0.7	4.2
2 日常的な防火対策	17.2	45.5	5.2	0.0	16.5	2.6	7.5	0.7	4.9
3 自然災害等緊急時の備え	20.0	33.0	10.1	0.3	23.3	1.6	6.3	0.7	5.7
4 会員間での交流促進	21.0	54.9	7.3	0.2	6.4	0.9	3.1	0.0	6.3
5 行政等への陳情・依頼	11.8	60.1	3.3	0.0	5.9	2.8	8.5	1.2	6.4
6 行政からの依頼仕事	3.5	72.7	7.5	0.9	1.7	0.7	6.1	0.0	6.3
7 日赤・共同募金への協力	2.6	75.9	16.1	1.2	0.3	0.2	1.4	0.2	2.1
8 警察・交番との連携・調整	13.0	78.1	1.6	0.0	1.9	0.0	1.4	0.5	3.5
9 学校との連携・調整	13.2	78.6	1.9	0.0	0.7	0.2	1.6	0.5	3.3
10 民生委員との連携	14.1	75.3	1.9	0.0	1.4	0.2	3.5	0.3	3.3
11 NPO等組織との連携の推進	1.0	18.9	1.4	0.3	7.8	8.0	50.3	1.4	10.4
12 企業との連携・調整	0.9	18.6	2.1	0.3	4.3	11.8	47.4	2.3	12.3
13 高齢者の福祉	22.7	54.0	5.9	0.0	5.0	0.9	6.9	0.0	4.3
14 障害者の福祉	17.4	50.3	5.7	0.0	5.2	1.7	12.0	0.9	6.8
15 青少年の健全育成	16.8	55.2	5.2	0.2	4.3	1.2	10.2	0.7	6.1
16 除雪	24.0	56.4	5.9	0.2	3.8	1.6	3.5	1.2	3.5
17 冠婚葬祭	0.7	46.7	8.0	0.0	1.7	12.2	19.8	0.9	10.1
18 運動会やスポーツ大会の開催	5.7	54.0	8.5	1.2	3.3	8.3	11.3	0.7	6.9
19 公民館運営への協力	6.4	64.9	3.0	0.7	1.2	3.3	11.3	1.7	7.5
20 開発計画・事業への参加・関与	3.1	25.0	3.8	0.0	5.0	10.4	40.6	1.7	9.5
21 市議会へ代表者を送ること	4.5	14.1	2.3	1.2	2.3	24.3	41.8	1.0	8.5
22 その他	0.3	0.0	0.0	0.2	0.2	0.0	0.5	0.0	98.6

Q26 あなたの町内会では、ここ数年、地域生活を営む上で困った問題がありましたか(現在、ありますか)。
ある場合には、そうした問題について、解決や改善のために何らかの働きかけを行ないましたか。(ひとつだけ)

全体ベース N=576	困った問題がある		役所・公社等の担当課・係に対して依頼	役所の知り合いに働きかけ	役所の幹部に働きかけ	市会議員に働きかけ	議員以外の地域の有力者に働きかけ	他の地域団体(連合町内会を含む)へ働きかけ	警察・交番に相談	町内会が自力で対応
		各ベース								
1 住宅の建て込み等の住宅問題	55.6	N=320	5.3	0.0	0.0	1.9	0.0	0.6	0.9	9.4
2 ゴミ処理の問題	76.0	N=438	12.3	1.4	0.5	0.2	0.2	0.2	0.2	76.5
3 商売・スーパー等の買い物施設の不足	56.1	N=323	3.7	0.3	0.3	1.9	0.6	0.6	0.0	1.5
4 開発による住環境や自然環境の悪化	56.3	N=324	9.9	0.0	0.3	2.5	0.3	4.3	1.5	4.3
5 治安・少年非行・風紀の悪化	62.3	N=359	2.5	0.0	0.6	0.8	0.0	8.6	37.9	7.0
6 移動や交通の問題	64.9	N=374	40.1	0.0	0.5	11.0	0.8	7.5	4.0	3.2
7 保育園・学校等育児・教育施設の不足	54.5	N=314	9.2	0.3	0.0	4.1	0.0	4.5	0.0	1.6
8 公園・運動場・体育施設等の不足	55.7	N=321	13.4	0.9	0.3	4.4	0.0	4.4	0.3	2.2
9 集会所等文化交流施設の不足・老朽化	57.6	N=332	13.3	1.2	0.3	3.6	0.6	5.4	0.0	10.8
10 病院等医療・福祉施設の不足	54.7	N=315	9.8	0.0	0.6	3.5	0.3	5.1	0.0	1.6
11 都市型災害に対する基盤整備の不足	54.3	N=313	10.5	0.0	0.3	3.5	0.0	7.0	0.0	2.2
12 住民間のトラブル	57.6	N=332	2.7	0.6	0.3	0.9	0.3	1.2	9.3	33.7
13 民間企業とのトラブル	53.1	N=306	4.9	0.3	0.0	1.6	0.3	1.3	4.9	9.2
14 行政とのトラブル	52.3	N=301	14.3	0.0	0.0	5.6	0.3	2.7	0.3	8.6
15 商店や工場を経営していく上での障害	50.9	N=293	5.8	0.0	0.3	0.7	0.0	1.4	0.0	3.1
16 土地問題(土地利用規制や共有地)	53.8	N=310	16.1	0.0	0.0	2.9	0.0	1.3	0.3	7.1
17 除雪	75.5	N=435	69.2	3.2	1.4	3.4	0.7	3.0	0.0	10.6
18 その他	8.0	N=46	32.6	0.0	2.2	6.5	0.0	2.2	2.2	8.7
19 困っていることはない	12.2									

	各ベース	町内会のまとまりを生かし、問題解決のネットワーク等を組織	町内会のNPO等を組織	町内会とは別に、問題解決のための	具体的に何もしていない	その他
1 住宅の建て込み等の住宅問題	N= 320	0.6	0.0		60.9	20.3
2 ゴミ処理の問題	N= 438	1.1	0.2		5.7	1.4
3 商売・スーパー等の買い物施設の不足	N= 323	0.6	0.6		72.8	17.0
4 開発による住環境や自然環境の悪化	N= 324	0.9	0.3		60.8	14.8
5 治安・少年非行・風紀の悪化	N= 359	1.7	0.3		33.1	7.5
6 移動や交通の問題	N= 374	0.0	0.5		27.5	4.8
7 保育園・学校等保育児・教育施設の不足	N= 314	0.3	0.6		65.0	14.3
8 公園・運動場・体育施設等の不足	N= 321	0.6	0.6		60.7	12.1
9 集会所等文化交流施設の不足・老朽化	N= 332	0.6	0.6		53.0	10.5
10 病院等医療・福祉施設の不足	N= 315	0.0	0.6		64.1	14.3
11 都市型災害に対する基盤整備の不足	N= 313	0.6	0.6		62.6	12.1
12 住民間のトラブル	N= 332	0.0	0.0		39.8	11.1
13 民間企業とのトラブル	N= 306	0.7	0.7		58.2	18.0
14 行政とのトラブル	N= 301	0.3	0.0		49.5	17.3
15 商店や工場を経営していく上での障害	N= 293	0.0	0.0		65.5	23.2
16 土地問題（土地利用規制や共有地）	N= 310	0.3	0.0		55.5	16.5
17 除雪	N= 435	0.5	0.0		5.7	2.3
18 その他	N= 46	0.0	0.0		30.4	15.2

Ⅳ あなたの町内会の防犯活動についてお尋ねします。
Q27 あなたの町内会の周辺におけるこれまでと現在（ここ数年）の犯罪の発生状況・危険性と今後の傾向についてどのようにお考えですか。
Q27A これまで（ひとつだけ）

	全体ベース N= 576	まったくない	ほとんどない	あまりない	多い	非常に多い	わからない	
1 自転車バイクの盗難・破損		25.2	31.6	20.7	3.3	0.3	8.9	10.1
2 車上荒らし・自動車破損		29.7	29.3	18.2	2.6	0.2	8.7	11.3
3 落書きや器物の損壊		30.7	31.1	16.0	2.3	0.5	7.8	11.6
4 不審者の侵入		22.7	31.8	22.6	2.8	0.0	8.2	12.0
5 空き巣狙い		21.5	30.0	24.3	3.6	0.3	8.2	12.0
6 放火・不審火		52.3	23.1	5.6	0.5	0.0	6.6	12.0
7 詐欺（サギ）		32.8	26.4	8.2	0.7	0.0	18.8	13.2
8 悪徳商法		22.2	26.0	16.7	2.6	0.0	20.8	11.6
9 すり・ひったくり		39.9	25.5	5.6	0.2	0.0	15.5	13.4
10 下着等洗濯物の盗難		34.9	25.9	9.0	0.9	0.0	17.5	11.8
11 痴漢・変質者		28.0	27.6	16.5	2.4	0.0	13.9	11.6
12 ストーカー		36.8	23.8	6.4	0.2	0.0	20.3	12.5
13 恐喝・脅迫		36.3	25.5	6.3	0.3	0.0	19.1	12.5
14 暴行・傷害・強盗		38.0	25.2	7.3	1.0	0.0	15.8	12.7
15 不法なゴミ捨て		11.5	22.7	29.0	18.9	3.5	4.5	9.9
16 その他		0.3	0.3	0.2	0.5	0.2	1.0	97.4

Q27B 現在（これまでと比べて）（ひとつだけ）

	全体ベース N= 576	著しく減った	減った	いままで変わらない	増えた	著しく増えた	わからない	
1 自転車バイクの盗難・破損		2.6	7.6	54.0	1.6	0.0	14.1	20.1
2 車上荒らし・自動車破損		3.3	5.4	53.0	1.4	0.0	14.8	22.0
3 落書きや器物の損壊		3.1	6.8	51.9	0.3	0.3	14.9	22.6
4 不審者の侵入		3.0	6.8	51.6	1.4	0.0	15.5	21.9
5 空き巣狙い		4.5	6.1	50.9	2.8	0.0	14.4	21.4
6 放火・不審火		5.0	3.0	52.3	0.7	0.0	15.5	23.6
7 詐欺（サギ）		3.3	2.8	49.0	0.3	0.0	21.2	23.4
8 悪徳商法		3.0	4.0	46.5	1.2	0.0	24.0	21.4
9 すり・ひったくり		4.2	2.1	49.0	0.0	0.0	21.4	23.4
10 下着等洗濯物の盗難		4.3	3.3	47.7	0.3	0.0	21.4	22.9
11 痴漢・変質者		3.8	3.5	47.9	3.1	0.0	19.4	22.2
12 ストーカー		3.3	2.4	47.0	0.3	0.0	23.6	23.3
13 恐喝・脅迫		3.3	3.1	47.7	0.2	0.0	22.4	23.3
14 暴行・傷害・強盗		4.0	2.3	49.7	0.2	0.0	20.0	24.1
15 不法なゴミ捨て		2.6	9.4	46.5	11.5	1.6	9.2	19.3
16 その他		0.2	0.0	1.2	0.3	0.0	1.4	96.9

Q27C　これから（現在と比べて）（ひとつだけ）

全体ベース N=576	著しく減る	減る	変わらない	増える	著しく増える	わからない
1 自転車バイクの盗難・破損	0.5	6.3	39.4	5.2	0.0	27.8	20.8
2 車上荒らし・自動車破損	0.7	4.3	39.1	5.7	0.0	27.8	22.4
3 落書きや器物の損壊	1.4	5.4	39.1	3.8	0.0	27.8	22.6
4 不審者の侵入	0.9	4.9	37.0	7.6	0.0	27.6	22.0
5 空き巣狙い	0.9	4.9	36.6	7.8	0.5	27.6	21.7
6 放火・不審火	2.1	4.2	39.6	3.1	0.0	27.8	23.3
7 詐欺（サギ）	1.4	3.3	34.0	6.8	0.0	31.1	23.4
8 悪徳商法	1.4	3.0	31.8	10.1	0.0	32.3	21.5
9 すり・ひったくり	1.0	2.8	37.7	2.4	0.0	32.5	23.6
10 下着等洗濯物の盗難	1.7	3.5	37.7	3.3	0.0	30.9	22.9
11 痴漢・変質者	1.0	4.9	34.4	7.8	0.0	29.3	22.6
12 ストーカー	1.2	3.6	35.6	4.3	0.0	32.6	23.3
13 恐喝・脅迫	0.9	3.6	36.5	3.8	0.0	31.6	23.6
14 暴行・傷害・強盗	0.9	3.5	37.0	4.4	0.0	30.9	23.4
15 不法なゴミ捨て	1.6	7.3	33.7	14.6	1.7	21.2	20.0
16 その他	0.0	0.3	0.9	0.3	0.0	1.7	96.7

Q28　あなたの町内会では、防犯のためにどのような組織的な取り組みをしていますか。（いくつでも）　全体ベース N=576

1 防犯パトロールの実施	21.7
2 地域の犯罪発生や、不審者の出没状況の情報の共有（回覧板など）	42.9
3 防犯マップの作成	5.9
4 防犯灯・街路灯の設置	75.0
5 監視カメラの設置	0.2
6 声かけの実施	47.0
7 公園等の見通し、見晴らしの改善	9.4
8 不審者に遭遇したときの連絡先・駆け込み先	26.6
9 防犯セミナー・講習会等への参加	17.4
10 小・中学校との情報交換	59.2
11 その他	3.0
	7.6

Q29　あなたの町内会の周辺で、過去数年、治安の不安を感じさせてきたのはどのようなことですか。また現在はどうなっていますか。そして、そうした問題に対して住民の方々で何か対策をとっていますか。

Q29A　過去数年の状況（ひとつだけ）
Q29B　現在の状況がもたらす不安（ひとつだけ）
Q29C　自主的な対応や対策（ひとつだけ）

全体ベース N=576	過去数年の状況				現在の状況がもたらす不安				自主的な対応・対策		
	大いに問題あり	やや問題あり	あまり問題なし	問題なし		大いに不安	やや不安	あまり不安なし	不安なし		行っている	行っていない	
1 路上や空き地のゴミの散乱	5.6	25.3	32.3	24.5	12.3	4.7	24.1	34.7	22.4	14.1	42.5	41.8	15.6
2 自動車、バイク、自転車の不法放置	4.7	24.0	30.7	27.8	12.8	3.1	19.8	38.2	25.5	13.4	26.2	58.3	15.5
3 不審者の出没	2.1	13.9	38.4	30.9	14.8	2.6	20.0	38.9	22.7	15.8	17.7	64.1	18.2
4 不良のたまり場	0.7	6.1	28.0	49.1	16.1	1.4	7.5	32.5	41.3	17.4	8.3	72.0	19.6
5 深夜の暴走族	2.6	13.5	29.2	39.9	14.8	2.6	11.5	34.7	35.4	15.8	5.0	76.7	18.2
6 害悪のあるチラシやビラ	0.9	4.2	29.3	48.1	15.6	1.0	5.2	35.8	41.0	17.0	3.8	76.6	19.6
7 わいせつなビデオ・雑誌の自販機	0.7	2.1	20.0	61.3	16.0	0.7	2.6	28.0	51.7	17.0	2.8	77.1	20.1
8 深夜営業の店舗	0.3	3.0	19.1	62.2	15.1	0.3	4.2	24.5	54.2	16.8	2.1	78.0	20.0
9 町内のよくわからない住民	1.2	8.2	31.6	43.9	15.1	1.2	9.7	32.6	39.6	16.8	7.6	74.3	18.1
10 新聞・テレビ・ラジオの犯罪報道	3.6	7.8	30.9	40.3	17.4	4.2	9.2	42.5	35.6	18.6	3.3	76.2	20.5
11 その他1	0.3	0.3	0.5	1.2	97.6	0.3	0.5	0.5	1.4	97.6	0.7	1.9	97.4
12 その他2	0.0	0.0	0.3	0.7	99.0	0.0	0.0	0.5	0.7	98.6	0.0	1.4	98.6

Q30　地域での防犯活動について、あなたの町内会では、独自の取り組みをされていますか。また、町内会以外で、防犯活動に取り組んでいる地域団体はありますか。

Q31　安全・安心なまちづくりについて、あなたの町内会の周辺でこれまで行政や警察はどのような取り組みをしてきましたか。そして、そうした活動の現状に対してあなたはどのように評価していますか。

Q31A　これまで（ひとつだけ）

全体ベース N=576		非常に積極的に取り組まれている	積極的に取り組まれている	あまり取り組まれていない	取り組まれていない	わからない	
1 防犯灯・街路灯の整備	行政	16.7	56.3	11.3	2.1	5.0	8.7
	警察	3.3	16.3	14.9	14.1	22.7	28.6
2 監視カメラの設置・整備	行政	0.2	0.9	4.5	48.4	22.9	23.1
	警察	0.0	1.0	3.6	46.7	22.7	25.9
3 犯罪発生状況の情報提供	行政	1.6	15.6	17.0	20.1	18.8	26.9
	警察	8.2	44.6	15.1	8.0	10.6	13.5
4 護身の知識・技術の提供	行政	0.5	3.1	12.3	34.0	24.5	25.5
	警察	0.9	6.3	15.3	31.3	24.1	21.9
5 防犯のための講習会の開催	行政	0.5	12.0	19.1	24.3	19.4	24.7
	警察	1.9	18.4	21.0	21.0	17.5	20.1
6 防犯活動のリーダー育成	行政	0.7	9.9	16.7	24.0	24.7	24.1
	警察	1.7	10.2	16.8	23.3	26.0	21.9
7 防犯活動の組織化の支援	行政	2.3	17.4	17.4	15.3	24.5	23.3
	警察	3.0	20.7	17.4	13.0	24.1	21.9
8 防犯キャンペーンの実施	行政	2.1	19.1	18.9	14.2	21.4	24.3
	警察	4.2	31.4	16.8	10.6	16.5	20.5
9 防犯パトロールの強化・連携	行政	2.6	20.5	19.1	13.9	19.6	24.3
	警察	6.6	35.6	16.5	9.0	14.2	18.1
10 自治体の安全・安心条例の制定	行政	2.8	12.5	13.9	12.8	37.2	20.8
	警察	1.9	9.7	14.1	13.2	36.3	24.8

＊Q31Aで1～3の場合
Q31B　評価（ひとつだけ）

			良い面の方が多い	良いどちらかといえば面の方が多い	悪いどちらかといえば面の方が多い	悪い面の方が多い	わからない
1 防犯灯・街路灯の整備	「取り組んでいることを認知している」人ベース						
	行 政	N= 485	33.6	45.8	1.6	0.2	4.3	14.4
	警 察	N= 199	22.1	45.7	5.5	0.0	13.1	13.6
2 監視カメラの設置・整備	行 政	N= 32	9.4	25.0	12.5	0.0	25.0	28.1
	警 察	N= 27	7.4	29.6	18.5	0.0	18.5	25.9
3 犯罪発生状況の情報提供	行 政	N= 197	11.7	46.2	10.7	1.0	17.3	13.2
	警 察	N= 391	22.8	47.8	5.9	0.5	8.4	14.6
4 護身の知識・技術の提供	行 政	N= 92	6.5	28.3	10.9	1.1	31.5	21.7
	警 察	N= 131	8.4	32.1	9.9	0.8	29.0	19.8
5 防犯のための講習会の開催	行 政	N= 182	7.1	35.7	12.1	0.5	26.4	18.1
	警 察	N= 238	9.7	40.3	7.6	1.3	21.8	19.3
6 防犯活動のリーダー育成	行 政	N= 157	8.3	38.9	10.8	0.0	24.8	17.2
	警 察	N= 166	7.8	36.7	11.4	0.0	23.5	20.5
7 防犯活動の組織化の支援	行 政	N= 213	11.7	39.4	9.4	1.4	20.7	17.4
	警 察	N= 236	12.3	40.7	9.3	0.8	20.3	16.5
8 防犯キャンペーンの実施	行 政	N= 231	9.5	45.5	8.7	0.0	20.8	15.6
	警 察	N= 302	13.2	50.3	6.6	0.3	15.2	14.2
9 防犯パトロールの強化・連携	行 政	N= 243	11.5	44.0	10.3	0.0	18.9	15.2
	警 察	N= 338	15.7	49.1	5.6	0.6	13.6	15.4
10 自治体の安全・安心条例の制定	行 政	N= 168	9.5	39.3	8.9	0.0	20.2	22.0
	警 察	N= 148	8.1	39.9	7.4	0.0	22.3	22.3

Q31.1　具体的に行政や警察の活動の評価すべき点と課題点についてお教え下さい。

Ⅴ　あなたの町内会の防災活動についてお尋ねします。

Q32　あなたの町内会では、大地震等（火災、水害等を含む）が起きたときの対応について具体的に話し合いを行なってきましたか。（ひとつだけ）　全体ベース N= 576

1 話し合ってきた	46.4	3 わからない	3.1
2 話し合っていない	49.5		1.0

＊Q32で1の場合
Q32A　具体的に話し合った内容（いくつでも）　話し合いを行ってきた人ベース N= 267

1 心がまえについて	58.1	4 非常持ち出し品について	24.0	7 地域の災害危険箇所について	31.1
2 避難の方法、時期、場所について	77.9	5 住民間の連絡について	70.8	8 その他	6.0
3 食料・飲料水について	26.2	6 家屋の安全度について	12.0		0.7

Q33　あなたの町内会では、大地震が起こった場合に備えて、どのような対策をとっていますか。（いくつでも）　全体ベース N= 576

1 消火器、懐中電灯、医薬品等を準備しておくよう住民に呼びかけている	28.6
2 食料品や飲料水の備蓄を住民にすすめている	12.8
3 家具や冷蔵庫を固定しブロック塀を点検する、倒壊を防止するよう呼びかけている	9.4
4 地震保険に加入するよう住民に働きかけている	1.2
5 住民間の連絡方法等を決めている	27.4
6 近くの学校や公園へ避難する場所を決めている	52.6
7 防災に関するセミナーや講演会等して啓蒙活動を行なっている	14.2
8 市や消防署が主催している防災訓練や講演に積極的に参加している	22.2
9 高齢者世帯の把握につとめている	62.8
10 その他	5.9
11 とくに何もしていない	18.4
	3.0

Q34　あなたの町内会では、防災マップや災害危険予想図（ハザードマップ）等の防災対策資料を持っていますか。（ひとつだけ）　全体ベース N= 576

1 独自に作成したものを持っている（作成中である）	5.0	6 行政が作成し、独自に作り直したものを持っている（作成中である）	0.5
2 行政の指導の下で作成したものを持っている（作成中である）	6.3	7 持っていないが、見たことはある	10.8
3 行政が作成したものを持っている（作成中である）	30.7	8 持っていないが、聞いたことはある	16.8
4 独自に作成し、行政の指導の下で作り直したものを持っている（作成中である）	0.2	9 見たことも聞いたこともない	12.3
5 行政の指導の下で作成し、独自に作り直したものを持っている（作成中である）	1.6	10 わからない	8.7

Q35　あなたの町内会や連合町内会、地区協議会では、近年、大地震等を想定した防災訓練を独自に行なっていますか。
またその際、住民は参加したり見学したりしていますか。　　　　　　　　　　　　　　　　　　　　　　　7.1

Q35A　町内会単位（ひとつだけ）
Q35B　連合町内会単位（ひとつだけ）

	町内会単位	単位連合町内会
全体ベース N= 576		
1 行なっており、数多くの会員が参加したり見学したりしている	2.4	1.0
2 行なっており、一定数の熱心な会員が参加したり見学したりしている	5.2	6.8
3 行なっているものの、参加や見学をする会員は非常に限られている	9.4	9.0
4 行なっていないが、いずれ行ないたいと考えている	41.0	15.3
5 行なっていないし、今後も行なう予定はない	13.9	8.5
6 その他	0.7	1.2
	27.4	58.2

Q36 大地震のさい、あなたの町内会のある地域の救援活動では、どのようなアクター（組織や人）が重要な役割を果たすと考えていますか。
Q36A 発生時の救援活動（ひとつだけ）
Q36B 発生後の共同生活（ひとつだけ）

全体ベース N=576	発生時の救援活動					発生後の共同生活				
	非常に重要である	重要である	あまり重要ではない	重要ではない	わからない	非常に重要である	重要である	あまり重要ではない	重要ではない	わからない
1 個人（個人的な人間関係）	30.7	40.8	5.4	0.5	6.3	16.3	31.1	38.2	4.2	0.5	5.4	20.7
2 隣近所・隣組	38.9	45.5	1.0	0.2	2.4	12.0	34.9	43.9	1.4	0.2	3.3	16.3
3 町内会	39.8	45.8	1.9	0.3	2.8	9.4	37.0	42.9	2.3	0.0	3.3	14.6
4 連合町内会	13.5	39.2	15.3	3.8	9.4	18.8	15.1	37.8	12.8	2.8	9.4	22.0
5 消防団	33.7	35.2	4.0	0.9	8.1	17.9	21.9	33.9	8.3	1.2	11.3	23.4
6 NPO等のネットワーク組織	8.0	23.8	10.6	3.0	31.8	22.9	10.8	24.0	8.0	2.8	29.0	25.5
7 民間企業	5.2	21.0	16.0	5.4	28.0	24.5	5.9	20.3	14.6	4.5	28.5	26.2
8 新聞・テレビ・ラジオ等	33.3	40.8	3.0	1.4	4.1	16.5	29.0	35.2	4.3	1.7	7.5	22.2
9 地方自治体	38.4	33.7	3.5	0.9	5.2	18.4	28.0	31.4	1.6	0.9	5.9	22.2
10 消防署	48.4	33.0	1.0	0.7	1.6	14.1	36.1	30.6	4.7	1.6	7.1	20.0
11 警察	43.6	34.2	2.4	1.0	3.5	15.3	34.5	32.3	4.3	1.4	6.9	20.5
12 自衛隊	40.8	28.8	2.1	1.4	9.2	17.7	31.8	25.5	5.4	2.1	12.3	22.9
13 国家	38.0	23.1	5.0	1.9	10.8	21.2	31.9	22.9	5.4	1.2	12.8	25.7
14 その他	0.9	0.3	0.0	0.0	0.7	98.1	1.0	0.2	0.2	0.0	0.5	98.1

VI 秋田市の町内会と行政の関わりについてお聞きします。

Q37 秋田市の町内会の未来イメージについて、どのようにお考えですか。（ひとつだけ）
全体ベース N=576
1 地域社会の役割が高まり、町内会のしごとが増える。	49.3
2 地域社会の役割が高まるが、町内会のしごとは変わらない。	15.5
3 地域社会の役割は変わらず、町内会のしごとも変わらない。	12.7
4 地域社会の役割は変わらないが、町内会のしごとは増える。	13.9
5 その他	1.2
6 わからない	5.7
	1.7

Q38 これからの市役所行政との関係について、どのようにお考えですか。（ひとつだけ）
全体ベース N=576
1 これまでも関係は強く、これからも強い	46.9
2 これまでは関係が深かったが、これからは弱くなる	9.2
3 これまでも、これからも関係は弱い	14.9
4 これまでは関係が弱かったが、これからは強くなる	17.0
5 わからない	9.7
	2.3

Q39 あなたの町内会では、昨年度、行政側から以下のような支援はありましたか。またそれぞれの支援を、今年度以降、どの程度受けたいと思いますか。
Q39A 支援の有無（ひとつだけ）
Q39B 今年度以降の支援の期待（ひとつだけ）

全体ベース N=576	支援の有無			今年度以降の支援の期待						
	あり	なし	わからない	実させてほしい今年度より一層充	で今年度も良い昨年度と同様	て今年度はより良い支援が減っ	支援を取りやめてもよい	分からない	その他
1 町内会活動全般にかかる費用の助成	60.2	26.9	2.4	10.4	51.2	27.3	1.4	1.2	3.5	1.0	14.4
2 防犯灯電気料の助成	90.3	4.7	0.5	4.5	52.1	37.5	0.7	0.0	1.2	0.3	7.8
3 防犯灯貝交換補修費の助成	64.9	25.5	1.2	8.3	52.3	30.6	0.5	1.0	2.3	0.5	12.8
4 町内会活動への指導、介入	11.8	66.3	6.3	15.6	14.1	33.3	2.6	7.1	15.5	3.5	24.0
5 他の町内会との情報交換の場の設置	32.8	47.6	6.3	13.4	21.5	35.1	2.3	3.3	12.5	3.8	21.0
6 その他	0.7	1.2	0.9	97.2	1.7	0.3	0.0	0.0	0.2	1.0	96.4

Q40 町内会の今後はどんな組織になるとお考えでしょうか。（ひとつだけ）　全体ベース N=576
1 これまで通り、地縁的組織の代表的組織として続く	66.5	3 その他の組織	1.0
2 これまでは関係が深かったが、これからは弱くなる	21.7	4 わからない	8.7
			2.1

Q41 「市民協働」に関して

Q41.1 町内会として、現在、「市民協働」がなされていることはありますか。（ひとつだけ）　全体ベース N=576
1 ある	22.0
2 ない	53.8
3 わからない	20.3
	3.8

Q41.2 町内会として、この「市民協働」について果たす役割はあると思いますか。（ひとつだけ）　全体ベース N=576
1 大いにある	14.4
2 ある程度ある	41.5
3 あまりない	16.7
4 ない	5.4
5 わからない	19.4
	2.6

Q41.3 町内会として、今以上に、「市民協働」は実行できると思いますか。（ひとつだけ）　全体ベース N=576
1 大いにできる	3.6
2 ある程度できる	39.9
3 あまりできない	27.8
4 できない	6.8
5 わからない	19.1
	2.8

Q42 「市民協働」やそのための「地域内分権」が実行された場合、あなたの地域はどう変わっていくと思いますか。

Q42.1 「地域住民同士の連携」（ひとつだけ）　全体ベース N=576
1 強くなる	23.6
2 弱くなる	9.4
3 変わらない	44.8
4 わからない	19.4
	2.8

Q42.2 「町内会活動（住民活動）への参加者」（ひとつだけ）　全体ベース N=576
1 増える	17.4
2 減る	16.3
3 変わらない	48.1
4 わからない	15.6
	2.6

Q42.3 「地域の自主性・独自性」（ひとつだけ）　全体ベース N=576
1 強まる	23.8
2 弱まる	13.0
3 変わらない	44.8
4 わからない	15.8
	2.6

Q42.4 「地域内での問題解決力」（ひとつだけ）　全体ベース N=576
1 強まる	23.1
2 弱まる	13.2
3 変わらない	43.6
4 わからない	17.5
	2.6

Ⅶ 最後に、町内会長さんご自身についてお尋ねします。

F1　会長さんの性別（ひとつだけ）

全体ベース N=576

	%
1 男性	97.7
2 女性	2.1
不明	0.2

F2　会長さんの年齢（ひとつだけ）

全体ベース N=576

	%		%
1 20歳代	0.0	5 60歳代	47.4
2 30歳代	0.9	6 70歳代	35.4
3 40歳代	2.6	7 80歳代以上	4.2
4 50歳代	9.4	不明	0.2

F3　会長さんが現在お住まいの家（ひとつだけ）

全体ベース N=576

	%
1 持家（一戸建て）	94.8
2 持家（集合住宅）	1.2
3 公営の借家・住宅	2.3
4 民間の借家・住宅	0.7
5 その他	0.9

F4　会長さんの家の家族構成（ひとつだけ）

全体ベース N=576

	%
1 非高齢者のみの核家族世帯	18.1
2 高齢者のみの核家族世帯	33.5
3 非高齢者と高齢者からなる親族世帯	31.4
4 非高齢者の単身世帯	1.6
5 高齢者の単身世帯	3.1
6 二世帯以上がともに居住	10.4
7 その他	0.9
不明	1.0

F5　会長さんのご家族は、現在お住まいの場所に、いつ頃から住んでいますか。（ひとつだけ）

全体ベース N=576

	%		%		%
1 江戸時代以前から	8.5	4 昭和30年代から	8.2	7 昭和60年代から	9.4
2 明治・大正〜昭和戦前期から	22.7	5 昭和40年代から	17.7	8 平成7年以降から	10.4
3 昭和20年代から	8.2	6 昭和50年代から	13.9	9 わからない	0.9
				不明	0.2

F6　会長さんの在任年数　　回答者ベース N=570　　5.8 年（通算）

F7　会長さんは、町内会以外の地域組織・行政組織の役職（理事職）を引き受けていますか。
F7A　現在、引き受けている役職（いくつでも）
F7B　会長就任以前に引き受けたことがある役職（いくつでも）

全体ベース N=576

	現在引き受けている	過去に引き受けた		現在引き受けている	過去に引き受けた		現在引き受けている	過去に引き受けた
1 町内会役員	—	26.9	10 消防後援会役員	4.7	2.3	19 町内の趣味余暇集団の世話人	5.9	6.4
2 連合町内会役員	42.7	7.3	11 消防団員	2.1	4.3	20 商工会・商店会役員	1.9	2.3
3 民生・児童委員	5.0	4.7	12 公園愛護協会役員	5.6	1.6	21 行政審議会委員	1.6	2.1
4 PTA役員	3.3	19.8	13 婦人会役員	0.0	0.7	22 議員後援会役員	9.2	6.9
5 社会福祉協議会役員	30.6	6.8	14 老人クラブ役員	4.5	2.4	23 政治団体役員	1.9	2.6
6 児童福祉協議会役員	4.0	1.9	15 青年団役員	0.2	5.7	24 宗教団体役員	5.6	2.8
7 体育協会役員	19.4	13.5	16 日赤奉仕団団長	0.7	0.9	25 その他	6.4	3.6
8 防犯協会役員	20.7	6.7	17 共同募金会役員	8.5	3.5	不明	0.5	45.3
9 交通安全協会	17.9	13.0	18 NPO等組織役員	3.1	1.6			

F8　町内会とそれに関連するお仕事は、ご自身の生活のおおよそ何％を占めていると感じていますか。　回答者ベース N=512　　29.2 ％

F8A　町内会内の仕事（行政からの依頼仕事を除く）、連合町内会の仕事、行政からの依頼仕事、その他の町外の付き合いを、負担に感じますか。（ひとつだけ）

全体ベース N=576

	負担に感じる	負担に感じない	不明
1 町内会単位の仕事・付き合い	41.1	53.6	5.2
2 連合町内会単位の仕事・付き合い	46.7	45.8	7.5
3 行政からの依頼仕事	41.3	47.6	11.1
4 その他	4.7	4.7	90.6

F9　会長としての正規の仕事以外に個人的に地域活動に関わっていますか。（いくつでも）

全体ベース N=576

	%
1 とくに何もしていない	45.3
2 地域の任意団体が活動しやすいように調整や働きかけをしている	20.3
3 地域の任意団体の活動に積極的に顔を出している	36.8
4 ポケット・マネーで地域の団体や活動を支援している	10.2
5 自らが発起人となって地域イベントを開催している	5.6
6 自らが発起人となって地域組織・NPOなどを立ち上げている	2.3
7 その他	4.2
不明	6.4

【盛岡市町内会・自治会等調査】

1 はじめに、あなたの町内会・自治会の全般的な事柄についてご記入下さい。

Q1　町内会の名称

Q2　町内会の所在する地区（ひとつだけ）　　全体ベース N=193

1	仁王	4.7	10	土淵	1.6	19	本宮	4.7
2	櫻城	9.3	11	東厨川	3.6	20	太田	2.1
3	上田	5.2	12	城南	4.1	21	つなぎ	0.0
4	緑が丘	5.2	13	山岸	3.6	22	中野	5.7
5	松園	4.1	14	加賀野	2.1	23	簗川	1.6
6	青山	5.2	15	杜陵	1.6	24	見前	7.3
7	みたけ	2.6	16	大慈寺	1.6	25	飯岡	5.7
8	北厨川	6.2	17	上米内	1.6	26	乙部	5.7
9	西厨川	2.1	18	仙北	3.1			

Q3　町内会の沿革について

Q3.1　町内会の発足した時期（ひとつだけ）　　全体ベース N=193

1 1940年代以前（戦前からあり、禁止期間もかたちを変えて存続し、講和条約後に再発足）	5.2
2 1940年代以前（戦前からあり、禁止期間にばらばらになったが、講和条約後に再発足）	2.6
3 1940年代以前（戦前からあるが、経緯についてはよくわからない）	13.5
4 1950年代	15.0
5 1960年代	18.1
6 1970年代	17.6
7 1980年代	9.8
8 1990年代	5.7
9 2000年代	2.1
10 わからない	9.3
	1.0

Q3.2　（再）発足のきっかけ（いくつでも）　　全体ベース N=193

1 講和条約を受けて発足	2.1
2 旧来の町内会から分かれて発足	26.4
3 新来住民によって発足	14.0
4 団地・社宅・マンション等ができて発足	14.5
5 地域の実力者の意向で発足	15.5
6 行政のすすめで発足	9.8
7 区画整理とともに発足	8.8
8 市町村合併とともに発足	4.1
9 その他	8.8
10 わからない	17.1
	1.0

Q3.3　（再）発足時の主な目的（いくつでも）　　全体ベース N=193

1 住民同士の親睦をはかるため	77.2
2 町内の生活上の問題を共同解決するため	60.1
3 行政等への働きかけ・陳情のため	26.4
4 行政等との連絡・調整のため	43.5
5 共有地、共有施設の管理のため	5.7
6 マンションや団地の管理組合として	0.5
7 その他	3.6
8 わからない	10.4
	1.0

Q3.4　現在の主な目的（いくつでも）　　全体ベース N=193

1 住民同士の親睦をはかるため	93.3
2 町内の生活上の問題を共同解決するため	85.0
3 行政等への働きかけ・陳情のため	42.5
4 行政等との連絡・調整のため	68.9
5 共有地、共有施設の管理のため	4.1
6 マンションや団地の管理組合として	0.5
7 その他	3.1
8 何もしていない	0.0
	1.6

Q4　町内会に加入している世帯数等

Q4.1	加入世帯数（事業所を除く）	回答者ベース N=193	390.6 戸
Q4.2	加入事業所数	回答者ベース N=184	12.2 事業所
Q4.3	町内の区の数	回答者ベース N=177	2.5 区
Q4.4	町内の班もしくは隣組の数	回答者ベース N=192	29.7 班・組

Q4.5　町内会への世帯加入率（ひとつだけ）　　全体ベース N=193

1 全戸加入	38.9
2 90％以上加入	37.3
3 70％以上～90％未満加入	21.2
4 50％以上～70％未満加入	1.6
5 30％以上～50％未満加入	0.0
6 30％未満加入	0.0
7 わからない	1.0

Q5　町内会等の「地縁による団体」が、その団体名義で土地建物の不動産登記等ができるよう、法人格取得が可能になりました。「地縁による団体」として法人格を取得していますか。（ひとつだけ）　　全体ベース N=193

1 取得している（　　年に取得）	6.2
2 取得する予定である	1.0
3 取得する予定はない	81.9
4 取得するかどうか検討中である	4.1
	6.7

Q6　町内会内の状況について

Q6.1　建物・土地の特色（多いものを2つまで）　　全体ベース N=193

1 事業所	3.1
2 商店	4.1
3 工場	0.0
4 一戸建て	82.9
5 集合住宅（単身向け）	10.9
6 集合住宅（家族向け）	47.2
7 田畑	10.4
8 その他	2.6
	7.8

Q6.2　最近10年間くらいの人口の変化（ひとつだけ）　　全体ベース N=193

1 大いに増加	8.8
2 やや増加	17.1
3 あまり変化はない	30.1
4 やや減少	37.3
5 大いに減少	3.6
6 その他	1.6
	1.6

Q6.3　非加入世帯を含む居住世帯の特色（多いものを2つまで）　　全体ベース N=193

1 非高齢者のみの核家族世帯	23.8
2 高齢者のみの核家族世帯	30.1
3 非高齢者と高齢者からなる親族世帯	46.6
4 非高齢者の単身世帯	19.7
5 高齢者の単身世帯	9.8
6 その他	12.4
	15.0

Q6.4　新旧住民の世帯数の割合（ひとつだけ）　　全体ベース N=193

1 古くからの地付きの世帯がほとんど	8.8
2 古くからの地付きの世帯のほうが多い	27.5
3 同じくらい	14.5
4 外からの新しい世帯のほうが多い	30.1
5 外からの新しい世帯がほとんど	17.1
	2.1

Q6.5　計画的開発（区画整理等）（いくつでも）　　全体ベース N=193

1 最近5年以内に実施	4.1
2 5～10年前に実施	4.7
3 10年以上前に実施	23.3
4 時期は不明だが実施	5.7
5 実施していない	45.1
6 わからない	15.0
	4.1

Q7 あなたの町内会で現在町内会の運営上困っていることがありますか。
困っているものすべて（いくつでも）、もっとも困っているもの（ひとつだけ）

全体ベース N=193	困っているもの	もっとも困っているもの		全体ベース N=193	困っているもの	もっとも困っているもの
1 町内会のルールを守らない住民の存在	26.9	0.5		12 加入世帯の家族構成が把握できない	20.2	0.5
2 未加入世帯の増加	8.3	0.5		13 日中、留守の世帯が多い	18.1	0.0
3 町内会行事への住民の参加の少なさ	66.3	8.8		14 集会施設がない／狭い／不便	20.2	3.6
4 町内会の役員のなり手不足	74.1	39.4		15 住民間の摩擦	1.0	0.0
5 予算の不足	9.8	0.0		16 世代間のズレ	12.4	0.5
6 会員の高齢化	63.7	10.9		17 役員内のあつれき	2.6	0.0
7 行政との関係（依頼の多さ等）	34.7	3.6		18 政治や選挙の相談・依頼事	1.6	0.0
8 行政以外の団体との関係（負担金等）	19.7	2.1		19 運営のための経験や智恵が足りない	6.7	0.0
9 家族世帯数の多さによる障害	0.5	0.0		20 町内会の財産をめぐるトラブル	0.0	0.0
10 単身世帯数の多さによる障害	9.8	0.0		21 その他	11.4	0.0
11 構成世帯数の少なさによる障害	5.7	1.0		22 困っていることはない	2.1	0.0
						28.5

Ⅱ 次に、あなたの町内会の活動状況についてお伺いします。
Q8 あなたの町内会では、次のような活動が行なわれていますか。また、それぞれの活動の10年前と現在の全体的な活動状況はどうなっていますか。
Q8A 活動の有無、活動組織（いくつでも）

全体ベース N=193	町内会	別町内会単位の組織	町内会連合会	単位町内会別連合組織	組織その他の地域	実施していない	わからない
1 ごみ処理収集協力	87.0	3.1	3.6	3.6	3.6	3.1	0.0	7.3
2 資源・廃品回収	63.7	20.2	2.6	1.6	17.1	5.2	0.0	4.1
3 バザー	7.3	1.6	1.0	1.0	4.7	54.4	2.6	27.5
4 地域の清掃美化	92.2	4.7	2.6	1.0	5.2	1.6	0.0	4.1
5 防犯パトロール	43.5	13.0	7.8	8.3	10.4	16.1	0.0	9.3
6 防火パトロール	23.3	10.4	2.6	4.1	15.0	29.5	0.5	17.6
7 交通安全対策	40.4	14.0	7.8	6.7	19.2	9.3	0.0	11.4
8 集会所等の施設管理	54.9	4.1	2.1	2.1	7.3	16.1	0.5	16.1
9 街灯等の設備管理	89.6	2.1	2.1	2.1	1.6	1.6	0.0	3.6
10 公園・広場の管理	62.2	5.7	1.6	1.0	4.1	15.5	1.6	12.4
11 私道の管理	14.0	1.0	0.0	0.5	4.7	42.0	8.8	29.0
12 乳幼児保育の支援	4.1	2.6	2.6	3.1	7.8	47.7	4.7	28.0
13 学童保育の支援	17.1	4.1	7.3	6.7	13.5	29.5	2.6	23.3
14 青少年教育・育成	30.1	10.4	10.4	7.7	17.6	16.1	2.1	20.7
15 高齢者福祉	49.7	15.0	14.0	9.3	8.3	5.7	1.6	11.9
16 その他	1.6	0.0	0.5	0.5	1.0	2.1	2.6	92.2

＊Q8Aで1～6を選んだ場合
Q8B 10年前の町内会での活動状況（ひとつだけ）

Aで「わからない」「不明」を除いた人ベース		非常に活発に実施されていた	活発に実施されていた	あまり盛んに実施されていなかった	ほとんど実施されていなかった	実施されていなかった	わからない
1 ごみ処理収集協力	N=179	14.5	46.9	26.3	0.0	3.4	5.0	3.9
2 資源・廃品回収	N=185	11.4	49.2	17.8	5.4	4.3	6.5	5.4
3 バザー	N=135	0.7	13.3	7.4	3.0	64.4	6.7	4.4
4 地域の清掃美化	N=185	18.4	52.4	15.1	1.1	2.7	5.4	4.9
5 防犯パトロール	N=174	4.0	29.9	25.3	5.2	20.1	6.9	6.9
6 防火パトロール	N=158	4.4	24.7	20.9	5.7	28.5	8.9	7.0
7 交通安全対策	N=171	8.2	36.3	27.5	4.1	11.7	7.6	4.7
8 集会所等の施設管理	N=161	14.9	47.8	3.1	0.6	21.1	7.5	5.0
9 街灯等の設備管理	N=186	24.2	50.0	12.4	1.1	1.6	4.8	5.9
10 公園・広場の管理	N=166	18.1	38.0	12.0	2.4	16.3	7.2	6.0
11 私道の管理	N=120	4.2	7.5	13.3	4.2	56.7	10.0	4.2
12 乳幼児保育の支援	N=130	0.8	9.2	10.8	6.2	56.9	10.8	5.4
13 学童保育の支援	N=143	2.8	30.1	19.6	4.9	31.5	9.1	4.2
14 青少年教育・育成	N=149	6.0	37.6	24.8	3.4	17.4	7.4	3.4
15 高齢者福祉	N=167	6.6	43.1	26.3	4.8	6.6	6.0	6.6
16 その他	N=10	20.0	10.0	20.0	0.0	40.0	10.0	

*Q8Aで1～5を選んだ場合

Q8C　現在の町内での活動状況(10年前と比べて)(ひとつだけ)

	Aで「実施している」と答えた人ベース	非常に活発化している	活発化している	変わらない	衰退化している	非常に衰退化している	わからない
1　ごみ処理収集協力	N= 173	32.4	33.5	27.2	1.7	0.0	2.9	2.3
2　資源・廃品回収	N= 175	30.9	38.3	22.9	1.1	0.0	4.6	2.3
3　バザー	N= 30	10.0	26.7	53.3	3.3	0.0	3.3	3.3
4　地域の清掃美化	N= 182	23.1	36.3	27.5	4.4	0.0	4.4	4.4
5　防犯パトロール	N= 143	16.8	35.0	31.5	6.3	0.7	2.8	7.0
6　防火パトロール	N= 101	14.9	33.7	33.7	6.9	1.0	3.0	6.9
7　交通安全対策	N= 153	13.1	33.3	38.6	4.6	0.7	5.9	3.9
8　集会所等の施設管理	N= 130	17.7	35.4	39.2	0.8	0.0	3.1	3.8
9　街灯等の設備管理	N= 183	25.1	36.1	30.6	1.1	0.0	3.3	3.8
10　公園・広場の管理	N= 136	22.1	36.8	31.6	1.5	0.7	2.9	4.4
11　私道の管理	N= 39	7.7	20.5	51.3	5.1	2.6	5.1	7.7
12　乳幼児保育の支援	N= 38	2.6	26.3	44.7	13.2	5.3	7.9	
13　学童保育の支援	N= 86	9.3	37.2	41.9	2.3	1.2	4.7	3.5
14　青少年教育・育成	N= 118	9.3	33.9	41.5	5.9	1.7	5.1	2.5
15　高齢者福祉	N= 156	14.7	44.2	30.8	1.9	0.6	3.8	3.8
16　その他	N= 6	50.0	16.7	16.7	16.7	0.0	0.0	

Q9　あなたの町内会では、次のような行事が組織的に行なわれていますか。
　　また、町内会が中心に行なっている活動については「参加対象」と「参加状況」についてもお答え下さい。

Q9A　行事の有無、実施組織(いくつでも)

	全体ベース N= 193	町内会が実施	町内会の別組織が実施	町内会単位の組織が実施	町内会連合会単位が実施	町内会連合会の別組織が実施	その他の地域組織が実施	実施していない	わからない
1　神社祭礼		15.0	9.8	3.6	6.2	18.1	29.5	2.1	17.6
2　盆踊り・夏祭り		46.6	7.3	7.8	3.6	10.4	13.0	1.6	9.8
3　花見		14.0	6.7	0.0	0.0	4.7	48.2	2.1	24.9
4　食事会・飲み会		40.9	12.4	4.7	4.7	3.1	25.4	2.1	17.6
5　成人式		14.5	2.1	1.0	1.6	5.7	51.8	2.1	22.3
6　冠婚葬祭		15.0	2.1	0.0	0.0	1.0	50.8	4.7	28.5
7　運動会		25.4	6.2	16.6	7.8	2.6	29.5	1.0	15.0
8　運動会以外の体育活動		28.0	14.5	10.4	10.9	8.8	19.7	2.1	15.0
9　宿泊旅行		6.7	8.3	1.0	1.6	4.7	49.2	2.1	26.9
10　新年会・忘年会		62.2	7.3	6.2	4.1	1.6	17.1	0.5	10.9
11　ラジオ体操		9.3	11.9	0.0	0.5	14.5	40.4	2.1	21.8
12　研修会・講習会		47.7	14.0	11.4	6.2	4.1	15.0	0.5	12.4
13　映画上映・演劇鑑賞		4.1	3.1	2.6	1.0	3.6	57.0	3.1	26.9
14　町内会の総会		96.9	2.1	3.6	1.0	0.5	0.5		2.1
15　その他		6.2	0.5	0.0	0.0	1.0	1.6		91.2

*Q9Aで1～5を選んだ場合

Q9B.1　町内会中心の行事の参加対象(ひとつだけ)
Q9B.2　町内会中心の行事の参加程度(ひとつだけ)

	Aで「実施している」と答えた人ベース	参加対象					参加程度					
		務町内会の全会員(義)	由町内参加の全会員(自)	実施組織に属するメンバー	その他	わからない	町内会の会員のほとんどが参加	町内会の会員の半数程度が参加	町内会の会員の一部が参加	町内会の会員のほとんどが参加しない	その他	わからない
1　神社祭礼	N= 98	2.0	41.8	39.8	3.1	13.3	2.0	16.3	59.2	5.1	1.0	16.3
2　盆踊り・夏祭り	N= 133	3.0	79.7	9.8	0.0	7.5	7.5	30.8	49.6	0.8	0.8	10.5
3　花見	N= 48	0.0	66.7	22.9	2.1	8.3	6.3	22.9	62.5	0.0	2.1	6.3
4　食事会・飲み会	N= 106	1.9	73.6	17.9	1.9	4.7	3.8	15.1	72.6	0.9	1.9	5.7
5　成人式	N= 46	10.9	39.1	21.7	10.9	17.4	8.7	4.3	41.3	8.7	17.4	19.6
6　冠婚葬祭	N= 31	3.2	54.8	22.6	9.7	9.7	3.2	3.2	64.5	6.5	9.7	12.9
7　運動会	N= 105	8.6	74.3	6.7	0.0	10.5	7.6	22.9	57.1	1.0	1.0	10.5
8　運動会以外の体育活動	N= 122	5.7	62.3	17.2	0.0	14.8	4.9	6.6	73.0	1.6	0.8	13.1
9　宿泊旅行	N= 42	0.0	47.6	45.2	0.0	7.1	2.4	2.4	78.6	2.4	0.0	14.3
10　新年会・忘年会	N= 138	2.9	77.5	8.0	2.2	9.4	4.3	13.8	65.9	1.4	1.4	13.0
11　ラジオ体操	N= 69	0.0	34.8	44.9	2.9	17.4	0.0	4.3	59.4	8.7	7.2	20.3
12　研修会・講習会	N= 139	1.4	74.1	12.2	1.4	10.8	0.7	8.6	74.1	2.9	1.4	12.2
13　映画上映・演劇鑑賞	N= 25	0.0	60.0	24.0	8.0	8.0	0.0	8.0	64.0	8.0	12.0	8.0
14　町内会の総会	N= 188	39.4	46.8	2.7	1.1	10.1	20.2	25.5	45.7	0.5	1.1	6.9
15　その他	N= 12	8.3	41.7	8.3	0.0	41.7	8.3	16.7	41.7	0.0	0.0	33.3

*Q9Aで1～6を選んだ場合
Q9C　10年前の町内での活動状況(ひとつだけ)

		非常に活発に実施されていた	活発に実施されていた	あまり盛んに実施されていなかった	ほとんど実施されていなかった	実施されていなかった	わからない
	Aで「わからない」「不明」を除いた人ベース						
1 神社祭礼	N= 155	4.5	26.5	13.5	2.6	15.5	12.9	24.5
2 盆踊り・夏祭り	N= 171	7.0	42.7	16.4	2.3	8.2	7.0	16.4
3 花見	N= 141	2.8	11.3	14.9	7.8	25.5	7.1	30.5
4 食事会・飲み会	N= 155	4.5	21.9	28.4	5.8	11.0	8.4	20.0
5 成人式	N= 146	2.1	11.6	6.8	2.7	31.5	10.3	34.9
6 冠婚葬祭	N= 129	0.0	7.0	10.1	3.1	27.1	17.1	35.7
7 運動会	N= 162	10.5	28.4	16.7	1.9	10.5	7.4	17.9
8 運動会以外の体育活動	N= 160	4.4	31.3	23.8	5.0	10.6	5.6	19.4
9 宿泊旅行	N= 137	0.7	13.1	12.4	7.3	23.4	7.3	35.8
10 新年会・忘年会	N= 171	5.3	38.0	19.9	4.1	4.7	8.2	19.9
11 ラジオ体操	N= 147	0.7	17.7	12.2	6.1	15.6	14.3	33.3
12 研修会・講習会	N= 168	1.8	25.0	34.5	5.4	8.3	8.3	16.7
13 映画上映・演劇鑑賞	N= 135	0.0	3.7	11.9	2.2	32.6	12.6	37.0
14 町内会の総会	N= 188	11.2	53.2	19.1	0.5	0.0	6.9	9.0
15 その他	N= 14	14.3	42.9	0.0	0.0	14.3	0.0	28.6

*Q9Aで1～5を選んだ場合
Q9D　現在の町内での活動状況(10年前と比べて)(ひとつだけ)

		非常に活発化している	活発化している	変わらない	衰退化している	非常に衰退化している	わからない
	Aで「実施している」と答えた人ベース						
1 神社祭礼	N= 98	5.1	14.3	50.0	14.3	2.0	4.1	10.2
2 盆踊り・夏祭り	N= 133	11.3	32.3	30.8	12.0	0.8	5.3	7.5
3 花見	N= 48	2.1	20.8	45.8	12.5	2.1	6.3	10.4
4 食事会・飲み会	N= 106	0.9	19.8	50.0	5.7	4.7	9.4	9.4
5 成人式	N= 46	2.2	6.5	47.8	10.9	6.5	17.4	8.7
6 冠婚葬祭	N= 31	0.0	9.7	67.7	3.2	0.0	9.7	9.7
7 運動会	N= 105	10.5	24.8	33.3	15.2	0.0	4.8	11.4
8 運動会以外の体育活動	N= 122	4.9	28.7	35.2	14.8	1.6	4.1	10.7
9 宿泊旅行	N= 42	0.0	11.9	52.4	19.0	0.0	4.8	11.9
10 新年会・忘年会	N= 138	3.6	31.2	39.1	7.2	1.4	8.0	9.4
11 ラジオ体操	N= 69	1.4	17.4	33.3	13.0	2.9	11.6	20.3
12 研修会・講習会	N= 139	3.6	22.3	46.8	7.9	1.4	4.3	13.7
13 映画上映・演劇鑑賞	N= 25	16.0	44.0	12.0	4.0	12.0	12.0	
14 町内会の総会	N= 188	11.7	27.1	43.6	4.3	0.5	4.8	8.0
15 その他	N= 12	8.3	8.3	33.3	0.0	8.3	0.0	41.7

Ⅲ 次に、あなたの町内会の組織構成と機能についてお尋ねします。
Q10　役員(班長・組長は除く)はどのように構成されていますか。また、手当てはありますか。
Q10A　人数

会長	回答者ベース N= 181	1.0 名	庶務	回答者ベース N= 152	1.2 名
副会長	回答者ベース N= 177	2.2 名	部長	回答者ベース N= 154	4.8 名
会計	回答者ベース N= 178	1.2 名	監事	回答者ベース N= 176	2.0 名

*Q10Aで1名以上の場合
Q10B　役員手当て(定額)(ひとつだけ)
Q10C　活動ごとの手当て(ひとつだけ)
Q10D　手当てと持出しの割合(ひとつだけ)

		手当て(定額)			活動毎手当て			手当てと持出しの割合				
		無し	有り		無し	有り		手当ての方が多い	同じぐらい	持出しの方が多い	わからない	
	回答者かつ各役職が1名以上いる人ベース											
1 会長	N= 181	30.9	68.5	0.6	87.8	6.6	5.5	9.9	13.3	47.5	12.7	16.6
2 副会長	N= 175	39.4	57.7	2.9	86.3	5.7	8.0	16.0	13.7	27.4	18.9	24.0
3 会計	N= 175	27.4	71.4	1.1	88.0	4.6	7.4	20.6	14.9	21.7	22.3	20.6
4 庶務	N= 116	26.7	71.6	1.7	90.5	2.6	6.9	18.1	12.9	25.9	25.0	18.1
5 部長	N= 133	45.9	50.4	3.8	84.2	7.5	8.3	15.0	11.3	20.3	21.8	31.6
6 監事	N= 174	63.8	29.3		86.8	3.4	9.8	9.8	8.6	14.9	27.0	39.7

*Q10Aで1名以上の場合
Q10E　役員の主たる就業状況(副業は除く)(ひとつだけ)

		引退	現役	主婦	なわ	わからない
	回答者かつ各役職が1名以上いる人ベース					
1 会長	N= 181	57.5	36.5	2.2	0.6	3.3
2 副会長	N= 175	46.9	41.1	2.3	0.6	9.1
3 会計	N= 175	41.7	41.1	12.0	1.1	4.0
4 庶務	N= 116	41.4	44.8	7.8	1.7	4.3
5 部長	N= 133	36.8	42.9	6.8	0.8	12.8
6 監事	N= 174	51.7	32.8	2.9	1.7	10.9

＊Q10Aで1名以上の場合

Q10F 役員の主たる職業(引退の場合は現役時の主たる職業をお答え下さい)(ひとつだけ)

	回答者かつ各役職が1人以上いる人ベース	農林漁業	商業自営	工業自営	勤務(常勤)	勤務(パート・派遣)	自由業	専業主婦	わからない
1 会長	N= 181	7.7	9.9	3.9	63.0	2.8	6.1	1.1	0.6	5.0
2 副会長	N= 175	4.6	8.6	2.9	62.9	4.0	3.4	1.7	1.7	10.3
3 会計	N= 175	2.3	6.9	0.6	61.1	5.7	1.1	12.0	4.0	6.3
4 庶務	N= 116	3.4	5.2	0.9	70.7	2.6	3.4	6.0	0.9	6.0
5 部長	N= 133	1.5	3.0	2.3	67.7	3.0	3.8	3.0	4.5	11.3
6 監事	N= 174	5.2	7.5	0.6	63.8	4.0	2.3	4.6	1.7	10.9

Q11.1 どのようにして会長に選ばれましたか。(ひとつだけ)
全体ベース N= 193

1 総会で立候補	1.0
2 総会の話し合いで推された	17.1
3 役員会での互選	31.1
4 選考委員会等による推薦	24.9
5 前会長からの指名	12.4
6 持ち回り(当番制)	6.7
7 抽選(くじ引き)	0.0
8 その他	2.1
	0.5

Q11.2 町内会役員(班長を除く)はどのように選ばれましたか。(ひとつだけ)
全体ベース N= 193

1 総会で立候補	0.5
2 総会の話し合い	17.1
3 新会長からの指名	21.2
4 選考委員会等による推薦	30.1
5 前会長からの指名	6.2
6 持ち回り(当番制)	19.2
7 抽選(くじ引き)	0.0
8 その他	5.2
	0.5

Q12 会長の1任期は何年ですか。(ひとつだけ) 全体ベース N= 193

1 半年	0.0
2 一年	17.6
3 二年	74.6
4 三年	3.1
5 三年より長い	1.0
6 決まっていない	3.1
7 わからない	0.0
	0.5

＊Q12で1〜5の場合
Q12A 複数の任期にわたって会長職を務めることは会則等で認められていますか。(ひとつだけ)
任期が決まっている人ベース N= 186

1 認められていない	2.7
2 認められている	75.8
3 決まりはないが1期のみが普通	3.2
4 決まりはないが複数任期になることが多い	15.6
	2.7

Q13 町内会の(総会で提案される)予算案はどのように作成されていますか。(ひとつだけ)
全体ベース N= 193

1 会長がすべて作成	3.6	5 役員会で協議して一から作成	12.4
2 会長が素案を示し役員会で審議の上、作成	16.6	6 その他	2.1
3 担当役員がすべて作成	6.2	7 作成していない	1.6
4 担当役員が素案を示し役員会で審議の上、作成	57.0		0.5

Q14 町内会の1年間の財政規模(一般会計)と、収入・支出の内訳をご記入下さい。

A. 収入
	回答者ベース	千円
総額	N= 166	2,839
1 会費	N= 158	1,577
2 市からの助成や補助金	N= 152	435
3 公園や街路樹の管理費	N= 105	103
4 広報誌等の配布手数料	N= 95	79
5 資源・廃品回収やバザーの売上げ	N= 92	74
6 コミセン・集会所等の使用料	N= 85	36
7 事務所や住民からの寄付	N= 90	46
8 その他	N= 91	138
9 前年度繰越金	N= 161	514

B. 支出
	回答者ベース	千円
総額	N= 163	2,692
1 役員手当て	N= 154	151
2 会議・事務費	N= 154	179
3 祭典・文化費	N= 123	283
4 祭典・文化費以外の事業費	N= 116	546
5 寄付(募金)・負担金	N= 142	346
6 地域団体への補助・助成金	N= 131	218
7 共同施設・設備維持管理費	N= 133	416
8 その他	N= 99	375
9 次年度繰越金	N= 145	569

Q15.1 日赤や共同募金への寄付金にはどのように対応されていますか。(ひとつだけ)
全体ベース N= 193

1 割り当て分を全額納めている	25.9
2 割り当て分のほとんどを納めている	23.8
3 割り当て分の一部のみ納めている	15.5
4 会員から集まった額だけ納めている	26.9
5 一切、納めていない	0.5
6 その他	6.2
	1.0

Q15.2 連合会町内会組織への負担金にはどのように対応されていますか。(ひとつだけ)
全体ベース N= 193

1 割り当て分を全て納めている	95.3
2 納めていない分もある	2.6
3 ほとんど納めていない	0.5
4 一切、納めていない	0.0
5 その他	0.5
	1.0

Q16 町内会費はどのように集めていますか。

Q16.1 一般世帯(ひとつだけ)
全体ベース N= 193

1 各世帯から平等に(同額を)集めている	76.7
2 各世帯の状況によって差のある額を集めている	20.2
3 その他の基準で集めている	1.6
4 集めることになっていない	0.5
	1.0

Q16.2 事業所(ひとつだけ)
全体ベース N= 193

1 各事業所から平等に(同額を)集めている	38.9
2 各事業所の状況によって差のある額を集めている	19.2
3 その他の基準で集めている	2.6
4 集めることになっていない	9.8
5 そもそも事業所がない	13.5
	16.1

Q17 ひと月の会費は平均して1世帯、1事業所あたりいくらですか。

A. 1世帯あたりの月額(平均)
回答者ベース N= 188 464 円

B. 1事業所あたりの月額(平均)
回答者ベース N= 134 763 円

Q18 この10年の間に、町内会で特別会計を組み、何か事業をされたこと(されていること)がありますか。(いくつでも)
全体ベース N= 193

1 集会所の新築・改築	29.5
2 街路灯の新設・補修	26.4
3 その他	23.8
4 ない	32.6
5 わからない	1.0
	2.1

Q19 町内会会計の収支決算報告や事業報告をどのようなかたちで行なっていますか。(いくつでも)
全体ベース N= 193

1 総会で報告	97.9
2 役員会で報告	42.0
3 監事に報告	34.2
4 決算の概算書を会員に送付する	24.9
5 その他	3.6
6 報告はしない	0.5
	0.5

Q20 あなたの町内会には集会施設がありますか。(いくつでも)

全体ベース N= 193

1 町内会独自の集会所がある	51.3
2 他の町内会と共有の集会所がある	9.3
3 他の団体と共有の集会所がある	6.7
4 公民館など、利用している施設が周りにある	23.3
5 その他	9.8
6 集会所はなく、利用できる施設も周りにない	4.7
	1.0

*Q20で1の場合

Q20A 町内会独自の集会所について以下の問いにお答え下さい。

Q20A.1 建物はどなたが所有している財産ですか。(登記の有無は問いません)。(ひとつだけ)

独自に集会所がある人ベース N= 99

1 町内会の共有財産(個人名義の場合を含む)	70.7
2 盛岡市	18.2
3 個人の私有財産	5.1
4 その他	4.0
	2.0

Q20A.2 建物が建っている土地はどなたの財産ですか。(ひとつだけ)

独自に集会所がある人ベース N= 99

1 町内会の共有財産(個人名義の場合を含む)	14.1
2 盛岡市の財産	58.6
3 岩手県の財産	1.0
4 国有の財産	1.0
5 個人の私有財産	20.2
6 法人の財産	2.0
7 その他	1.0

Q20A.3 その集会所の利用状況はどのようですか。(ひとつだけ)

独自に集会所がある人ベース N= 99

1 容量の限度まで利用されている	15.2
2 容量の範囲内で十分に利用されている	73.7
3 あまり利用されていない	9.1
4 ほとんど利用されていない	1.0
5 その他	0.0
6 わからない	0.0
	1.0

Q21 あなたの町内会がある地域には次のような組織や団体がありますか。

Q21A もしある場合には、それぞれの組織・団体の最小の単位をお教えください。(ひとつだけ)

全体ベース N= 193

	町内会で構成されている	成町内会単位の別組織で構成されている	され町内会連合会単位で構成されている	織町内会連合会単位の別組で構成されている	されているその他の地域組織で構成	構成されていない	わからない
1 子供会育成会	39.9	21.2	2.6	3.1	11.4	3.1	3.1	13.5
2 民生・児童委員会	15.0	14.5	16.6	13.5	17.6	3.1	3.6	16.1
3 少年補導委員会	3.6	5.2	6.2	6.7	13.0	13.5	8.8	43.5
4 体育協会	1.6	3.1	3.6	8.3	10.4	18.1	8.8	46.1
5 防犯協会	4.7	10.4	12.4	18.1	20.2	5.7	4.1	24.4
6 消防団(分団)	5.2	17.6	8.3	12.4	28.0	4.1	5.2	19.2
7 社会福祉協議会	4.1	7.8	15.5	13.5	16.1	6.2	5.2	31.6
8 婦人会	20.7	4.7	4.7	2.1	3.6	15.5	11.4	37.3
9 青年団	8.3	3.1	2.1	2.1	3.6	19.7	13.5	47.7
10 老人クラブ	32.6	24.4	5.7	6.7	5.7	2.6	7.8	14.5
11 商工会・商店会	1.0	2.1	2.1	2.1	11.9	20.7	10.9	49.2
12 農協・漁協	1.6	1.6	1.0	1.6	11.4	22.3	8.8	50.8
13 生協	0.0	0.5	1.0	1.0	8.3	24.4	10.9	53.9
14 氏子会・檀家組織	1.6	5.7	1.0	1.0	10.4	18.1	11.4	50.3
15 講	0.0	0.0	0.0	0.0	1.0	23.8	16.1	59.1
16 その他	0.5	0.0	0.5	0.0	0.5	0.5	1.6	96.4

*Q21Aで1～5の場合

Q21B それぞれの組織・団体とあなたの町内会はどのような関係にありますか。(いくつでも)

各町内会で構成されているものベース

		カ町内会が活動に協	出して町内会から役員を	され町内会に役員が出	し町内会に情報を出	供町内会に情報を提	設置町内会内に部会を	出補助金や負担金を	使集会所等の施設を
1 子供会育成会	N= 155	74.8	15.5	20.6	20.0	27.1	21.3	70.3	34.8	2.6
2 民生・児童委員会	N= 149	52.3	49.7	16.1	17.4	33.6	8.1	9.4	13.4	8.7
3 少年補導委員会	N= 67	38.8	25.4	7.5	9.0	17.9	3.0	10.4	6.0	22.4
4 体育協会	N= 52	51.9	44.2	5.8	5.8	26.9	15.4	25.0	11.5	7.7
5 防犯協会	N= 127	53.5	42.5	7.9	14.2	33.1	11.0	44.9	6.3	6.3
6 消防団(分団)	N= 138	53.6	41.3	5.8	10.9	25.4	5.1	62.3	10.9	5.8
7 社会福祉協議会	N= 110	47.3	42.7	4.5	12.7	33.6	4.5	57.3	10.0	3.6
8 婦人会	N= 69	65.2	27.5	21.7	17.4	29.0	34.8	40.6	27.5	11.6
9 青年団	N= 37	48.6	13.5	8.1	13.5	24.3	21.6	32.4	29.7	13.5
10 老人クラブ	N= 145	62.8	21.4	14.5	20.0	25.5	11.7	56.6	31.7	9.0
11 商工会・商店会	N= 37	40.5	5.4	2.7	2.7	32.4	0.0	0.0	0.0	27.0
12 農協・漁協	N= 35	34.3	8.6	5.7	5.7	22.9	2.9	2.9	28.6	34.3
13 生協	N= 21	9.5	0.0	0.0	4.8	9.5	0.0	0.0	23.8	57.1
14 氏子会・檀家組織	N= 39	46.2	30.8	7.7	17.9	15.4	2.6	25.6	25.6	25.6
15 講	N= 2	0.0	0.0	0.0	0.0	0.0	0.0	0.0	50.0	50.0
16 その他	N= 3	100.0	33.3	33.3	0.0	66.7	0.0	66.7	33.3	

Q22 町内会独自の会報を発行していますか。(ひとつだけ)

全体ベース N= 193

1 毎月2回以上発行している	3.1
2 原則として毎月1回発行している	23.8
3 年に数回発行している	29.0
4 年に1回発行している	3.1
5 発行しない年もあるが、ときどき発行している	5.7
6 発行していない	33.2
	2.1

Q23.1 地方議会の議員選挙のときに、町内会として推薦や応援をしていますか。現在(ひとつだけ)

全体ベース N= 193

1 いつも推薦している	4.7
2 推薦することもある	7.3
3 推薦はしないが応援はいつもしている	8.8
4 推薦はしないが応援することはある	16.6
5 何もしていない	58.5
6 わからない	3.1
	1.0

Q23.2 過去（ひとつだけ） 全体ベース N= 193

1 いつも推薦していた	4.7
2 推薦することもあった	12.4
3 推薦はしないが応援はいつもしていた	6.7
4 推薦はしないが応援することもあった	19.7
5 何もしていなかった	43.5
6 わからない	11.9
	1.0

Q24 あなたの町内会では、役所からの広報配布や依頼業務についてどう対処していますか。（ひとつだけ） 全体ベース N= 193

1 当然のこととして積極的に協力している	38.3
2 果たすべき義務として協力している	48.7
3 最低限のことのみ協力している	10.4
4 原則として協力していない	1.0
	1.6

Q25 今後の町内会などの地域住民組織が果たすべき役割について、どのように考えていますか。（ひとつだけ）

全体ベース N= 193	さらに促進	このまま継続	見直し	とりやめ	実施に向け検討	今後もやらない	わからない	その他	
1 日常的な防犯対策	24.4	53.4	3.1	0.0	7.8	2.6	3.6	0.5	4.7
2 日常的な防火対策	24.4	48.7	2.1	0.0	9.8	3.1	4.1	2.1	5.7
3 自然災害等緊急時の備え	36.3	30.1	5.2	0.0	18.7	3.6	1.0	0.5	4.7
4 会員間での交流促進	31.6	55.4	3.1	0.0	2.6	0.5	1.0	0.0	5.7
5 行政等への陳情・依頼	17.1	56.0	4.7	0.0	4.7	5.7	5.7	0.0	6.2
6 行政からの依頼仕事	3.1	67.9	15.5	0.5	2.6	1.6	4.1	0.0	4.7
7 日赤・共同募金への協力	4.1	77.7	14.0	1.0	0.5	0.5	0.5	0.0	1.6
8 警察・交番との連携・調整	15.0	76.7	2.1	0.0	0.0	1.0	2.1	0.0	3.1
9 学校との連携・調整	21.2	70.5	3.1	0.0	0.0	0.5	1.0	0.5	3.1
10 民生委員との連携	20.2	71.0	2.6	0.0	0.5	0.0	1.0	0.0	3.6
11 NPO等組織との連携の推進	2.6	25.4	6.7	1.6	11.4	7.3	34.7	1.0	9.3
12 企業との連携・調整	4.1	28.5	3.6	0.5	4.1	13.5	34.7	1.6	9.3
13 高齢者の福祉	41.5	40.9	5.2	0.0	5.2	0.5	2.6	0.5	3.6
14 障害者の福祉	30.1	38.3	5.2	0.0	7.3	2.1	9.8	1.0	6.2
15 青少年の健全育成	29.0	49.2	4.1	0.0	3.6	1.6	6.2	0.5	5.7
16 冠婚葬祭	3.1	46.6	5.2	1.0	0.5	17.1	17.1	2.6	6.7
17 運動会やスポーツ大会の開催	10.9	49.2	6.2	1.6	2.1	13.5	8.8	1.0	6.7
18 公民館運営への協力	14.0	63.2	1.0	0.0	0.5	5.7	6.7	3.1	5.7
19 開発計画・事業への参加・関与	5.7	24.9	3.6	0.5	4.1	11.9	34.2	5.2	9.8
20 市議会へ代表者を送ること	3.1	14.0	2.6	0.5	1.0	29.5	38.9	3.1	7.3
21 その他						0.0	2.6	0.0	96.9

Q26 あなたの町内会では、ここ数年、地域生活を営む上で困った問題がありましたか（現在、ありますか）。ある場合には、そうした問題について、解決や改善のために何らかの働きかけを行ないましたか。（ひとつだけ）

全体ベース N= 193	困った問題がある	各ベース	役所等の担当課・係に公式に対応依頼	役所の知り合いに働きかけ	役所の幹部に働きかけ	市会議員に働きかけ	他の地域以外の議員に働きかけ	他の地域団体に働きかけ	警察・交番に相談	町内会が自力で対応
1 住宅の建て込み等の住宅問題	60.1	N= 116	13.8	0.9	0.0	0.0	0.0	0.0	0.0	11.2
2 ゴミ処理の問題	89.6	N= 173	23.7	0.6	1.2	1.2	0.0	1.2	0.0	66.5
3 商売・スーパー等の買い物施設の不足	59.1	N= 114	3.5	0.9	0.0	1.8	0.9	2.6	0.0	2.6
4 開発による住環境や自然環境の悪化	58.5	N= 113	15.0	1.8	2.7	3.5	0.0	3.5	1.8	5.3
5 治安・少年非行・風紀の悪化	62.2	N= 120	4.2	0.0	0.0	0.0	2.5	4.2	48.3	12.5
6 移動や交通の問題	71.5	N= 138	48.6	0.7	2.9	13.8	0.7	1.4	4.3	3.6
7 保育園・学校等育児・教育施設の不足	57.5	N= 111	19.8	0.0	2.7	5.4	0.0	1.8	0.0	0.0
8 公園・運動場・体育施設等の不足	58.5	N= 113	23.0	0.0	0.9	8.8	0.0	0.9	0.0	1.8
9 集会所等文化交流施設の不足・老朽化	62.7	N= 121	22.3	0.0	0.8	6.6	0.0	0.0	0.0	7.4
10 病院等医療・福祉施設の不足	59.6	N= 115	20.0	0.0	1.7	5.2	0.0	0.9	0.0	0.0
11 都市型災害に対する基盤整備の不足	57.5	N= 111	27.0	0.0	0.9	6.3	0.0	3.6	0.0	5.4
12 住民間のトラブル	59.1	N= 114	5.3	0.9	0.0	0.0	0.0	0.0	11.4	40.4
13 民間企業とのトラブル	56.5	N= 109	8.3	0.0	0.0	0.9	0.0	0.9	2.8	15.6
14 行政とのトラブル	58.0	N= 112	22.3	0.0	9.8	0.9	0.9	0.0	0.9	11.6
15 商店や工場を経営していく上での障害	56.5	N= 109	5.5	0.0	0.9	1.8	0.0	0.0	0.0	1.8
16 土地問題（土地利用規制や共有地）	56.5	N= 109	13.8	0.0	1.8	2.8	0.0	0.9	0.0	3.7
17 その他	9.8	N= 19	21.1	0.0	10.5	0.0	0.0	10.5	0.0	5.3
18 困っていることはない	3.6									
	2.6									

	各ベース	町内会のまとまりを生かし、問題解決のためのネットワーク等を組織	町内会とは別に、問題解決のための町内NPO等を組織	具体的に何もしていない	その他
1 住宅の建て込み等の住宅問題	N=116	0.0	0.0	11.2	62.9
2 ゴミ処理の問題	N=173	2.3	0.0	1.2	2.3
3 商売・スーパー等の買い物施設の不足	N=114	0.9	0.0	11.4	75.4
4 開発による住環境や自然環境の悪化	N=113	0.0	0.0	7.1	58.4
5 治安・少年非行・風紀の悪化	N=120	0.8	0.0	3.3	23.3
6 移動や交通の問題	N=138	0.7	0.7	2.2	20.3
7 保育園・学校等保育・教育施設の不足	N=111	0.0	0.0	8.1	62.2
8 公園・運動場・体育施設等の不足	N=113	0.0	0.0	7.1	57.5
9 集会所等文化交流施設の不足・老朽化	N=121	0.8	0.0	6.6	55.4
10 病院等医療・福祉施設の不足	N=115	0.9	0.9	6.1	64.3
11 都市型災害に対する基盤整備の不足	N=111	0.0	0.0	5.4	51.4
12 住民間のトラブル	N=114	0.9	0.0	8.8	32.5
13 民間企業とのトラブル	N=109	0.0	0.0	12.8	58.7
14 行政とのトラブル	N=112	0.0	0.0	10.7	43.8
15 商店や工場を経営していく上での障害	N=109	0.0	0.0	17.4	72.5
16 土地問題(土地利用規制や共有地)	N=109	2.8	0.9	13.8	59.6
17 その他	N=19	0.0	0.0	10.5	42.1

IV あなたの町内会の防犯活動についてお尋ねします。
Q27 あなたの町内会の周辺におけるこれまでと現在(ここ数年)の犯罪の発生状況・危険性と今後の傾向についてどのようにお考えですか。

Q27A これまで(ひとつだけ)

全体ベース N=193	まったくない	ほとんどない	あまりない	多い	非常に多い	わからない
1 自転車バイクの盗難・破損	7.8	32.1	34.2	8.3	0.5	7.8	9.3
2 車上荒らし・自動車破損	13.0	33.2	32.1	3.6	0.0	7.8	10.4
3 落書きや器物の損壊	14.5	34.2	30.6	2.6	0.0	6.7	11.4
4 不審者の侵入	12.4	30.1	33.7	3.1	0.0	9.3	11.4
5 空巣狙い	13.0	31.6	33.2	5.2	0.0	7.3	9.8
6 放火・不審火	39.4	26.9	15.5	0.0	0.0	6.2	11.9
7 詐欺(サギ)	18.7	30.1	14.0	2.6	0.0	21.8	13.0
8 悪徳商法	11.4	28.5	24.4	3.6	1.0	19.7	10.9
9 すり・ひったくり	31.6	25.9	16.1	0.5	0.0	15.5	10.9
10 下着等洗濯物の盗難	23.8	27.5	18.7	1.6	0.0	16.1	12.4
11 痴漢・変質者	15.5	30.6	24.9	4.7	0.0	11.9	12.4
12 ストーカー	24.4	28.5	14.5	1.0	0.0	19.7	12.4
13 恐喝・脅迫	27.5	23.8	16.1	0.5	0.0	20.7	11.4
14 暴行・傷害・強盗	23.8	28.5	17.1	0.0	0.0	18.7	11.9
15 不法なゴミ捨て	4.1	9.3	43.0	27.5	4.1	3.6	8.3
16 その他	1.0	0.0	0.0	0.0	0.0	0.0	99.0

Q27B 現在(これまでと比べて)(ひとつだけ)

全体ベース N=193	著しく減った	減った	変わらない	増えた	著しく増えた	わからない
1 自転車バイクの盗難・破損	1.6	13.5	49.7	3.1	0.0	16.1	16.1
2 車上荒らし・自動車破損	1.6	9.8	53.9	1.6	0.0	15.0	18.1
3 落書きや器物の損壊	3.1	9.8	52.3	3.1	0.0	12.4	19.2
4 不審者の侵入	3.6	8.8	49.2	3.6	0.0	14.0	20.7
5 空巣狙い	4.1	9.8	51.3	1.6	0.0	15.0	18.1
6 放火・不審火	5.2	3.1	52.8	0.5	0.0	15.5	22.8
7 詐欺(サギ)	1.6	6.2	42.5	2.1	0.0	21.8	25.4
8 悪徳商法	2.1	6.7	42.0	4.7	1.0	22.8	20.7
9 すり・ひったくり	2.1	5.2	48.7	1.6	0.0	20.7	21.8
10 下着等洗濯物の盗難	3.1	6.2	46.1	1.0	0.0	20.7	22.8
11 痴漢・変質者	2.6	7.8	45.6	3.6	0.0	18.1	22.3
12 ストーカー	2.6	5.2	45.1	1.0	0.0	21.8	24.4
13 恐喝・脅迫	3.1	4.1	47.2	0.5	0.0	21.8	23.3
14 暴行・傷害・強盗	2.1	6.7	47.2	0.5	0.0	20.2	23.3
15 不法なゴミ捨て	2.1	15.5	39.4	15.5	2.1	9.8	15.5
16 その他	0.0	0.0	0.0	0.0	0.0	0.5	99.5

Q27C　これから(現在と比べて)(ひとつだけ)

全体ベース N=193

	著しく減る	減る	変わらない	増える	著しく増える	わからない
1 自転車バイクの盗難・破損	1.6	12.4	39.4	4.7	0.5	22.8	18.7
2 車上荒らし・自動車破損	1.6	10.4	41.5	4.1	0.5	21.8	20.2
3 落書きや器物の損壊	2.6	8.3	41.5	5.7	0.0	20.7	20.7
4 不審者の侵入	2.6	7.8	37.8	7.3	1.0	21.2	22.3
5 空き巣狙い	3.1	9.8	38.3	7.3	1.0	21.2	19.2
6 放火・不審火	4.1	5.7	39.9	3.1	0.0	22.3	24.9
7 詐欺(サギ)	2.6	6.7	32.6	5.7	1.0	28.0	23.3
8 悪徳商法	2.1	9.3	31.6	7.8	2.1	25.9	21.2
9 すり・ひったくり	2.6	7.3	38.3	3.1	0.0	25.4	22.8
10 下着等洗濯物の盗難	2.1	8.3	37.3	3.6	0.0	25.4	23.3
11 痴漢・変質者	2.6	7.3	36.3	5.7	0.0	25.4	22.8
12 ストーカー	3.1	4.7	35.2	3.1	0.0	26.4	25.4
13 恐喝・脅迫	3.1	6.2	36.8	2.1	0.0	27.5	24.4
14 暴行・傷害・強盗	3.6	6.7	35.2	4.1	0.0	24.9	24.9
15 不法なゴミ捨て	2.6	11.9	31.1	18.1	2.1	17.1	17.1
16 その他	0.0	0.0	0.0	0.0	0.0	0.5	99.5

Q28　あなたの町内会では、防犯のためにどのような組織的な取り組みをしていますか。(いくつでも)

全体ベース N=193

1 防犯パトロールの実施	50.8	7 公園等の見通し、見晴らしの改善	18.7
2 地域の犯罪発生や、不審者の出没状況の情報の共有(回覧板など)	46.1	8 不審者に遭遇したときの連絡先・駆け込み先	34.7
3 防犯マップの作成	15.5	9 防犯セミナー・講習会への参加	23.3
4 防犯灯・街路灯の設置	78.2	10 小・中学校との情報交換	69.9
5 監視カメラの設置	0.5	11 その他	2.6
6 声かけの実施	42.5		9.8

Q29　あなたの町内会の周辺で、過去数年、治安の不安を感じさせてきたのはどのようなことですか。また現在はどうなっていますか。そして、そうした問題に対して住民の方々で何か対策をとっていますか。

Q29A　過去数年の状況(ひとつだけ)
Q29B　現在の状況がもたらす不安(ひとつだけ)
Q29C　自主的な対応や対策(ひとつだけ)

全体ベース N=193

	過去数年の状況					現在の状況がもたらす不安					自主的な対応・対策		
	大いに問題あり	やや問題あり	あまり問題なし	問題なし		大いに不安あり	やや不安あり	あまり不安なし	不安なし		行っている	行っていない	
1 路上や空き地のゴミの散乱	9.3	31.1	36.8	11.9	10.9	6.7	29.0	39.4	11.9	13.0	63.7	22.3	14.0
2 自動車、バイク、自転車の不法放置	8.3	27.5	33.2	19.2	11.9	6.2	18.7	44.0	16.6	14.5	35.8	48.2	16.1
3 不審者の出没	2.6	20.2	42.5	22.3	12.4	3.1	20.2	42.0	20.7	14.0	35.8	47.7	16.6
4 不良のたまり場	0.5	10.9	42.0	33.2	13.5	2.1	10.4	39.4	32.1	16.1	22.8	57.5	19.7
5 深夜の暴走族	1.6	10.4	36.3	37.8	14.0	0.5	10.4	41.5	32.1	15.5	10.9	70.5	18.7
6 害悪のあるチラシやビラ	1.0	8.3	33.7	43.5	13.5	0.0	8.8	40.9	35.2	15.0	16.6	65.3	18.1
7 わいせつなビデオ・雑誌の自販機	1.6	4.1	23.3	57.5	13.5	0.5	4.7	33.2	47.2	14.5	10.4	69.9	19.7
8 深夜営業の店舗	1.6	4.1	21.8	58.0	14.5	1.0	5.2	26.4	51.8	15.5	9.3	71.0	19.7
9 町内のよくわからない住民	1.0	14.5	38.9	31.1	14.5	1.0	16.1	39.9	28.0	15.0	16.1	64.8	19.2
10 新聞・テレビ・ラジオの犯罪報道	0.0	10.4	37.8	36.3	15.5	1.0	10.4	37.3	34.7	16.6	8.8	70.5	20.7
11 その他	0.0	0.0	0.0	0.0	0.0	0.0	0.0	0.0	0.0	0.0	0.5	1.0	98.4

Q30　地域での防犯活動について、あなたの町内会では、独自の取り組みをされていますか。また、町内会以外で、防犯活動に取り組んでいる地域団体はありますか。

Q31　安全・安心なまちづくりについて

Q31A　あなたの町内会の周辺でこれまでどのような取り組みをしてきましたか。(いくつでも)

全体ベース N=193

1 防犯灯・街路灯の整備	89.6	6 防犯活動のリーダー育成	26.4
2 監視カメラの設置・整備	10.9	7 防犯活動の組織化の支援	37.8
3 犯罪発生状況の情報提供	61.7	8 防犯キャンペーンの実施	42.0
4 護身の知識・技術の提供	17.1	9 防犯パトロールの強化・連携	65.3
5 防犯のための講習会の開催	44.0	10 自治体の安全・安心条例の制定	21.2
			4.1

Q31B　そうした取り組みの主体はどこですか。(いくつでも)

	各ベース	あなたの町内会	他の町内会	町内会連合会	部防協会(支)	地域防犯協議会	防犯住民組織以外の地域住民組織	NPO団体・ボランティア	行政	警察
1 防犯灯・街路灯の整備	N=173	97.1	8.1	12.1	5.2	2.3	0.0	15.6	7.5	1.2
2 監視カメラの設置・整備	N=21	14.3	9.5	4.8	14.3	23.8	0.0	14.3	42.9	
3 犯罪発生状況の情報提供	N=119	37.8	5.0	9.2	19.3	5.9	0.0	11.8	73.1	1.7
4 護身の知識・技術の提供	N=33	6.1	0.0	9.1	24.2	3.0	6.1	3.0	69.7	3.0
5 防犯のための講習会の開催	N=85	36.5	2.4	22.4	31.8	11.8	1.2	12.9	52.9	1.2
6 防犯活動のリーダー育成	N=51	27.5	2.0	17.6	47.1	7.8	2.0	17.6	41.2	2.0
7 防犯活動の組織化の支援	N=73	39.7	4.1	26.0	43.8	6.8	2.7	15.1	31.5	2.7
8 防犯キャンペーンの実施	N=81	21.0	1.2	19.8	45.7	14.8	1.2	12.3	49.4	2.5
9 防犯パトロールの強化・連携	N=126	56.3	5.6	13.5	32.5	15.1	3.2	7.1	42.1	0.8
10 自治体の安全・安心条例の制定	N=41	24.4	2.4	24.4	12.2	7.3	0.0	53.7	26.8	2.4

Q31C そうした活動にもっとも熱心に取り組んでいる主体はどこですか。(ひとつだけ)

	各ベース	あなたの町内会	他の町内会	町内会連合会	防犯協会(支部)	地域防犯協会住民組織以外の	NPO・ボランティア団体	行政	警察
1 防犯灯・街路灯の整備	N= 173	72.3	0.0	2.9	0.6	0.0	0.0	2.3	0.6	21.4
2 監視カメラの設置・整備	N= 21	9.5	4.8	4.8	4.8	14.3	0.0	9.5	28.6	23.8
3 犯罪発生状況の情報提供	N= 119	12.6	0.0	1.7	4.2	1.7	0.0	1.7	48.7	29.4
4 護身の知識・技術の提供	N= 33	6.1	0.0	0.0	6.1	0.0	6.1	3.0	51.5	27.3
5 防犯のための講習会の開催	N= 85	11.8	0.0	8.2	10.6	5.9	0.0	2.4	23.5	37.6
6 防犯活動のリーダー育成	N= 51	13.7	0.0	5.9	25.5	2.0	2.0	3.9	17.6	29.4
7 防犯活動の組織化の支援	N= 73	20.5	0.0	8.2	26.0	1.4	0.0	2.7	16.4	24.7
8 防犯キャンペーンの実施	N= 81	3.7	0.0	9.9	21.0	3.7	0.0	2.5	27.2	32.1
9 防犯パトロールの強化・連携	N= 126	25.4	0.0	2.4	14.3	4.0	0.8	0.0	15.1	37.3
10 自治体の安全・安心条例の制定	N= 41	9.8	2.4	9.8	2.4	0.0	0.0	39.0	9.8	26.8

Q31AA あなたの町内会では行政や警察がとくに行うべきだと考えている取り組みについてお選びください。(いくつでも) 全体ベース N= 193

1 防犯灯・街路灯の整備	43.0	7 防犯活動の組織化の支援	20.7
2 監視カメラの設置・整備	21.2	8 防犯キャンペーンの実施	19.7
3 犯罪発生状況の情報提供	59.1	9 防犯パトロールの強化・連携	54.9
4 護身の知識・技術の提供	7.3	10 自治体の安全・安心条例の制定	15.0
5 防犯のための講習会の開催	34.2	11 その他	2.1
6 防犯活動のリーダー育成	24.9		8.3

V あなたの町内会の防災活動についてお尋ねします。

Q32 あなたの町内会では、大地震等(火災、水害等を含む)が起きたときの対応について具体的に話し合いを行なってきましたか。(ひとつだけ) 全体ベース N= 193

1 話し合ってきた	69.9	3 わからない	1.0
2 話し合っていない	28.5		0.5

*Q32で1の場合

Q32A 具体的に話し合った内容(いくつでも) 話し合いを行ってきた人ベース N= 135

1 心がまえについて	67.4	6 家屋の安全度について	17.8
2 避難の方法、時期、場所について	81.5	7 地域の災害危険箇所について	33.3
3 食料・飲料水について	34.1	8 外国人等の短期居住者・一時滞在者の安全について	0.7
4 非常持ち出し品について	23.7	9 その他	5.9
5 住民間の連絡について	79.3		0.7

Q33 あなたの町内会では、大地震等が起こった場合に備えて、どのような対策をとっていますか。(いくつでも) 全体ベース N= 193

1 消火器、懐中電灯、医薬品等を準備しておくよう住民に呼びかけている	38.3
2 食料品や飲料水の備蓄を住民にすすめている	21.8
3 家具や冷蔵庫を固定しブロック塀を点検する等、倒壊を防止するよう呼びかけている	12.4
4 地震保険に加入するよう住民に働きかけている	3.1
5 住民間の連絡方法等を決めている	43.5
6 近くの学校や公園等避難する場所を決めている	63.2
7 防災に関するセミナーや講演を開いて啓発活動を行なっている	31.1
8 市や消防署が主催している防災訓練や講演に積極的に参加している	34.2
9 高齢者世帯・子どもの状況把握につとめている	53.9
10 外国人等の短期居住者・一時滞在者の状況把握につとめている	0.5
11 その他	4.7
12 とくに何もしていない	15.0
	2.1

Q34 あなたの町内会では、防災マップや災害危険予想図(ハザードマップ)等の防災対策資料を持っていますか。(ひとつだけ) 全体ベース N= 193

1 作成中または持っている	58.0
2 持っていない	36.8
3 わからない	2.6
	2.6

*Q34で1の場合
Q34A 作成しているまたは作成に取り組んだ主体はどこですか。(いくつでも)
Q34B 作成しているまたは作成にもっとも熱心に取り組んだ主体はどこですか。(いくつでも)

防災対策資料を持っている人ベース N= 112	取り組み主体	最も熱心な主体	防災対策資料を持っている人ベース N= 112	取り組み主体	最も熱心な主体
1 あなたの町内会	63.4	58.9	6 NPO・ボランティア団体	0.0	0.0
2 他の町内会	3.6	3.6	7 行政	42.0	32.1
3 町内会連合会	21.4	14.3	8 警察	4.5	4.5
4 地域防災組織	33.9	23.2	9 その他	3.6	2.7
5 地域防災組織以外の地域住民組織	7.1	6.3			1.8

*Q34で1の場合
Q34C 作成しているまたは作成にさいして、地域住民に加えて特にどのような主体に視点が向けられていましたか。(いくつでも) 防災対策資料を持っている人ベース N= 112

1 高齢者	90.2	4 外国人等の短期居住者・一時滞在者	1.8
2 子ども	35.7	5 その他	14.3
3 女性	14.3		4.5

Q35　あなたの町内会や町内会連合会、地区協議会では、近年、大地震等を想定した防災訓練を独自に行なっていますか（消防署や市から協力を受ける訓練も含みます）。またその際、住民は参加したり見学したりしていますか。
Q35A　町内会単位（ひとつだけ）
Q35B　町内会連合会単位（ひとつだけ）

全体ベース N=193

	町内会単位	町内会連合会単位
1 行なっており、数多くの会員が参加したり見学したりしている	7.3	6.7
2 行なっており、一定数の熱心な会員が参加したり見学したりしている	9.8	9.3
3 行なっているものの、参加や見学をする会員は非常に限られている	14.5	11.4
4 行なっていないが、いずれ行ないたいと考えている	32.6	8.8
5 行なっていないし、今後も行なう予定はない	11.4	5.2
6 その他	0.0	1.6
	24.4	57.0

Q36　大地震のさい、あなたの町内会のある地域の救援活動では、どのようなアクター（組織や人）が重要な役割を果たすと考えていますか。
Q36A　発生時の救援活動
　　　重要なもの（いくつでも）
　　　もっとも重要なもの（ひとつだけ）
Q36B　発生後の救援活動
　　　重要なもの（いくつでも）
　　　もっとも重要なもの（ひとつだけ）

全体ベース N=193

	A 発生時の救援活動		B 発生後の救援活動	
	重要なもの	もっとも重要なもの	重要なもの	もっとも重要なもの
1 個人（個人的な人間関係）	47.7	6.2	36.8	2.1
2 隣近所・隣組	83.4	45.1	72.0	19.7
3 町内会	75.1	14.0	74.6	19.7
4 町内会連合会	15.5	0.5	19.7	1.6
5 消防団	62.7	3.1	58.5	2.6
6 NPO等のネットワーク組織	11.9	0.0	23.3	1.6
7 民間企業	6.7	0.5	8.8	1.0
8 新聞・テレビ・ラジオ等	33.2	0.5	30.6	1.0
9 地方自治体	39.4	1.6	49.7	14.5
10 消防署	63.7	3.6	62.7	5.7
11 警察	50.8	1.6	51.3	0.0
12 自衛隊	28.5	2.1	43.5	6.2
13 国家	20.2	1.0	24.9	3.1
14 その他	1.0	0.0	0.5	0.0
	5.7	20.2	6.7	21.8

VI 盛岡市の町内会と行政の関わりについてお聞きします。

Q37　盛岡市の町内会の未来イメージについて、どのようにお考えですか。（ひとつだけ）

全体ベース N=193

1 地域社会の役割が高まり、町内会のしごとが増える	65.8
2 地域社会の役割が高まるが、町内会のしごとは変わらない	8.3
3 地域社会の役割は変わらず、町内会のしごとも変わらない	4.1
4 地域社会の役割は変わらないが、町内会のしごとは増える	13.5
5 その他	0.5
6 わからない	1.6

Q38　これからの市役所行政との関係について、どのようにお考えですか。（ひとつだけ）

全体ベース N=193

1 これまでも関係は強く、これからも強い	49.7
2 これまでは関係が深かったが、これからは弱くなる	6.7
3 これまでも、これからも関係は弱い	8.8
4 これまでは関係が弱かったが、これからは強くなる	18.7
5 わからない	14.0
	2.1

Q39　あなたの町内会では、昨年度、行政側から以下のような支援はありましたか。またそれぞれの支援を、今年度以降、どの程度受けたいと思いますか。
Q39A　支援の有無（ひとつだけ）
Q39B　今年度以降の支援の期待（ひとつだけ）

全体ベース N=193

	支援の有無			今年度以降の支援の期待						
	あり	なし	わからない	今年度はぜひ、より一層充実させてほしい	今年度も昨年度と同様で	より良い今年度	もう今年度より支援が減って	支援の取りやめの必要はない	わからない	その他
1 町内会活動全般にかかる費用の助成	31.1	51.3	4.1	13.5	41.5	23.8	1.6	5.7	3.1	5.7	18.7
2 防犯灯電気料の助成	91.2	3.6	1.6	3.6	37.8	47.2	2.1	0.5	0.0	3.6	8.8
3 防犯灯灯具交換補修費の助成	62.7	24.4	1.6	4.1	47.2	29.5	1.6	1.6	1.0	2.6	16.6
4 町内会活動への指導、介入	15.5	64.8	4.1	15.5	14.5	32.1	1.6	11.4	4.7	12.4	23.3
5 他の町内会との情報交換の場の設置	48.7	30.6	5.7	15.0	22.3	36.8	3.6	3.6	1.6	9.8	22.3
6 その他	2.6	0.5	1.0	95.3	1.0	1.0	0.0	0.5	0.0	1.0	96.4

Q40　町内会の後はどんな組織になるとお考えでしょうか。（ひとつだけ）

全体ベース N=193

1 これまで通り、地縁的組織の代表的組織として続く	69.4
2 これまでは関係が深かったが、これからは弱くなる	19.7
3 その他の組織	1.6
4 わからない	6.7
	2.6

Q41　町内会と市との連携について

Q41.1　町内会は、現在、市との連携が十分になされていると思いますか。（ひとつだけ）

全体ベース N=193

1 そう思う	45.1
2 そう思わない	48.2
3 わからない	5.2
	1.6

Q41.2　町内会は、今以上に市との連携が必要だと思いますか。（ひとつだけ）

全体ベース N=193

1 必要である	62.7
2 どちらともいえない	32.1
3 必要でない	3.1
	2.1

Q42　「市民協働」やそのための「地域内分権」が実行された場合、あなたの地域はどう変わっていくと思いますか。

Q42.1　「地域住民同士の連携」（ひとつだけ）

全体ベース N=193

1 強くなる	30.6
2 弱くなる	10.9
3 変わらない	42.0
4 わからない	14.5
	2.1

Q42.2　「町内会活動（住民活動）への参加者」（ひとつだけ）

全体ベース N=193

1 増える	19.2
2 減る	19.7
3 変わらない	49.2
4 わからない	9.8
	2.1

Q42.3 「地域の自主性・独自性」（ひとつだけ）　全体ベース N= 193

1 強まる	26.4
2 弱まる	15.5
3 変わらない	46.6
4 わからない	9.3
	2.1

Q42.4 「地域内での問題解決力」（ひとつだけ）　全体ベース N= 193

1 強まる	25.9
2 弱まる	16.1
3 変わらない	44.0
4 わからない	11.9
	2.1

Ⅶ 最後に、町内会長さんご自身についてお尋ねします。

F1 会長さんの性別（ひとつだけ）　全体ベース N= 193

1 男性	95.9
2 女性	3.6
	0.5

F2 会長さんの年齢（ひとつだけ）　全体ベース N= 193

1 20歳代	0.0	5 60歳代	37.3
2 30歳代	1.6	6 70歳代	41.5
3 40歳代	2.6	7 80歳以上	8.3
4 50歳代	7.8		1.0

F3 会長さんが現在お住まいの家（ひとつだけ）　全体ベース N= 193

1 持家（一戸建て）	91.7
2 持家（集合住宅）	3.1
3 公営の借家・住宅	3.6
4 民間の借家・住宅	0.5
5 その他	0.5

F4 会長さんの家の家族構成（ひとつだけ）　全体ベース N= 193

1 非高齢者のみの核家族世帯	17.1
2 高齢者のみの核家族世帯	39.9
3 非高齢者と高齢者からなる親族世帯	23.3
4 非高齢者の単身世帯	2.1
5 高齢者の単身世帯	2.1
6 二世帯以上がともに居住	11.4
7 その他	2.6

F5 会長さんのご家族は、現在お住まいの場所に、いつ頃から住んでいますか。（ひとつだけ）　全体ベース N= 193

1 江戸時代以前から	7.3	6 昭和50年代から	16.6
2 明治・大正～昭和戦前期から	20.2	7 昭和60年代から	9.3
3 昭和20年代から	8.3	8 平成7年以降から	10.4
4 昭和30年代から	9.3	9 わからない	0.0
5 昭和40年代から	17.1		1.6

F6 会長さんの在任年数　回答者ベース N= 183　6.3 年目（通算）

F7 会長さんは、町内会以外の地域組織・行政組織の役職（理事職）を引き受けていますか。
F7A 現在、引き受けている役職（いくつでも）
F7B 会長就任以前に引き受けたことがある役職（いくつでも）

全体ベース N=193	現在引き受けている	過去引き受けた		現在引き受けている	過去引き受けた		現在引き受けている	過去引き受けた
1 町内会役員	—	40.9	9 消防後援会役員	46.1	9.8	17 NPO・ボランティア組織役員	9.3	3.6
2 町内会連合会役員	44.0	13.5	10 消防団役員	5.2	3.6	18 町内趣味余暇集団の世話人	7.8	8.3
3 民生・児童委員	6.2	8.8	11 公園愛護協会役員	9.3	1.6	19 商工会・商店会役員	3.1	5.7
4 PTA役員	3.6	22.3	12 婦人会役員	1.0	1.6	20 議員後援会役員	8.8	9.3
5 社会福祉協議会役員	27.5	8.8	13 老人クラブ役員	13.0	9.3	21 政治団体役員	4.7	4.1
6 体育協会役員	6.7	4.7	14 青年団役員	0.5	9.8	22 宗教団体役員	5.2	1.0
7 防犯協会役員	24.4	6.2	15 日赤奉仕団団長	1.6	0.5	23 その他	11.9	5.2
8 交通安全協会	20.2	8.8	16 共同募金会役員	1.0				31.6

F8 町内会とそれに関連するお仕事は、ご自身の生活のおおよそ何%を占めていると感じていますか。　回答者ベース N= 182　41.4 %

F8A 町内会内の仕事（行政からの依頼仕事を除く）、町内会連合会の仕事、行政からの依頼仕事、その他の町外の付き合いを、負担に感じますか。（ひとつだけ）

全体ベース N= 193	負担に感じる	どちらともいえない	負担に感じない	
1 町内会単位の仕事・付き合い	42.5	31.6	23.3	2.6
2 町内会連合会単位の仕事・付き合い	48.2	34.7	13.5	3.6
3 行政からの依頼仕事	47.7	33.7	14.5	4.1
4 その他	7.8	13.5	9.8	68.9

F9 会長としての正規の仕事以外に個人的に地域活動に関わっていますか。（いくつでも）　全体ベース N= 193

1 とくに何もしていない	32.1
2 地域の任意団体が活動しやすいように調整や働きかけをしている	29.5
3 地域の任意団体の活動に積極的に顔を出している	41.5
4 ポケット・マネーで地域の団体や活動を支援している	10.9
5 自らが発起人となって地域イベントを開催している	8.3
6 自らが発起人となって地域組織・NPOなどを立ち上げている	3.6
7 その他	6.2
	4.1

【山形市町内会・自治会等調査】

1 はじめに、あなたの町内会・自治会(以下、町内会)の全般的な事柄についてご記入下さい。

Q1 町内会の名称

Q2 町内会の所在する地区(ひとつだけ) 全体ベース N= 371

1 第一地区	5.4	11 鈴川地区	8.9	21 大郷地区	1.9
2 第二地区	4.9	12 千歳地区	1.3	22 南沼原地区	3.5
3 第三地区	4.9	13 飯塚地区	1.6	23 明治地区	0.5
4 第四地区	4.9	14 椹沢地区	0.8	24 南山形地区	3.0
5 第五地区	6.7	15 出羽地区	3.2	25 大曽根地区	1.3
6 第六地区	5.7	16 金井地区	1.9	26 山寺地区	0.5
7 第七地区	4.6	17 楯山地区	2.4	27 蔵王地区	5.4
8 第八地区	1.9	18 滝山地区	6.2	28 西山形地区	3.2
9 第九地区	1.3	19 東沢地区	3.0	29 村木沢地区	3.2
10 第十地区	2.7	20 高瀬地区	3.2	30 本沢地区	1.6
					0.3

Q3 町内会の沿革について

Q3.1 町内会の発足した時期(ひとつだけ) 全体ベース N= 371

1 1940年代以前(戦前からあり、禁止期間もかたちを変えて存続し、講和条約後に再発足)	5.7	6 1970年代	14.0
2 1940年代以前(戦前からあり、禁止期間にばらばらになったが、講和条約後に再発足)	1.9	7 1980年代	3.8
3 1940年代以前(戦前からあるが、経緯についてはよくわからない)	31.0	8 1990年代	3.0
4 1950年代	11.6	9 2000年代	2.2
5 1960年代	9.7	10 わからない	8.6
			8.6

Q3.2 (再)発足のきっかけ(いくつでも) 全体ベース N= 371

1 講和条約を受けて発足のため	3.5	6 行政等のすすめで発足	11.6
2 旧来の町内会から分かれて発足	17.3	7 区画整理とともに発足	15.1
3 新来住民によって発足	10.0	8 市町村合併とともに発足	5.1
4 団地・社宅・マンション等ができて発足	7.3	9 その他	8.6
5 地域の実力者の意向で発足	19.1	10 わからない	25.6
			5.1

Q3.3 (再)発足時の主な目的(いくつでも) 全体ベース N= 371

1 住民同士の親睦をはかるため	69.8	5 共有地、共有施設の管理のため	13.7
2 町内の生活上の問題を共同解決するため	57.1	6 マンションや団地の管理組合として	1.1
3 行政等への働きかけ・陳情のため	33.4	7 その他	1.6
4 行政等との連絡・調整のため	48.2	8 わからない	13.2
			4.6

Q3.4 現在の主な目的(いくつでも) 全体ベース N= 371

1 住民同士の親睦をはかるため	92.5
2 町内の生活上の問題を共同解決するため	81.7
3 行政への働きかけ・陳情のため	62.8
4 行政との連絡・調整のため	71.7
5 共有地、共有施設の管理のため	26.4
6 マンションや団地の管理組合として	2.2
7 その他	1.6
8 何もしていない	0.0
	0.3

Q4 町内会に加入している世帯数等

Q4.1	加入世帯数(事業所を除く)	回答者ベース N= 365	161.9 戸
Q4.2	加入事業所数	回答者ベース N= 359	8.5 事業所
Q4.3	町内の区の数	回答者ベース N= 353	2.1 区
Q4.4	町内の班もしくは隣組の数	回答者ベース N= 364	14.5 班・組

Q4.5 町内会への世帯加入率(町内の全世帯数に対する加入世帯数の割合)(ひとつだけ) 全体ベース N= 371

1 全戸加入	54.2
2 90%以上加入	28.8
3 70%以上~90%未満加入	12.9
4 50%以上~70%未満加入	1.6
5 30%以上~50%未満加入	0.5
6 30%未満加入	0.8
7 わからない	1.1
	0.5

Q5 町内会等の「地縁による団体」が、その団体名義で土地建物の不動産登記等ができるよう、法人格取得が可能になりましたが、「地縁による団体」として法人格を取得していますか。(ひとつだけ) 全体ベース N= 371

1 取得している(　　　年に取得)	22.4
2 取得する予定である	3.5
3 取得する予定はない	63.9
4 取得するかどうか検討中である	4.0
	6.2

Q6 町内会内の状況について

Q6.1 建物・土地の特色(多いものを2つまで) 全体ベース N= 371

1 事業所	7.5
2 商店	5.7
3 工場	0.8
4 一戸建て	81.1
5 集合住宅(単身向け)	11.6
6 集合住宅(家族向け)	24.8
7 田畑	13.7
8 その他	1.1
	10.8

Q6.2 最近10年間くらいの人口の変化(ひとつだけ) 全体ベース N= 371

1 大いに増加	5.7
2 やや増加	17.0
3 あまり変化はない	28.3
4 やや減少	37.2
5 大いに減少	9.7
6 その他	1.1
	1.1

Q6.3 非加入世帯を含む居住世帯の特色(多いものを2つまで) 全体ベース N= 371

1 非高齢者のみの核家族世帯	22.4
2 高齢者のみの核家族世帯	37.7
3 非高齢者と高齢者からなる親族世帯	61.7
4 非高齢者の単身世帯	10.8
5 高齢者の単身世帯	10.8
6 その他	8.9
	12.1

Q6.4 新旧住民の世帯数の割合(ひとつだけ) 全体ベース N= 371

1 古くからの地付きの世帯がほとんど	32.9
2 古くからの地付きの世帯のほうが多い	28.8
3 同じくらい	8.4
4 外からの新しい世帯のほうが多い	14.6
5 外からの新しい世帯がほとんど	13.7
	1.6

Q6.5 計画的開発(区画整理等)(ひとつだけ) 全体ベース N= 371

1 最近5年以内に実施	4.9	4 時期は不明だが実施	7.8
2 5~10年前に実施	2.4	5 実施していない	43.9
3 10年以上前に実施	31.0	6 わからない	7.3
			4.3

Q6.6 町内の暮らしやすさ（ひとつだけ）

バブル経済崩壊（1990年代前半）以前（当時の感覚で）　全体ベース N=371

	%
1 暮らしやすかった	21.6
2 どちらかといえば暮らしやすかった	58.5
3 どちらかといえば暮らしにくかった	6.7
4 暮らしにくかった	1.9
5 わからない	9.2
	2.2

現在（バブル経済崩壊以前と比べて）（ひとつだけ）　全体ベース N=371

	%
1 暮らしやすくなっている	6.2
2 どちらかといえば暮らしやすくなっている	12.4
3 かわっていない	19.4
4 どちらかといえば暮らしにくくなっている	42.0
5 暮らしにくくなっている	12.7
6 わからない	4.9
	2.4

II 次に、あなたの町内会の活動状況についておうかがいします。

Q7 あなたの町内会では、次のような活動が行われていますか。また、それぞれの活動の10年前と現在の活動状況はどうですか。

Q7A 活動組織（いくつでも）　全体ベース N=371

	町内会	町内会組織の単位別	連合町内会（振興会）	連合町内会組織の単位別	その他の地域組織	実施していない	わからない
1 ごみ処理収集協力	87.3	5.4	7.0	3.0	2.2	1.6	0.3	4.3
2 廃品回収	54.7	18.3	6.5	4.3	23.5	2.7	0.3	5.9
3 バザー	4.0	1.9	9.4	6.2	5.9	38.3	3.5	32.9
4 地域の清掃美化	77.6	9.2	12.4	6.7	4.0	2.2	0.0	7.0
5 防犯パトロール	31.5	14.3	18.9	14.6	10.5	2.4	0.5	13.7
6 防火パトロール	23.2	12.9	12.9	9.7	11.1	17.3	1.9	21.6
7 交通安全対策	29.1	13.7	19.9	20.2	18.6	5.9	0.2	12.1
8 集会所等の施設管理	51.5	7.8	5.4	3.0	3.0	15.1	1.1	17.3
9 街灯等の設備管理	88.9	4.3	4.6	1.3	1.1	1.3	0.0	5.1
10 公園・広場の管理	57.1	11.1	4.6	5.7	5.7	10.0	0.2	14.3
11 私道の管理	22.1	3.0	1.1	1.3	5.1	27.5	9.2	32.6
12 乳幼児保育の支援	7.5	3.8	4.6	10.8	8.4	30.5	5.1	31.3
13 学童保育の支援	22.6	7.5	12.1	14.0	15.9	15.4	2.2	19.9
14 青少年教育・育成	22.1	10.2	13.2	17.3	14.0	13.5	3.8	20.2
15 高齢者福祉	61.2	13.5	20.5	19.9	8.4	2.2	0.3	6.7

*Q7Aで1～6を選んだ場合

Q7B 10年前の町内会での全体的な活動状況（ひとつだけ）　Aで「わからない」「不明」を除いた人ベース

		非常に活発に実施されていた	活発に実施されていた	あまり盛んでなかった	ほとんど実施されていない	実施されていなかった	わからない
1 ごみ処理収集協力	N=354	15.8	42.9	18.9	3.1	2.3	4.5	12.4
2 廃品回収	N=348	15.2	44.0	12.4	4.9	8.0	3.7	11.8
3 バザー	N=236	3.0	8.1	14.0	4.7	50.0	9.7	10.6
4 地域の清掃美化	N=345	13.3	44.1	20.0	2.9	2.9	3.8	13.0
5 防犯パトロール	N=318	5.0	26.1	17.0	10.1	14.5	5.3	11.9
6 防火パトロール	N=284	5.6	28.9	21.8	7.7	18.0	4.9	13.0
7 交通安全対策	N=323	6.2	39.3	23.8	3.7	7.7	3.4	15.8
8 集会所等の施設管理	N=303	14.5	39.3	10.9	0.7	15.8	3.0	15.8
9 街灯等の設備管理	N=352	20.2	44.9	13.4	1.1	2.3	2.3	15.9
10 公園・広場の管理	N=315	15.6	34.9	18.4	3.2	11.7	3.2	13.0
11 私道の管理	N=216	6.0	20.4	13.0	6.0	36.6	6.0	12.0
12 乳幼児保育の支援	N=236	1.7	8.9	13.1	10.6	41.9	9.7	14.0
13 学童保育の支援	N=289	4.2	26.6	17.0	6.6	24.6	6.3	14.2
14 青少年教育・育成	N=282	7.4	32.6	19.1	5.0	17.4	5.7	12.8
15 高齢者福祉	N=345	8.1	38.8	24.9	4.3	7.0	4.3	12.5

*Q7Aで1～5を選んだ場合

Q7C 現在の町内での活動状況（10年前と比べて）（ひとつだけ）　Aで「実施している」と答えた人ベース

		大いに活発化している	活発化している	変わらない	衰退している	非常に衰退している	わからない
1 ごみ処理収集協力	N=348	32.8	30.7	21.0	2.6	0.0	1.1	11.8
2 廃品回収	N=338	29.6	29.0	24.9	4.1	0.0	1.5	10.9
3 バザー	N=94	5.3	17.0	43.6	6.4	3.2	6.4	18.1
4 地域の清掃美化	N=337	18.7	29.4	33.2	2.7	0.3	1.2	14.5
5 防犯パトロール	N=272	14.3	34.2	34.2	3.3	0.4	1.5	12.1
6 防火パトロール	N=220	13.2	26.4	43.2	3.2	0.5	1.4	12.3
7 交通安全対策	N=301	10.0	29.2	41.9	1.3	0.3	1.0	16.3
8 集会所等の施設管理	N=247	20.2	25.5	36.4	0.8	0.0	1.2	15.8
9 街灯等の設備管理	N=347	22.8	30.3	30.3	0.0	0.0	1.2	15.3
10 公園・広場の管理	N=278	16.2	28.1	36.0	2.5	0.0	2.2	15.1
11 私道の管理	N=114	14.0	24.6	43.9	0.9	0.9	1.8	14.0
12 乳幼児保育の支援	N=123	8.9	26.0	30.1	0.8	0.0	8.1	20.3
13 学童保育の支援	N=232	10.8	31.5	35.3	3.4	0.4	3.0	15.5
14 青少年教育・育成	N=232	11.6	26.7	40.9	4.7	1.3	1.7	12.9
15 高齢者福祉	N=337	18.1	38.9	25.2	2.1	0.0	1.8	13.6

Q8　あなたの町内会では、次のような行事が組織的に行なわれていますか。
　　　また、町内会が中心に行なっている活動については「参加対象」と「参加状況」についてもお答え下さい。

Q8A　行事の有無、実施組織（いくつでも）

	町内会	町内会単位の別組織	連合町内会〜振興	連合単位町内会別〜組織振興	その他の地域組織	実施していない	わからない
全体ベース N=371							
1 神社祭礼	37.5	18.1	4.6	4.0	15.6	13.7	11.6
2 盆踊り・夏祭り	30.2	13.7	7.8	7.5	9.2	20.8	14.8
3 花見	12.7	8.4	1.1	1.1	4.0	43.9	28.3
4 芋煮会	38.8	8.9	1.3	1.3	5.9	26.4	18.1
5 成人式	0.8	0.3	0.5	0.3	4.3	54.4	36.9
6 葬式	17.0	10.5	0.3		4.3	37.7	29.6
7 運動会	10.2	5.4	36.9	22.4	5.4	12.1	15.1
8 運動会以外の体育活動	11.1	9.7	22.9	19.4	7.8	14.3	19.1
9 宿泊旅行	3.8	8.6	4.3	3.5	5.1	42.9	31.3
10 新年会・忘年会	20.8	8.4	12.4	3.2	3.8	29.9	22.6
11 ラジオ体操	17.0	19.1	1.9	1.9	14.3	26.1	19.9
12 研修会・講習会	21.3	7.8	15.1	9.2	5.7	22.1	24.0
13 映画上映・演劇鑑賞	1.1	1.6	2.7	1.6	2.4	53.4	36.1
14 町内会の総会	95.1	2.2	4.3	0.3	0.3	0.3	2.7

＊Q8Aで1〜5を選んだ場合
Q8B.1　参加対象（ひとつだけ）
Q8B.2　参加の程度（ひとつだけ）

		参加対象					参加程度				
		町内会の全会員（義務〜）	町内会の全会員（自由参加〜）	実施組織に属するメンバー	その他	わからない	町内会の会員のほとんど	町内会の会員の半数程度が参加	町内会の会員の一部が参加	町内会の会員のほとんどいない	その他	わからない
Aで「実施している」と答えた人ベース												
1 神社祭礼	N=275	10.9	47.6	23.3		0.4	17.8	15.6	41.1	4.0	1.1	21.1
2 盆踊り・夏祭り	N=238	4.6	63.0	19.3	0.8	0.4	20.6	12.2	27.3	34.0	3.8	0.0	22.7
3 花見	N=99	3.0	40.4	29.3	0.0		27.3	16.2	12.1	37.4	1.0	4.0	29.3
4 芋煮会	N=203	5.9	56.2	16.3	1.5		20.0	15.8	23.6	36.5	1.5	1.0	21.7
5 成人式	N=23	0.0	17.4	34.8		47.8	8.7	0.0	13.0	4.3	30.4	43.5
6 葬式	N=114	20.2	19.3	32.5	0.9		27.2	4.4	47.4	0.0	0.0	34.2
7 運動会	N=265	4.2	60.0	12.1	1.1		22.6	5.3	14.7	44.2	6.4	0.8	28.7
8 運動会以外の体育活動	N=244	1.6	53.3	20.1	0.8		24.2	1.6	5.3	57.4	6.1	1.2	28.3
9 宿泊旅行	N=91	0.0	12.1	28.6	2.2		57.1	2.2	2.2	28.6	1.1	5.5	60.4
10 新年会・忘年会	N=170	3.5	34.7	29.4	0.0		32.4	4.7	7.6	43.5	5.9	1.2	37.1
11 ラジオ体操	N=195	1.0	37.4	33.3	1.0		27.2	1.5	4.1	53.8	6.7	2.6	31.3
12 研修会・講習会	N=197	1.5	37.1	28.9	1.0		31.5	1.0	7.6	49.2	7.1	1.5	33.5
13 映画上映・演劇鑑賞	N=33	0.0	33.3	27.3	0.0		39.4	0.0	9.1	48.5	3.0	9.1	30.3
14 町内会の総会	N=359	51.5	27.3	6.1	0.3		14.8	37.9	23.7	22.8	0.0	0.3	15.3

Q9　あなたの町内会で現在町内会の運営上困っていることがありますか。困っているもの（いくつでも）　　　　　　全体ベース N=371

1 町内会のルールを守らない住民の存在	30.5	9 家族世帯数の多さによる障害	1.9	17 役員内のあつれき	2.2
2 未加入世帯の増加	9.7	10 単身世帯数の多さによる障害	12.4	18 政治や選挙の相談・依頼事	4.6
3 町内会行事への住民の参加の少なさ	53.4	11 構成世帯数の少なさによる障害	9.4	19 運営のための経験や智恵が足りない	7.3
4 町内会の役員のなり手不足	65.0	12 加入世帯の家族構成が把握できない	16.4	20 町内会の財産をめぐるトラブル	1.6
5 予算の不足	16.7	13 日中、留守の世帯が多い	22.4	21 その他	5.7
6 会員の少子高齢化	60.4	14 集会施設がない／狭い／不便	22.4	22 困っていることはない	3.2
7 行政との関係（依頼の多さ等）	12.4	15 住民間の摩擦	4.0		
8 行政以外の団体との関係（負担金等）	14.6	16 世代間の断絶	6.7		2.4

Ⅲ 次に、あなたの町内会の組織構成と機能についてお尋ねします。
Q10　役員（班長・組長は除く）はどのように構成されていますか。また、手当てはありますか。
Q10A　人数

会長	回答者ベース N=335　1.0 名	庶務	回答者ベース N=235　1.3 名
副会長	回答者ベース N=324　1.8 名	区長	回答者ベース N=188　2.5 名
会計	回答者ベース N=319　1.1 名	監事	回答者ベース N=307　1.9 名

＊Q10Aで1名以上の場合
Q10B　役員手当て（定額）（ひとつだけ）
Q10C　活動ごとの手当て（ひとつだけ）
Q10D　手当てと持出しの割合（ひとつだけ）

		手当て（定額）		活動毎手当て		手当てと持出しの割合				
		無し	有り	無し	有り	手当ての方が多い	同じぐらい	持出しの方が多い	いわない	わからない
回答者かつ各役職が1人以上いる人ベース										
1 会長	N=333	33.3	59.8	6.9	77.8	6.6	15.6	12.0	13.8	27.9	10.5	35.7
2 副会長	N=317	36.0	55.5	8.5	76.7	5.4	18.0	15.1	10.7	14.5	16.1	43.5
3 会計	N=308	35.7	55.5	8.8	78.2	4.2	17.5	15.3	11.7	12.0	16.2	44.8
4 庶務	N=171	46.2	44.4	9.4	77.8	5.3	17.0	12.9	8.2	9.4	17.5	52.0
5 区長	N=77	39.0	50.6	10.4	63.6	9.1	27.3	11.7	7.8	16.9	14.3	49.4
6 監事	N=290	57.9	25.5	16.6	74.1	2.8	23.1	9.0	6.6	5.9	14.8	63.8

* Q10Aで1名以上の場合

Q10E 役員の主たる就業状況(副業は除く)(ひとつだけ)

		引退	現役	主婦	なからい	わからない
	回答者かつ各役職が1人以上いる人ベース					
1 会長	N= 333	63.7	27.9	0.3	0.6	7.5
2 副会長	N= 317	42.9	40.1	0.6	0.6	15.8
3 会計	N= 308	41.2	45.5	3.2	1.0	9.1
4 庶務	N= 171	36.3	49.1	3.5	1.2	9.9
5 区長	N= 77	19.5	40.3	3.9	5.2	31.2
6 監事	N= 290	38.6	36.2	0.3	1.4	23.4

* Q10Aで1名以上の場合

Q10F 役員の主たる職業(引退の場合は現役時の主たる職業をお答え下さい)(ひとつだけ)

		農林漁業	商業自営	工業自営	勤務(常勤)	勤務(パート・派遣)	自由業	専業主婦	わからない
	回答者かつ各役職が1人以上いる人ベース								
1 会長	N= 333	12.9	6.3	1.8	54.7	3.0	8.1	0.6	0.9	11.7
2 副会長	N= 317	7.6	8.8	4.4	50.2	2.8	5.7	0.3	1.9	18.3
3 会計	N= 308	5.8	9.7	3.2	52.9	4.9	6.2	2.3	2.6	12.3
4 庶務	N= 171	1.2	8.2	4.1	57.9	4.1	5.8	1.8	2.9	14
5 区長	N= 77	6.5	1.3	1.3	39.0	6.5	3.9	0.0	9.1	32.5
6 監事	N= 290	4.5	9.7	3.1	44.5	1.4	5.2	0.0	3.4	28.3

Q11.1 どのようにして会長に選ばれましたか。(ひとつだけ) 全体ベース N= 371

1 総会で立候補	0.5
2 総会の話し合いで推された	13.5
3 役員会での互選	25.1
4 選考委員会等による推薦	25.9
5 前会長からの指名	17.3
6 持ち回り(当番制)	7.0
7 抽選(くじ引き)	0.0
8 その他	7.8
	3.0

Q11.2 町内会役員(班長を除く)はどのように選ばれましたか。(ひとつだけ) 全体ベース N= 371

1 総会で立候補	0.3
2 総会の話し合い	13.5
3 新会員からの指名	19.1
4 選考委員等による推薦	26.7
5 前会長からの指名	9.7
6 持ち回り(当番制)	14.8
7 抽選(くじ引き)	0.3
8 その他	9.4
	6.2

Q12 会長の1任期は何年ですか。(ひとつだけ) 全体ベース N= 371

1 半年	0.3
2 一年	14.3
3 二年	77.6
4 三年以上	3.0
5 決まっていない	4.3
6 わからない	0.0
	0.5

* Q12で1~4の場合

Q12A 複数の任期にわたって会長職を務めることは会則等で認められていますか。(ひとつだけ) 任期が決まっている人ベース N= 353

1 認められていない	7.4
2 認められている	68.8
3 決まりはないが1期のみが普通	12.2
4 決まりはないが複数任期になることが多い	2.8

Q13 町内会の(総会で提案される)予算案はどのように作成されていますか。(ひとつだけ) 全体ベース N= 371

1 会長がすべて作成	2.7
2 会長が素案を示し役員会で審議の上、作成	20.5
3 担当役員がすべて作成	9.7
4 担当役員が素案を示し役員会で審議の上、作成	49.3
5 役員会で協議してーから作成	11.9
6 作成していない	1.3
7 その他	2.2
	2.4

Q14 町内会の1年間の財政規模(一般会計)と収入・支出の内訳をご記入下さい。

A. 収入

	回答者ベース	千円
総額	N= 319	1,873
1 会費	N= 309	1,069
2 市からの助成や補助金	N= 249	177
3 公園や街路樹の管理費	N= 151	39
4 広報誌等の配布手数料	N= 238	72
5 廃品回収やバザーの売上げ	N= 166	58
6 コミセン・集会所の使用料	N= 146	28
7 事務所や住民からの寄付	N= 149	38
8 その他	N= 199	102
9 前年度繰越金	N= 301	536

B. 支出

	回答者ベース	千円
総額	N= 301	1,713
1 役員手当て	N= 273	135
2 会議・事務費	N= 301	166
3 祭典・文化費	N= 228	141
4 祭典・文化費以外の事業費	N= 221	288
5 寄付(募金)・負担金	N= 248	278
6 地域団体への補助・助成金	N= 249	236
7 共同施設・設備維持管理費	N= 239	238
8 その他	N= 234	213
9 次年度繰越金	N= 296	366

Q15 町内会本体の会計支出はどのようにされていますか。必要な書類と手続きのそれぞれについて

Q15.1 必要な書類(いくつでも) 全体ベース N= 371

1 請求書や領収書	95.4
2 会長等への支出伺い	42.9
3 その他	11.1
4 なし	0.5
	1.9

Q15.2 支出の手続き(ひとつだけ) 全体ベース N= 371

1 会長が承認の上、会計担当役員が支出	61.2
2 役員会が承認の上、会計担当役員が支出	15.4
3 会計担当役員が承認し会計担当委員が支出	14.0
4 会長が承認し、会長が支出	1.1
5 役員会が承認の上、会長が支出	0.0
6 その他	1.6
	6.7

Q16.1 日赤や共同募金への寄付金にはどのように対応されていますか。(ひとつだけ) 全体ベース N= 371

1 割り当て分を全額納めている	51.8
2 割り当て分のほとんどを納めている	17.0
3 割り当て分の一部のみ納めている	0.8
4 会員から集まった額だけ納めている	20.8
5 一切、納めていない	0.3
6 その他	4.6
	4.9

Q16.2 連合会町内会組織への負担金にはどのように対応されていますか。(ひとつだけ) 全体ベース N= 371

1 割り当て分を全て納めている	92.5
2 治めていない分もある	2.4
3 ほとんど納めていない	0.3
4 一切、納めていない	1.6
5 その他	1.3
	1.9

Q17 町内会費はどのように集めていますか。

Q17.1 一般世帯（ひとつだけ）

全体ベース N= 371

	%
1 各世帯から平等に（同額）集めている	65.5
2 各世帯の状況によって差のある額を集めている	29.1
3 その他の基準で集めている	2.7
4 集めることになっていない	0.0
	2.7

Q17.2 事業所（ひとつだけ）

全体ベース N= 371

	%
1 各事業所から平等に（同額）集めている	34.8
2 各事業所の状況によって差のある額を集めている	18.3
3 その他の基準で集めている	5.9
4 集めることになっていない	5.7
5 そもそも事業所がない	13.2
	22.1

＊Q17.1か2で1～3の場合

Q17.3 町内会費はどのようにして集めていますか。（いくつでも）

Q17.1か2で1～3を選択した人ベース N= 367

	%
1 町内会役員が各戸に集金にまわる	22.3
2 役員以外の担当者（班長など）が集金する	73.8
3 各戸が町内会役員に持参する	4.1
4 銀行振り込み／郵便振替	6.8
5 マンション等の不動産業者と契約	9.0
6 その他	6.3
	1.1

Q18 ひと月の会費は平均して1世帯、1事業所あたりいくらですか。

A. 1世帯あたりの月額（平均）　　　　　　　　回答者ベース N= 312　　709 円
　　差額徴収の場合：　持家　　　　　　　回答者ベース N= 90　　771 円
　　　　　　　　　　賃貸　　　　　　　回答者ベース N= 78　　523 円
　　　　　　　　　　学生　　　　　　　回答者ベース N= 55　　134 円

B. 1事業所あたりの月額（平均）　　　　　　　回答者ベース N= 185　1,059 円

Q19 この10年の間に、町内会で特別会計を組み、何か事業をされたこと（されていること）はありますか。（いくつでも）

全体ベース N= 371

	%
1 集会所の新築・改築	25.3
2 街路灯の新設・補修	23.7
3 その他	23.5
4 ない	38.8
5 わからない	1.6
	3.0

Q20 町内会計の収支決算報告や事業報告をどのようなかたちで行なっていますか。（いくつでも）

全体ベース N= 371

	%
1 総会で報告	95.1
2 役員会で報告	42.3
3 監事に報告	35.6
4 決算の概算書を会員に送付する	24.3
5 その他	7.3
6 報告はしない	0.0
	1.6

Q21 あなたの町内会がある地域には次のような組織や団体があります。

Q21A もしある場合には、それぞれの組織・団体の最小の単位をお教えください。（ひとつだけ）

全体ベース N= 371

	町内会単位で組織	連合町内会の単位で組織	その他の単位で組織	組織されていない	わからない	
1 子供会育成会	66.3	14.6	6.2	1.3	0.0	11.6
2 民生・児童委員会	24.5	45.3	12.9	1.9	0.3	15.1
3 少年補導委員会	4.6	24.3	15.1	12.1	10.0	34.0
4 体育振興会	25.1	46.9	7.3	2.2	0.5	18.1
5 防犯協会	21.8	41.0	15.1	1.9	1.9	18.3
6 消防団（分団）	20.2	28.4	20.5	10.0	0.5	19.9
7 社会福祉協議会	17.5	57.7	10.2	0.8	0.0	13.7
8 婦人会	21.8	5.4	3.0	30.5	4.6	34.8
9 青年団	7.5	0.8	2.2	42.0	4.9	42.6
10 老人クラブ	36.4	18.6	11.3	11.1	1.6	21.0
11 商工会・商店会	3.0	5.4	8.9	31.3	7.8	43.7
12 農協・漁協	1.3	6.2	12.4	27.8	8.4	43.9
13 生協	0.3	0.3	2.4	39.6	8.9	48.5
14 氏子会・檀家組織	15.4	5.9	21.6	20.8	5.1	31.3
15 講	4.9	1.1	4.6	30.7	14.0	44.7

＊Q21Aで1～3の場合

Q21B 町内会と組織・団体との関係（いくつでも）

各町内会で組織されているものベース

	N	町内会が活動に協力	を町内会に出している役員	出している委員	出している町内会が情報を	提供町内会に情報を	を町内会内に設置部会	を補助金・出している負担金	
1 子供会育成会	N= 323	72.1	22.6	5.6	8.0	9.9	11.5	53.6	3.7
2 民生・児童委員会	N= 307	45.6	46.9	5.2	12.7	15.0	4.6	9.1	11.1
3 少年補導委員会	N= 163	30.1	27.0	3.1	6.1	12.3	3.1	12.3	31.9
4 体育振興会	N= 294	44.6	53.4	5.1	8.2	10.9	9.9	39.5	7.5
5 防犯協会	N= 289	27.7	30.4	3.8	4.2	9.7	3.8	19.7	37.4
6 消防団（分団）	N= 258	47.7	19.0	3.5	4.7	11.2	3.1	53.5	10.9
7 社会福祉協議会	N= 317	36.0	50.5	5.0	18.8	13.9	6.9	26.0	11.7
8 婦人会	N= 112	53.6	26.8	5.4	8.0	7.1	17.9	32.1	17.9
9 青年団	N= 39	46.2	17.9	5.1	2.6	10.3	10.3	25.6	33.3
10 老人クラブ	N= 246	51.6	16.7	3.3	5.7	8.5	8.5	39.4	21.1
11 商工会・商店会	N= 64	18.8	9.4	1.6	7.8	10.9	3.1	3.1	56.3
12 農協・漁協	N= 74	13.5	10.8	0.0	1.4	8.1	1.4	1.4	68.9
13 生協	N= 11	27.3	0.0	0.0	0.0	0.0	0.0	0.0	72.7
14 氏子会・檀家組織	N= 159	41.5	27.0	1.3	3.1	3.8	4.4	22.0	31.4
15 講	N= 39	30.8	5.1	0.0	2.6	2.6	0.0	12.8	53.8

Q22 あなたの町内会には集会施設がありますか。(いくつでも)

全体ベース N= 371

	%
1 町内会独自の集会所がある	48.0
2 他の町内会と共有の集会所がある	16.7
3 他の団体と共有の集会所がある	7.3
4 公民館など、利用している施設が周りにある	26.7
5 その他	12.1
6 集会所はなく、利用できる施設も周りにない	5.4
	0.3

*Q22で1の場合

Q22A 町内会独自の集会所について以下の問いにお答え下さい。

Q22A.1 建物はどなたが所有している財産ですか(登記の有無は問いません)。(ひとつだけ)

独自に集会所がある人ベース N= 178

	%
1 町内会の共有財産(個人名義の場合を含む)	82.0
2 山形市	8.4
3 個人の私有財産	2.2
4 その他	5.6
	1.7

Q22A.2 建物が建っている土地はどなたの財産ですか。(ひとつだけ)

独自に集会所がある人ベース N= 178

	%
1 町内会の共有財産(個人名義の場合を含む)	55.6
2 山形市の財産	17.4
3 山形県の財産	0.6
4 国有の財産	0.6
5 個人の私有財産	10.1
6 法人の財産	5.1
7 その他	8.4
	2.2

Q22A.3 その集会所の利用状況はどのようですか。(ひとつだけ)

独自に集会所がある人ベース N= 178

	%
1 容量の限度まで利用されている	13.5
2 容量の範囲内で十分に利用されている	77.0
3 あまり利用されていない	8.4
4 ほとんど利用されていない	0.0
5 わからない	0.0
6 その他	0.0
	1.1

Q23 町内会独自の会報を発行していますか。(ひとつだけ)

全体ベース N= 371

	%		%
1 毎月2回以上発行している	2.2	4 年に1回発行している	4.3
2 原則として毎月1回発行している	4.3	5 発行しない年もあるが、ときどき発行している	4.3
3 年に数回発行している	10.5	6 発行していない	72.2
			2.2

Q24 地方議会の議員選挙のときに、町内会として推薦や応援をしていますか。

Q24.1 現在 (ひとつだけ)

全体ベース N= 371

	%
1 いつも推薦している	25.3
2 推薦することもある	27.8
3 推薦はしないが応援はいつもしている	6.2
4 推薦はしないが応援することはある	13.2
5 何もしていない	24.5
6 わからない	2.2
	0.8

Q24.2 過去 (ひとつだけ)

全体ベース N= 371

	%
1 いつも推薦していた	23.5
2 推薦することもあった	27.8
3 推薦はしないが応援はいつもしていた	5.7
4 推薦はしないが応援することもあった	12.4
5 何もしていなかった	18.9
6 わからない	6.5
	5.4

Q25 あなたの町内会では、役所からの広報配布や依頼業務についてどう対処していますか。(ひとつだけ)

全体ベース N= 371

	%		%
1 当然のこととして積極的に協力している	52.8	3 最低限のことのみ協力している	4.0
2 果たすべき義務として協力している	41.2	4 原則として協力していない	1.1
			0.8

Q26 今後の町内会などの地域住民組織が果たすべき役割について、どのように考えていますか。(ひとつだけ)

全体ベース N= 371

	さらに促進	これまま継続	見直し	とりやめ	実施に向け検討	今後もいらない	いわからない	その他	
1 日常的な防犯対策	22.4	54.7	2.7	0.0	10.0	1.3	3.2	0.5	5.1
2 日常的な防火対策	19.1	53.4	3.5	0.0	12.9	1.3	4.0	0.5	4.9
3 自然災害など緊急時の備え	27.0	31.3	6.2	0.0	21.6	1.1	5.7	0.5	6.7
4 会員間での交流促進	21.3	59.3	3.0	0.3	4.9	1.1	3.0	0.0	7.3
5 行政等への陳情・依頼	16.7	64.2	1.3	0.0	5.4	0.5	4.0	0.5	7.3
6 行政からの依頼仕事	2.4	79.0	4.6	0.0	2.7	0.0	3.5	0.0	7.8
7 日赤・共同募金への協力	3.0	80.6	8.4	2.2	0.3	0.0	1.6	0.5	3.5
8 警察・交番との連携・調整	10.0	76.8	1.9	0.0	1.6	0.0	3.2	0.3	5.4
9 学校との連携・調整	12.9	77.9	2.4	0.0	1.6	0.3	1.1	0.0	3.8
10 民生委員との連携	22.9	70.9	1.9	0.0	0.0	0.3	0.5	0.0	3.5
11 NPO等組織との連携の推進	1.6	19.7	2.4	0.0	8.9	7.5	42.3	2.7	14.8
12 企業との連携・調整	1.9	33.2	2.2	0.3	5.4	7.8	31.5	2.7	15.1
13 高齢者の福祉	32.3	52.6	3.0	0.0	4.6	1.1	2.0	0.0	4.3
14 障害者の福祉	22.4	51.8	2.7	0.0	5.9	1.3	7.8	0.3	7.8
15 青少年の健全育成	24.0	56.6	3.8	0.3	3.8	0.8	4.3	0.3	6.2
16 冠婚葬祭	1.1	63.6	8.1	0.5	0.8	7.8	8.4	1.1	8.6
17 運動会やスポーツ大会の開催	3.2	53.1	18.9	3.0	1.3	5.9	7.0	0.0	7.5
18 公民館運営への協力	9.2	70.6	3.5	0.0	1.3	2.2	7.0	1.1	5.1
19 開発計画・事業への参加・関与	6.2	36.1	2.7	0.0	5.1	5.7	31.3	1.3	11.6
20 市議会へ代表者を送ること	3.8	24.3	2.2	0.3	3.2	17.3	38.3	2.2	8.6
21 その他	0.8	0.5	0.3	0.0	0.3	0.3	1.9	1.1	94.9

Q27 あなたの町内会では、ここ数年、地域生活を営む上で困った問題がありましたか(現在、ありますか)。(いくつでも)
ある場合には、そうした問題について、解決や改善のために何らかの働きかけを行ないましたか。(それぞれについていくつでも)

	困った問題がある	各ベース	役所に課題・依頼・対応公社等の公式当	役所の知り合いに働きかけ	役所の幹部に働きかけて	市会議員に通して	力者に働きかけの有	議員以外の地域他の地域団体（町内会を含む）に連合	警察・交番に相談	町内会が自力で対応
全体ベース N=371										
1 住宅の建て込み等の住宅問題	17.5	N=65	18.5	1.5	1.5	6.2	1.5	3.1	0.0	24.6
2 ゴミ処理の問題	73.9	N=274	19.7	2.2	1.1	1.8	0.7	6.2	0.4	67.5
3 商売・スーパー等の買い物施設の不足	19.1	N=71	12.7	1.4	4.2	9.9	2.8	9.9	0.0	1.4
4 開発による住環境や自然環境の悪化	15.1	N=56	25.0	1.8	1.8	12.5	3.6	12.5	1.8	7.1
5 治安・少年非行・風紀の悪化	22.1	N=82	15.2	0.0	1.2	1.2	6.1	13.4	47.6	8.5
6 移動や交通の問題	38.5	N=143	63.6	2.1	7.0	35.7	2.1	9.8	4.2	2.8
7 保育園・学校など育児・教育施設の不足	13.5	N=50	28.0	0.0	8.0	22.0	2.0	12.0	0.0	4.0
8 公園・運動場・体育施設等の不足	17.5	N=65	27.7	3.1	7.7	21.5	1.5	4.6	0.0	1.5
9 集会所・図書館など文化交流施設の不足・老朽化	24.0	N=89	38.2	3.4	4.5	14.6	1.1	1.1	0.0	11.2
10 病院や老人福祉センター等医療・福祉施設の不足	15.9	N=59	30.5	3.4	5.1	20.3	0.0	6.8	1.7	1.7
11 都市型災害に対する基盤整備の不足	20.8	N=77	29.9	2.6	6.5	9.1	2.6	9.1	2.6	20.8
12 住民間のトラブル	17.5	N=65	12.3	0.0	0.0	3.1	3.1	4.6	15.4	33.8
13 民間企業とのトラブル	12.1	N=45	8.9	0.0	2.2	6.7	2.2	4.4	8.9	20.0
14 行政とのトラブル	10.8	N=40	10.0	0.0	0.0	15.0	5.0	2.5	0.0	7.5
15 商店や工場を経営していく上での障害	10.0	N=37	5.4	2.7	8.1	2.7	2.7	0.0	0.0	2.7
16 土地問題(土地利用規制や共有地)	14.0	N=52	28.8	0.0	3.8	3.8	1.9	3.8	0.0	9.6
17 その他	8.4	N=31	48.4	0.0	3.2	16.1	0.0	3.2	3.2	12.9
18 困っていることはない	14.0									

	各ベース	問題を解決しワーク等を組織ネット	町内会のまとまりを生かし	決めのNPO等を組織町内会とは別に問題解	その他	具体的に何もしていない
1 住宅の建て込み等の住宅問題	N=65	1.5	0.0	10.8		35.4
2 ゴミ処理の問題	N=274	6.2	0.0	1.5		2.6
3 商売・スーパー等の買い物施設の不足	N=71	0.0	1.4	9.9		53.5
4 開発による住環境や自然環境の悪化	N=56	0.0	0.0	8.9		37.5
5 治安・少年非行・風紀の悪化	N=82	2.4	2.4	2.4		15.9
6 移動や交通の問題	N=143	0.7	0.0	1.4		5.6
7 保育園・学校など育児・教育施設の不足	N=50	2.0	0.0	10.0		36.0
8 公園・運動場・体育施設等の不足	N=65	1.5	0.0	7.7		43.1
9 集会所・図書館など文化交流施設の不足・老朽	N=89	3.4	1.1	6.7		31.5
10 病院や老人福祉センター等医療・福祉施設の不	N=59	0.0	0.0	6.8		42.4
11 都市型災害に対する基盤整備の不足	N=77	2.6	0.0	0.0		29.9
12 住民間のトラブル	N=65	1.5	3.1	3.1		33.8
13 民間企業とのトラブル	N=45	2.2	0.0	11.1		46.7
14 行政とのトラブル	N=40	0.0	0.0	15.0		52.5
15 商店や工場を経営していく上での障害	N=37	2.7	2.7	18.9		62.2
16 土地問題(土地利用規制や共有地)	N=52	0.0	0.0	7.7		46.2
17 その他	N=31	0.0	0.0	3.2		35.5

IV あなたの町内会の防犯活動についてお尋ねします。
Q28 あなたの町内会の周辺におけるこれまでと現在(ここ数年)の犯罪の発生状況・危険性と今後の傾向についてどのようにお考えですか。
Q28A これまで(ひとつだけ)

	まったくない	ほとんどない	あまりない	多い	非常に多い	わからない
全体ベース N=371						
1 自転車バイクの盗難・破損	13.5	24.5	29.9	3.5	0.8	5.4	22.4
2 車上荒らし・自動車破損	15.9	29.9	24.0	2.7	0.3	4.6	22.6
3 落書きや器物の損壊	14.6	28.0	26.4	4.0	0.5	3.0	23.5
4 不審者の侵入	14.6	27.0	25.1	2.2	0.3	6.5	24.5
5 空き巣狙い	15.1	28.0	22.4	3.8	0.0	6.2	24.5
6 放火・不審火	36.7	23.7	8.9	1.3	0.0	3.0	26.4
7 詐欺(サギ)	18.9	28.0	12.7	0.5	0.0	12.9	27.0
8 悪徳商法	10.0	23.2	23.5	4.0	0.3	15.1	24.0
9 すり・ひったくり	24.8	26.1	10.5	1.1	0.3	10.5	26.7
10 下着等洗濯物の盗難	19.9	24.8	16.7	1.1	0.0	11.6	25.9
11 痴漢・変質者	13.5	26.1	25.6	3.0	0.0	8.1	23.7
12 ストーカー	21.3	24.8	11.9	0.8	0.0	14.3	27.0
13 恐喝・脅迫	21.8	25.9	11.9	0.8	0.0	13.2	26.4
14 暴行・傷害・強盗	24.5	25.1	12.7	0.8	0.0	10.5	26.4
15 不法なゴミ捨て	1.1	7.8	25.6	40.4	11.1	0.5	13.5

Q28B　現在（これまでと比べて）（ひとつだけ）

全体ベース N=371	著しく減った	減った	変わらない	増えた	著しく増えた	わからない
1 自転車バイクの盗難・破損	1.9	10.5	42.3	2.2	0.0	10.0	33.2
2 車上荒らし・自動車破損	3.5	6.7	45.0	1.3	0.0	10.2	33.2
3 落書きや器物の損壊	3.5	7.8	43.7	3.2	0.0	8.6	33.2
4 不審者の侵入	3.0	7.0	41.2	1.6	0.0	12.1	35.0
5 空き巣狙い	2.4	4.9	42.6	1.9	0.0	13.5	34.8
6 放火・不審火	4.9	4.3	41.8	0.0	0.0	12.1	36.9
7 詐欺（サギ）	2.2	3.8	37.7	0.8	0.0	18.3	37.2
8 悪徳商法	2.7	5.9	35.0	3.8	0.0	18.1	34.5
9 すり・ひったくり	3.5	3.0	38.5	0.5	0.0	16.4	38.0
10 下着等洗濯物の盗難	2.4	4.0	39.4	0.3	0.0	17.3	36.7
11 痴漢・変質者	3.2	4.3	40.2	3.5	0.0	13.7	35.0
12 ストーカー	3.2	3.0	37.7	0.3	0.0	18.1	37.7
13 恐喝・脅迫	2.7	3.2	38.8	0.0	0.0	17.8	37.5
14 暴行・傷害・強盗	3.2	3.5	39.4	0.0	0.0	17.0	36.9
15 不法なゴミ捨て	2.2	10.2	38.5	18.3	4.3	4.3	22.1

Q28C　これから（現在と比べて）（ひとつだけ）

全体ベース N=371	著しく減る	減る	変わらない	増える	著しく増える	わからない
1 自転車バイクの盗難・破損	2.2	4.0	33.2	5.4	0.0	19.9	35.3
2 車上荒らし・自動車破損	2.7	5.4	32.3	5.4	0.0	19.7	34.5
3 落書きや器物の損壊	2.4	5.7	31.5	5.1	0.0	20.2	35.0
4 不審者の侵入	2.2	5.1	30.5	6.2	0.3	20.5	35.3
5 空き巣狙い	1.6	4.0	30.7	6.5	0.3	22.1	34.8
6 放火・不審火	2.4	3.5	31.5	1.6	0.0	23.7	37.2
7 詐欺（サギ）	1.6	2.7	27.8	4.6	0.3	25.6	37.5
8 悪徳商法	1.6	4.9	24.0	8.1	0.0	24.3	36.7
9 すり・ひったくり	2.4	2.7	28.6	3.0	0.5	25.1	37.7
10 下着等洗濯物の盗難	1.6	4.6	28.3	2.4	0.0	26.1	36.9
11 痴漢・変質者	2.2	4.0	28.0	6.7	0.3	23.2	35.6
12 ストーカー	2.2	2.2	28.6	3.2	0.3	26.1	37.5
13 恐喝・脅迫	1.9	1.9	30.5	2.2	0.3	26.1	37.2
14 暴行・傷害・強盗	1.9	2.2	29.9	2.2	0.0	26.4	37.2
15 不法なゴミ捨て	1.3	5.4	30.2	20.5	4.3	13.7	24.5

Q29　あなたの町内会は、防犯のためにどのような組織的な取り組みをしていますか。（いくつでも）　　　全体ベース N=371

1 地域の犯罪発生や、不審者の出没状況の情報の共有（回覧板など）	51.2	5 声かけの実施	38.3
2 防犯マップの作成	25.9	6 公園などの見通し、見晴らしの改善	17.5
3 防犯灯・街路灯の設置	78.7	7 不審者に遭遇したときの連絡先・駆け込み先	37.7
4 監視カメラの設置	1.9	8 その他	4.3
			7.0

Q30　あなたの町内会の周辺で、過去数年、治安の不安を感じさせてきたのはどのようなことですか。また現在はどうなっていますか。
　　　そして、そうした問題に対して住民の方々で何か対策をとっていますか。
Q30A　過去数年の状況（ひとつだけ）
Q30B　現在の状況がもたらす不安（ひとつだけ）
Q30C　自主的な対応や対策（ひとつだけ）

全体ベース N=371	過去数年の状況				現在の状況がもたらす不安					自主的な対応・対策		
	大いに問題	やや問題	あまり問題ない	問題なし	大いに不安	やや不安	あまり不安なし	不安なし		行っている	行っていない	
1 路上や空き地のゴミの散乱	18.1	33.4	21.6	9.2	17.8	16.2	31.5	22.4	10.2	19.7	58.2	21.6	20.2
2 自動車、バイク、自転車の不法放置	11.1	30.5	29.4	11.3	17.8	7.3	29.6	31.0	11.6	20.5	38.3	38.8	22.9
3 不審者の出没	3.2	15.9	39.6	17.5	23.7	4.3	21.3	34.8	14.3	24.8	25.1	46.4	28.6
4 不良のたまり場	1.1	7.1	31.8	33.2	26.7	1.1	7.8	34.2	28.3	28.6	11.6	55.5	32.9
5 深夜の暴走族	1.3	10.5	28.3	34.0	25.9	1.3	11.3	29.6	29.6	28.0	6.7	62.3	31.0
6 害悪のあるチラシやビラ	2.4	10.0	32.6	29.6	25.3	1.1	10.5	33.4	26.7	28.3	9.4	59.0	31.5
7 わいせつなビデオ・雑誌の自販機	2.2	3.0	18.6	49.9	26.4	1.3	3.5	23.7	43.1	28.3	3.8	64.2	32.1
8 深夜営業の店舗	1.3	1.9	22.1	47.4	27.2	1.3	3.0	27.0	40.2	28.6	4.6	62.5	32.9
9 町内のよくわからない住民	1.3	8.6	27.0	34.8	28.3	1.6	9.2	28.8	29.1	31.3	9.2	56.9	34.0

Q32 安全・安心なまちづくりについて、あなたの町内会の周辺でこれまでどのような取り組みをしてきましたか。
そしてそうした活動の現状に対してあなたはどのように評価されていますか。

Q32A これまで（ひとつだけ）

全体ベース N=371

		非常に積極的に取り組まれてきた	積極的に取り組まれてきた	あまり取り組まれていない	取り組まれていない	わからない
1 防犯灯・街路灯の整備	行政	21.8	59.0	5.1	3.0	1.3	9.7
	警察	4.3	10.0	11.3	15.9	18.3	40.2
2 監視カメラの設置・整備	行政	0.5	1.3	5.4	40.2	17.8	34.8
	警察	0.3	2.4	4.6	33.7	17.8	41.2
3 犯罪発生状況の情報提供	行政	1.3	17.5	19.1	12.4	12.1	37.5
	警察	7.3	32.1	17.0	8.9	10.0	24.8
4 護身の知識・技術の提供	行政	0.0	2.4	13.5	26.1	21.3	36.7
	警察	0.3	5.9	12.4	24.8	21.6	35.0
5 防犯のための講習会の開催	行政	1.9	14.0	18.6	19.1	12.4	34.0
	警察	3.5	27.0	17.5	14.6	10.8	26.7
6 防犯活動のリーダー育成	行政	2.4	10.5	18.3	19.1	17.5	32.1
	警察	3.5	16.4	15.6	16.2	16.7	31.5
7 防犯活動の組織化の支援	行政	2.7	21.3	16.2	15.1	14.8	29.9
	警察	6.2	23.7	14.8	11.6	14.0	29.6
8 防犯キャンペーンの実施	行政	2.2	24.0	19.4	9.4	11.6	33.4
	警察	6.7	27.8	16.2	7.8	11.6	29.9
9 防犯パトロールの強化・連携	行政	5.1	24.0	15.4	12.4	11.9	31.3
	警察	11.6	34.0	13.7	8.4	9.7	22.6
10 自治体の安全・安心条例の制定	行政	3.0	13.2	13.2	14.6	24.5	31.5
	警察	1.6	9.2	12.7	13.7	25.1	37.7

＊Q32Aで1～3の場合

Q32B 評価（ひとつだけ）

「取り組んでいることを認知している」人ベース

			良い面の方が多い	どちらかといえば良い	どちらかといえば悪い	悪い面の方が多い	わからない
1 防犯灯・街路灯の整備	行政	N=319	25.7	68.3	6.0	0.0	0.0
	警察	N=95	15.8	38.9	44.2	0.0	1.1
2 監視カメラの設置・整備	行政	N=27	7.4	18.5	74.1	0.0	0.0
	警察	N=27	3.7	33.3	63.0	0.0	0.0
3 犯罪発生状況の情報提供	行政	N=141	3.5	46.1	50.4	0.0	0.0
	警察	N=209	12.9	56.9	30.1	0.0	0.0
4 護身の知識・技術の提供	行政	N=59	0.0	15.3	84.7	0.0	0.0
	警察	N=69	1.4	31.9	66.7	0.0	0.0
5 防犯のための講習会の開催	行政	N=128	5.5	40.6	53.9	0.0	0.0
	警察	N=178	7.9	55.6	36.5	0.0	0.0
6 防犯活動のリーダー育成	行政	N=116	7.8	33.6	58.6	0.0	0.0
	警察	N=132	10.6	45.5	43.9	0.0	0.0
7 防犯活動の組織化の支援	行政	N=149	6.7	53.0	40.3	0.0	0.0
	警察	N=166	14.5	52.4	33.1	0.0	0.0
8 防犯キャンペーンの実施	行政	N=169	5.3	52.1	42.6	0.0	0.0
	警察	N=188	13.8	54.3	31.9	0.0	0.0
9 防犯パトロールの強化・連携	行政	N=165	11.5	53.9	34.5	0.0	0.0
	警察	N=220	19.5	57.3	23.2	0.0	0.0
10 自治体の安全・安心条例の制定	行政	N=109	10.1	45.0	45.0	0.0	0.0
	警察	N=87	6.9	39.1	54.0	0.0	0.0

V あなたの町内会の防災対応についてお尋ねします。

Q33 あなたの町内会では、大地震等（火災、水害等を含む）が起きたときの対応について具体的に話し合いを行なってきましたか。

全体ベース N=371

1 話し合ってきた	50.9
2 話し合っていない	46.4
3 わからない	0.8
	1.9

＊Q33で1の場合

Q33A 具体的に話し合った内容（いくつでも）

話し合いを行ってきた人ベース N=189

1 心がまえについて	74.6
2 避難の方法、時期、場所について	69.8
3 食料・飲料水について	40.2
4 非常持ち出し品について	32.3
5 住民間の連絡について	60.3
6 家屋の安全度について	12.2
7 地域の災害危険箇所について	32.8
8 その他	10.6
	0.5

Q34 あなたの町内会では、大地震等が起こった場合に備えて、どのような対策をとっていますか。（いくつでも）

全体ベース N=371

1 消火器、懐中電灯、医薬品等を準備しておくよう住民に呼びかけている	39.1
2 食料品や飲料水の備蓄を住民にすすめている	20.5
3 家具や冷蔵庫を固定しブロック塀を点検する等、倒壊を防止するよう呼びかけている	8.9
4 地震保険に加入するよう住民に働きかけている	1.6
5 住民間の連絡方法等を決めている	18.9
6 近くの学校や公園等避難する場所を決めている	53.4
7 防災に関するセミナーや講演を開く等して啓発活動を行なっている	26.1
8 市や消防署が主催している防災訓練や講演に積極的に参加している	35.8
9 高齢者世帯の把握につとめている	54.7
10 その他	7.5
11 とくに何もしていない	18.1
	7.3

Q35 あなたの町内会では、防災マップや災害危険予想図(ハザードマップ)等の防災対策資料を持っていますか。(ひとつだけ)　全体ベース N=371

1 独自に作成したものを持っている(作成中である)	4.9	6 行政が作成し、独自に作り直したものを持っている(作成中である)	1.6
2 行政の指導の下で作成したものを持っている(作成中である)	12.7	7 持っていないが、見たことはある	5.7
3 行政の作成したものを持っている(作成中である)	56.9	8 持っていないが、聞いたことはある	4.0
4 独自に作成し、行政の下で作り直したものを持っている(作成中である)	0.5	9 見たことも聞いたこともない	2.2
5 行政の指導の下で作成し、独自に作り直したものを持っている(作成中である)	0.5	10 わからない	2.4
			8.6

Q36 あなたの町内会や町内会連合会、地区協議会では、近年、大地震等を想定した防災訓練を独自に行なっていますか
(消防署や市から協力を受ける訓練も含みます)。またその際、住民は参加したり見学したりしていますか。

Q36A 町内会単位(ひとつだけ)

全体ベース N=371	町内会単位	町内会単位連合		全体ベース N=371	町内会単位	町内会単位連合
1 行なっており、数多くの会員が参加したり見学したりしている	6.2	8.1		4 行なっていないが、いずれ行ないたいと考えている	35.3	20.2
2 行なっており、一定数の熱心な会員が参加したり見学したりしている	7.8	9.4		5 行なっていないし、今後も行なう予定はない	12.4	10.0
3 行なっているものの、参加や見学をする会員は非常に限られている	11.6	12.9		6 その他	1.9	1.1
					24.8	38.3

Q37 大地震のさい、あなたの町内のある地域の救援活動では、どのようなアクター(組織や人)が重要な役割を果たすと考えていますか。

Q37A 発生時の救援活動(ひとつだけ)
Q37B 発生後の救援活動(ひとつだけ)

全体ベース N=371	A 発生時の救援活動						B 発生後の救援活動					
	非常に重要である	重要である	あまり重要でない	重要ではない	わからない		非常に重要である	重要である	あまり重要でない	重要ではない	わからない	
1 個人(個人的な人間関係)	36.4	30.7	2.4	0.8	3.5	26.1	33.7	32.3	1.3	1.1	4.3	27.2
2 隣近所・隣組	53.1	29.6	0.0	0.0	3.0	14.3	46.6	31.0	1.1	0.3	3.2	17.8
3 町内会	45.0	36.9	1.6	0.3	1.6	13.5	44.2	35.0	1.6	0.3	4.6	14.3
4 連合町内会	19.1	35.0	11.3	2.2	5.4	27.0	19.4	33.7	10.5	1.6	7.3	27.5
5 消防団	43.9	26.7	3.8	0.5	4.0	21.0	30.7	28.0	4.6	2.2	7.3	27.2
6 NPO等のネットワーク組織	8.1	23.2	5.4	2.4	24.5	36.4	12.4	21.3	4.6	1.3	22.9	37.5
7 民間企業	7.8	24.3	10.0	3.5	19.7	34.8	8.6	21.8	8.9	3.5	19.4	37.7
8 地方自治体	36.1	29.9	2.2	0.8	5.1	25.9	36.1	25.6	1.9	0.0	6.2	29.9
9 消防署	52.0	23.5	0.8	0.3	3.5	19.9	37.5	28.3	3.5	1.3	5.7	27.2
10 警察	48.0	25.3	1.9	0.3	3.2	21.3	36.1	26.1	4.0	1.1	5.4	27.2
11 自衛隊	42.0	22.6	1.9	1.6	6.2	25.6	32.1	22.9	4.0	1.9	8.4	30.7
12 国家	33.2	20.5	4.6	2.4	8.9	31.0	29.6	19.1	4.9	1.3	10.2	34.8

VI 最後に、町内会長さんご自身についてお尋ねします。

F1 会長さんの性別(ひとつだけ)　全体ベース N=371

1 男性	98.4
2 女性	0.8
	0.8

F2 会長さんの年齢(ひとつだけ)　全体ベース N=371

1 20歳代	0.3	5 60歳代	43.7
2 30歳代	0.3	6 70歳代	45.3
3 40歳代	0.0	7 80歳代以上	4.3
4 50歳代	4.6		1.1

F3 会長さんの最終学歴(ひとつだけ)　全体ベース N=371

1 新制小学校卒	1.1
2 中学校(尋常小)卒	12.9
3 高校(旧制中)卒	52.0
4 短大・高専・専門学校卒	6.7
5 大学(旧制高校)卒	22.9
6 大学院修了	0.5
7 その他	2.4
	1.3

F4 会長さんの支持政党(ひとつだけ)　全体ベース N=371

1 自民党	35.8
2 民主党	8.4
3 公明党	0.5
4 社民党	3.8
5 共産党	1.1
6 その他の政党	0.0
7 無党派	41.0
	9.2

F5 会長さんが現在お住まいの家(ひとつだけ)　全体ベース N=371

1 持家(一戸建て)	93.8
2 持家(集合住宅)	1.3
3 公営の借家・住宅	3.2
4 民間の借家・住宅	0.5
5 その他	0.3
	0.8

F6 会長さんの家の家族構成(ひとつだけ)　全体ベース N=371

1 非高齢者のみの核家族世帯	11.6
2 高齢者のみの核家族世帯	36.4
3 非高齢者と高齢者からなる親族世帯	28.8
4 非高齢者の単身世帯	0.3
5 高齢者の単身世帯	1.6
6 二世帯以上がともに居住	16.7
7 その他	2.2
	2.4

F7 会長さんのご家族は、現在お住まいの場所に、いつ頃から住んでいますか。(ひとつだけ)　全体ベース N=371

1 江戸時代以前から	17.8	4 昭和30年代から	6.5	7 昭和60年代から	3.8
2 明治・大正〜昭和戦前期から	28.0	5 昭和40年代から	14.8	8 平成7年以降から	5.1
3 昭和20年代から	9.2	6 昭和50年代から	12.7	9 わからない	0.0
					2.2

F8	会長さんの在任年数		回答者ベース N= 349		4.5 年目(通算)
F9	会長さんは、町内会以外の地域組織・行政組織の役職(理事職)を引き受けていますか。				
F9A	現在、引き受けている役職(いくつでも)				
F9B	会長就任以前に引き受けたことがある役職(いくつでも)				

	全体ベース N=371	現在引き受けている	過去引き受けた		全体ベース N=371	現在引き受けている	過去引き受けた		全体ベース N=371	現在引き受けている	過去引き受けた
1	町内会役員	ー	25.3	9	交通安全協会	10.8	12.1	17	共同募金会役員	4.9	1.6
2	連合町内会役員	50.4	11.3	10	消防後援会役員	12.1	3.5	18	NPO・ボランティア組織役員	3.2	1.9
3	民生・児童委員	4.6	5.9	11	消防団役員	2.4	12.1	19	町内の趣味余暇集団の世話人	8.9	4.9
4	PTA役員	3.5	34.2	12	公園愛護協会役員	12.4	1.1	20	商工会・商店会役員	3.2	4.0
5	社会福祉協議会役員	36.9	10.8	13	婦人会役員	0.0	0.5	21	行政審議会委員	3.5	3.0
6	児童福祉協議会役員	3.0	2.4	14	老人クラブ役員	5.1	3.0	22	議員後援会役員	7.5	6.7
7	体育振興会役員	13.7	15.4	15	青年団役員	1.1	11.9	23	政治団体役員	0.8	0.5
8	防犯協会役員	17.8	6.7	16	日赤奉仕団団長	1.9	0.8	24	宗教団体役員	6.7	3.2
										0.5	33.2

F10　町内会とそれに関連するお仕事は、ご自身の生活のおおよそ何%を占めていると感じていますか。　回答者ベース N= 319　　40.5 %

F10A　町内会内の仕事(行政からの依頼仕事を除く)、町内会連合会の仕事、行政からの依頼仕事、その他の町外の付き合いを負担に感じますか。その他の町外の付き合いは全体の何%を占めていると感じるか

			割合 全体ベース N=371	負担に感じる	負担に感じない	
1	町内会単位の仕事・付き合い	回答者ベース N= 347	42.5 %	48.0	40.4	11.6
2	町内会連合会単位の仕事・付き合い	回答者ベース N= 334	31.1 %	48.8	36.7	14.6
3	行政からの依頼仕事	回答者ベース N= 335	22.9 %	35.6	50.4	14.0
4	その他	回答者ベース N= 154	19.9 %	11.1	22.1	66.8

F11　会長としての正規の仕事以外に個人的に地域活動に関わっていますか。(いくつでも)　全体ベース N= 371

1	とくに何もしていない	36.9
2	地域の任意団体が活動しやすいように調整や働きかけをしている	30.2
3	地域の任意団体の活動に積極的に顔を出している	35.0
4	ポケット・マネーで地域の団体や活動を支援している	7.5
5	自らが発起人となって地域イベントを開催している	8.6
6	自らが発起人となって地域組織・NPOなどを立ち上げている	3.2
7	その他	5.9
		6.7

【仙台市町内会・自治会等調査】

I はじめに、あなたの町内会・自治会(以下、町内会)の全般的な事柄についてご記入下さい。

Q1 町内会の名称

Q2 町内会の所在する地区(ひとつだけ) 全体ベース N= 1,170

1 青葉区　36.2	4 太白区　20.3
2 宮城野区　16.5	5 泉区　13.9
3 若林区　13.1	

Q3 町内会の地域の小学校区

Q4 町内会の沿革について

Q4.1 町内会の発足した時期(ひとつだけ) 全体ベース N= 1,170

1 戦前から　8.8	5 昭和50年代　13.6
2 昭和20年代　12.7	6 昭和60年代～平成6年　13.2
3 昭和30年代　20.7	7 平成7年以降　5.7
4 昭和40年代　18.8	8 発足時期不明　4.0
	2.5

Q4.2 発足の契機(いくつでも) 全体ベース N= 1,170

1 旧来の町内会から分裂して創設　22.6	6 行政のすすめで創設　5.6
2 新来住民により創設　16.2	7 連合町内会等のすすめで創設　3.7
3 社宅・団地等ができて創設　21.2	8 政令市の移行とともに創設　1.3
4 地域の問題を解決するために創設　20.5	9 その他　6.7
5 住民の親睦をはかるために創設　41.6	10 昔からあって契機不明　10.3
	1.8

Q5 町内会に加入している世帯数等

Q5.1 加入世帯数　回答者ベース N= 1,162　288.0 戸
Q5.2 加入事業所数　回答者ベース N= 1,063　5.4 事業所
Q5.3 町内の区の数　回答者ベース N= 1,169　0.9 区
Q5.4 町内の班もしくは隣組の数　回答者ベース N= 1,118　16.3 班・組

Q5.5 町内会への世帯加入率(ひとつだけ)

1 全戸加入	34.8
2 90%以上加入	37.1
3 70%以上～90%未満加入	21.0
4 50%以上～70%未満加入	4.6
5 30%以上～50%未満加入	0.6
6 30%未満加入	0.5
7 不明	0.8
	0.6

Q6 町内会等の「地縁による団体」が、その団体名義で土地建物の不動産登記等ができるよう、法人格取得が可能になりましたが、「地縁による団体」として法人格を取得していますか。(ひとつだけ) 全体ベース N= 1,170

1 取得している(　　年に取得)	4.4
2 取得する予定である	1.5
3 取得する予定はない	80.0
4 取得するかどうか検討中である	5.8
	8.4

Q7 町内会内の状況について

Q7A 町地域全体の特色
一番多いもの(ひとつだけ)
二番目に多いもの(ひとつだけ)

全体ベース N= 1,170

	一番多いに	二番目多いに		一番多いに	二番目多いに
1 オフィス	2.3	1.8	5 集合住宅(単身向け)	4.4	21.8
2 商店	2.1	4.3	6 集合住宅(家族向け)	18.3	25.9
3 工場	0.3	0.4	7 田畑	1.8	3.5
4 一戸建て	65.7	8.1	8 その他	2.0	2.1
				4.4	32.1

Q7B 最近5年間くらいの人口の変化(ひとつだけ) 全体ベース N= 1,170

1 大いに増加	5.6
2 やや増加	18.8
3 あまり変化はない	49.3
4 やや減少	21.8
5 大いに減少	2.6
6 その他	0.5
	1.4

Q7C 居住者の特色(ひとつだけ) 全体ベース N= 1,170

1 自家で営業している人が多い	3.4
2 町内会の区域内の事業所に勤務している人が多い	2.3
3 仙台市内(町内会の区域外)の事業所に勤務している人が多い	83.5
4 宮城県内(仙台市外)に勤務している人が多い	1.9
5 他県に勤務している人が多い	0.1
6 その他	5.3
	3.5

Q7D 新旧住民の割合(ひとつだけ) 全体ベース N= 1,170

1 古くからの地付の住民がほとんど	13.3
2 古くからの地付の住民のほうが多い	23.2
3 同じくらい	14.9
4 新しい住民のほうが多い	24.3
5 新しい住民がほとんど	21.6
	2.7

Q7E 区画整理(ひとつだけ) 全体ベース N= 1,170

1 最近5年以内に実施	2.2
2 5～10年前に実施	2.6
3 10年以上前に実施	20.2
4 時期は不明だが実施	7.5
5 実施していない	51.7
6 その他	8.7
	7.0

Q7F 住居表示の変更(ひとつだけ) 全体ベース N= 1,170

1 最近5年以内に変更	2.9
2 5～10年前に変更	5.0
3 10年以上前に変更	40.3
4 時期は不明だが変更	13.0
5 変更していない	31.5
6 その他	3.2
	4.0

Q7G.1 あなたの町内会の区域の生活環境は最近5年間くらいで、全体的にみて改善されたでしょうか。あるいは悪化したでしょうか。(ひとつだけ) 全体ベース N= 1,170

1 改善された	9.8
2 やや改善された	34.0
3 どちらともいえない	45.2
4 やや悪化した	7.4
5 悪化した	1.2
	2.4

＊Q7G.1で1・2を選んだ場合

Q7G.2 それはどのような理由からですか。(2つまで) 生活環境が改善されたと感じている人ベース N= 513

1 住民の一人ひとりが活動したから　9.0	5 学校が努力したから　0.6	9 町内会と他の住民組織の連携が進んだから　10.7
2 町内会が活動したから　51.3	6 町内会以外の地域住民組織が努力したから　2.5	10 町内会と行政団体との連携が進んだから　44.4
3 企業などが努力したから　0.6	7 NPO等の市民団体が努力したから　0.2	11 その他　0.0
4 行政が努力したから　16.2	8 経済や社会の状況の変化によって　8.0	12 これといった理由はない　2.5
		8.8

Q8 あなたの町内会の区域では、次のような活動が行われていますか。(いくつでも)

全体ベース N=1,170	町内会・自治会	連合町内会	婦人会	子供会育成会	老人会・老人クラブ	PTA	青少年問題協議会	青年会・青年サークル	文化振興会・文化サークル	体育協会・スポーツ	全防協会・交通安全	消防団・災害救助	社会福祉協議会
1 乳幼児の保育の援助	1.5	1.2	0.4	1.8	0.3	0.5	0.1	0.2	0.3	0.3	0.3	0.1	4.4
2 児童の遊び・教育の援助	15.1	4.7	0.9	27.9	3.2	15.9	1.2	0.3	5.5	2.1	0.3	3.5	
3 青少年の教育・健全育成	21.5	13.6	1.5	20.1	2.1	23.7	14.5	1.4	10.3	11.2	0.9	6.3	
4 公園・広場等の管理	42.9	6.6	0.9	7.8	9.1	2.6	0.5	0.3	0.9	1.2	0.2	0.7	
5 コミュニティセンター・集会所の管理	40.9	22.5	1.7	4.1	4.7	1.3	0.3	0.2	1.6	0.5	0.8	2.0	
6 住民の文化活動	28.1	22.8	5.4	3.3	9.1	4.9	1.4	0.7	7.3	4.1	2.7	10.3	
7 住民の体育・スポーツ活動	32.9	23.6	1.6	8.8	5.0	7.1	0.5	1.0	5.5	61.5	1.9	0.3	
8 地域の文化財の保護	6.5	4.4	0.5	0.7	1.2	0.4	0.2	0.3	0.9	0.3	1.5	0.3	
9 祭りの実施	47.3	28.7	5.1	14.9	8.5	7.2	0.6	2.4	12.6	3.9	1.6	2.8	
10 伝統芸能の保存	3.1	2.4	0.4	0.4	0.9	0.8	0.2	0.7	1.0	0.1	0.0	0.3	
11 健康診断への協力	30.0	9.1	1.5	0.6	2.6	0.3	0.1	0.1	0.3	0.1	0.1	2.5	
12 地域の環境衛生の維持	53.2	14.4	1.8	3.9	4.9	1.8	0.3	0.5	0.7	1.5	0.4	1.9	
13 公害の防止	14.2	5.3	0.3	0.4	0.7	0.5	0.1	0.3	0.3	1.1	0.9	1.0	
14 高齢者の生活の援助	28.4	10.4	2.7	1.2	12.8	0.6	0.2	0.1	0.3	0.9	1.4	36.4	
15 障害者の生活の援助	8.1	4.4	0.9	0.5	1.9	0.4	0.0	0.0	0.2	0.4	0.7	23.2	
16 生活困窮者の援助	5.3	3.2	0.6	0.1	0.9	0.2	0.0	0.0	0.1	0.1	0.9	20.1	
17 地域産業の活性化	2.3	2.4	0.0	0.1	0.3	0.1	0.1	0.0	0.2	0.2	0.0	0.1	0.5
18 共稼ぎ世帯等の家事援助	0.3	0.1	0.3	0.1	0.0	0.0	0.0	0.1	0.0	0.0	0.1	1.5	
19 就労の斡旋	0.3	0.0	0.1	0.0	0.0	0.0	0.0	0.0	0.1	0.0	0.0	0.0	
20 ゴミ処理・ゴミ収集の協力	75.0	8.6	2.0	10.5	4.3	2.1	0.4	0.4	0.3	0.3	0.2	0.6	
21 地域の清掃や美化	68.8	13.1	3.3	10.1	14.1	3.7	0.9	0.9	0.8	0.8	0.4	0.3	
22 私道路の維持管理	29.2	2.7	0.4	0.5	0.5	0.3	0.2	0.1	0.1	0.4	0.1	0.3	
23 自然災害の防止	25.3	10.8	0.9	0.6	1.0	0.9	0.2	0.2	0.5	3.3	13.1	1.5	
24 火災予防・消防活動	46.2	20.7	4.9	2.1	2.4	1.5	0.3	0.6	0.7	10.5	43.5	2.1	
25 防犯活動・非行防止	46.8	21.6	2.4	7.2	2.6	9.2	4.6	0.7	0.9	53.7	4.6	1.4	
26 交通安全対策	38.3	18.4	2.8	5.9	3.2	7.8	0.9	0.6	0.6	55.0	2.2	0.9	
27 国際親善に関する活動	1.6	1.2	0.2	0.1	0.1	0.3	0.2	0.1	0.4	0.2	0.0	0.2	
28 まちづくり活動	43.6	28.2	2.8	3.5	5.3	2.6	0.4	0.4	2.7	3.2	2.3	3.1	
29 消費者保護の活動	5.2	2.1	0.7	0.3	0.4	0.2	0.0	0.0	0.0	0.9	0.3	1.3	

全体ベース N=1,170	生活協同組合	消費共同組合	商工会議所・商工会	農協	政党支部・政治団体	宗教団体	ボランティア団体(NPO) 区町内会域	ボランティア団体(NPO) 市全域	まちづくり団体(NPO) 区町内会域	まちづくり団体(NPO) 市全域	その他の団体	学校	行政機関
1 乳幼児の保育の援助	0.0	0.0	0.1	0.2	0.1	0.8	0.0	0.0	0.0	3.6	1.1	11.6	79.1
2 児童の遊び・教育の援助	0.0	0.0	0.1	0.0	0.1	0.7	0.1	0.3	0.1	2.5	16.4	10.9	50.2
3 青少年の教育・健全育成	0.0	0.2	0.1	0.1	0.0	0.4	0.0	0.6	0.2	2.9	23.8	9.5	42.6
4 公園・広場等の管理	0.0	0.0	0.1	0.0	0.0	0.0	0.3	0.3	0.3	1.5	1.7	17.7	45.0
5 コミュニティセンター・集会所の管理	0.0	0.1	0.2	0.0	0.2	0.9	0.3	0.3	0.3	4.4	0.8	12.1	37.7
6 住民の文化活動	0.2	0.2	0.3	0.2	0.2	0.7	0.3	0.6	0.5	3.8	5.1	11.2	47.3
7 住民の体育・スポーツ活動	0.1	0.2	0.2	0.0	0.1	0.1	0.0	0.1	0.1	2.0	12.5	2.8	26.3
8 地域の文化財の保護	0.0	0.0	0.0	0.1	1.3	0.5	0.0	0.3	0.2	1.5	0.8	7.2	81.8
9 祭りの実施	0.4	2.3	0.4	0.3	1.9	1.0	0.2	0.6	0.3	3.9	6.3	3.6	33.5
10 伝統芸能の保存	0.0	0.3	0.2	0.1	0.3	0.2	0.2	0.2	0.2	1.5	1.6	2.0	89.1
11 健康診断への協力	0.0	0.0	0.7	0.0	0.1	0.1	0.1	0.2	0.1	0.9	1.1	24.8	49.5
12 地域の環境衛生の維持	0.0	0.1	0.1	0.0	0.0	0.4	0.0	0.3	0.2	1.6	1.5	17.1	36.8
13 公害の防止	0.1	0.0	0.2	0.0	0.2	0.2	0.1	0.2	0.1	0.7	0.5	12.6	73.7
14 高齢者の生活の援助	1.5	0.0	0.1	0.1	0.0	0.2	2.3	0.4	0.3	0.1	2.5	0.4	16.6	39.9
15 障害者の生活の援助	0.7	0.1	0.1	0.0	0.0	0.1	0.9	0.6	0.4	0.2	2.3	0.5	15.6	62.1
16 生活困窮者の援助	0.3	0.1	0.1	0.0	0.0	0.5	0.1	0.4	0.3	2.1	0.3	19.7	61.5
17 地域産業の活性化	0.3	0.2	4.2	1.2	0.2	0.0	0.0	0.4	0.3	0.7	0.2	5.3	87.2
18 共稼ぎ世帯等の家事援助	0.1	0.0	0.0	0.0	0.0	0.2	0.2	0.2	0.0	0.5	0.3	2.2	95.1
19 就労の斡旋	0.1	0.0	0.2	0.0	0.1	0.0	0.0	0.2	0.2	0.4	0.3	5.8	93.4
20 ゴミ処理・ゴミ収集の協力	0.1	0.1	0.1	0.0	0.0	0.0	0.3	0.0	0.5	0.2	1.0	22.2	19.7
21 地域の清掃や美化	0.1	0.1	0.2	0.1	0.1	0.2	0.8	0.1	0.9	0.5	1.3	3.7	11.0	25.9
22 私道路の維持管理	0.0	0.1	0.0	0.1	0.1	0.0	0.0	0.0	0.3	0.1	0.9	0.3	6.6	66.3
23 自然災害の防止	0.3	0.1	0.1	0.0	0.1	0.1	0.3	0.3	0.2	1.3	0.4	14.2	61.1
24 火災予防・消防活動	0.3	0.1	0.1	0.0	0.0	0.2	0.1	0.2	0.1	1.5	2.2	13.3	26.8
25 防犯活動・非行防止	0.2	0.1	0.2	0.0	0.3	0.2	0.3	0.2	0.1	1.5	9.4	11.2	24.2
26 交通安全対策	0.1	0.1	0.1	0.0	0.1	0.0	0.3	0.1	0.5	0.3	7.1	11.8	27.3
27 国際親善に関する活動	0.0	0.0	0.1	0.0	0.0	0.0	0.1	0.2	0.1	0.4	0.9	3.8	92.8
28 まちづくり活動	0.3	1.3	0.2	0.2	0.1	0.0	0.9	0.5	1.5	2.3	1.8	3.0	19.7	42.3
29 消費者保護の活動	3.2	0.5	0.2	0.1	0.0	0.1	0.1	0.0	0.2	0.7	0.2	7.2	85.9

Q9　あなたの町内会では、次のような活動を行っていますか。(ひとつだけ)

全体ベース N= 1,170	活動あり	活動なし	無回答
1 神社祭礼	31.5	59.2	9.2
2 盆祭り・夏祭り	61.4	32.1	6.6
3 成人式	11.8	79.1	9.1
4 慶弔行事	53.1	37.3	9.7
5 運動会	70.3	22.3	7.4
6 運動会以外の体育活動	53.2	37.9	8.9
7 旅行	30.9	60.9	8.2
8 宴会	30.4	60.3	9.2

全体ベース N= 1,170	活動あり	活動なし	無回答
9 バザー	15.9	74.4	9.7
10 ラジオ体操	31.7	58.5	9.8
11 研修会・講習会	47.4	43.8	8.9
12 映画上映・演劇鑑賞	7.1	82.2	10.7
13 夜回り(防犯)	42.9	49.3	7.8
14 防災(消火・救助)訓練	65.9	26.5	7.6
15 清掃	78.3	15.0	6.8
16 総会	89.0	4.4	6.7

*Q9で1を選んだ場合

Q9A　対象者の参加の程度

Q9A.1　就労していない高齢者(ひとつだけ)

Q9で「活動あり」と答えた人ベース	大いに参加	ある程度参加	少しは参加	ほとんど参加しない	参加対象ではない
1 神社祭礼	N= 369	12.5	34.1	29.0	6.5	1.1	16.8
2 盆祭り・夏祭り	N= 718	15.9	34.3	26.7	7.7	2.2	13.2
3 成人式	N= 138	5.1	8.0	9.4	9.4	12.3	55.8
4 慶弔行事	N= 621	14.7	34.6	23.2	6.1	4.0	17.4
5 運動会	N= 823	9.1	27.0	27.5	17.3	2.7	16.5
6 運動会以外の体育活動	N= 623	5.1	16.2	27.0	25.0	8.3	18.3
7 旅行	N= 362	19.6	41.7	21.0	5.2	1.9	10.5
8 宴会	N= 356	15.2	39.6	30.9	4.5	0.6	9.3
9 バザー	N= 186	9.1	21.5	23.7	13.4	5.9	26.3
10 ラジオ体操	N= 371	2.7	11.3	21.0	16.7	21.0	27.2
11 研修会・講習会	N= 554	9.7	31.2	34.3	8.8	1.8	14.1
12 映画上映・演劇鑑賞	N= 83	9.6	12.0	22.9	12.0	7.2	36.1
13 夜回り(防火・防犯)	N= 502	12.4	21.3	23.3	10.4	10.6	22.1
14 防災(消火・救助)訓練	N= 771	11.9	31.9	29.8	9.7	2.5	14.1
15 清掃	N= 916	21.3	35.0	23.7	4.5	2.2	13.3
16 総会	N= 1041	18.3	38.1	21.5	7.3	1.7	13.0

Q9A.2　現役就労者(ひとつだけ)

Q9で「活動あり」と答えた人ベース	大いに参加	ある程度参加	少しは参加	ほとんど参加しない	参加対象ではない
1 神社祭礼	N= 369	9.8	24.9	27.9	12.7	1.9	22.8
2 盆祭り・夏祭り	N= 718	13.2	30.2	27.0	11.6	1.3	16.7
3 成人式	N= 138	7.2	5.8	11.6	9.4	12.3	53.6
4 慶弔行事	N= 621	6.1	17.2	23.0	12.6	6.6	34.5
5 運動会	N= 823	9.4	35.5	28.4	10.2	0.7	15.8
6 運動会以外の体育活動	N= 623	6.6	24.1	34.2	17.5	2.4	15.2
7 旅行	N= 362	3.9	15.7	21.8	20.4	9.7	28.5
8 宴会	N= 356	7.3	28.7	31.5	14.9	2.8	14.9
9 バザー	N= 186	10.2	19.4	23.1	18.8	3.8	30.6
10 ラジオ体操	N= 371	3.0	6.7	16.4	25.6	19.9	28.3
11 研修会・講習会	N= 554	2.7	15.2	26.9	25.1	6.0	24.2
12 映画上映・演劇鑑賞	N= 83	3.6	14.5	20.5	19.3	7.2	34.9
13 夜回り(防火・防犯)	N= 502	11.0	21.9	29.3	13.1	3.2	21.5
14 防災(消火・救助)訓練	N= 771	7.4	24.0	30.1	18.2	2.5	17.9
15 清掃	N= 916	11.2	28.6	26.4	11.8	2.0	20.0
16 総会	N= 1041	11.3	28.5	31.2	11.3	1.1	16.5

Q9A.3　主婦(ひとつだけ)

Q9で「活動あり」と答えた人ベース	大いに参加	ある程度参加	少しは参加	ほとんど参加しない	参加対象ではない
1 神社祭礼	N= 369	8.7	28.2	31.4	5.7	1.9	24.1
2 盆祭り・夏祭り	N= 718	14.9	41.9	23.7	5.2	1.0	13.4
3 成人式	N= 138	0.7	5.8	11.6	5.8	11.6	64.5
4 慶弔行事	N= 621	6.6	24.8	25.9	6.9	4.3	31.4
5 運動会	N= 823	10.8	39.5	27.2	7.2	0.5	14.8
6 運動会以外の体育活動	N= 623	5.8	20.9	39.5	14.9	1.6	17.3
7 旅行	N= 362	7.5	26.5	25.7	7.5	3.9	23.5
8 宴会	N= 356	7.3	29.8	38.5	7.6	2.0	14.9
9 バザー	N= 186	14.0	35.5	26.3	4.8	0.5	18.8
10 ラジオ体操	N= 371	3.0	15.4	32.1	14.6	11.3	23.7
11 研修会・講習会	N= 554	5.6	32.7	36.5	7.8	1.3	16.2
12 映画上映・演劇鑑賞	N= 83	9.6	20.5	28.9	13.3	3.6	24.1
13 夜回り(防火・防犯)	N= 502	8.0	19.7	25.5	10.0	9.2	26.9
14 防災(消火・救助)訓練	N= 771	10.8	33.5	34.5	4.7	1.3	15.3
15 清掃	N= 916	17.6	38.6	21.6	3.6	1.3	17.2
16 総会	N= 1041	12.7	41.3	24.7	3.8	1.3	16.1

Q9A.4　　青少年（ひとつだけ）

Q9で「活動あり」と答えた人ベース		大いに参加	ある程度参加	少しは参加	ほとんど参加しない	は参加対象でない	参加なし
1	神社祭礼	N= 369	9.5	22.0	21.1	14.9	5.4	27.1
2	盆祭り・夏祭り	N= 718	16.0	32.0	21.3	10.6	1.9	18.1
3	成人式	N= 138	15.9	11.6	12.3	8.7	13.8	37.7
4	慶弔行事	N= 621	2.3	3.4	7.4	17.1	25.9	44.0
5	運動会	N= 823	21.3	27.5	19.8	10.3	2.8	18.3
6	運動会以外の体育活動	N= 623	6.1	18.1	24.7	19.3	8.8	23.0
7	旅行	N= 362	1.4	3.3	9.9	19.3	26.2	39.8
8	宴会	N= 356	3.4	6.2	10.1	18.0	35.1	27.2
9	バザー	N= 186	5.9	15.1	11.8	17.2	16.7	33.3
10	ラジオ体操	N= 371	27.0	30.7	13.2	7.5	5.7	15.9
11	研修会・講習会	N= 554	0.9	4.3	8.7	21.1	30.3	34.7
12	映画上映・演劇鑑賞	N= 83	8.4	19.3	16.9	10.8	14.5	30.1
13	夜回り（防火・防犯）	N= 502	3.0	6.2	6.2	14.7	30.7	39.2
14	防災（消火・救助）訓練	N= 771	2.1	9.3	16.3	23.5	17.1	31.6
15	清掃	N= 916	4.4	9.7	15.8	22.7	15.4	32.0
16	総会	N= 1041	1.4	3.4	5.4	16.1	38.9	34.8

Q10　あなたの町内会で現在町内会の運営上困っていることがありますか。（いくつでも）　　　　　　　　　　　　　　　　　全体ベース N= 1,170

1	町内会に対する住民の関心や理解が低い	53.8	7	流入層が地域になじまない	18.5	13	世代間に断絶がある	14.8
2	町内会の行事に対する住民参加が少ない	63.4	8	日中、留守の世帯が多い	35.5	14	集会施設がない	17.7
3	町内会の役員のなり手がいない	70.3	9	役員のなり手が多く割り振りに困っている	3.2	15	各団体との連携が図りにくい	6.3
4	世帯数が増え、うまく機能しない	4.8	10	政治や選挙の相談を持ち込まれて困る	2.0	16	経験が足りないため活動ができない	5.3
5	行政や他団体からの依頼が多すぎる	41.0	11	住民の間に摩擦がある	3.2	17	その他	5.6
6	予算が少なく十分な活動ができない	14.2	12	役員内がしっくりいっていない	2.1	18	困っていることはない	2.6
								5.6

II　次に、あなたの町内会の組織構成と機能についてお尋ねします。

Q11　役員（班長・組長は除く）はどのように構成されていますか。また、手当てはありますか。

Q10A　人数

	回答者ベース				回答者ベース	
会長	N= 1,122	1.0 名	その他1		N= 324	4.1 名
副会長	N= 1,114	1.8 名	その他2		N= 190	2.8 名
庶務	N= 1,090	1.3 名	その他3		N= 126	2.3 名
会計	N= 1,115	1.1 名	その他4		N= 90	2.0 名
区長	N= 1,033	1.7 名	その他5		N= 52	2.2 名

＊Q11Aで1名以上の場合

Q11B　役員手当ての有無（ひとつだけ）
Q11C　活動の実費支給の有無（ひとつだけ）

			役員手当て		活動の実費支給	
	回答者かつ各役職が1人以上いる人ベース		有り	無し	有り	無し
1	会長	N= 1,120	56.1	40.8	3.1	44.9	42.0	13.1
2	副会長	N= 1,074	51.1	43.9	4.9	42.3	42.5	14.8
3	庶務	N= 832	54.4	40.6	4.9	39.9	43.6	16.5
4	会計	N= 1,069	55.2	40.9	3.9	39.7	44.0	16.4
5	区長	N= 206	51.5	41.3	7.3	40.3	39.8	19.9
6	その他1	N= 322	49.1	45.7	5.3	41.6	40.1	18.3
7	その他2	N= 190	44.2	45.3	10.5	37.9	42.6	19.5
8	その他3	N= 126	46.8	44.4	8.7	38.9	39.7	21.4
9	その他4	N= 90	44.4	43.3	12.2	38.9	38.9	22.2
10	その他5	N= 52	42.3	48.1	9.6	46.2	34.6	19.2

Q12　役員（会長も含む、班長・組長はのぞく）の方にはどのような職業の方がおられますか。

	回答者ベース				回答者ベース	
農林漁業	N= 1,080	0.2 名	自由業		N= 1,075	0.3 名
商業自営	N= 1,074	0.8 名	退職		N= 1,064	3.2 名
工業自営	N= 1,080	0.1 名	その他		N= 1,064	1.9 名
勤務	N= 1,075	3.5 名				

Q13　会長はどのようにして選ばれますか。（ひとつだけ）　　　　　　　　　　　　　　　　　　　　　　　　　　　　　全体ベース N= 1,170

1	総会での選挙	19.7	3	役員会や選考委員会による推薦	37.0	5	前会長の指名	6.1
2	役員の間での互選	23.7	4	住民による投票	1.1	6	その他	8.1
								4.4

Q14　町内会の1年間の財政規模（一般会計）と、収入・支出の内訳をご記入下さい。

A. 収入		回答者ベース	千円	B. 支出		回答者ベース	千円
1	総額	N= 1,028	2,208	1	総額	N= 1,001	1,989
2	会費	N= 1,029	1,045	2	人件費	N= 1,016	169
3	市からの助成や補助金	N= 1,028	243	3	会議費	N= 1,018	108
4	公園や街路樹の管理費	N= 1,028	18	4	事務費	N= 1,017	96
5	広報誌等の配布手数料	N= 1,030	78	5	土木工事費	N= 1,017	34
6	古新聞・古着等のリサイクルやバザーの売上げ	N= 1,028	6	6	祭典・文化費	N= 1,017	243
7	コミセン・集会所等の施設使用料	N= 1,028	19	7	寄付・負担金	N= 1,017	261
8	事務所や住民からの寄付	N= 1,028	15	8	補助・助成金	N= 1,017	143
9	その他	N= 1,028	75	9	共同施設維持管理費	N= 1,017	125
10	前年度繰越金	N= 1,028	565	10	防犯費	N= 1,016	43
				11	その他	N= 1,016	267
				12	次年度繰越金	N= 1,017	489

Q15 町内会費はどのようなかたちで徴収しますか。

Q15.1 一般世帯（ひとつだけ） 全体ベース N=1,170

1 各世帯から平等に（同額を）集めている	83.2
2 各世帯の状況によって差のある額を集めている	13.0
3 その他の方法で徴収する	0.8
4 徴収しない	1.1
	1.9

Q15.2 事業所（ひとつだけ） 全体ベース N=1,170

1 各事業所から平等に（同額を）集めている	29.1
2 各事業所の状況によって差のある額を集めている	7.2
3 その他の方法で徴収する	0.9
4 徴収しない	1.9
	60.9

*Q15.1かQ15.2で1～3の場合

Q15.3 町内会費はどのようにして集めていますか。（ひとつだけ） 町会費を集めている人ベース N=1,139

1 町内会長が各戸に集金にまわる	1.3
2 町内会長以外の役員が各戸に集金にまわる	54.2
3 各戸が町内会長に持参する	0.6
4 各戸が町内会長以外の役員に持参する	4.6
5 区などの下部組織に任せている	15.9
6 銀行振り込み	2.8
7 その他	14.7
	6.0

Q16 1年間の会費は平均して1世帯、1事業所あたりいくらですか。

A. 1世帯あたりの年額　回答者ベース N=1,107　4,186円
B. 1事業所あたりの年額　回答者ベース N=449　6,916円

Q17 あなたの町内会がある地域には次のような組織や団体がありますか。（いくつでも） 全体ベース N=1,170

1 子供会育成会	84.2	8 青年団・サークル	9.1	15 体育振興会	74.5
2 民生・児童委員会	60.3	9 老人クラブ	59.2	16 文化サークル	15.8
3 少年補導委員会	15.2	10 商工会	9.4	17 スポーツクラブ	17.6
4 防犯協会	75.3	11 農協・漁協	5.6	18 宗教団体	5.0
5 消防団（分団）	56.2	12 まちづくり団体（NPO）	6.0	19 氏子会・檀家組織	13.3
6 社会福祉協議会	76.5	13 ボランティア団体（NPO）	6.9	20 講	5.6
7 婦人会	27.8	14 生協	8.5		5.1

*Q17で1の場合

Q17A それぞれの組織・団体とあなたの町内会はどのような関係にありますか。（いくつでも）

各町内会で構成されているものベース	N=	町内会が役員を出す	町内会に役員を出す	町内会が情報を提供する	町内会に情報を提供する	町内会の下部組織	補助金等を出している	
1 子供会育成会	985	12.9	12.3	19.7	29.5	19.3	83.8	9.3
2 民生・児童委員会	706	27.8	5.5	19.5	27.1	4.4	7.2	41.6
3 少年補導委員会	178	26.4	2.2	21.4	20.8	4.5	17.4	41.6
4 防犯協会	881	61.1	2.6	19.6	34.6	6.2	56.6	10.4
5 消防団（分団）	657	22.1	1.5	10.8	24.4	4.6	59.8	21.3
6 社会福祉協議会	895	54.9	3.4	20.7	33.0	3.9	56.8	11.7
7 婦人会	325	31.1	8.9	20.3	21.8	28.3	46.5	24.6
8 青年団・サークル	107	16.8	7.5	15.0	13.1	15.9	40.2	39.3
9 老人クラブ	693	13.7	5.8	21.1	25.7	11.3	71.1	18.5
10 商工会	110	10.9	4.5	13.6	20.9	0.9	7.3	64.5
11 農協・漁協	66	7.6	0.0	4.5	13.6	1.5	0.0	75.8
12 まちづくり団体（NPO）	70	24.3	2.9	14.3	27.1	5.7	22.9	32.9
13 ボランティア団体（NPO）	81	18.5	4.9	16.0	22.2	4.9	23.5	48.1
14 生協	99	1.0	0.0	4.0	8.1	0.0	5.1	84.8
15 体育振興会	872	54.0	3.1	15.4	29.0	5.8	65.6	12.2
16 文化サークル	185	13.0	2.7	9.7	18.4	7.6	21.1	56.2
17 スポーツクラブ	206	12.1	1.9	7.8	13.6	5.3	29.1	54.9
18 宗教団体	59	6.8	3.4	8.5	16.9	0.0	15.3	62.7
19 氏子会・檀家組織	156	26.9	1.9	7.7	14.1	3.2	22.4	47.5
20 講	65	3.1	0.0	6.2	9.2	4.6	12.3	75.4

Q18 あなたの町内会には集会施設がありますか。（いくつでも） 全体ベース N=1,170

1 町内会独自の地域集会所を持っている	38.9
2 他の町内会と共有の地域集会所を持っている	13.9
3 他の団体と共有の地域集会所を持っている	5.0
4 コミュニティ・センターがある	20.9
5 その他	9.0
6 ない	19.7
	5.6

*Q18で1～3の場合

Q18A 集会所について、次の問いにお答えください。

Q18A.1 集会所名
Q18A.2 建物はどなたのものですか。（ひとつだけ） 集会所がある人ベース N=660

1 町内会所有のもの	48.3
2 市所有のもの	30.3
3 個人所有のもの	6.1
4 その他	12.4
	2.9

Q18A.3 建物が建っている土地はどなたのものですか。（ひとつだけ） 集会所がある人ベース N=660

1 町内会所有のもの	9.2
2 市所有のもの	59.2
3 県所有のもの	2.9
4 国所有のもの	1.2
5 民有地	12.0
6 その他	12.0
	3.5

*Q18で1～4の場合

Q18B その集会施設の利用状況はどのようですか。（ひとつだけ） 集会所・コミュニティセンターがある人ベース N=788

1 よく利用されている	56.2
2 普通	28.3
3 あまり利用されていない	7.0
4 不明	0.4
5 その他	1.3
	6.9

Q19 あなたの町内会の地域では次のような活動は、どのような施設※を利用して行われていますか。(いくつでも)

全体ベース N= 1,170

	町内会の施設	地域団体の施設	地域の公共施設	企業の施設	その他の施設	その種の活動無し
1 学習サークル	19.9	2.0	16.8	0.4	2.3	51.9	14.4
2 趣味のサークル	37.8	3.2	23.4	0.7	4.3	30.9	11.7
3 体育・スポーツ活動	10.9	5.6	41.9	0.9	4.6	32.8	12.6
4 町内会の集会	53.8	4.5	21.8	2.7	11.5	5.0	9.1
5 ボランティア活動	18.0	3.6	16.6	0.3	3.4	50.8	14.9
6 町内会以外の会議	23.7	6.9	29.1	1.1	5.6	32.1	13.1
7 展示会・講演会・講習会	23.7	4.1	28.2	1.2	3.5	36.8	13.2
8 冠婚葬祭	7.7	0.9	1.6	7.9	9.0	58.5	16.9
9 まつり	23.5	3.9	23.4	0.9	7.0	38.5	13.4

※「町内会の施設」とは、問18の1〜4にあたるものです。

Q20 町内会独自の会報を発行していますか。(ひとつだけ)

全体ベース N= 1,170

1 毎月1回以上発行している	7.1
2 原則として毎月1回発行している	5.6
3 年に数回発行している	17.4
4 年に1〜2回発行している	8.9
5 発行しない年もあるが、ときどき発行している	6.6
6 発行していない	48.2
	6.2

Q21 選挙の場合に、町内会として推薦や支持をしたことはありますか。(ひとつだけ)

全体ベース N= 1,170

1 いつもしている	1.8
2 最近するようになった	1.4
3 する時も、しない時もある	9.6
4 以前はしていたが最近はやめた	4.3
5 したことはない	76.9
	6.0

Q22 あなたの町内会では、役所からの公報配布や伝達事項の依頼についてどう処理されていますか。(ひとつだけ)

全体ベース N= 1,170

1 必要な情報なので積極的に協力している	70.3	3 市政だより等の定期配布物についてのみ協力している	10.3
2 あまり必要な情報とは思えないが協力している	4.2	4 会長が必要と判断したものについてのみ協力している	4.0
			11.2
			6.2

Q23 あなたの町内会では、最近5年間の総会や役員会で町内会が果たすべき役割として特に重要であると議論されているのは、どのようなことですか。(いくつでも)

全体ベース N= 1,170

1 いざというときの世話	44.2	7 市議会へ代表者を送るための相談等	1.5	13 コミュニティ・センター運営への協力	26.8
2 防犯・消防等の地域の安全確保	79.9	8 町内会連合会役員の推薦	26.9	14 都市計画やまちづくりへの積極的参加	21.5
3 冠婚葬祭	22.9	9 社会福祉協議会や民生委員への協力	57.5	15 市民センターへの協力	20.6
4 町内の精神的まとまりの促進	26.2	10 高齢者や障害者の世話	44.4	16 NPO等組織との連携の推進	3.5
5 市からの事務連絡や行政協力	61.4	11 青少年の健全育成	41.0	17 その他	2.9
6 困り事の解決や行政等への陳情	44.2	12 運動会やスポーツ大会の開催	45.3		7.3

Q24 あなたの町内会では、現在、地域生活を営む上で困った問題がありましたか。(いくつでも)
　　　一番困っている問題(ひとつだけ)
　　　二番目に困っている問題(ひとつだけ)
　　　三番目に困っている問題(ひとつだけ)

全体ベース N= 1,170

	困った問題	一番困った	二番目に困った	三番目に困った
1 住宅が狭い、住宅が建て込んでいる等の住宅問題	5.6	4.4	0.6	0.8
2 下水道・ゴミ処理等の行政サービスが悪い	6.7	5.0	1.2	0.5
3 商売・スーパー等の買い物施設の不足	10.3	7.6	2.1	0.6
4 開発による住環境の悪化・緑の不足	4.4	2.7	1.0	0.7
5 大気汚染・騒音等の自然環境の悪化	5.3	2.6	2.1	0.6
6 治安・少年非行・風紀の悪化	16.0	8.7	8.0	2.1
7 学校等教育施設の不足	1.1	0.6	0.3	0.2
8 集会所・図書館等文化施設の不足	13.6	6.9	5.3	1.4
9 公園・運動場・レクリエーション施設等の不足	9.2	2.6	4.7	1.9
10 病院や老人福祉センター等医療・福祉施設の不足	7.4	1.4	3.2	2.8
11 移動や交通の不便	10.3	2.7	4.1	3.5
12 防災等の都市基盤整備の不足	14.2	2.6	5.2	6.3
13 社会的交流が盛んではなく、住民相互の認知度が低い	19.9	6.4	6.6	7.3
14 芸術・文化的施設の不足	5.8	0.0	1.5	4.4
15 商店や工場を経営していく上での障害が多い	0.8	0.1	0.2	0.5
16 土地問題(地価の騰貴・土地利用規制や都市計画上の問題)	2.7	0.3	0.7	1.7
	44.0	41.2	54.2	61.6

Q24A　その3つの問題について、解決あるいは改善のために、あなたの町内会ではこれまでに誰かに何らかの働きかけを行ってきましたか。
　　　　それぞれの問題についてどのような方法・ルートで働きかけを行ったかをお答えください。
　　　　　　一番困っている問題への対処（ひとつだけ）
　　　　　　二番目に困っている問題への対処（ひとつだけ）
　　　　　　三番目に困っている問題への対処（ひとつだけ）

全体ベース N= 1,170

	一番目の問題への対処	二番目の問題への対処	三番目の問題への対処
1　役員が役所・公社等の担当課・係へ直接頼んだ	19.8	7.1	5.5
2　役所の幹部等を通じて頼んだ	2.6	2.0	1.8
3　市会議員に頼んだ	9.1	6.4	3.2
4　市政懇談会や地域懇談会等で意見を述べた	9.9	9.9	5.3
5　議員以外の地域の有力者を通じて頼んだ	0.7	0.3	0.3
6　連合町内会を通じて頼んだ	10.9	11.3	9.7
7　他の地域団体を通じて頼んだ	2.0	1.9	2.1
8　町内会内で、解決のために有志ネットワークやNPO等を組織作りをした	1.5	0.9	1.1
9　町内会をこえて、解決のためのNPOの組織作りをした	0.3	0.1	0.2
10　新聞等に投書した	0.3	0.3	0.3
11　仙台市のホームページを使って解決を求めた	0.2	0.1	0.3
12　市長への手紙に投書した	0.3	0.2	0.6
13　その他	3.1	2.7	2.5
14　具体的に何もしなかった	8.6	7.4	8.7
	52.3	63.8	69.7

Ⅲ　あなたの町内会の防犯活動についてお尋ねします。

Q25　あなたの町内会では、過去2,3年の間の犯罪の発生状況はどうでしたか。（ひとつだけ）　　　全体ベース N= 1,170

1　非常に多くなった	2.5	3　変わらない	36.4	5　非常に少なくなった	7.9
2　多くなった	30.6	4　少なくなった	10.2	6　わからない	8.3

4.1

*Q25で1〜2の場合
Q25A　それはどのような犯罪ですか。（いくつでも）　　　犯罪が多くなったと感じている人ベース N= 387

1　自転車・バイクの盗難・破損	49.4	7　すり・ひったくり	12.1	13　不法投棄	38.5
2　自動車の盗難・破損	23.5	8　痴漢	23.0	14　悪徳商法・詐欺等による被害	21.2
3　壁・塀等の落書き	17.8	9　ストーカー	5.2	15　不審火	7.0
4　不審者の敷地内への侵入	28.7	10　恐喝・脅迫	2.6	16　その他の犯罪	4.1
5　空き巣	58.4	11　暴行・障害	3.9		0.3
6　下着等洗濯物の盗難	10.1	12　強盗	2.8		

Q26A　あなたの町内会の地域で、治安に対して不安を感じさせているのはどのようなことですか。（ひとつだけ）
Q26B　それに対して町内会で何か対策をとっていますか。（ひとつだけ）

全体ベース N= 1,170

	治安への不安			不安への対策		
	不安あり	不安なし		取組あり	取組なし	
1　路上や空き地にごみが散乱している	30.3	65.9	3.8	30.9	59.7	9.5
2　自転車やバイクが放置されている	42.1	54.4	3.5	38.0	54.4	7.6
3　街灯が暗い	39.7	56.4	3.9	33.3	57.9	8.7
4　少年が集団でたむろしている	12.5	82.6	5.0	10.1	79.1	10.9
5　不審者をよくみかける	14.0	81.2	4.8	12.1	76.9	10.9
6　24時間営業のコンビニエンスストアがある	21.8	73.9	4.3	5.7	83.9	10.3
7　深夜に暴走族が走り回っている	15.7	79.3	5.0	6.6	82.7	10.7
8　ピンクちらしやヤミ金融のビラが貼られている	21.3	74.6	4.1	16.6	73.8	9.7
9　わいせつなビデオ・雑誌の自販機が置かれている	1.5	93.9	4.6	1.3	86.8	12.0
10　カラオケボックス、ゲームセンターが近くにある	6.8	89.0	4.3	1.4	87.0	11.6
11　風俗店が近くにある	3.7	91.7	4.6	1.3	86.7	12.1
12　地域住民の連帯感が希薄である	31.1	64.4	4.5	18.2	71.7	10.1
13　近所付き合いがほとんど見られない	19.7	75.8	4.4	11.0	78.0	10.9
14　その他1	2.0	97.2	0.9	1.9	96.9	1.2
15　その他2	0.2	99.4	0.4	0.2	99.1	0.7
16　その他3	0.1	99.6	0.3	0.1	99.2	0.7

Q27A　あなたの町内会では、住民が犯罪の被害にあわないように取り組んでいることがありますか。（いくつでも）　　　全体ベース N= 1170

1　住民に戸締りや鍵かけを心がけるように働きかけ	51.4	7　防犯講演会に積極的に参加している	35.5
2　外出時には隣近所に一声掛けるようすすめている	34.4	8　児童登下校時の通学路のパトロール	30.0
3　外出時には明かりをつけたままにするように呼びかけ	15.7	9　有害なビラの除去や落書き消しなどの活動	26.4
4　不審者をみつけたら、すぐに町内会長や警察に連絡するようすすめている	52.6	10　防犯ボランティア団体への寄付金等の支出	12.9
5　街路灯や監視カメラの設置	25.1	11　地域の集まりやイベントに子どもが積極的に参加するよう工夫	27.4
6　防犯パトロールの実施	47.2	12　その他	2.6

19.4

Q27B それらの活動のうち、あなたの町内会以外の組織・団体と連携して行っているものについて、該当する組織・団体をお答えください。(いくつでも)

全体ベース N=1,170	他の町内会	連合町内会	他の組織の地域住民	NPO・ボランティア団体	行政	警察
1 住民に戸締りや鍵かけを心がけるように働きかけ	4.5	14.5	3.5	0.5	2.2	18.2
2 外出時には隣近所に一声掛けるようすすめている	2.8	7.3	2.1	0.4	1.1	6.5
3 外出時には明かりをつけたままにするように呼びかけ	2.3	3.6	0.9	0.3	0.5	3.2
4 不審者をみつけたら、町内会長や警察に連絡するようすすめている	4.5	12.6	3.3	0.6	1.8	26.7
5 街灯や監視カメラの設置	2.0	3.5	1.1	0.1	8.7	2.6
6 防犯パトロールの実施	6.9	17.1	7.9	1.7	2.4	14.7
7 防犯講演会に積極的に参加している	3.3	13.8	4.0	0.7	3.9	10.8
8 児童登下校時の通学路のパトロール	5.1	8.4	5.6	1.3	1.3	3.9
9 有害なビラの除去や落書き消しなどの活動	2.6	8.4	3.7	0.8	4.0	4.2
10 防犯ボランティア団体への寄付金等の支出	1.0	4.3	1.5	0.9	0.2	0.3
11 地域の集まりやイベントに子どもが積極的に参加するよう工夫	4.4	8.6	3.5	0.5	0.7	1.0
12 その他	0.0	0.5	0.3	0.1	0.5	0.7

計:70.9 / 86.8 / 92.6 / 66.3 / 86.7 / 66.0 / 76.9 / 82.1 / 84.0 / 92.8 / 86.5 / 98.5

Q28 あなたの町内会で取り組む防犯活動に対して、行政や警察に支援して欲しいことはどのようなことですか。(いくつでも)

全体ベース N=1,170	行政	警察		全体ベース N=1,170	行政	警察
1 防犯灯を整備し暗い道をなくす	62.1	5.7		6 防犯活動のリーダー育成	17.9	16.7
2 監視カメラの設置・整備	12.0	7.5		7 防犯活動の組織体制づくりの支援	21.5	16.1
3 犯罪の発生状況の情報提供	9.5	52.0		8 防犯キャンペーンの実施	15.6	21.7
4 誤認のための知識・技術の提供	5.6	21.6		9 防犯パトロールの強化	13.2	51.8
5 防犯意識啓発のための講習会の開催	15.0	32.1		10 自治体の安全・安心条例の制定	24.4	5.4
					26.5	24.7

Q29 あなたの町内会では、今後積極的に地域の防犯活動や非行防止活動を行うつもりですか。(ひとつだけ) 全体ベース N=1,170

| 1 積極的に行なうつもりである | 46.6 | 3 あまり行なうつもりはない | 5.7 | 4 まったく行なうつもりはない | 0.9 |
| 2 まあほどほどに行なうつもりである | 32.5 | | | 5 わからない | 6.9 |

IV あなたの町内会の防災活動についてお尋ねします。

Q30 あなたの町内会では、ここ1〜2年ぐらいの間に、災害が起きたときにどうするかについて話し合いを行ったことがありますか。 全体ベース N=1,170

| 1 ある | 69.2 | 3 わからない | 1.9 |
| 2 ない | 22.4 | | 6.5 |

*Q30で1の場合

Q30A 具体的に話し合った内容(いくつでも) 話し合いを行ってきた人ベース N=810

1 心がまえについて	72.0	4 非常持ち出し品について	41.7	7 地域の災害危険箇所について	44.8
2 避難の方法、時期、場所について	83.1	5 住民間の連絡について	63.2	8 その他	8.4
3 食料・飲料水について	43.3	6 家屋の安全度について	26.3		0.2

Q31 あなたの町内会では、大地震等が起こった場合に備えて、どのような対策をとっていますか。(いくつでも) 全体ベース N=1,170

1 住民にたいして消火器、懐中電灯、医薬品等を準備しておくよう呼び掛けている	48.1
2 住民にたいして食料品や飲料水の備蓄をすすめている	35.3
3 住民にたいして家具や冷蔵庫を固定したりブロック塀を点検する等して、倒壊防止を呼び掛けている	34.6
4 住民にたいして地震保険に加入するよう働きかけている	3.1
5 住民間の連絡方法を決めている	28.2
6 近くの学校や公園等避難する場所を決めている	65.3
7 防災に関するセミナーや講演会を開く等して啓蒙活動を行なっている	32.1
8 市や区が行っている防災訓練に積極的に参加している	49.0
9 高齢者・単身世帯の把握	53.4
10 その他	5.3
11 特に何もしていない	10.0
	7.9

Q32 あなたの町内会では、防災マップや災害危険予想図(ハザードマップ)等の防災対策資料を持っていますか。(ひとつだけ) 全体ベース N=1,170

1 持っている	36.2
2 持っていないが見たことがある	27.4
3 見たことはないが聞いたことはある	12.7
4 見たり聞いたりしたことはない	7.7
5 わからない	5.6
	10.4

Q33 あなたの町内会では、毎年、地震を想定した防災訓練を町内会独自で行なっていますか。またその際、住民は参加したり見学したりしていますか。(ひとつだけ) 全体ベース N=1,170

1 行なっており、数多くの会員が参加したり見学したりしている	15.9
2 行なっているが、住民の参加とか見学はそれほど多くはない	31.1
3 行なっていないが、いずれ行ないたいと考えている	32.6
4 行なっていないし、今後も行なう予定はない	9.4
5 その他	6.9
	4.0

Q34 災害時に地域の救援活動に置いて一翼を担うべきものはなんだと思いますか。(いくつでも) 全体ベース N=1,170

1 行政	63.9	4 NPO・ボランティア団体	24.3	7 個人一人ひとり	49.4
2 町内会	83.5	5 企業等の自主組織	5.0	8 その他	1.8
3 町内会以外の地域住民組織	19.9	6 自衛隊・警察	47.4		3.5

V 最後に、町内会長さんご自身についてお尋ねします。

F1 会長さんの性別(ひとつだけ) 全体ベース N=1,170

1 男性	92.1
2 女性	6.2
	1.6

F2 会長さんの年齢(ひとつだけ) 全体ベース N=1,170

1 20歳代	0.3	5 60歳代	28.8
2 30歳代	1.5	6 70歳代	45.2
3 40歳代	3.1	7 80歳代以上	10.2
4 50歳代	9.1		1.8

F3 会長さんの現在の職業(ひとつだけ) 全体ベース N=1,170

1 農林漁業	3.4
2 商業自営	5.6
3 工業自営	0.6
4 勤務(常雇)	12.8
5 勤務(臨時・パート・内職)	4.5
6 自由業	11.6
7 無職	54.7
8 その他	4.7
	2.1

F4 会長さんの最終学歴(ひとつだけ) 全体ベース N=1,170

1 小学校卒	2.5
2 中学校(旧制小)卒	10.3
3 高校(旧制高)卒	44.6
4 短大・専門学校卒	10.2
5 大学卒	24.9
6 大学院修了	1.2
7 その他	1.5
	4.9

F5　会長さんが現在お住まいの家は（ひとつだけ）　　　　　　　　　　　　　　　　F6　会長さんのご家族は、現在お住まいの場所に、いつ頃から住んでいますか。（ひとつだけ）

全体ベース N= 1,170　　全体ベース N= 1,170

1	持家（一戸建て）	79.3
2	持家（マンション・アパート）	10.0
3	借家（公営）	5.7
4	借家（民間）	1.4
5	その他	2.1

1	戦前から	18.1	5	昭和50年代から	15.9
2	昭和20年代から	9.3	6	昭和60年代から	11.1
3	昭和30年代から	12.6	7	平成7年以降	12.1
4	昭和40年代から	18.5			2.4

F7　会長さんの在任年数　　　　　　　　　　　　　　　　　回答者ベース N= 1,088　　　7.0　年目（通算）

F8A　会長さんは、ほかに何か役職を引き受けておられますか。
　　　現在引き受けている役職と引き受けたことがある役職（いくつでも）

全体ベース N= 1,170

1	民生・児童委員	7.0	7	団体役員	22.8	13	政治団体役員	2.8
2	PTA役員	17.6	8	後援会理事・役員	10.9	14	宗教団体役員	6.6
3	審議会委員（市・県・国）	6.7	9	趣味・余暇集団の世話人	20.9	15	NPO等組織の役員・幹事	2.7
4	行政委員	4.4	10	同業組合理事・役員	7.4	16	スポーツ団体理事・役員	16.7
5	協議会委員	21.3	11	青年団・消防団役員	7.3	17	その他	15.7
6	社会福祉協議会理事・役員	38.9	12	協同組合理事・役員	4.7			21.8

F9　会長さんは、町内会のお仕事で毎月何日くらい働かれますか。　　　　回答者ベース N= 1,059　　　9.8　日

F10　会長さんは、会長としての正規の仕事以外に個人的に地域活動に関わっておられますか。（いくつでも）

全体ベース N= 1,170

1	地域の団体が活動しやすいように町内に働きかけをする	46.5	4	自らが発起人となって地域イベントを開催	14.2
2	地域内の団体の活動に積極的に顔を出す	60.9	5	その他	9.1
3	ポケット・マネーで地域の団体を援助	12.5	6	何もしていない	18.0
					7.3

【福島市町内会・自治会等調査】

1 はじめに、あなたの町内会・町内会・自治会の全般的な事柄についてご記入下さい。

Q1　町内会の名称

Q2　町内会の所在する地区(ひとつだけ)　　　　　　　　　　　全体ベース N= 493

1 中央(中央)	9.5	11 北信(鎌田)	1.6	21 飯坂(飯坂)	1.8	31 松川(松川)	2.4
2 中央(野田町)	0.4	12 北信(瀬上)	3.2	22 飯坂(平野)	4.5	32 松川(金谷川)	2.0
3 渡利	4.7	13 北信(余目)	3.9	23 飯坂(中野)	1.0	33 松川(水原)	1.4
4 杉妻	1.0	14 信陵(大笹生)	2.6	24 飯坂(湯野)	3.0	34 松川(下川崎)	0.8
5 蓬莱	3.4	15 信陵(笹谷)	3.9	25 飯坂(東湯野)	1.0	35 吾妻(野田)	1.8
6 清水(清水)	12.4	16 吉井田	1.2	26 飯坂(茂庭)	0.2	36 吾妻(庭坂)	
7 清水(野田町の一部)	0.0	17 西(荒井)	2.4	27 飯坂(大笹生の一部)	0.2	37 吾妻(庭塚)	1.6
8 東部(岡山)	3.4	18 西(佐倉)	1.6	28 信夫(大森)	4.5	38 吾妻(水保)	1.6
9 東部(大波)	1.6	19 土湯	0.8	29 信夫(鳥川)	1.4	39 飯野	4.3
10 東部(鎌田の一部)	0.2	20 立子山	2.0	30 信夫(平田)	1.0	40 その他・不明	2.6

Q3　町内会の沿革について

Q3.1　町内会の発足した時期(ひとつだけ)　　　　　　　　　　　全体ベース N= 493

1 1940年代以前(戦前からあり、禁止期間もかたちを変えて存続し、調和条例後に再発足)	4.3
2 1940年代以前(戦前からあり、禁止期間にばらばらになったが、調和条例後に再発足)	1.2
3 1940年代以前(戦前からあるが、経緯についてはよくわからない)	23.1
4 1950年代	11.4
5 1960年代	11.8
6 1970年代	13.4
7 1980年代	6.1
8 1990年代	2.8
9 2000年代	4.3
10 わからない	18.9
	2.8

Q3.2　(再)発足のきっかけ(いくつでも)　　　　　　　　　　　全体ベース N= 493

1 調和条例を受けて発足	1.6
2 旧来の町内会から分かれて発足	12.8
3 新来住民によって発足	7.5
4 団地・社宅・マンション等ができて発足	14.0
5 地域の実力者の意向で発足	15.8
6 行政等のすすめで発足	13.2
7 区画整理とともに発足	5.1
8 市町村合併とともに発足	12.4
9 その他	6.1
10 わからない	29.6
	2.8

Q3.3　(再)発足時の主な目的(いくつでも)　　　　　　　　　　　全体ベース N= 493

1 住民同士の親睦をはかるため	74.0
2 町内の生活上の問題を共同解決するため	52.1
3 行政等への働きかけ・陳情のため	38.3
4 行政等との連絡・調整のため	56.6
5 共有地、共有施設の管理のため	9.5
6 マンションや団地の管理組合として	2.6
7 その他	2.6
8 わからない	12.8
	2.4

Q3.4　現在の主な目的(いくつでも)　　全体ベース N= 493

1 住民同士の親睦をはかるため	88.8
2 町内の生活上の問題を共同解決するため	68.4
3 行政等への働きかけ・陳情のため	61.7
4 行政等との連絡・調整のため	73.8
5 共有地、共有施設の管理のため	16.4
6 マンションや団地の管理組合として	2.8
7 その他	1.8
8 何もしていない	0.6
	2.6

Q4　町内会に加入している世帯数等

Q4.1	加入世帯数(事業所を除く)	回答者ベース N= 488	122.2 戸
Q4.2	加入事業所数	回答者ベース N= 466	4.0 事業所
Q4.3	町内の区の数	回答者ベース N= 454	1.5 区
Q4.4	町内の班もしくは隣組の数	回答者ベース N= 483	9.8 班・組

Q4.5　町内会への世帯加入率(ひとつだけ)　　全体ベース N= 493

1 全戸加入	50.5
2 90%以上加入	33.3
3 70%以上～90%未満加入	12.6
4 50%以上～70%未満加入	2.0
5 30%以上～50%未満加入	0.4
6 30%未満加入	0.0
7 わからない	0.4
	0.8

Q5　町内会等の「地縁による団体」が、その団体名義で土地建物の不動産登記等ができるよう、法人格取得が可能になりましたが、「地縁による団体」として法人格を取得していますか。(ひとつだけ)　　全体ベース N= 493

1 取得している(　　年に取得)	12.0
2 取得する予定である	3.0
3 取得する予定はない	72.2
4 取得するかどうか検討中である	4.9
	7.9

Q6　町内会内の状況について

Q6.1　建物・土地の特色(多いものを2つまで)　　全体ベース N= 493

1 事業所	3.0
2 商店	5.7
3 工場	0.4
4 一戸建て	80.5
5 集合住宅(単身向け)	7.9
6 集合住宅(家族向け)	23.3
7 田畑	29.8
8 その他	3.9
	6.1

Q6.2　最近10年間くらいの人口の変化(ひとつだけ)　　全体ベース N= 493

1 大いに増加	5.1
2 やや増加	17.8
3 あまり変化はない	32.9
4 やや減少	34.1
5 大いに減少	7.9
6 その他	0.2
	2.0

Q6.3　非加入世帯を含む居住世帯の特色(多いものを2つまで)　　全体ベース N= 493

1 非高齢者のみの核家族世帯	27.8
2 高齢者のみの核家族世帯	37.7
3 非高齢者と高齢者からなる親族世帯	56.4
4 非高齢者の単身世帯	7.3
5 高齢者の単身世帯	13.6
6 その他	11.2
	10.3

Q6.4　新旧住民の世帯数の割合(ひとつだけ)　　全体ベース N= 493

1 古くからの地付きの世帯がほとんど	29.8
2 古くからの地付きのほうが多い	26.8
3 同じくらい	9.1
4 外からの新しい世帯のほうが多い	17.6
5 外からの新しい世帯がほとんど	13.4
	3.2

Q6.5 計画的開発（区画整理等）（いくつでも）　　　　　　　　　　　　　　　　　　　　　　　　　　　　　　　　全体ベース N=493

1 最近5年以内に実施	3.7	4 時期は不明だが実施	5.3
2 5～10年前に実施	3.2	5 実施していない	56.0
3 10年以上前に実施	15.0	6 わからない	14.2
			4.5

Q7　あなたの町内会で現在町内会の運営上困っていることがありますか。
　　　困っているものすべて（いくつでも）、もっとも困っているもの（ひとつだけ）

全体ベース N=493

	困っているもの	もっとも困っているもの		困っているもの	もっとも困っているもの
1 町内会のルールを守らない住民の存在	19.5	5.3	12 加入世帯の家族構成が把握できない	12.4	0.2
2 未加入世帯の増加	9.3	1.4	13 日中、留守の世帯が多い	22.5	1.0
3 町内会行事への住民の参加の少なさ	48.7	6.7	14 集会施設がない／狭い／不便	20.3	5.1
4 町内会の役員のなり手不足	59.8	24.3	15 住民間の摩擦	3.0	0.2
5 予算の不足	16.2	3.0	16 世代間のズレ	10.3	0.4
6 会員の高齢化	58.6	15.4	17 役員のあつれき	1.4	0.0
7 行政との関係（依頼の多さ等）	14.4	0.8	18 政治や選挙の相談・依頼事	1.8	0.2
8 行政以外の団体との関係（負担金等）	14.6	1.2	19 運営のための経験や智恵が足りない	9.9	0.6
9 家族世帯数の多さによる障害	1.0	0.0	20 町内会の財産をめぐるトラブル	0.4	0.0
10 単身世帯数の多さによる障害	3.7	0.0	21 その他	3.9	0.8
11 構成世帯数の少なさによる障害	4.5	0.4	22 困っていることはない	8.3	5.5
				1.6	27.4

II 次に、あなたの町内会の活動状況についてお伺いします。

Q8 あなたの町内会では、次のような活動が行なわれていますか。また、それぞれの活動の10年前と現在の全体的な活動状況はどうなっていますか。

Q8A 活動の有無、活動組織（いくつでも）

全体ベース N=493

	町内会	町内会組織単位の別	町内会連合会	町内会別組織単位の連合会	その他の地域組織	実施していない	わからない
1 ごみ処理収集協力	81.9	4.7	4.5	2.2	2.6	2.4	0.8	7.3
2 資源・廃品回収	43.0	13.2	3.2	1.8	22.7	10.5	1.2	12.2
3 バザー	2.4	4.3	2.6	5.3	18.7	38.5	3.2	26.2
4 地域の清掃美化	80.5	6.5	8.5	2.4	4.5	1.0	0.6	7.5
5 防犯パトロール	22.1	9.1	12.2	16.2	17.8	15.0	2.0	14.4
6 防火パトロール	13.2	7.7	5.5	12.8	24.1	20.1	1.6	19.1
7 交通安全対策	20.5	8.5	13.6	18.1	23.1	8.7	1.2	15.6
8 集会所等の施設管理	44.6	5.5	7.1	3.2	5.5	15.6	1.8	19.1
9 街灯等の設備管理	56.0	3.0	6.7	2.4	8.7	8.1	2.8	16.6
10 公園・広場の管理	40.0	4.3	3.4	1.8	7.5	17.0	6.5	23.1
11 私道の管理	17.8	2.2	1.8	0.6	3.7	34.9	13.0	27.2
12 乳幼児保育の支援	3.2	1.8	1.8	2.6	7.9	44.0	11.6	27.6
13 学童保育の支援	14.0	5.7	4.9	4.9	15.2	29.0	7.1	22.7
14 青少年教育・育成	15.4	10.5	7.1	11.8	21.5	13.6	5.9	21.7
15 高齢者福祉	21.7	10.1	9.5	16.4	18.9	11.0	4.5	18.3
16 その他	2.2	0.4	0.2	0.0	0.2	1.0	3.4	92.3

*Q8Aで1～6を選んだ場合

Q8B 10年前の町内会での活動状況（ひとつだけ）

Aで「わからない」「不明」を除いた人ベース

		非常に活発に実施された	活発に実施されていた	あまり盛んではなかった	ほとんど実施されていなかった	実施されていない	わからない
1 ごみ処理収集協力	N=453	10.6	44.4	25.8	4.4	2.9	5.5	6.4
2 資源・廃品回収	N=427	8.2	41.9	21.1	4.4	9.8	5.6	8.9
3 バザー	N=348	1.7	15.5	12.4	8.0	43.1	12.4	6.9
4 地域の清掃美化	N=451	14.6	48.6	19.3	3.8	2.2	4.2	7.3
5 防犯パトロール	N=412	6.1	25.5	21.1	10.4	17.5	10.0	9.5
6 防火パトロール	N=389	6.7	30.1	18.5	8.2	19.5	8.2	8.7
7 交通安全対策	N=410	6.3	31.2	26.3	6.8	11.7	7.8	9.8
8 集会所等の施設管理	N=390	15.1	39.5	9.7	2.6	17.2	7.2	8.7
9 街灯等の設備管理	N=397	11.3	42.8	18.6	4.0	7.8	6.3	9.1
10 公園・広場の管理	N=347	6.9	30.3	17.6	7.2	19.9	9.8	8.4
11 私道の管理	N=295	5.1	13.9	13.9	7.8	41.4	11.5	6.4
12 乳幼児保育の支援	N=300	1.3	7.0	8.0	10.3	52.7	13.7	7.0
13 学童保育の支援	N=346	3.8	18.5	14.7	9.0	36.7	11.3	6.1
14 青少年教育・育成	N=357	5.3	33.1	21.3	5.9	18.2	9.8	6.4
15 高齢者福祉	N=381	4.5	26.0	24.4	10.5	17.8	9.4	7.3
16 その他	N=21	4.8	23.8	9.5	0.0	19.0	9.5	33.3

*Q8Aで1〜5を選んだ場合

Q8C 現在の町内での活動状況（10年前と比べて）（ひとつだけ）

Aで「実施している」と答えた人ベース		非常に活発している	活発化している	変わらない	衰退化している	非常に衰退している	わからない	
1 ごみ処理収集協力	N= 441	24.9	34.2	30.8	1.8	0.0	2.3	5.9
2 資源・廃品回収	N= 375	20.0	36.3	28.5	2.9	0.3	3.2	8.8
3 バザー	N= 158	5.7	27.8	40.5	9.5	1.3	6.3	8.9
4 地域の清掃美化	N= 446	17.7	32.5	32.7	4.0	0.4	3.1	9.4
5 防犯パトロール	N= 338	10.9	37.3	31.4	2.7	0.9	5.9	10.9
6 防火パトロール	N= 290	11.0	31.4	40.0	1.4	0.3	6.2	9.7
7 交通安全対策	N= 367	9.5	33.2	38.4	1.6	0.3	5.7	11.2
8 集会所等の施設管理	N= 313	17.6	26.5	41.5	1.0	0.3	4.2	8.9
9 街灯等の設備管理	N= 357	14.8	29.7	42.3	1.7	0.6	2.8	8.1
10 公園・広場の管理	N= 263	13.7	29.3	39.2	3.0	0.8	4.9	9.1
11 私道の管理	N= 123	9.8	20.3	52.8	0.8	0.0	8.1	8.1
12 乳幼児保育の支援	N= 83	6.0	22.9	42.2	2.4	2.4	12.0	12.0
13 学童保育の支援	N= 203	7.9	33.0	38.4	2.0	0.5	9.9	8.4
14 青少年教育・育成	N= 290	8.3	32.4	37.9	3.8	1.0	8.3	8.3
15 高齢者福祉	N= 327	11.3	37.6	31.5	2.8	0.9	7.3	8.6
16 その他	N= 16	31.3	25.0	12.5	0.0	0.0	0.0	31.3

Q9 あなたの町内会では、次のような行事が組織的に行なわれていますか。
また、町内会が中心に行なっている活動については「参加対象」と「参加状況」についてもお答え下さい。

Q9A 行事の有無、実施組織（いくつでも）

全体ベース N= 493		町内会が実施	町内会単位の別組織が実施	町内会連合会が実施	町内会連合会単位の別組織が実施	その他の地域組織が実施	実施していない	わからない	
1 神社祭礼		26.6	20.5	5.1	4.7	28.2	12.6	0.6	8.7
2 盆踊り・夏祭り		14.8	12.4	11.6	7.1	19.7	24.5	0.4	13.4
3 花見		28.2	7.3	1.0	1.0	6.3	39.8	1.4	16.6
4 食事会・飲み会		32.0	7.3	1.4	1.6	6.5	32.5	2.6	20.7
5 成人式		0.2	1.2	1.0	0.8	9.5	59.0	3.0	24.5
6 冠婚葬祭		37.3	4.5	0.4	1.0	5.3	30.2	2.8	19.5
7 運動会		12.4	10.1	18.7	24.1	14.4	13.8	0.6	12.0
8 運動会以外の体育活動		12.6	9.5	10.8	19.5	16.0	16.0	1.2	19.1
9 宿泊旅行		5.7	8.9	4.5	1.2	7.9	46.2	3.4	22.5
10 新年会・忘年会		49.1	5.9	10.3	2.4	3.7	20.9	1.4	14.0
11 ラジオ体操		7.5	11.0	0.6	1.2	12.4	42.8	2.8	21.9
12 研修会・講習会		16.8	5.3	16.8	7.9	8.7	28.4	2.2	19.5
13 映画上映・演劇鑑賞		1.4	1.6	0.8	1.2	2.6	61.7	4.7	26.0
14 町内会の総会		89.7	1.0	4.3	0.6	0.6	3.0	0.4	4.5
15 その他		6.1	0.6	0.4	0.2	0.0	1.8	2.8	88.0

*Q9Aで1〜5を選んだ場合

Q9B.1 町内会中心の行事の参加対象（ひとつだけ）
Q9B.2 町内会中心の行事の参加程度（ひとつだけ）

Aで「実施している」と答えた人ベース		参加対象				参加程度				
		町内会の全会員（義務）	町内会の全会員（自由参加）	実施組織に属するメンバー	わからない	町内会の会員のほとんどが参加	町内会の会員の程度が参加	町内会の会員の半数が参加	町内会の会員の一部が参加	町内会の会員のほとんどが参加しない	わからない
1 神社祭礼	N= 385	8.6	53.2	22.3	3.6	12.2	20.0	17.9	40.3	4.2	5.2	12.5
2 盆踊り・夏祭り	N= 304	2.0	62.5	18.4	3.0	14.1	7.2	21.7	48.7	5.9	3.6	12.8
3 花見	N= 208	11.1	64.9	11.1	1.9	11.1	28.4	22.6	32.7	1.0	1.9	13.5
4 食事会・飲み会	N= 218	4.6	63.3	18.3	1.8	11.9	12.4	25.7	45.0	4.1	3.7	9.2
5 成人式	N= 66	6.1	16.7	30.3	28.8	18.2	10.6	6.1	18.2	6.1	39.4	19.7
6 冠婚葬祭	N= 234	12.8	50.0	18.4	2.6	16.2	27.4	14.5	35.0	3.8	3.0	16.2
7 運動会	N= 363	3.6	65.6	8.0	2.2	20.7	3.9	19.0	52.1	6.3	1.7	17.1
8 運動会以外の体育活動	N= 314	1.6	60.5	19.7	1.3	16.9	2.5	5.4	63.1	10.8	2.2	15.9
9 宿泊旅行	N= 137	1.5	39.4	32.8	5.8	20.4	2.9	9.5	48.2	10.9	7.3	21.2
10 新年会・忘年会	N= 314	15.0	58.9	8.9	1.3	15.9	26.1	20.7	32.8	4.1	1.9	14.3
11 ラジオ体操	N= 160	1.3	38.1	41.9	1.9	16.9	2.5	4.4	55.0	8.1	10.0	20.0
12 研修会・講習会	N= 246	2.4	50.4	23.2	5.7	18.3	3.7	7.3	52.0	10.2	7.3	19.5
13 映画上映・演劇鑑賞	N= 38	0.0	50.0	14.6	15.8	15.8	0.0	2.6	39.5	5.3	31.6	21.1
14 町内会の総会	N= 454	53.5	28.4	3.3	1.1	13.7	44.5	25.3	17.0	1.3	0.7	11.2
15 その他	N= 36	22.2	52.8	8.3	2.8	13.9	36.1	13.9	38.9	2.8	2.8	5.6

*Q9Aで1〜6を選んだ場合
Q9C　10年前の町内での活動状況（ひとつだけ）

Aで「わからない」「不明」を除いた人ベース		非常に活発に実施されていた	活発に実施されていた	あまり盛んに実施されていなかった	ほとんど実施されていなかった	実施されていなかった	わからない
1 神社祭礼	N= 447	10.1	36.0	22.4	1.1	6.9	7.8	15.7
2 盆踊り・夏祭り	N= 425	5.6	30.8	17.4	3.8	14.8	7.8	19.8
3 花見	N= 404	5.0	23.0	14.6	5.4	18.6	8.9	24.5
4 食事会・飲み会	N= 378	2.9	19.3	21.4	6.3	17.5	9.0	23.5
5 成人式	N= 357	0.6	3.6	4.8	2.8	31.9	16.5	39.8
6 冠婚葬祭	N= 383	6.0	28.2	12.8	2.3	13.6	11.0	26.1
7 運動会	N= 431	7.2	38.7	16.7	3.0	6.5	7.7	20.2
8 運動会以外の体育活動	N= 393	3.3	29.0	26.2	4.8	7.9	8.9	19.8
9 宿泊旅行	N= 365	0.8	11.0	12.3	6.8	26.6	11.5	31.0
10 新年会・忘年会	N= 417	8.4	31.7	16.3	5.5	10.3	7.2	20.6
11 ラジオ体操	N= 371	1.1	18.6	12.4	5.4	20.5	11.3	30.7
12 研修会・講習会	N= 386	0.5	10.6	21.8	9.6	18.4	12.7	26.4
13 映画上映・演劇鑑賞	N= 342	0.0	0.9	5.0	4.4	36.3	15.2	38.3
14 町内会の総会	N= 469	19.4	47.5	11.5	1.7	2.6	5.1	12.2
15 その他	N= 45	4.4	42.2	11.1	2.2	13.3	6.7	20.0

*Q9Aで1〜5を選んだ場合
Q9D　現在の町内での活動状況（10年前と比べて）（ひとつだけ）

Aで「実施している」と答えた人ベース		非常に活発化している	活発化している	変わらない	衰退化している	非常に衰退している	わからない
1 神社祭礼	N= 385	8.1	16.1	44.7	13.2	2.9	4.2	10.9
2 盆踊り・夏祭り	N= 304	6.9	22.0	34.5	18.1	2.6	4.6	11.2
3 花見	N= 208	5.3	19.7	46.2	7.7	2.4	3.8	14.9
4 食事会・飲み会	N= 218	1.8	14.7	46.8	14.2	5.5	5.0	11.9
5 成人式	N= 66	1.5	6.1	31.8	9.1	4.5	28.8	18.2
6 冠婚葬祭	N= 234	4.7	12.4	55.6	6.4	2.1	4.3	14.5
7 運動会	N= 363	5.5	17.4	39.1	17.4	4.4	2.8	13.5
8 運動会以外の体育活動	N= 314	3.5	15.9	42.0	18.2	5.1	6.1	9.2
9 宿泊旅行	N= 137	0.7	10.9	38.0	11.7	7.3	16.1	15.3
10 新年会・忘年会	N= 314	6.7	17.2	47.8	9.2	1.9	3.5	13.7
11 ラジオ体操	N= 160	1.3	13.8	41.9	13.1	6.9	10.0	13.1
12 研修会・講習会	N= 246	1.6	17.9	35.4	9.3	3.3	15.0	17.5
13 映画上映・演劇鑑賞	N= 38	0.0	13.2	23.7	13.2	7.9	28.9	13.2
14 町内会の総会	N= 454	17.6	22.5	43.8	3.5	1.1	2.9	8.6
15 その他	N= 36	13.9	33.3	27.8	0.0	0.0	2.8	22.2

Ⅲ 次に、あなたの町内会の組織構成と機能についてお尋ねします。

Q10　役員（班長・組長は除く）はどのように構成されていますか。また、手当てはありますか。

Q10A　人数

会長	回答者ベース N= 469	1.0 名	庶務	回答者ベース N= 390	0.8 名
副会長	回答者ベース N= 446	1.3 名	部長	回答者ベース N= 397	2.5 名
会計	回答者ベース N= 449	1.0 名	監事	回答者ベース N= 424	1.6 名

*Q10Aで1名以上の場合
Q10B　役員手当て（定額）（ひとつだけ）
Q10C　活動ごとの手当て（ひとつだけ）
Q10D　手当てと持出しの割合（ひとつだけ）

| | | 手当て（定額） | | | 活動毎手当て | | | 手当てと持出しの割合 | | | |
		無し	有り		無し	有り		手当ての方が多い	同じぐらい	持出しの方が多い	わからない
回答者かつ各役職が1人以上いる人ベース											
1 会長	N= 468	19.9	75.0	5.1	77.6	9.8	12.6	12.4	13.2	39.3	15.2	19.9
2 副会長	N= 401	25.7	67.8	6.5	77.3	8.5	14.2	18.5	13.7	15.7	24.4	27.7
3 会計	N= 415	24.6	68.4	7.0	77.1	7.7	15.2	18.6	17.3	12.0	23.9	28.2
4 庶務	N= 264	25.0	67.4	7.6	78.4	7.2	14.4	18.6	14.4	14.4	21.9	31.1
5 部長	N= 270	26.3	67.4	6.3	77.4	7.0	15.6	17.8	12.2	14.8	21.9	33.3
6 監事	N= 348	37.1	50.9	12.1	75.0	6.9	18.1	16.1	11.2	11.2	23.3	38.2

*Q10Aで1名以上の場合
Q10E　役員の主たる就業状況（副業は除く）（ひとつだけ）

回答者かつ各役職が1人以上いる人ベース		引退	現役	主婦	いわからない	
1 会長	N= 468	58.3	29.3	0.9	4.1	7.5
2 副会長	N= 401	43.1	37.7	3.0	3.7	12.2
3 会計	N= 415	36.1	43.6	7.5	3.6	9.2
4 庶務	N= 264	43.6	41.3	4.5	1.5	9.1
5 部長	N= 270	26.3	47.4	3.7	2.6	20.0
6 監事	N= 348	44.5	35.1	3.4	3.2	13.8

＊Q10Aで1名以上の場合
Q10F　役員の主たる職業（引退の場合は現役時の主たる職業をお答え下さい）（ひとつだけ）

	回答者かつ各役職が1人以上いる人ベース		農林漁業	商業自営	工業自営	勤務（常勤）	勤務・パート・派遣	自由業	専業主婦	わからない
1	会長	N= 468	13.0	6.6	4.1	59.0	3.4	7.3	0.6	1.9	4.1
2	副会長	N= 401	9.0	7.0	5.2	57.4	2.0	6.2	1.7	3.2	8.2
3	会計	N= 415	8.4	8.7	4.1	55.4	3.1	7.2	5.3	2.9	4.8
4	庶務	N= 264	5.7	7.6	3.4	61.7	5.3	5.3	2.7	2.7	5.7
5	部長	N= 270	5.9	8.9	1.9	52.6	3.0	3.0	3.3	7.0	14.4
6	監事	N= 348	5.7	7.8	2.0	55.2	3.4	7.5	2.9	5.5	10.3

Q11.1　どのようにして会長に選ばれましたか。（ひとつだけ）
全体ベース　N= 493

1	総会で立候補	0.6
2	総会の話し合いで推された	20.3
3	役員会での互選	13.0
4	選考委員会等による推薦	22.5
5	前会長からの指名	16.6
6	持ち回り（当番制）	20.3
7	抽選（くじ引き）	1.6
8	その他	2.8
		2.2

Q11.2　町内会役員（班長を除く）はどのように選ばれましたか。（ひとつだけ）
全体ベース　N= 493

1	総会で立候補	0.4
2	総会の話し合い	19.3
3	新会長からの指名	16.0
4	選考委員会等による推薦	22.1
5	前会長からの指名	5.7
6	持ち回り（当番制）	27.4
7	抽選（くじ引き）	1.0
8	その他	3.9
		4.3

Q12　会長の1任期は何年ですか。（ひとつだけ）
全体ベース　N= 493

1	半年	0.8
2	一年	27.4
3	二年	65.1
4	三年以上	1.0
5	決まっていない	4.3
6	わからない	0.4
		1.0

＊Q12で1～4の場合
Q12A　複数の任期にわたって会長職を務めることは会則等で認められていますか。（ひとつだけ）
任期が決まっている人ベース　N= 465

1	認められていない	5.6
2	認められている	60.4
3	決まりはないが1期のみが普通	13.5
4	決まりはないが複数任期になることが多い	16.8
		3.7

Q13　町内会の（総会で提案される）予算案はどのように作成されていますか。（ひとつだけ）
全体ベース　N= 493

1	会長がすべて作成	5.9
2	会長が素案を示し役員会で審議の上、作成	18.3
3	担当役員がすべて作成	7.9
4	担当役員が素案を示し役員会で審議の上、作成	40.0
5	役員会で協議して一から作成	15.8
6	作成していない	8.3
7	その他	2.4
		1.4

Q14　町内会の1年間の財政規模（一般会計）と、収入・支出の内訳をご記入下さい。

A．収入　回答者ベース　千円

	総額	N= 382	1,278
1	会費	N= 383	617
2	市からの助成や補助金	N= 369	131
3	公園や街路樹の管理費	N= 183	16
4	広報誌等の配布手数料	N= 176	8
5	資源・廃品回収やバザーの売上げ	N= 179	35
6	コミセン・集会所等の使用料	N= 186	17
7	事務所や住民からの寄付	N= 234	73
8	その他	N= 259	99
9	前年度繰越金	N= 374	357

B．支出　回答者ベース　千円

	総額	N= 367	1,192
1	役員手当て	N= 352	117
2	会議・事務費	N= 355	104
3	祭典・文化費	N= 266	121
4	祭典・文化費以外の事業費	N= 254	159
5	寄付（募金）・負担金	N= 335	228
6	地域団体への補助・助成金	N= 292	125
7	共同施設・設備維持管理費	N= 253	99
8	その他	N= 257	171
9	次年度繰越金	N= 347	346

Q15.1　日赤や共同募金への寄付金にはどのように対応されていますか。（ひとつだけ）
全体ベース　N= 493

1	割り当て分を全額納めている	78.3
2	割り当て分のほとんどを納めている	10.1
3	割り当て分の一部のみ納めている	1.4
4	会員から集まった額だけ納めている	5.7
5	一切、納めていない	0.0
6	その他	2.6
		1.8

Q15.2　連合会町内会組織への負担金にはどのように対応されていますか。（ひとつだけ）
全体ベース　N= 493

1	割り当て分を全て納めている	94.5
2	納めていない分もある	0.4
3	ほとんど納めていない	0.8
4	一切、納めていない	1.8
5	その他	1.0
		1.4

Q16　町内会費はどのように集めていますか。
Q16.1　一般世帯（ひとつだけ）
全体ベース　N= 493

1	各世帯から平等に（同額を）集めている	83.8
2	各世帯の状況によって差のある額を集めている	12.2
3	その他の基準で集めている	1.0
4	集めることになっていない	1.4
		1.6

Q16.2　事業所（ひとつだけ）
全体ベース　N= 493

1	各事業所から平等に（同額を）集めている	21.1
2	各事業所の状況によって差のある額を集めている	9.5
3	その他の基準で集めている	1.6
4	集めることになっていない	10.3
5	そもそも事業所がない	19.1
		38.3

Q17　ひと月の会費は平均して1世帯、1事業所あたりいくらですか。
A．1世帯あたりの月額（平均）　回答者ベース　N= 447　714 円
B．1事業所あたりの月額（平均）　回答者ベース　N= 220　635 円

Q18　この10年の間に、町内会で特別会計を組み、何か事業をされたこと（されていること）はありますか。（いくつでも）
全体ベース　N= 493

1	集会所の新設・改築	17.4
2	街路灯の新設・補修	8.1
3	その他	15.8
4	ない	52.9
5	わからない	4.7
		4.7

Q19　町内会会計の収支決算報告や事業報告をどのようなかたちで行なっていますか。（いくつでも）
全体ベース　N= 493

1	総会で報告	92.9
2	役員会で報告	30.6
3	監事に報告	18.5
4	決算の概要書を会員に送付する	18.5
5	その他	3.4
6	報告はしない	0.4
		2.2

Q20　あなたの町内会には集会施設がありますか。（いくつでも）

全体ベース　N＝ 493

1　町内会独自の集会所がある	40.4
2　他の町内会と共有の集会所がある	21.9
3　他の団体と共有の集会所がある	6.1
4　公民館など、利用している施設が周りにある	19.1
5　その他	9.3
6　集会所はなく、利用できる施設も周りにない	5.7
	1.6

＊Q20で1の場合

Q20A　町内会独自の集会所について以下の問いにお答え下さい。

Q20A.1　建物はどなたが所有している財産ですか。（登記の有無は問いません）。（ひとつだけ）

独自に集会所がある人ベース　N＝ 199

1　町内会の共有財産（個人名義の場合を含む）	84.4
2　福島市	9.0
3　個人の私有財産	4.0
4　その他	2.5

Q20A.2　建物が建っている土地はどなたの財産ですか。（ひとつだけ）

独自に集会所がある人ベース　N＝ 199

1　町内会の共有財産（個人名義の場合を含む）	36.7
2　福島市の財産	16.1
3　福島県の財産	1.5
4　国有の財産	0.5
5　個人の私有財産	28.6
6　法人の財産	8.0
7　その他	7.5
	1.0

Q20A.3　その集会所の利用状況はどのようですか。（ひとつだけ）

独自に集会所がある人ベース　N＝ 199

1　容量の限度まで利用されている	12.1
2　容量の範囲内で十分に利用されている	73.4
3　あまり利用されていない	11.1
4　ほとんど利用されていない	1.0
5　わからない	2.0
6　その他	0.0
	0.5

Q21　あなたの町内会がある地域には次のような組織や団体がありますか。
Q21A　もしある場合には、それぞれの組織・団体の最小の単位をお教えください。（ひとつだけ）

全体ベース　N＝ 493

	町内会で構成されている	町内会単位の別組織で構成されている	町内会連合会単位で構成されている	町内会連合会単位の別組織で構成されている	その他の地域組織で構成されている	構成されていない	わからない	
1　子供会育成会	31.4	19.1	9.1	7.3	15.4	4.9	4.5	8.3
2　民生・児童委員会	6.5	9.5	17.4	19.9	19.7	4.5	7.5	15.0
3　少年補導委員会	4.1	6.7	12.8	15.4	18.7	6.1	15.0	21.3
4　体育協会	11.0	10.1	25.2	24.3	15.4	2.2	2.8	8.3
5　防犯協会	7.3	6.1	21.5	18.7	19.5	3.9	7.5	15.6
6　消防団（分団）	5.5	7.3	13.4	17.6	33.3	5.5	4.9	12.6
7　社会福祉協議会	4.3	3.4	21.1	24.7	20.3	3.7	7.1	15.4
8　婦人会	10.1	6.5	10.3	11.8	19.3	10.1	8.9	21.9
9　青年団	3.9	4.1	3.2	3.2	9.7	25.4	17.0	33.5
10　老人クラブ	15.0	12.4	8.5	15.6	19.9	6.7	7.9	14.0
11　商工会・商店会	0.8	1.4	3.0	6.1	18.7	21.1	15.0	33.9
12　農協・漁協	2.0	2.2	2.6	4.1	24.1	17.6	15.4	31.8
13　生協	0.4	1.2	0.4	2.0	11.4	25.2	19.5	40.0
14　氏子会・檀家組織	5.9	9.3	3.2	4.7	24.5	13.2	14.2	24.9
15　講	2.0	3.9	1.8	1.4	7.7	20.7	23.7	39.8
16　その他	0.8	0.0	0.0	0.6	0.2	1.2	3.0	94.1

＊Q21Aで1〜5の場合

Q21B　それぞれの組織・団体とあなたの町内会はどのような関係にありますか。（いくつでも）

各町内会で構成されているものベース

		町内会が活動に協力	町内会から役員を出している	町内会に役員が出されている	町内会に情報を出している	町内会に情報を提供	町内会内に部会を設置	補助金ややる負担金を出している	集会所等の施設を使用
1　子供会育成会	N＝ 406	65.3	28.8	9.1	10.1	21.7	13.8	56.7	35.7	7.9
2　民生・児童委員会	N＝ 360	46.9	30.3	4.7	11.9	24.2	3.3	8.9	13.6	19.4
3　少年補導委員会	N＝ 284	45.4	29.2	4.9	10.6	23.2	5.6	15.1	11.6	23.2
4　体育協会	N＝ 424	53.5	54.5	6.8	9.0	21.5	16.0	53.1	18.2	11.6
5　防犯協会	N＝ 360	46.9	36.9	4.4	11.1	24.4	7.5	34.2	12.5	20.0
6　消防団（分団）	N＝ 380	44.7	19.2	3.7	9.2	22.4	3.7	44.7	12.9	17.4
7　社会福祉協議会	N＝ 364	49.7	27.7	3.3	10.2	21.7	4.4	48.4	9.9	17.0
8　婦人会	N＝ 286	40.2	17.5	4.9	6.3	17.9	9.8	21.7	20.3	33.6
9　青年団	N＝ 119	43.7	9.2	3.4	5.0	10.9	5.9	15.1	16.8	42.9
10　老人クラブ	N＝ 352	43.2	17.6	6.8	8.2	17.0	8.0	29.3	26.7	29.3
11　商工会・商店会	N＝ 148	23.6	8.1	0.7	4.1	9.5	2.7	3.4	5.4	60.8
12　農協・漁協	N＝ 173	23.1	10.4	1.2	4.6	12.7	5.2	6.9	16.2	56.6
13　生協	N＝ 76	15.8	5.3	1.3	3.9	14.5	1.3	5.3	5.3	67.1
14　氏子会・檀家組織	N＝ 235	37.4	28.9	1.7	5.1	13.2	3.4	17.9	15.7	36.6
15　講	N＝ 78	20.5	11.5	0.0	1.3	9.0	1.3	2.6	16.7	57.7
16　その他	N＝ 8	87.5	62.5	0.0	0.0	25.0	25.0	25.0	37.5	37.5

Q22　町内会独自の会報を発行していますか。（ひとつだけ）

全体ベース　N＝ 493

1　毎月2回以上発行している	2.0
2　原則として毎月1回発行している	5.3
3　年に数回発行している	9.9
4　年に1回発行している	5.3
5　発行しない年もあるが、ときどき発行している	5.1
6　発行していない	70.6
	1.8

Q23　地方議会の議員選挙のときに、町内会として推薦や応援をしていますか。

Q23.1　現在（ひとつだけ）

全体ベース　N＝ 493

1　いつも推薦している	3.9
2　推薦することもある	5.9
3　推薦はしないが応援はいつもしている	9.3
4　推薦はしないが応援することはある	18.1
5　何もしていない	58.8
6　わからない	3.0
	0.6

Q23.2 過去（ひとつだけ）
全体ベース N= 493

	%
1 いつも推薦していた	3.0
2 推薦することもあった	10.5
3 推薦はしないが応援はいつもしていた	8.5
4 推薦はしないが応援することもあった	18.7
5 何もしていなかった	44.4
6 わからない	14.0
	0.8

Q24 あなたの町内会では、役所からの広報配布や依頼業務についてどう対処していますか。（ひとつだけ）
全体ベース N= 493

	%
1 当然のこととして積極的に協力している	55.4
2 果たすべき義務として協力している	37.9
3 最低限のことのみ協力している	5.1
4 原則として協力していない	1.0
	0.6

Q25 今後の町内会などの地域住民組織が果たすべき役割について、どのように考えていますか。（ひとつだけ）
全体ベース N= 493

	さらに促進	このまま継続	見直し	とりやめ	実施に向け検討	今後もいらない	いわからない	その他	
1 日常的な防犯対策	20.5	54.4	2.0	0.0	6.7	3.4	5.5	1.2	6.3
2 日常的な防火対策	21.5	55.6	1.0	0.0	5.7	2.8	5.3	1.0	7.1
3 自然災害等緊急時の備え	21.1	41.2	4.7	0.0	14.8	1.6	8.1	0.8	7.7
4 会員間での交流促進	25.2	51.7	3.9	0.0	6.3	1.2	3.7	0.4	7.7
5 行政等への陳情・依頼	15.6	64.9	2.0	0.0	3.7	1.8	4.5	0.8	6.7
6 行政からの依頼仕事	4.7	75.7	6.1	0.0	1.8	0.6	5.1	0.8	5.3
7 日赤・共同募金への協力	6.1	79.1	7.7	1.4	0.4	0.0	1.0	0.4	3.9
8 警察・交番との連携・調整	9.9	73.0	1.8	0.0	2.0	1.4	5.1	0.6	6.1
9 学校との連携・調整	10.3	74.2	1.0	0.4	2.4	1.2	4.1	0.4	5.9
10 民生委員との連携	15.2	67.3	2.8	0.2	1.4	0.6	6.5	0.6	5.3
11 NPO等組織との連携の推進	2.6	22.3	2.4	0.2	9.1	8.9	39.8	2.6	12.0
12 企業との連携・調整	1.6	21.9	3.0	0.0	5.3	13.8	36.1	5.7	12.6
13 高齢者の福祉	25.4	41.0	5.1	0.0	8.7	2.6	8.5	1.8	6.9
14 障害者の福祉	17.4	39.4	5.5	0.0	7.5	4.3	13.6	2.8	9.5
15 青少年の健全育成	19.7	59.6	2.8	0.0	3.0	2.0	5.5	1.4	5.7
16 冠婚葬祭	1.8	65.9	5.7	0.0	1.0	6.9	7.9	1.8	8.9
17 運動会やスポーツ大会の開催	8.9	63.3	5.7	0.2	2.0	5.1	5.5	1.8	7.5
18 公民館運営への協力	5.1	63.1	5.7	0.0	2.0	2.6	13.2	1.8	10.1
19 開発計画・事業への参加・関与	4.9	30.4	2.6	0.4	2.6	9.9	33.7	3.7	11.8
20 市議会へ代表者を送ること	2.2	14.4	1.6	1.2	3.9	24.9	36.7	3.7	11.4
21 その他	0.2	0.2	0.4	0.0	0.2	0.4	2.2	2.4	93.9

Q26 あなたの町内会では、ここ数年、地域生活を営む上で困った問題がありましたか（現在、ありますか）。ある場合には、そうした問題について、解決や改善のために何らかの働きかけを行ないましたか。（ひとつだけ）

全体ベース N= 493

	困った問題がある	各ベース	役所・公社等の担当課に公式に依頼	役所の知り合いに働きかけ	役所の幹部に働きかけ	市会議員に働きかけ	議員以外の地域の有力者に働きかけ	連合会を含む町内会・地域団体に働きかけ	警察・交番に相談	町内会が自力で対応
1 住宅の建て込み等の住宅問題	52.9	N= 261	5.0	0.8	0.4	0.8	0.0	1.5	0.4	9.2
2 ゴミ処理の問題	75.1	N= 370	17.6	1.1	0.0	0.8	0.0	2.4	0.0	70.0
3 商売・スーパー等の買い物施設の不足	53.8	N= 265	4.5	0.4	1.1	0.8	0.0	1.1	0.0	0.0
4 開発による住環境や自然環境の悪化	55.4	N= 273	15.4	1.1	1.1	1.5	1.1	3.3	0.0	4.0
5 治安・少年非行・風紀の悪化	58.0	N= 286	6.3	0.7	0.3	0.0	0.3	7.7	35.0	10.1
6 移動や交通の問題	65.7	N= 324	49.4	0.3	1.5	7.4	0.6	14.2	0.9	3.4
7 保育園・学校等育児・教育施設の不足	54.8	N= 270	17.4	0.4	0.7	3.7	0.4	5.9	0.0	0.0
8 公園・運動場・体育施設等の不足	55.0	N= 271	19.2	1.8	1.1	2.6	0.4	5.5	0.0	1.8
9 集会所文化交流施設の不足・老朽化	56.6	N= 279	17.9	0.4	2.9	2.5	0.4	5.4	0.0	11.5
10 病院等医療・福祉施設の不足	53.8	N= 265	16.2	1.1	1.1	3.4	0.4	3.8	0.0	0.0
11 都市型災害に対する基盤整備の不足	54.6	N= 269	18.6	0.0	0.0	3.3	0.4	5.2	0.7	1.9
12 住民間のトラブル	55.0	N= 271	6.3	0.7	0.0	0.4	1.5	1.1	9.2	26.9
13 民間企業とのトラブル	51.9	N= 256	5.9	0.4	0.4	1.2	0.8	1.2	5.1	10.2
14 行政とのトラブル	53.1	N= 262	18.3	1.1	1.1	5.0	0.8	4.6	0.8	7.3
15 商店や工場を経営していく上での障害	51.3	N= 253	6.7	0.4	0.8	1.2	0.4	0.4	0.4	2.0
16 土地問題（土地利用規制や共有地）	50.1	N= 247	18.6	0.0	0.4	2.4	0.8	1.2	0.0	2.4
17 その他	12.6	N= 62	12.9	0.0	0.0	1.6	0.0	3.2	1.6	9.7
18 困っていることはない	6.1									

		町内会のまとまりを生かしたネットワーク等を組織し問題を解決	町内会とは別にNPO、問題解決のための組織	具体的に何もしていない	その他
	各ベース				
1 住宅の建て込み等の住宅問題	N= 261	1.1	0.0	67.0	13.8
2 ゴミ処理の問題	N= 370	1.6	0.0	5.7	0.8
3 商売・スーパー等の買い物施設の不足	N= 265	1.5	0.0	77.7	11.7
4 開発による住環境や自然環境の悪化	N= 273	1.1	0.4	59.0	12.5
5 治安・少年非行・風紀の悪化	N= 286	3.1	0.0	30.8	5.6
6 移動や交通の問題	N= 324	0.9	0.6	15.4	5.2
7 保育園・学校等保育児・教育施設の不足	N= 270	0.7	0.0	60.0	10.7
8 公園・運動場・体育施設等の不足	N= 271	1.5	0.0	54.6	10.3
9 集会所等文化交流施設の不足・老朽化	N= 279	1.4	0.0	48.7	9.0
10 病院等医療・福祉施設の不足	N= 265	1.1	0.0	63.0	9.8
11 都市型災害に対する基盤整備の不足	N= 269	0.7	0.0	54.1	9.3
12 住民間のトラブル	N= 271	1.1	0.0	43.5	9.2
13 民間企業とのトラブル	N= 256	1.2	0.0	56.3	17.6
14 行政とのトラブル	N= 262	0.8	0.0	47.7	12.6
15 商店や工場を経営していく上での障害	N= 253	0.4	0.0	68.0	17.4
16 土地問題(土地利用規制や共有地)	N= 247	0.4	0.0	57.5	15.0
17 その他	N= 62	1.6	0.0	37.1	32.3

IV あなたの町内会の防犯活動についてお尋ねします。

Q27 あなたの町内会の周辺におけるこれまでと現在(ここ数年)の犯罪の発生状況・危険性と今後の傾向についてどのようにお考えですか。

Q27A これまで(ひとつだけ)

		まったくない	ほとんどない	あまりない	多い	非常に多い	いわからない	
	全体ベース N= 493							
1 自転車バイクの盗難・破損		20.9	26.0	23.9	6.9	0.8	6.9	14.6
2 車上荒らし・自動車破損		23.7	28.6	22.3	2.4	1.0	7.0	15.0
3 落書きや器物の損壊		25.4	29.4	19.5	1.4	1.0	6.3	17.0
4 不審者の侵入		18.3	30.0	25.2	0.2	0.2	7.1	17.0
5 空き巣狙い		19.5	27.0	28.2	4.1	0.8	5.5	15.0
6 放火・不審火		39.6	22.5	13.6	1.8	0.0	4.3	17.6
7 詐欺(サギ)		28.0	25.6	12.4	0.6	0.4	14.0	19.1
8 悪徳商法		16.8	22.9	24.3	1.8	0.2	16.2	17.6
9 すり・ひったくり		34.1	26.6	9.1	0.0	0.0	11.4	18.9
10 下着等洗濯物の盗難		26.6	29.2	12.0	0.8	0.0	13.2	18.3
11 痴漢・変質者		23.7	29.8	17.4	1.2	0.0	9.3	18.5
12 ストーカー		28.8	29.6	9.3	0.2	0.2	13.0	18.9
13 恐喝・脅迫		27.4	30.0	9.1	0.2	0.0	13.8	19.3
14 暴行・傷害・強盗		30.0	29.4	9.9	0.4	0.0	11.6	18.7
15 不法なゴミ捨て		5.7	15.2	32.0	26.2	6.1	2.6	12.2
16 その他		0.8	0.6	0.6	0.6	0.2	2.6	94.7

Q27B 現在(これまでと比べて)(ひとつだけ)

		減ってしまった	減った	いくらか変わらない	増えた	著しく増えた	いわからない	
	全体ベース N= 493							
1 自転車バイクの盗難・破損		2.6	8.3	50.3	1.8	0.0	11.4	25.6
2 車上荒らし・自動車破損		3.4	6.3	50.1	0.8	0.0	12.4	27.0
3 落書きや器物の損壊		3.4	5.9	49.1	1.8	0.0	12.0	27.8
4 不審者の侵入		2.6	6.7	45.8	2.0	0.0	14.2	28.6
5 空き巣狙い		2.6	7.7	48.3	2.0	0.0	13.2	26.2
6 放火・不審火		5.3	6.7	46.2	0.8	0.2	11.8	29.0
7 詐欺(サギ)		3.2	3.4	44.0	1.0	0.0	19.1	29.2
8 悪徳商法		2.6	6.1	41.2	2.4	0.0	19.1	28.6
9 すり・ひったくり		3.7	3.0	45.4	0.2	0.0	18.3	29.4
10 下着等洗濯物の盗難		3.4	5.1	44.0	0.4	0.0	18.1	29.0
11 痴漢・変質者		3.4	5.3	43.8	1.6	0.0	16.8	29.0
12 ストーカー		4.1	3.7	42.6	0.2	0.0	20.3	29.2
13 恐喝・脅迫		4.1	3.2	43.0	0.4	0.0	19.5	29.8
14 暴行・傷害・強盗		4.1	4.1	44.4	0.4	0.0	17.4	29.6
15 不法なゴミ捨て		2.0	9.1	43.4	14.0	2.2	6.5	22.7
16 その他		0.0	0.8	2.4	0.0	0.2	3.2	93.3

Q27C これから(現在と比べて)(ひとつだけ)

全体ベース N= 493

	著しく減る	減る	変わらない	増える	著しく増える	わからない	なし
1 自転車バイクの盗難・破損	2.4	5.7	38.3	3.9	0.0	21.9	27.8
2 車上荒らし・自動車破損	2.0	5.3	38.3	2.8	0.0	22.5	29.0
3 落書きや器物の損壊	2.4	5.7	37.3	2.2	0.0	22.7	29.6
4 不審者の侵入	2.2	4.5	35.7	4.9	0.0	23.7	29.0
5 空き巣狙い	2.0	5.1	36.5	5.9	0.2	23.5	26.8
6 放火・不審火	2.8	4.5	37.7	2.4	0.0	23.1	29.4
7 詐欺(サギ)	2.8	3.2	33.3	5.9	0.0	25.6	29.2
8 悪徳商法	2.6	3.9	31.6	7.3	0.2	26.4	28.0
9 すり・ひったくり	2.8	3.2	35.7	1.8	0.0	25.6	30.8
10 下着等洗濯物の盗難	2.8	3.2	36.9	1.8	0.0	25.2	30.0
11 痴漢・変質者	2.2	3.7	35.3	4.3	0.2	25.2	29.2
12 ストーカー	2.4	3.2	34.9	2.4	0.0	26.4	30.6
13 恐喝・脅迫	2.6	3.2	35.1	2.2	0.0	26.6	30.2
14 暴行・傷害・強盗	2.4	4.1	35.9	2.2	0.0	25.4	30.0
15 不法なゴミ捨て	1.4	6.1	36.1	16.0	1.4	15.2	23.7
16 その他	0.2	0.8	2.0	0.0	0.2	4.1	92.7

Q28 あなたの町内会では、防犯のためにどのような組織的な取り組みをしていますか。(いくつでも)

全体ベース N= 493

	%		%
1 防犯パトロールの実施	42.6	7 公園等の見通し、見晴らしの改善	11.8
2 地域の犯罪発生や、不審者の出没状況の情報の共有(回覧板など)	41.6	8 不審者に遭遇したときの連絡先・駆け込み先	25.4
3 防犯マップの作成	10.1	9 防犯セミナー・講習会等への参加	21.7
4 防犯灯・街路灯の設置	71.8	10 小・中学校との情報交換	43.8
5 監視カメラの設置	0.4	11 その他	3.7
6 声かけの実施	33.7		8.5

Q29 あなたの町内会の周辺で、過去数年、治安の不安を感じさせてきたのはどのようなことですか。また現在はどうなっていますか。そして、そうした問題に対して住民の方々で何か対策をとっていますか。

Q29A 過去数年の状況(ひとつだけ)
Q29B 現在の状況がもたらす不安(ひとつだけ)
Q29C 自主的な対応や対策(ひとつだけ)

全体ベース N= 493

	過去数年の状況					現在の状況がもたらす不安					自主的な対応や対策		
	大いに問題あり	やや問題あり	あまり問題なし	問題なし	なし	大いに不安	やや不安	あまり不安なし	不安なし	なし	行っている	行っていない	なし
1 路上や空き地のゴミの散乱	9.9	33.9	25.2	17.6	13.4	7.1	30.2	30.2	16.0	16.4	54.4	29.4	16.2
2 自動車、バイク、自転車の不法放置	3.9	26.0	28.6	26.0	15.6	2.0	20.9	35.1	23.3	18.7	27.2	53.8	19.1
3 不審者の出没	1.2	10.8	38.9	30.0	19.1	1.6	11.8	40.4	24.3	21.9	16.6	60.6	22.7
4 不良のたまり場	1.2	7.3	28.4	42.8	20.3	1.4	5.9	33.1	36.3	23.3	14.0	62.5	23.5
5 深夜の暴走族	2.4	13.0	29.2	36.7	18.7	2.2	11.4	31.6	33.1	21.7	7.5	70.4	22.1
6 害悪のあるチラシやビラ	1.8	6.1	29.2	42.4	20.5	1.2	4.3	33.7	38.5	22.3	9.3	66.7	23.9
7 わいせつビデオ・雑誌の自販機	0.6	2.8	16.4	60.6	19.5	0.8	1.6	21.5	54.0	22.1	6.5	70.6	22.9
8 深夜営業の店舗	0.8	1.7	19.1	57.4	21.5	1.0	2.0	21.9	51.3	23.7	3.2	72.0	24.7
9 町内のよくわからない住民	1.4	8.7	25.4	43.8	20.7	1.8	9.1	28.0	38.3	22.7	9.3	66.5	24.1
10 新聞・テレビ・ラジオの犯罪報道	3.2	9.5	28.2	37.9	21.1	4.1	9.3	28.4	34.7	23.5	5.1	71.0	23.9
11 その他	0.4	0.4	2.6	3.9	92.7	1.0	0.8	2.2	4.5	91.5	1.2	7.1	91.7

Q30 地域での防犯活動について、あなたの町内会では、独自の取り組みをされていますか。また、町内会以外で、防犯活動に取り組んでいる地域団体はありますか。

Q31 安全・安心なまちづくりについて

Q31A あなたの町内会の周辺でこれまでどのような取り組みをしてきましたか。(いくつでも)

全体ベース N= 493

	%		%
1 防犯灯・街路灯の整備	16.6	6 防犯活動のリーダー育成	0.8
2 監視カメラの設置・整備	0.4	7 防犯活動の組織化の支援	2.4
3 犯罪発生状況の情報提供	5.5	8 防犯キャンペーンの実施	2.2
4 護身の知識・技術の提供	0.0	9 防犯パトロールの強化・連携	34.9
5 防犯のための講習会の開催	1.4	10 自治体の安全・安心条例の制定	24.9
			12.4

Q31B そうした取り組みの主体はどこですか。(いくつでも)

	各ベース	あなたの町内会	他の町内会	町内会連合会	防犯協会(支部)	域住民組織	防犯協会以外の地	NPO・ボランティア団体	行政	警察	
1 防犯灯・街路灯の整備	N= 82	70.7	7.3	17.1	6.1	0.0	0.0	0.0	26.8	6.1	6.1
2 監視カメラの設置・整備	N= 2	50.0	0.0	0.0	0.0	0.0	0.0	0.0	0.0	0.0	50.0
3 犯罪発生状況の情報提供	N= 27	22.2	0.0	7.4	14.8	0.0	0.0	0.0	11.1	63.0	3.7
4 護身の知識・技術の提供	N= 2	0.0	0.0	0.0	0.0	0.0	0.0	50.0	50.0	50.0	0.0
5 防犯のための講習会の開催	N= 7	0.0	0.0	42.9	14.3	0.0	0.0	0.0	14.3	28.6	14.3
6 防犯活動のリーダー育成	N= 4	25.0	0.0	25.0	25.0	0.0	0.0	0.0	25.0	50.0	25.0
7 防犯活動の組織化の支援	N= 12	33.3	0.0	16.7	41.7	8.3	16.7	0.0	8.3	0.0	8.3
8 防犯キャンペーンの実施	N= 11	9.1	9.1	18.2	36.4	9.1	0.0	0.0	27.3	54.5	9.1
9 防犯パトロールの強化・連携	N= 172	33.1	7.0	27.3	44.8	11.6	3.5	0.0	12.8	30.2	1.2
10 自治体の安全・安心条例の制定	N= 123	13.0	1.6	17.9	15.4	6.5	1.6	0.0	78.0	19.5	0.8

Q31C　そうした活動にもっとも熱心に取り組んでいる主体はどこですか。(ひとつだけ)

	各ベース	あなたの町内会	他の町内会	町内会連合会	部〜支防犯協会	防犯協会住民組織以外の	地域住民組織	NPO・ボランティア団体	行政	警察	
1 防犯灯・街路灯の整備	N= 82	47.6	2.4	9.8	2.4	0.0	0.0	0.0	8.5	1.2	28.0
2 監視カメラの設置・整備	N= 2	0.0	0.0	0.0	0.0	0.0	0.0	0.0	0.0	0.0	100.0
3 犯罪発生状況の情報提供	N= 27	18.5	0.0	7.4	7.4	0.0	0.0	0.0	0.0	33.3	33.3
4 護身の知識・技術の提供	N= 2	0.0	0.0	0.0	0.0	0.0	0.0	0.0	0.0	0.0	100.0
5 防犯のための講習会の開催	N= 7	0.0	0.0	28.6	14.3	0.0	0.0	0.0	0.0	28.6	28.6
6 防犯活動のリーダー育成	N= 4	25.0	0.0	0.0	0.0	0.0	0.0	0.0	0.0	25.0	50.0
7 防犯活動の組織化の支援	N= 12	16.7	0.0	8.3	33.3	0.0	0.0	0.0	0.0	0.0	41.7
8 防犯キャンペーンの実施	N= 11	0.0	9.1	0.0	27.3	0.0	0.0	0.0	9.1	36.4	18.2
9 防犯パトロールの強化・連携	N= 172	14.0	1.7	12.2	23.3	5.8	0.0	1.7	3.5	3.5	28.5
10 自治体の安全・安心条例の制定	N= 123	3.3	0.0	4.1	4.9	0.8	0.0	0.0	53.7	7.3	26.0

Q31AA　あなたの町内会では行政や警察がとくに行うべきだと考えている取り組みについてお選びください。(いくつでも)　全体ベース N= 493

1 防犯灯・街路灯の整備	57.8	7 防犯活動の組織化の支援	21.9
2 監視カメラの設置・整備	18.3	8 防犯キャンペーンの実施	16.8
3 犯罪発生状況の情報提供	40.8	9 防犯パトロールの強化・連携	53.8
4 護身の知識・技術の提供	6.7	10 自治体の安全・安心条例の制定	15.0
5 防犯のための講習会の開催	27.4	11 その他	0.8
6 防犯活動のリーダー育成	19.1		12.6

V　あなたの町内会の防災活動についてお尋ねします。

Q32　あなたの町内会では、大地震等(火災、水害等を含む)が起きたときの対応について具体的に話し合いを行なってきましたか。(ひとつだけ)　全体ベース N= 493

1 話し合ってきた	44.6	3 わからない	4.1
2 話し合っていない	48.1		3.2

＊Q32で1の場合
Q32A　具体的に話し合った内容(いくつでも)　話し合いを行ってきた人ベース N= 220

1 心がまえについて	60.9	6 家屋の安全度について	13.2
2 避難の方法、時期、場所について	83.6	7 地域の災害危険箇所について	34.1
3 食料・飲料水について	28.2	8 外国人等の短期居住者・一時滞在者の安全について	0.9
4 非常持ち出し品について	34.1	9 その他	4.1
5 住民間の連絡について	64.1		0.9

Q33　あなたの町内会では、大地震等が起こった場合に備えて、どのような対策をとっていますか。(いくつでも)　全体ベース N= 493

1 消火器、懐中電灯、医薬品等を準備しておくよう住民に呼びかけている	38.3
2 食料品や飲料水の備蓄を住民にすすめている	13.8
3 家具や冷蔵庫を固定しブロック塀を点検する等、倒壊を防止する呼びかけている	11.2
4 地震保険に加入するよう住民に働きかけている	3.0
5 住民間の連絡方法を決めている	22.9
6 近くの学校や公園等避難する場所を決めている	49.5
7 防災に関するセミナーや講演を開く等して啓蒙活動を行なっている	16.2
8 市や消防署が主催している防災訓練や講演に積極的に参加している	34.3
9 高齢者世帯・子どもの状況把握につとめている	31.2
10 外国人等の短期居住者・一時滞在者の状況把握につとめている	0.6
11 その他	3.0
12 とくに何もしていない	23.9
	7.3

Q34　あなたの町内会では、防災マップや災害危険予想図(ハザードマップ)等の防災対策資料を持っていますか。(ひとつだけ)　全体ベース N= 493

1 作成中または持っている	30.4	3 わからない	4.7
2 持っていない	60.4		4.5

＊Q34で1の場合
Q34A　作成しているまたは作成に取り組んだ主体はどこですか。(いくつでも)
Q34B　作成しているまたは作成にもっとも熱心に取り組んだ主体はどこですか。(いくつでも)

防災対策資料を持っている人ベース N= 150	取り組み	最も熱心な主体	防災対策資料を持っている人ベース N= 150	取り組み	最も熱心な主体
1 あなたの町内会	29.3	30.0	6 NPO・ボランティア団体	0.0	0.0
2 他の町内会	4.0	4.0	7 行政	52.0	47.3
3 町内会連合会	24.0	26.0	8 警察	2.0	1.3
4 地域防災組織	28.7	26.0	9 その他	3.3	0.7
5 地域防災組織以外の地域住民組織	8.7	8.7		1.3	2.0

＊Q34で1の場合
Q34C　作成しているまたは作成にさいして、地域住民に加えて特にどのような主体に視点が向けられていましたか。(いくつでも)　防災対策資料を持っている人ベース N= 150

1 高齢者	70.0	4 外国人等の短期居住者・一時滞在者	1.3
2 子ども	40.0	5 その他	20.7
3 女性	14.0		12.0

Q35 あなたの町内会や町内会連合会、地区協議会では、近年、大地震等を想定した防災訓練を独自に行なっていますか
（消防署や市から協力を受ける訓練も含みます）。またその際、住民は参加したり見学したりしていますか。
Q35A 町内会単位（ひとつだけ）
Q35B 町内会連合会単位（ひとつだけ）

全体ベース N=493	町内会単位	町内会連合会単位
1 行なっており、数多くの会員が参加したり見学したりしている	6.9	7.9
2 行なっており、一定数の熱心な会員が参加したり見学したりしている	9.1	9.3
3 行なっているものの、参加や見学をする会員は非常に限られている	13.8	12.0
4 行なっていないが、いずれ行ないたいと考えている	26.0	7.5
5 行なっていないし、今後も行なう予定はない	12.8	1.2
6 その他	0.8	0.6
	30.6	61.5

Q36 大地震のさい、あなたの町内会のある地域の救援活動では、どのようなアクター（組織や人）が重要な役割を果たすと考えていますか。
Q36A 発生時の救援活動　重要なもの（いくつでも）、もっとも重要なもの（ひとつだけ）
Q36B 発生後の救援活動　重要なもの（いくつでも）、もっとも重要なもの（ひとつだけ）

全体ベース N=493	A 発生時の救援活動 重要なもの	A もっとも重要	B 発生後の救援活動 重要なもの	B もっとも重要
1 個人（個人的な人間関係）	48.3	4.9	38.1	3.9
2 隣近所・隣組	78.5	32.0	65.5	14.4
3 町内会	75.3	14.4	68.8	12.0
4 町内会連合会	23.9	1.2	28.4	1.8
5 消防団	71.4	8.7	61.3	6.1
6 NPO等のネットワーク組織	8.5	0.2	14.8	0.8
7 民間企業	6.9	0.0	8.1	0.0
8 新聞・テレビ・ラジオ等	30.6	0.2	27.2	0.6
9 地方自治体	43.4	6.9	52.7	21.9
10 消防署	60.9	6.3	56.8	4.3
11 警察	48.3	0.2	43.8	0.8
12 自衛隊	34.7	6.3	46.2	8.1
13 国家	19.5	2.2	28.2	5.3
14 その他	1.0	0.0	0.0	0.0
	8.3	20.1	10.1	20.1

Ⅵ 福島市の町内会と行政の関わりについてお聞きします。

Q37 福島市の町内会の未来イメージについて、どのようにお考えですか。（ひとつだけ）

全体ベース N=493	
1 地域社会の役割が高まり、町内会のしごとが増える	49.3
2 地域社会の役割が高まるが、町内会のしごとは変わらない	15.6
3 地域社会の役割は変わらず、町内会のしごとも変わらない	11.6
4 地域社会の役割は変わらないが、町内会のしごとは増える	13.0
5 その他	1.4
6 わからない	6.5
	2.6

Q38 これからの市役所行政との関係について、どのようにお考えですか。（ひとつだけ）

全体ベース N=493	
1 これまでも関係は強く、これからも強い	57.4
2 これまでは関係が深かったが、これからは弱くなる	6.5
3 これまでも、これからも関係は弱い	8.9
4 これまでは関係が弱かったが、これからは強くなる	10.8
5 わからない	13.0
	3.7

Q39 あなたの町内会では、昨年度、行政側から以下のような支援はありましたか。またそれぞれの支援を、今年度以降、どの程度受けたいと思いますか。
Q39A 支援の有無（ひとつだけ）
Q39B 今年度以降の支援の期待（ひとつだけ）

全体ベース N=493	支援の有無 あり	なし	わからない	今年度以降の支援の期待 実させてほしい今年度はより一層充	で今よ年い度も昨年度と同様	て今も年良度いより支援が減っ	援支を援取のり必や要めはてなもいよい支	わからない	その他
1 町内会活動全般にかかる費用の助成	66.5	17.6	4.5	11.4	54.2	22.1	1.0	1.0	5.7	0.2	15.8
2 防犯灯電気料の助成	43.6	23.5	10.5	22.3	34.1	0.6	1.2	8.3	2.6	29.8
3 防犯灯灯具交換修繕費の助成	49.5	18.1	12.0	20.5	26.0	33.3	1.6	1.4	7.7	2.2	27.8
4 町内会活動への指導、介入	15.8	49.7	9.5	24.9	15.2	30.8	1.6	4.5	12.2	1.8	33.9
5 他の町内会との情報交換の場の設置	36.5	29.8	8.7	24.9	20.7	30.4	1.8	1.6	11.8	1.2	32.5
6 その他	1.8	3.7	2.2	92.3	0.2	1.4	0.0	0.2	2.4	1.0	92.9

Q40 町内会の今後はどんな組織になるとお考えでしょうか。（ひとつだけ）

全体ベース N=493	
1 これまで通り、地縁的組織の代表的組織として続く	72.4
2 これまでは関係が深かったが、これからは弱くなる	16.8
3 その他の組織	0.6
4 わからない	7.3
	2.8

Q41 町内会と市との連携について
Q41.1 町内会は、現在、市との連携が十分になされていると思いますか。（ひとつだけ）

全体ベース N=493	
1 そう思う	64.5
2 そう思わない	25.4
3 わからない	8.3
	1.8

Q41.2 町内会は、今以上に市との連携が必要だと思いますか。（ひとつだけ）

全体ベース N=493	
1 必要である	69.6
2 どちらともいえない	25.8
3 必要でない	2.6
	2.0

Q42　「市民協働」やそのための「地域内分権」が実行された場合、あなたの地域はどう変わっていくと思いますか。

Q42.1　「地域住民同士の連携」（ひとつだけ）　全体ベース N= 493

1 強くなる	28.2
2 弱くなる	13.4
3 変わらない	40.4
4 わからない	15.4
	2.6

Q42.2　「町内会活動（住民活動）への参加者」（ひとつだけ）　全体ベース N= 493

1 増える	21.3
2 減る	18.9
3 変わらない	46.9
4 わからない	10.5
	2.4

Q42.3　「地域の自主性・独自性」（ひとつだけ）　全体ベース N= 493

1 強まる	23.5
2 弱まる	14.8
3 変わらない	46.5
4 わからない	12.6
	2.6

Q42.4　「地域内での問題解決力」（ひとつだけ）　全体ベース N= 493

1 強まる	23.5
2 弱まる	14.2
3 変わらない	44.8
4 わからない	14.8
	2.6

Ⅶ　最後に、町内会長さんご自身についてお尋ねします。

F1　会長さんの性別（ひとつだけ）　全体ベース N= 493

1 男性	94.9
2 女性	2.4
	2.6

F2　会長さんの年齢（ひとつだけ）　全体ベース N= 493

1 20歳代	0.2	5 60歳代	41.0
2 30歳代	0.4	6 70歳代	39.4
3 40歳代	1.8	7 80歳以上	5.7
4 50歳代	9.1		2.4

F3　会長さんが現在お住まいの家（ひとつだけ）　全体ベース N= 493

1 持家（一戸建）	91.1
2 持家（集合住宅）	1.4
3 公営の借家・住宅	4.1
4 民間の借家・住宅	0.2
5 その他	0.8
	2.4

F4　会長さんの家の家族構成（ひとつだけ）　全体ベース N= 493

1 非高齢者のみの核家族世帯	14.0
2 高齢者のみの核家族世帯	30.0
3 非高齢者と高齢者からなる親族世帯	34.1
4 非高齢者の単身世帯	1.8
5 高齢者の単身世帯	3.2
6 二世帯以上がともに居住	11.4
7 その他	1.2
	4.3

F5　会長さんのご家族は、現在お住まいの場所に、いつ頃から住んでいますか。（ひとつだけ）　全体ベース N= 493

1 江戸時代以前から	9.5	4 昭和30年代から	8.5	7 昭和60年代から	6.1
2 明治・大正～昭和戦前期から	21.7	5 昭和40年代から	19.9	8 平成7年以降から	8.7
3 昭和20年代から	7.9	6 昭和50年代から	14.4	9 わからない	0.2
					3.0

F6　会長さんの在任年数　回答者ベース N= 465　4.6 年目（通算）

F7　会長さんは、町内会以外の地域組織・行政組織の役職（理事職）を引き受けていますか。
F7A　現在、引き受けている役職（いくつでも）
F7B　会長就任以前に引き受けたことがある役職（いくつでも）

全体ベース N=493	現在引き受けている	過去引き受けた	全体ベース N=493	現在引き受けている	過去引き受けた	全体ベース N=493	現在引き受けている	過去引き受けた
1 町内会役員	−	31.6	9 消防後援会役員	11.0	4.1	17 NPO・ボランティア組織役員	4.3	3.7
2 町内会連合会役員	39.1	5.9	10 消防団役員	1.4	8.5	18 町内の趣味余暇集団の世話人	9.1	7.5
3 民生・児童委員	4.3	4.5	11 公園愛護協会役員	1.8	0.4	19 商工会・商店会役員	3.0	4.1
4 PTA役員	1.6	23.1	12 婦人会役員	0.2	1.0	20 議員後援会役員	7.5	8.9
5 社会福祉協議会役員	26.8	6.1	13 老人クラブ役員	7.3	4.3	21 政治団体役員	2.6	2.8
6 体育協会役員	25.2	19.3	14 青年団役員	0.2	7.3	22 宗教団体役員	9.7	5.7
7 防犯協会役員	21.9	6.1	15 日赤奉仕団団長			23 その他	7.7	4.7
8 交通安全協会	22.7	12.6	16 共同募金会役員	3.2	1.8		1.0	39.6

F8　町内会とそれに関連するお仕事は、ご自身の生活のおおよそ何％を占めていると感じていますか。　回答者ベース N= 432　30.7 ％

F8A　町内会内の仕事（行政からの依頼仕事を除く）、町内会連合会の仕事、行政からの依頼仕事、その他の町外の付き合いを、負担に感じますか。（ひとつだけ）

全体ベース N= 493	負担に感じる	どちらともいえない	負担に感じない	
1 町内会単位の仕事・付き合い	42.0	3.4	48.9	5.7
2 町内会連合会単位の仕事・付き合い	47.7	3.2	42.2	6.9
3 行政からの依頼仕事	40.8	3.7	46.2	9.3
4 その他	7.9	1.2	12.4	78.5

F9　会長としての正規の仕事以外に個人的に地域活動に関わっていますか。（いくつでも）　全体ベース N= 493

1 とくに何もしていない	40.2
2 地域の任意団体が活動しやすいように調整や働きかけをしている	22.1
3 地域の任意団体の活動に積極的に顔を出している	36.7
4 ポケット・マネーで地域の団体や活動を支援している	11.8
5 自らが発起人となって地域イベントを開催している	6.7
6 自らが発起人となって地域組織・NPOなどを立ち上げている	3.7
7 その他	4.1
	7.5

人名索引

B

Blakery and Snyder　162

E

Ericson and Haggerty　132

G

GHQ／CIE　63

K

Kelling and Coles　132
Klein　232

R

Ricoeur　226

あ

青森市防災会議　144
浅田通明　189
渥美公秀　193
安全第一協会　134
安全問題研究会　131

い

伊藤嘉高　214, 220
今村胖　35
岩崎信彦　141, 231, 232

う

宇沢弘文　34
氏家次章　24
内崎作五郎　28
内田嘉吉　162

え

遠藤久三郎　23
遠藤小三郎　23

お

大熊孝　34
大日向純夫　133, 134
小崎大之進　35
オルテガ　258

か

葛西靖　76, 83
金子郁容　256
亀掛川浩　35
菅磨志保　193, 194

き

菊池美代志　52, 54
北原糸子　34
ギデンズ　131

く

倉沢進　141, 142, 144
倉田和四生　77, 78, 87, 221
黒田洋司　89

け

警察庁　142

こ

小谷卯兵衛　22
後藤一蔵　129
今野裕昭　83, 87, 215
紺野登　258

さ

齋藤純一 259
作間良伍 35
佐藤滋 170
佐藤簡 35
佐藤三太郎 35
佐土原聡 76, 83

し

塩谷良翰 23
清水惣三郎 22, 35
消防庁 125, 129, 141
消防力の整備指針研究会 123
ジンメル 232

せ

瀬成田統蔵 35
千川原公彦 215, 216, 217, 218, 222, 232
仙台市消防局 97, 121, 122, 145

そ

総合研究開発機構 77
総務省自治行政局自治政策課 142
総務省消防庁総務課 89, 142

た

高木鉦作 52
高橋基泰 34
高橋由和 223, 226, 232
多川実知 24
武市九郎三郎 35
伊達政宗 17
伊達宗基（亀三郎） 22
玉野和志 190
田丸小三郎 35
田丸庄三郎 22

ち

中央防災会議 89

と

東北都市社会学研究会 63, 195

な

内閣府 212
ナオミ・クライン 211
永井彰 220
中川剛 63
中田実 91, 93
中村式治 22, 35
中目寛太夫 35

に

西山志保 193
似田貝香門 132, 192, 193, 211
日本火災学会 76

の

野中郁次郎 258

は

ハーヴェイ 61
ハイデッガー 214
長谷泰之 28
長谷部弘 34
パットナム 236
バラバシ 236
針生彦三郎 22, 35
針生林吉 22
ハンナ・アーレント 226

ひ

菱山宏輔 77, 144, 161, 162
広井良典 190

ふ

福田義也 34
藤田勝 83

ほ

穂坂光彦 256

星健三郎　35
堀口良一　162

ま

桝潟俊子　63
松井克浩　76, 87, 88, 93, 193, 208, 216
松田道之　29, 35
松本行真　190, 237

み

三井康壽　34

む

向井周太郎　256

や

山内太　34
山形市防災会議　145

山下祐介　193, 194
山本賢治　190

ゆ

油井宮人　35
遊佐伝三郎　35

よ

横沢直之進　35
吉原直樹　11, 12, 33, 34, 39, 41, 63, 77, 88, 107, 130, 131, 144, 162, 190, 194, 215, 237, 238, 258

ら

ラトゥーシュ　190

わ

ワッツ　236

事項索引

A

AED（自動体外式除細動器）　119

B

BCP（Business Continuity Plan）　127

G

GHQ　135
governing 様式　8

J

ＪＲ河辺駅　248

N

NPO　12, 52, 195

あ

青森市地域防災計画（素案）　144
明るい町造り　133
秋田沖地震　120
秋田市災害時要援護者の避難支援プラン　78
秋田市防災カルテ　237
秋田港　246
旭川　249
新しい公共　2
圧力団体型自治会　43

安全・安心　7
安全安心コミュニティ　157, 161
安全安心(の)まちづくり　81, 157, 160
安全第一協会　134, 162

い

板橋町会連合会　138
岩手県自主防災組織育成の手引　91
岩手・宮城内陸地震　118, 122, 123, 126, 127
岩見川　248

う

上からの組織化　3
上田四丁目自主防災隊　102
上田四丁目町内会　103, 104, 105, 144
有珠山噴火　215
雲仙普賢岳噴火災害　67

え

衛生組合　13, 41

お

大崎市　123
雄物川　247

か

街灯(防犯灯)　133, 135, 136, 137, 140
ガヴァナンス　12
ガヴァナンス型自主防衛組織　33
各区町村金穀交借共有物取扱土木起功規則　25
各町組合制　27
柏崎市　192, 196, 207
柏崎市民　197
過疎化・高齢化　207
葛飾区自治町会連合会　137
ガバナンス　8, 161, 168
ガバメント　4, 8, 39, 168
「ガバメント」型町内会　43
ガバメントからガバナンスへ　4, 8, 61
ガバメントの再版／「再埋め込み」　4

河辺小学校　248
河原町大火　30
監視共同体　259
関東大震災　41

き

企業の事業継続及び防災の取組みに関する実態調査　68
北山大火　30
共助　207
行政の下請け組織化　106
共同性　3, 27, 54
共同創発　212
享保年間　17
旭北小学校　248
きらりよしじまネットワーク　223
勤政庁軍部領衛守陣　30
近代的治水思想　15
金禄公債証書発行条例　24

く

区制　25
区長設置規則　27
栗原市　126
栗原市消防団栗駒地区団　118
グローバライゼーション　39, 40
郡区町村編制法　26

け

警防団　41
ゲーテッド・コミュニティ　162

こ

公会制　31
公と私　1
神戸市真野地区　87
港北小学校　246
声かけ　53
国民保護法　92, 143
戸主会　32
個人情報保護法　125, 126, 181
子供会育成会　49, 50

五人組　13, 17, 18, 19, 21
コミュニタリアン　63
コミュニティ助成事業　107
コミュニティ・ソリューション　256
コミュニティ・ポリシング　131, 162
孤立(する)集落　79, 80

さ

災害時安心プレート　227
災害資本主義　211, 213, 232
災害弱者　221
災害弱者支援　222, 231
災害時要援護者支援　218
災害時要援護者の避難支援ガイドライン
　　　92, 125, 212
災害対策基本法　65, 89
災害対策基本法第5条2　81, 89
災害被害を軽減する国民運動の推進に関
　　　する専門調査会　65
災害被害を軽減する国民運動の推進に関
　　　する基本方針　65
災害被害を軽減する国民運動の推進に関
　　　する基本方針の概要　66
災害ボランティア　68, 194
災害ボランティアセンター　202
財団法人自治総合センター　107
猿田川　251
三新法体制　26
三丁目の夕陽　168
三陸(沖)地震　30, 97

し

自警団　13, 133
自警団・警防団　13
自己決定　7
自己責任　7, 8
自主防災　220
自主防災活動のてびき　145
自主防災組織　88, 89, 90, 92, 93, 97, 141,
　　　142, 143, 160, 214, 233
自主防災組織のしおり　144
自主防災組織の手引　89, 90, 141

自主防災組織率　246
市井制度　20, 23
市民社会　194
社会的関係資本　216
社会福祉基礎構造改革　92
社会福祉協議会　49, 50, 61
社会福祉法　92
囚人のジレンマ　167
集中豪雨時等における情報伝達及び高齢
　　　者等の避難支援に関する検討会
　　　125
住民ボランティア　194
集落の孤立　80
住縁アソシエーション　232
受動的主体(性)　192, 193
少年消防クラブ　82
消防章程　30
消防組織法　67, 109
消防団　49, 67, 109, 159
消防団員　110
消防団協力事業所表示制度　127
消防庁告示第1号　123
消防力の一部改正　125
昭和36年消防庁告示第2号　129
自律した市民　193
新河原町火災　30
新警察法　135
震災シンポジウム　204
新自由主義　63, 212
新宿西大久保二丁目町会　140
神内川　249

す

水防団　67
水防法　67
水門・陸門　115
杉並区高円寺四丁目町会　136
杉並区天沼尚和会　137
スケール・フリー　236
スモール・ワールド　236

せ

生活の共同　3, 4
生活保守主義　141
青年団　50
政令15号　135
セキュリティ　131
全国防災まちづくりフォーラム　68
千秋公園　249
仙台市自主防災活動のてびき　122
仙台市公会及び連合公会設置規定　32
仙台市公会設置規定及同規約準則　32
仙台市史編纂委員会　34
仙台城下　16
仙台消防組後援会　117
仙台市消防・防災に関する市民意識調査報告書　121
仙台鎮台大火　30

そ

創発　232
創発循環　222, 231, 233
創発論　213
創発論的転回　213, 215
総力戦体制期　29
ソーシャル・キャピタル　190, 236
外旭川小学校　249

た

体育協会役員　113
体育振興会　49, 50
第三次全国総合開発計画　141
大正デモクラシー　133
太政官布告130号　25
太政官布告第17号　26

ち

地域安全安心ステーション　142
地域安心安全ステーション整備モデル事業　142
地域コミュニティ　2, 3, 5, 7, 11
地域住民組織　215

地域代表(性)機能　43
地縁社会　11
地縁の基層　29
地方自治法　43
地方税規則　26
地方制度調査会　13, 14
中越沖地震　76, 197, 201, 206, 207
中越地震　87, 93, 216, 226
中央—地方関係　7
中央防災会議　65
中間集団　11
中間領域　4
町会　136
町会下請け　137
町会の実質的下請け　141
町会の法制化　140
町内会(町会)の下請け　132
町内会部落会整備要項　135
町内会又はその連合会に関する解散、就職禁止その他の行為の制限に関する件　135
町内会連合会　14
「丁」名　17
直下型地震　116

つ

辻番所　18, 19

て

ディー・コレクティブ　217, 218, 222
テーマ・コミュニティ　40
テロ　144
天長地震　247, 248, 249, 250, 251
伝統的(な)地域住民組織　11, 12
天保の飢饉　16

と

東海地震　90
東京都街路灯等整備対策要綱施行　137
当事者主権／主体　4
東北鎮台　23
東北都市社会学研究会　7

な

内務省　13
内務省訓令17号　13, 14, 135
中野区昭二町会　138
長町大火　30
ナベッコ　251

に

新潟県中越沖地震　192, 196
仁井田小学校区　251
日常的な戦時体制　130
日新小学校　247
日赤奉仕団　135
日本海中部地震以降　120
日本消防協会　110, 118

ね

ネオリベラリズム　3, 4, 7, 61
ネットワーク型コミュニティ　3

の

農山漁村経済更正運動　13, 41
のうそんじちせいど　13
能登半島地震　201

は

廃藩置県　20
ハザードマップ　74, 116, 124, 217
芭蕉の辻　30
八王子市東部連合町会　137
場の規範　190
早駆　20
ハリケーン・カトリーナ　232
『犯罪に強い地域社会』再生プラン　142
阪神・淡路大震災　15, 33, 65, 67, 68, 69, 72, 76, 78, 81, 87, 89, 90, 110, 116, 122, 123, 128, 191, 192, 201, 212, 215
版籍調　21
版籍奉還　20

ひ

ヒエラルキー・ソリューション　4
比角地区　198, 200
東一番町火災　30
標準的農山漁村行政調査　34

ふ

福祉社会開発　256
武家屋敷地　17
府県会規則　26
布告第19号　26
布告第117号　24
婦人会　50
婦人（女性）防火クラブ　82
部落会　14
部落会町内会整備要領　32, 34
武力攻撃事態等における国民の保護のための措置に関する法律　143
古川　251

へ

編舎制度　20, 21, 23

ほ

保安組合　133
防災ガバナンス　1, 2, 4, 5, 11
防災カルテ　243, 258
防災基本計画　89
防災訓練　116
防災コミュニティ　5, 12, 62, 87, 88, 92, 97, 106, 169, 215
防災対策基本法　89
防災のまちづくり　81
防災白書　143
防災福祉コミュニティ　77, 78, 221
防災福祉マップ　221
防災ボランティア　67
防災まちづくり　68
防災まちづくりガイドブック　68
防災マップ　74, 157, 180, 217, 218, 220, 221, 223, 250, 251

防水　15
包摂　131
防犯協会　49, 50, 61, 133, 135, 136, 138, 141, 159
防犯協会連合会　139
防犯灯　53, 133, 137, 139, 140, 141
防犯灯・街路灯　137
防犯灯問題　138
防犯マップ　53
保健師　202
北海道南西沖地震　67
保戸野小学校　249
ボランタリー・アソシエーション　52
ボランティア　2, 15, 195, 196, 197, 198, 199, 200, 201, 202, 203, 204, 205, 206, 207
ボランティア・コーディネーター　201, 202, 204, 207
ボランティアセンター　201, 202
梵字川　249

ま

町と生活　136
松美町　203, 206
松美町住民　198
松美町内会　203
満水　15

み

南町大火　30
宮城・岩手内陸地震　97
宮城県沖地震　97, 116, 121
宮城県栗原市　123
宮城県東松島市消防団　129
宮町大火　30

ミルトン・フリードマン　232
民生委員　202, 220
民生・児童委員会　49, 50

む

向こう三軒両隣　168
睦会　41

や

屋敷並五人組　17, 18
八橋小学校区　250
山形市地域防災計画　145

ゆ

雪下ろし　115

よ

要援護者　218
要援護者台帳　220
養賢堂　23
よしじま燦燦塾　229

り

リバタリアン　63
隣保団結ノ精神　14
隣保班　14

れ

連合戸主会　29, 31
連合戸主会総会　32
連合町内会役員　60

ろ

老人クラブ　49, 50

■執筆者紹介（執筆順）

吉原　直樹（よしはら・なおき）
　　（編者・奥付参照）

長谷部　弘（はせべ・ひろし）
　　現在：東北大学・大学院経済学研究科・教授
　　専門分野：日本経済史
　　所属学会：社会経済史学会、日本村落研究学会、市場史研究会、比較家族史学会など
　　主な著作
　　『飢饉・市場経済・村落社会——天保の凶作からみた上塩尻村』（刀水書房、2010年3月、編著）、『家の存続戦略と婚姻——日本・アジア・ヨーロッパ』（刀水書房、2009年10月、編著）、『近世日本の地域社会と共同性——近世上田領上塩尻村の総合研究Ⅰ』（刀水書房、2009年3月、編著）、『近世村落社会の共同性を再考する——日本／西欧／アジアにおける村落社会の源を求めて——』（日本村落研究学会編・年報村落社会研究44、農文協発行、2009年1月、編著）、『資本主義の発展と地方財閥——荘内風間家の研究』（現代史料出版、2000年6月、共著）、『市場経済の形成と地域』（刀水書房、1994年2月、単著）。

石沢　真貴（いしざわ・まき）
　　現在：秋田大学教育文化学部准教授
　　専門分野：地域社会学
　　所属学会：日本社会学会、日本社会教育学会、日本都市学会など
　　主な著作
　　「グローバル化にみる地場産業と住民参加の変容——稲川町の川連漆器産業を事例として——」（『東北都市学会研究年報』vol.6、2004年）、（共著）『自立・交流する中山間地域——東北農山漁村からの地域デザイン——』（昭和堂、2008年）。

庄司　知恵子（しょうじ・ちえこ）
　　現在：岩手県立大学社会福祉学部講師
　　専門分野：農村社会学
　　所属学会：日本村落研究学会、日本社会学会、日本域福祉学会、東北社会学会、北海道社会学会
　　主な著作
　　「地域課題解決における村落対応の今日的展開——高齢化する農村における生活維持の営み——」（博士学位取得論文、北海道大学、2010年）、「「看取り」の場としての地域社会への期待（特集 死と看取りの社会学——その問題圏）」（『社会学年報』39号、2010）、「地域における自殺予防活動の展開——秋田県藤里町における「心といのちを考える会」の発足に際しての連携を事例として」（『日本の地域福祉』21号、2008年）など。

後藤　一蔵（ごとう・いちぞう）
　　現職：東北福祉大学兼任講師
　　専門分野：地域防災論、農村社会学
　　所属学会：日本社会学会、日本村落研究学会

主な著作
『消防団の源流をたどる』（近代消防社、2001年）、『改定国民の財産　消防団』（近代消防社、2010年）、「防災をめぐるローカル・ノレッジ」（『防災の社会学』、東信堂、2008年）など。

菱山　宏輔（ひしやま・こうすけ）
　　現職：鹿児島大学法文学部准教授
　　専門分野：都市社会学、地域社会学、コミュニティ論
　　所属学会：日本社会学会、地域社会学会など
　　主な著作
「福島市の町内会・自治会と防犯活動の現状」（『ヘスティアとクリオ』9号、2010年）、「【地域レポート】宮城県仙台市の防災・防犯の現状」（『東北都市学会研究年報』9号、2009年）、『変わるバリ、変わらないバリ』（共著、勉成出版、2009年）、『都市的世界／コミュニティ／エスニシティ』（共著、明石書店、2003年）など。

松本　行真（まつもと・みちまさ）
　　現職：福島工業高等専門学校コミュニケーション情報学科准教授
　　専門分野：都市・地域論、マーケティング論
　　所属学会：日本都市学会、東北都市学会、地域社会学会、土木学会
　　主な著作
「福島市町内会における問題の所在」（『地方都市における町内会の変容とその諸相――2009年度福島市町内会・自治会調査結果報告書』、2010年）、「町内会における諸問題の解決法に関する一考察――町内会調査の再分析から――」（共著、『ヘスティアとクリオ』8号、2009年）など。

松井　克浩（まつい・かつひろ）
　　現職：新潟大学人文学部教授
　　専門分野：社会学理論、災害社会学
　　所属学会：日本社会学会、日本社会学史学会、地域社会学会など
　　主な著作
『比較歴史社会学へのいざない』（共著、勁草書房、2009年）、『防災の社会学』（共著、東信堂、2008年）、『中越地震の記憶』（高志書院、2008年）、『ヴェーバー社会理論のダイナミクス』（未來社、2007年）、『これからの非常食・災害食に求められるもの』（共著、光琳、2006年）、『デモクラシー・リフレクション』（共著、リベルタ出版、2005年）など。

伊藤　嘉高（いとう・ひろたか）
　　現職：山形大学大学院医学系研究科助教
　　専門分野：地域社会学、医療社会学
　　所属学会：日本社会学会、地域社会学会、日本医療・病院管理学会など
　　主な著作
「山形県一般病院における医師不足の現況」（『山形医学』29巻1号、2011年）、「『移動の時代』における看護職員の就労構造と就労支援」（『日本医療・病院管理学会誌』47巻4号、2010年）など。

編著者紹介

吉原　直樹（よしはら・なおき）

1948年　徳島県に生まれる。
1972年　慶應義塾大学経済学部卒業。
1977年　同大学大学院社会学研究科博士課程修了。
1980年　立命館大学産業社会学部助教授。
1985年　社会学博士。
1986年　神奈川大学外国語学部教授。
現　在　東北大学大学院文学研究科教授。日本学術会議連携会員。

《主要著書》
『町内会の研究』（共編著）、御茶の水書房、1989年。
『戦後改革と地域住民組織』ミネルヴァ書房、1989年。
『都市空間の社会理論』東京大学出版会、1994年。
『アジアの地域住民組織』御茶の水書房、2000年。
『都市とモダニティの理論』東京大学出版会、2002年。
『時間と空間で読む近代の物語』有斐閣、2004年。
『アジア・メガシティと地域コミュニティの動態』（編著）、御茶の水書房、2005年。
『開いて守る：安全・安心のコミュニティづくりのために』岩波ブックレット、2007年。
『グローバル・ツーリズムの進展と地域コミュニティの変容——バリ島のバンジャールを中心として』（編著）御茶の水書房、2008年。
『モビリティと場所——21世紀都市空間の転回』東京大学出版会、2008年。
『防災の社会学——防災コミュニティの社会設計に向けて』（編著）東信堂、2009年。

防災コミュニティの基層
——東北6都市の町内会分析——

2011年3月30日　第1版第1刷発行

編著者　吉原　直樹
発行者　橋本　盛作

〒113-0033　東京都文京区本郷5-30-20
発行所　株式会社　御茶の水書房
電話　03-5684-0751

Printed in Japan
©YOSHIHARA Naoki 2011

組版・印刷／製本：(株)タスプ

ISBN978-4-275-00926-5 C3036

グローバル・ツーリズムの進展と地域コミュニティの変容——バリ島のバンジャールを中心として	吉原直樹 編著	菊判・五〇四頁 価格 七八〇〇円
アジア・メガシティと地域コミュニティの動態——ジャカルタのRT／RWを中心として	吉原直樹 編著	菊判・四一〇頁 価格 六〇〇〇円
アジアの地域住民組織——町内会・街坊会・RT／RW	吉原直樹 著	A5判・三三〇頁 価格 五三〇〇円
町内会の研究	吉原直樹 著	A5判・五〇〇頁 価格 六五〇〇円
都市社会計画と都市空間	岩崎信彦・上田惟一・広原盛明・鰺坂学・高木正朗・吉原直樹 編	A5判・二五〇頁 価格 三八〇〇円
環境問題の社会理論——生活環境主義の立場から	吉原直樹 編著	四六判・二三〇頁 価格 一八〇〇円
科学技術とリスクの社会学	鳥越皓之 編	A5判・四〇〇頁 価格 六八〇〇円
市民団体としての自治体	小島剛 著	A5判・三六四頁 価格 四二〇〇円
直接立法と市民オルタナティブ——アメリカにおける新公共圏創生の試み	岡部一明 著	菊判・四二六頁 価格 八四〇〇円
インドネシアの地域保健活動と「開発の時代」——カンポンの女性に関するフィールドワーク	前山総一郎 著	菊判・四一八頁 価格 八〇〇〇円
高齢者のウェルビーイングとライフデザインの協働	齊藤綾美 著	A5判・二〇四頁 価格 二四〇〇円
	鈴木七美 他編	

——御茶の水書房——
（価格は消費税抜き）